D0729651

CHURCHILL

DU MÊME AUTEUR

L'Angleterre triomphante, 1832-1914, Hatier, 1974.
L'Ère victorienne, PUF, 1974; 3ᵉ éd. 1998.
La Société anglaise du milieu du XIXᵉ siècle à nos jours, Arthaud, 1976; 3ᵉ éd. Le Seuil, 1999.
La Stratégie secrète de la drôle de guerre, 1939-1940, Presses de la FNSP et Éditions du CNRS, 1979.
La Bataille d'Angleterre, Complexe, 1985; 2ᵉ éd. 1996.
Will Thorne : la voie anglaise vers le socialisme, Fayard, 1987.
Le Nazisme et le génocide, Pocket, 1992.
Le Régime de Vichy et les Français, Fayard, 1992 (dir.).
L'Histoire et le métier d'historien en France, 1945-1995, Éditions de la Maison des sciences de l'Homme, 1995 (dir.).
Touvier, Vichy et le crime contre l'humanité, Le Seuil, 1996 (dir.).

François Bédarida

CHURCHILL

Fayard

Tout homme naît et se forme pour
une grande heure de sa vie.

Albert COHEN,
Churchill d'Angleterre, 1943.

ABRÉVIATIONS UTILISÉES DANS LES NOTES

Pour certaines références revenant très souvent, on a adopté dans les notes les sigles suivants :

1. Biographie « officielle »

RC = Randolph Churchill,   vol. I, *Youth 1874-1900*
                              vol. II, *Young Statesman 1900-1914*

MG = Martin Gilbert,   vol. III, *1914-1916*
                              vol. IV, *1916-1922*
                              vol. V, *1922-1939*
                              vol. VI, *Finest Hour 1940-1941*
                              vol. VII, *Road to Victory 1941-1945*
                              vol. VIII, *Never Despair 1945-1965*

CV = Companion volume,   I   1874-1900
                              II   1900-1914
                              III 1914-1916
                              IV 1916-1922
                              V   1922-1939

2. SWW = Winston Churchill, *The Second World War* (Mémoires de guerre), vol. I à VI.

Prologue

Samedi 30 janvier 1965. Sous un ciel gris et bas, par un froid sec et vif, Londres s'éveille pour une journée historique. Le dimanche précédent, s'est éteint dans la capitale, à quatre-vingt-dix ans, le plus illustre des fils d'Albion. Vieux héros recru d'honneurs et couvert de gloire après les tempêtes et traverses d'une destinée exceptionnellement mouvementée, Winston Churchill, parvenu dans les eaux apaisées du grand âge, était devenu l'incarnation même de la nation. Par-delà la réalité du personnage historique, qui avait servi six souverains de Victoria à Elizabeth II et dirigé le pays durant neuf années comme Premier ministre. Il avait acquis déjà une dimension mythique. Désormais il appartenait à la légende autant qu'à l'histoire. Aussi la Grande-Bretagne, frappée au cœur par cette disparition, s'apprête-t-elle à faire au géant des funérailles grandioses. Des funérailles qui, en même temps qu'un adieu au grand homme, constituent pour elle une somptueuse et nostalgique autocélébration.

En vérité, pour les insulaires, la mort de Winston Churchill signifie beaucoup plus que la fin de sa présence physique. Depuis quelques années, un sentiment de malaise et d'inquiétude les ronge, tout particulièrement depuis le fiasco de Suez, entre un passé éclatant et prestigieux et un futur trouble et incertain. On s'interroge sur l'identité de la nation, ses bases et ses critères. En son temps, Churchill avait symbolisé une Grande-Bretagne puissante et unie, fière de son héritage, confiante dans son avenir, ancrée sur un grand dessein. Maintenant on se demande si l'édifice va tenir, si les lézardes déjà apparues ne vont pas s'élargir et se révéler menaçantes.

Par sa posture, par sa stature, Winston évoquait un monde disparu, celui de la *Pax britannica*, de l'épopée coloniale, des fastes de l'empire, lui qui avait grandi alors que brillaient encore tous les feux de l'ère victorienne, lui qui dans sa jeunesse avait combattu à cheval aux frontières de l'Inde et chargé avec ses lanciers sur les rives du Nil. Voilà que, sans lui, ses compatriotes se retrouvent brusquement orphelins. De là, chez beaucoup, l'impression d'une perte personnelle. Si l'intensité dans l'expression de la douleur et du deuil est aussi forte, c'est que les habitants du royaume portent en terre une part d'eux-mêmes et de leur histoire. Une évidence désormais éclate : la vieille Angleterre impériale est morte. Un nouveau monde est né, celui des *sixties*.

C'est pourquoi les obsèques du héros ont pris une telle dimension, tout à la fois historique, symbolique et affective. Une attache indissoluble avait été nouée en 1940, que rien ne pourrait défaire, tant avait été indéfectible, à l'heure de l'extrême péril, l'union entre la volonté d'un homme et celle d'un peuple. Paradoxe et ironie de l'histoire : c'est pour une large part la nature archaïque du personnage – issu des élites patriciennes, nostalgique d'une société hiérarchisée tout en sachant composer avec les nécessités de la démocratie, passionné de grandeur impériale – qui lui a permis d'être l'homme des situations exceptionnelles et d'affronter le présent en faisant appel aux vertus traditionnelles de la race et en convoquant le passé au service des impératifs du jour. À travers son verbe, les Anglais ont entendu comme en écho la voix de

10

Henry V, de Drake, de Marlborough, de Pitt. Mais le virtuose a su en accorder les accents avec l'âge des masses.

*

* *

Les funérailles de Churchill, loin d'être improvisées au moment de l'événement, avaient été planifiées depuis des années sous le nom de code *Hope Not*. C'est la reine et les services de Buckingham Palace qui avaient tout pris en main et en avaient arrêté les dispositions, en concertation avec Downing Street et en consultation avec la famille. Pour mesurer l'honneur exceptionnel que représente la décision d'accorder à Churchill des funérailles nationales, rappelons-nous que, dans l'histoire de l'Angleterre, quatre roturiers seulement s'étaient vu accorder ce privilège : le second Pitt, Nelson, Wellington et Gladstone. Au xxᵉ siècle Churchill aura donc été le premier et le dernier à bénéficier de pareil hommage.

De là la minutie de la préparation de ces obsèques d'État, le faste extraordinaire du cérémonial choisi, l'exécution sans la moindre faute de la mise en scène adoptée. De là aussi l'impression durable laissée dans les esprits et dans les cœurs par le spectacle. L'auteur de ce livre peut ici apporter son témoignage, puisqu'il a eu la chance et le privilège d'assister à cette page d'histoire. Immergé dans les rangs de la foule massée le long de Whitehall – lieu névralgique de l'épopée churchillienne –, adossé à la sévère façade du War Office, sur lequel Churchill avait régné deux années durant (1919-1921), faisant directement face au portail d'entrée de l'Amirauté, dont le défunt avait été le fougueux Premier lord à deux reprises (1911-1915 et 1939-1940), il se trouvait à quelques dizaines de mètres seulement de Downing Street, où Churchill avait passé les années fatidiques de son existence (1940-1945 et 1951-1955), et des ministères aux destinées desquels il avait présidé au cours de sa longue carrière : l'Échiquier (1925-1929), le Home Office (1910-1911), le Board of Trade (1908-1910), le Colonial Office (1905-1908 et 1921-1922). Pouvait-on imaginer en si peu d'espace plus prestigieux raccourci d'une vie passée au service de la Couronne ?

*
* *

C'est à 9 h 30 que débute la cérémonie funèbre. Après avoir quitté le haut lieu séculaire de Westminster Hall, où pendant trois jours plusieurs centaines de milliers de personnes ont fait la queue pour défiler devant le catafalque dressé dans l'enceinte du Parlement, le lourd cercueil, fait de chênes du domaine ancestral des Marlborough à Blenheim et revêtu de l'Union Jack, a été pris en charge par un détachement des hussards de la reine et un peloton du 21e lanciers – les deux régiments où le lieutenant Churchill avait servi dans sa jeunesse –, puis placé par les grenadiers de la Garde – avec qui il avait combattu en Artois en 1915 – sur une attelle d'artillerie tirée par 142 marins et 8 officiers de la Royal Navy (c'est l'attelle qui avait servi pour l'enterrement de la reine Victoria). Au moment où le convoi mortuaire s'engage dans Whitehall, le carillon de Big Ben sonne une dernière fois avant de demeurer silencieux le reste de la journée.

Le cortège funèbre, majestueux et d'un ordonnancement savant, se déploie alors sur une longueur d'un kilomètre et demi, le long d'un parcours traversant tout le Londres historique, d'abord de Westminster à Whitehall, puis de Trafalgar Square à la cathédrale Saint-Paul, enfin de là à la Tour de Londres, en présence de 7 000 soldats et 8 000 *policemen*.

Tandis qu'à l'avant la musique de la Royal Air Force joue une marche funèbre de Beethoven, c'est la famille qui suit immédiatement le cercueil – lady Churchill entourée de voiles noirs; les enfants, Randolph, Sarah, Mary et son mari Christopher Soames; les petits-enfants – les hommes à pied, les femmes dans deux carrosses tirés chacun par six chevaux bais et conduits par des cochers en veste écarlate. Puis viennent, derrière un gigantesque tambour, la cavalerie de la garde à cheval (Household Cavalry) en grand uniforme, la musique de l'artillerie avec ses shakos rouges, les Royal Marines, un contingent de la police de Londres, le tout au rythme lent de soixante-cinq pas à la minute. Une place à part a été faite à un petit groupe d'aviateurs de la bataille d'Angleterre (*the Few*), conduits par l'as néo-zélandais Al Deere. De Saint James's Park parvient la puissante déflagration produite par 90 coups de canon, un pour chaque année de vie du disparu. Lorsque le cortège arrive à la hauteur du Cénotaphe, une délégation de la Résistance française, accompagnée de quelques poilus de 14-18, agite une brassée de drapeaux tricolores en hommage à l'ami des jours sombres, aux côtés d'une escouade de résistants norvégiens et danois venus également témoigner leur fidélité.

Par Trafalgar Square, le Strand et Fleet Street, le défilé atteint Saint-Paul. C'est dans la cathédrale symbole de l'héroïsme des Londoniens au temps du *Blitz* qu'a lieu le service religieux, en présence des représentants de 110 nations. Fait sans précédent : la reine elle-même est là, pour assister aux funérailles d'un de ses sujets, un roturier – il est vrai, le plus illustre des roturiers. Autour d'elle, la famille royale au complet, la reine mère, le duc d'Édimbourg, le prince Charles, les grands du royaume, l'archevêque de Cantorbéry, l'évêque de Londres, l'archevêque de Westminster, le Premier ministre Harold Wilson et le gouvernement, les corps constitués, des pléiades de généraux et d'amiraux. Ont été chargés de tenir les cordons du poêle les plus célèbres de ceux qui ont travaillé avec le Premier ministre de 1940 à 1945 : lord Mountbatten, le général Ismay, Clement Attlee, Anthony Eden – lord Avon –, Harold Macmillan, les maréchaux Alexander, Portal, Slim.

Dans la nef de Saint-Paul, venus de la planète entière, sont rassemblés rois, chefs d'État, Premiers ministres. Parmi les compagnons du temps de guerre, on remarque en uniforme kaki le général de Gaulle, président de la République française, le général Eisenhower en civil, la reine Juliana des Pays-Bas, le roi Olav de Norvège, l'Australien Menzies, le maréchal Koniev qui représente l'Union soviétique. D'Allemagne et d'Italie, des États-Unis et du Canada, d'Espagne et d'Amérique latine, de l'Inde et d'Afrique, tous ont afflué : le roi Constantin de Grèce à proximité du prince héritier d'Éthiopie, le chancelier Erhard et le président Kaunda de Zambie en un rutilant costume africain, Ben Gourion et le prince Hassan de Jordanie. Au terme du service, ponctué de morceaux de Purcell, Elgar et Vaughan Williams, éclate sous le dôme, dans la Whispering Gallery, la sonnerie aux morts *The Last Post*, suivie par la trompette isolée du *Reveille*.

De Saint-Paul le cortège se dirige vers un dernier haut lieu de la capitale, la Tour de Londres. Là, il est accueilli entre, d'un côté, une haie de highlanders écossais, en tartans bleu, vert et rouge, au son déchirant des cornemuses, de l'autre, une ligne immobile et muette de gardiens de la Tour, les Yeomen Warders, armés de piques et vêtus de leur uniforme rouge et or. De l'embarcadère, tandis que tonnent les canons de la Tour, le cercueil est transféré sur une vedette du port de Londres en vue de gagner la gare de Waterloo. Spectacle insolite : au moment où la vedette, à la poupe de laquelle flotte l'étendard si prisé par le défunt de lord Warden of the Cinque Ports, commence à remonter la Tamise au son du *Rule Britannia,* d'un même mouvement tous les grutiers des docks, comme des sentinelles silencieuses, inclinent vers le fleuve les hautes flèches de leurs engins afin de saluer à leur manière la dépouille du héros disparu.

À Waterloo Station, un train spécial tiré par une locomotive de la classe *Battle of Britain* emporte le convoi funèbre vers le petit cimetière de campagne où doit avoir lieu l'inhumation. Tout le long du trajet, qui dure deux heures, aux fenêtres des maisons, aux portes des jardins, dans les gares ou à proximité des voies, sont massées des foules muettes et graves qui regardent passer le train, en un hommage ultime d'affection et de reconnaissance. Parmi eux, des vétérans la poitrine barrée de médailles, des enfants agitant l'Union Jack. La mise en terre a lieu, dans l'intimité, en présence de la seule famille et de quelques très proches amis, dans le village de Bladon en Oxfordshire, sur le territoire duquel sont situés le château ancestral et le domaine de Blenheim (à l'arrivée le corbillard avait été accueilli par les garçons du voisinage portant chacun un grand cierge, et la liturgie conduite par le pasteur de la paroisse). Ainsi, pour Winston Churchill, s'est refermée la boucle du destin : voici qu'il repose à quelques kilomètres du lieu où il était né, aux côtés de son père et de sa mère lord et lady Randolph. Sur la tombe, une couronne de roses, de glaïeuls et de lis de la vallée porte l'inscription manuscrite : « *From the Nation and from the Commonwealth. In grateful remembrance. Elizabeth R.* ». Après la pompe des funérailles nationales et les grandioses solennités publiques, il n'y a plus place désormais que pour le deuil privé, le recueillement et le silence.

*
* *

À ce tribut d'une nation unanime, à cette démonstration sans égale de ferveur et de vénération des multitudes, la télévision est venue ajouter un caractère de spectacle

15

grandiose à l'échelle mondiale. On a calculé que la moitié de la population britannique a suivi sur ses écrans la retransmission de la cérémonie, et le dixième de la population mondiale : des chiffres fantastiques pour l'époque. À côté du sentiment tragique induit par l'omniprésence de la mort durant le déroulement des obsèques – d'autant plus qu'il s'agissait de la mort d'un grand de ce monde –, le décorum était incomparable : à la dimension du géant du XXe siècle qui venait de s'éteindre. Dans le faste de la mise en scène tout se mêlait et s'additionnait avec un effet multiplicateur : de l'imposant cadre du Londres historique riche de ses dix siècles d'histoire au défilé impeccablement réglé de la dépouille mortelle, des carrosses, des uniformes, des musiques ; du rassemblement des têtes couronnées, chefs d'État et personnalités de haut rang à la tristesse des foules populaires massées sur le parcours ; du puissant souffle spirituel du cérémonial à Saint-Paul à l'humilité de la sépulture dans un minuscule cimetière campagnard ; de l'alternance du gris du ciel et du noir du deuil avec le chatoiement des mille couleurs savamment disposées tout au long du parcours. Quelles plus splendides funérailles une nation pouvait-elle offrir à celui qu'elle reconnaissait comme un sauveur ?

Au lendemain de l'événement, il restait au poète lauréat Cecil Day-Lewis à célébrer à la BBC, sous le titre *Who goes home?*, en des vers mi-élégiaques mi-épiques, le dernier voyage de l'homme d'État et du patriote parti pour sa dernière demeure :

> *Soldier, historian,*
> *Orator, artist – he*
> *Adorned the present and awoke the past;*
> *Now ended his long span,*
> *A one-man ministry*
> *Of all the talents has resigned at last.*

....

So he becomes a myth,
A dynast of our day
Standing for all time at the storm's rough centre
Where he, a monolith,
Of purpose grim and gay,
Flung in the waves' teeth the rock's no-surrender.
....

Who goes home? goes home?
By river, street and dome
The long lamenting call echoes on, travels on
From London, further, further,
Across all lands. The Mother
Of Parliaments is grieving for her great, dead son.
....

Who goes home? A man
Whose courage and strong span
Of enterprise will stand for ages yet to come.
Storm-riding heart now stilled
And destiny fulfilled,
Our loved, our many-minded Churchill has gone home[1].

1. Soldat, historien / Orateur, peintre / Illustrant le présent, réveillant le passé / Composant à lui seul un ministère de tous les talents / Au terme de son long parcours / Il a donné sa démission.
Mythe vivant / Seigneur de notre temps / Toujours debout dans la tempête / Monolithe menaçant et souriant / Il lance à la crête des vagues / Son cri : Nous ne nous rendrons jamais !
Qui part pour sa dernière demeure ? / À travers la capitale, la cathédrale, le fleuve / L'écho des lamentations poursuit sa longue route / Sur toute la terre / La Mère des Parlements/ Pleure son noble fils défunt.
Qui part pour sa dernière demeure ? / Un homme au courage et à l'énergie impérissables dans les âges futurs / Cœur déchaîné enfin calmé / Son destin maintenant accompli / Notre Churchill bien-aimé, Churchill aux mille dons / S'en est allé vers sa dernière demeure.

INTRODUCTION

Géant du xxe siècle, Winston Churchill n'a cessé de
fasciner l'imaginaire de ses compatriotes comme il
continue de fasciner celui des étrangers – déjà de son
vivant, mais sans doute plus encore depuis sa mort. Soldat, journaliste, député, politicien, écrivain, peintre, historien, orateur, homme d'État, le « grand Churchill » –
comme le général de Gaulle, président de la République
française, l'a appelé un jour dans un discours solennel à
Westminster, arrachant des larmes à son vieux compagnon octogénaire – a accumulé dans sa longue existence
les actions d'éclat en même temps que les honneurs :
Companion of Honour (1922), ordre du Mérite (1946),
chevalier de la Jarretière (1954), compagnon de la Libération (1958), citoyen d'honneur des États-Unis (1963),
l'homme, dont on a dit qu'il était 50 % Américain, mais
100 % Anglais, à la fois a fait l'histoire et écrit l'histoire.

En vérité, cet aristocrate – le dernier à diriger l'Angleterre – a été tout au long de sa vie un être d'exception et
de contradictions. À la fois romantique et réaliste,
mélange d'ambition et de conviction, aventurier connaissant les vertus du compromis, il oscillait sans cesse du
génie à la frivolité. S'il se laissait parfois égarer par son
imagination, il savait aussi retrouver les chemins de la
raison et du bon sens. Une longue expérience politique,

19

un patriotisme intransigeant, un don inné d'expression, une prodigieuse énergie mentale : autant d'atouts qui ont fait de lui un personnage hors norme, aussi séduisant qu'inclassable, persuadé de surcroît qu'il avait été désigné par la Providence pour sauver son pays. Capable d'intuitions fulgurantes, mais également de démesure et d'aveuglement si une idée fixe le possédait, aussi irresponsable quand il était privé du pouvoir que tyrannique quand il l'exerçait, ce fut l'homme de l'excès, dans l'inflexibilité comme dans l'émotivité. Témoin le mot que l'on prête à lord Birkenhead : « Quand Winston a raison, il est unique. Mais quand il se trompe – ah ! mes aïeux [1] ! » Dévoré par l'égocentrisme, il a toujours déployé au service de son action une volonté de fer et une pugnacité sans défaillance, ce qui explique tout ensemble ses succès et ses échecs. D'autant que, sur le plan psychologique, son tempérament cyclothymique faisait alterner chez lui phases de dépression et périodes d'excitation et d'euphorie.

À cet être d'exception le destin n'a accordé qu'un bref espace de temps au firmament. Par comparaison, le général de Gaulle a eu plus de chance, puisque, si pour lui aussi le printemps 1940 et les années de guerre ont été cruciales, la traversée du désert a débouché sur la Ve République, tandis que chez Churchill le retour au pouvoir de 1951 à 1955 n'est éclairé que d'un pâle soleil couchant, le Premier ministre, ombre de lui-même, donnant l'impression d'un homme à la fois du passé et dépassé. Malgré tout, les cinq années de 1940 à 1945 ont suffi à assurer sa gloire dans la mesure où elles ont fait de lui le premier artisan de la victoire sur l'Allemagne nazie et l'ont rangé à jamais au panthéon des grands hommes du xxe siècle.

1. Cf. John Campbell, *F.E. Smith, First Earl of Birkenhead*, Londres, Pimlico, 1983, 2e éd., 1991.

*

* *

Si écrire la biographie d'un personnage tel que Churchill apparaît comme une gageure, prévenons d'entrée de jeu le lecteur. Il ne trouvera dans ce livre ni document nouveau, ni découverte d'archives, ni apport inédit. Toute la documentation disponible, des papiers Churchill aux innombrables archives, témoignages, souvenirs et écrits des contemporains, a été patiemment rassemblée et savamment exploitée dans la biographie « officielle » publiée entre 1967 et 1988 en huit volumes par Randolph Churchill, qui l'a entreprise (tomes I et II), et par Martin Gilbert, qui l'a poursuivie et achevée (tomes III à VIII), accompagnée de 15 volumes de documents couvrant la période 1874-1940 (*Companion Volumes*). À quoi il convient d'ajouter les 8 volumes de discours édités en 1974 par Robert Rhodes James.

On le voit, le territoire a été intensivement labouré. Et on peut affirmer, sans crainte d'être démenti par les faits, que nul trésor ne reste enfoui dans les archives, publiques ou privées – tout juste sans doute quelques paillettes de portée limitée. Dans la mesure où une littérature immense existe sur le sujet, il serait aussi vain que présomptueux de prétendre entrer en compétition avec les segments les plus savants de ces travaux.

C'est pourquoi nulle friche imprévue n'a servi à rédiger cet ouvrage. Nous nous sommes avant tout attaché à proposer un éclairage d'ensemble du personnage et de la carrière de Winston Churchill, de manière à offrir, à travers les étapes contrastées de son existence une interprétation de sa personnalité, de son rapport au pouvoir et de son action dans une conjoncture historique allant du jubilé impérial de la reine Victoria à Hitler et au point culminant de la guerre froide.

*
* *

Dans cette perspective, qu'il nous soit permis, au départ, d'exposer brièvement, en même temps que les ambitions de cette biographie historique, la méthode adoptée pour l'écrire. Car, loin d'être un exercice facile, l'entreprise se révèle aussi redoutable qu'exaltante. De façon générale, il est vrai, une biographie, comme l'a écrit un des maîtres du genre, P.M. Kendall, est « le métier-science-art de l'impossible[1] ». Certes, on pourrait se contenter de résumer la vie et l'œuvre de Churchill par la formule lapidaire frappée par Richelieu, à propos de Montluc, pour décrire ses actes, ses écrits et son statut de grand homme : « *Multa fecit, plura scripsit, magnus tamen vir fuit.* » Mais le procédé apparaîtrait quelque peu frustrant... D'autant que l'on doit considérer une biographie comme une œuvre de création – une création explicative et interprétative – et non comme un simple travail de reproduction ou de reconstitution.

De surcroît, la biographie s'inscrit au cœur du grand mouvement actuel de l'historiographie marqué par la restauration de l'acteur. Après trente glorieuses années dominées par le primat des forces collectives et des *trends* séculaires ou multiséculaires, voici que le sujet est de retour, que l'individuel est réhabilité, que retrouve sa place centrale l'homme « seul être de chair et d'os », selon le mot de Marc Bloch. De là l'attention apportée aux individus concrets dans leur vécu, au lieu des êtres abstraits et anonymes composant les séries et les groupes. Ce qui ne s'oppose nullement à la gestation d'un nouveau type de biographie, à l'écart des errements « psychologisants » ou anecdotiques d'antan, mais au

---

1. Paul Murray Kendall, *The Art of Biography*, Londres, Allen and Unwin, 1965, p. x.

contraire axée sur l'histoire-problème selon une démarche analytique, rigoureuse et scientifique. Une telle approche, a écrit avec raison Jacques Le Goff, « peut même devenir un observatoire privilégié pour réfléchir utilement sur les conventions et les ambitions du métier d'historien, sur les limites de ses acquis, sur les redéfinitions dont il a besoin[1] ».

Plus que d'autres genres, la biographie passe donc par la structure narrative. Ici le récit historique tient une place capitale. C'est même ce qui donne sa saveur au microcosme d'une vie, dans laquelle on sent la palpitation de l'être – cette existence serait-elle aussi pleine, et même aussi romanesque, que celle de Churchill. Cependant il convient d'échapper à la tentation qui guette tout biographe : celle de céder à la démarche téléologique, dans la mesure où par la force des choses il doit saisir *a posteriori* l'essence de la trajectoire suivie par son sujet. De là l'écueil consistant à dérouler un fil conducteur déterminé d'allure plus ou moins continue. Or c'est un impératif absolu du champ biographique que d'y préserver l'espace de la contingence. Ici la liberté doit l'emporter sur le déterminisme, et c'est avec justesse que Giovanni Levi a pu écrire que, comme instrument de connaissance historique, « la biographie constitue [...] le lieu idéal pour vérifier le caractère interstitiel – et néanmoins important – dont disposent les agents[2] ». On voit d'ailleurs aisément combien il serait erroné, dans le cas de Churchill, de présenter son itinéraire comme une longue et lente ascension vers un quinquennat de pouvoir et de gloire.

Reste un problème majeur : celui de la place des grands hommes dans l'histoire. On a soutenu non sans

---

1. Jacques Le Goff, *Saint Louis*, Paris, Gallimard, 1996, p. 15.
2. Giovanni Levi, « Les usages de la biographie », *Annales ESC*, novembre-décembre 1989, p. 1333.

raison que les grandes figures éclairent leur temps et que leur temps les éclaire. Pour sa part, dans un essai datant de 1931, Winston avait réfléchi à cette question qui le hantait d'autant plus qu'il a toujours eu le sentiment d'un appel, d'une vocation providentielle : quel rôle tient l'acteur dans l'histoire ? Faut-il voir en lui une clef ou seulement le reflet et le jouet de grandes forces collectives qui le dépassent, soit qu'il les exprime, soit qu'il les utilise ? « L'histoire est-elle la chronique des hommes et des femmes célèbres ou bien seulement de la manière dont ils ont répondu aux courants, aux forces et aux mouvements de leur temps [1] ? »

Tandis que c'est la seconde perspective que l'on trouve aussi bien chez Raymond Aron (qui récuse une controverse « ne menant à rien » et refuse de reconnaître la biographie comme un « genre historique ») que chez Fernand Braudel (« paradoxalement le grand homme d'action est celui qui pèse exactement l'étroitesse de ses possibilités, qui choisit de s'y tenir et de profiter même du poids de l'inévitable »), en revanche Claude Lévi-Strauss a reconnu, non sans une pointe de condescendance, des mérites à l'histoire biographique, même s'il est indéniable qu'elle « ne contienne pas en elle-même sa propre intelligibilité ». En effet, « l'histoire biographique et anecdotique est la moins explicative ; mais elle est la plus riche du point de vue de l'information, puisqu'elle considère les individus dans leur particularité. [...] Le choix relatif de l'historien n'est jamais qu'entre une histoire qui apprend plus et explique moins et une histoire qui explique plus et apprend moins [2]. »

1. W. Churchill, « Mass Effects in Modern Life », *Thoughts and Adventures* (1932). L'article a paru dans le *Strand Magazine* en mai 1931.
2. Cf. Raymond Aron, *Introduction à la philosophie de l'histoire : essai sur les limites de l'objectivité historique*, Paris, Gallimard, 1938, pp. 81 et 181 ; Fernand Braudel, *La Méditerranée et le monde méditerranéen à l'époque de Philippe II*, Paris, A. Colin, 2e éd., 1966, t. II, p. 520 ;

En réalité l'interaction est continuelle entre l'individu et le milieu. De là un équilibre fragile et changeant, tout particulièrement dans une vie combattante comme celle de Churchill, avec son parcours agonistique, ses bifurcations et ses contradictions, sans parler d'une large dose d'improvisation au contact des circonstances, malgré la permanence des principes et des croyances. Comme l'a écrit avec pertinence Henri Berr, « de même qu'il y a des hasards indifférents et des *événements*, il y a des individualités négligeables et des *personnages*. Comme l'événement a été défini par la multiplicité et la durée des effets, le personnage se doit définir par l'ampleur et la portée de l'influence[1]. » En d'autres termes, nous dirons que ce qui fait qu'un individu devient un *personnage* ne dépend pas de lui seul. Dans cette synergie entre la personne et les forces historiques en action, Winston a été à la fois le metteur en œuvre et le metteur en scène.

*
* *

Ce qui, dans le cas de Churchill, vient compliquer grandement l'analyse du personnage historique, c'est l'entrelacs qui s'est opéré très tôt entre l'histoire et le mythe – à vrai dire dès son vivant – et auquel lui-même a puissamment et savamment contribué – jusqu'à affirmer : « L'histoire me justifiera, en particulier parce que je l'écrirai moi-même. » C'est un fait qu'en donnant sa propre version de la Seconde Guerre mondiale, ainsi que de maints épisodes de sa carrière, Churchill a réussi à imposer ses vues, son interprétation, son orthodoxie,

Claude Lévi-Strauss, *La Pensée sauvage*, Paris, Plon, 1962, pp. 346-347.
1. Cf. Henri Berr, *La Synthèse en histoire* (1911), rééd. Paris, Albin Michel, 1953, p. 76.

appliquant à la lettre l'aphorisme d'Oscar Wilde : « N'importe qui peut faire l'histoire. Seul un grand homme peut l'écrire. »

Autour du héros s'est ainsi forgée une légende dorée, cultivée sans fard et sans frein de 1940 à aujourd'hui, qui a envahi non seulement la mémoire britannique, mais aussi les mémoires européennes et américaines. Encensé déjà de son vivant, servi par l'image de vitrail projetée par ses *Mémoires de guerre,* célébré par le clan amical des *Churchillians* qui ont accrédité et propagé une version canonique solidement ancrée jusqu'à aujourd'hui, Churchill doit maintenant être soumis à une étude critique, serrée et balancée, qui fasse litière d'une historiographie dominée par une exégèse pieuse et triomphaliste, unilatérale et biaisée. D'autant qu'avec son sens aiguisé de la publicité cet enfant chéri de la mythologie de notre temps a réussi à merveille durant toute son existence dans le rôle de grand communicateur. Artiste en matière de rhétorique, acteur sachant bien calculer ses effets, Churchill, servi par la photo, le film, les médias – sans oublier la peinture –, a bénéficié *ad libitum* d'images légendaires inscrites jusque dans l'inconscient. Qu'on cite seulement son nom, et voici que surgit la figure de l'homme au cigare et au V de la victoire, accoutré de tenues pittoresques, alliant prestance et humour, adversaire acharné de Hitler et défenseur de la liberté du monde.

En sens inverse, s'est développée çà et là une légende noire, réduisant l'homme d'État tantôt au rôle de séide cynique de la realpolitik et de politicien égoïste mû par une volonté de puissance destructrice et meurtrière, tantôt au statut d'apprenti sorcier d'un nationalisme buté, anachronique et dépassé. Dès ses débuts politiques, Winston, par sa personnalité flamboyante autant qu'imprévisible, avait suscité les passions et déchaîné les polémiques, tout en se faisant, à côté d'amis fidèles, une multitude d'ennemis. Haï par les conservateurs (qui de plus lui reprochent d'avoir trahi sa classe), regardé avec méfiance par les libéraux, détesté par le Labour, il a pu voir à chacun de ses échecs – en 1915, dans les années 30, en 1945 – la joie mauvaise de ses adversaires trop heureux de son infortune.

Dans ce domaine, malgré tout, on reste dans le cadre de l'arène politique. D'autres, en revanche, ont lancé des assauts d'une tout autre portée. Témoin, au lendemain de la Première Guerre mondiale, l'attaque au vitriol de l'écrivain Osbert Sitwell qui en 1919, dans *Trois satires* et sous le titre « The *Winstonburg* Line » (parodie de la « ligne Hindenburg »), a accusé Churchill d'être un fanatique de la guerre, un militariste enragé et avide de sang qui, après avoir fait tuer un million d'hommes à Gallipoli, ne rêve que d'intervention en Russie [1]. On peut citer aussi, sur le plan littéraire, la pièce à scandale de Rolf Hochhut, *Soldats* (1967), mise en accusation passionnée et sommaire d'un Churchill valet de Staline, complice du crime de Katyn, assassin du général Sikorski, être maléfique faisant massacrer par ses aviateurs des centaines de milliers de civils allemands sans défense [2]. Dernier avatar en date : les allégations, plus ou moins accréditées par Renzo de Felice, selon lesquelles ce serait les services secrets britanniques qui en 1945, sur ordre du Premier ministre, auraient incité la Résistance lombarde à exécuter Mussolini de façon à supprimer des lettres compromettantes adressées par Churchill au Duce. Et ne parlons pas du révisionniste David Irving, convaincu que Chur-

---

1. Deux de ces poèmes ont paru dans le *Daily Herald* de juillet 1919, le troisième dans *The Nation* : cf. Osbert Sitwell, *The Collected Satires and Poems of O. Sitwell*, Londres, Henderson, 1931.
2. La pièce, jouée à Berlin en octobre 1967, a été refusée à Londres par le National Theatre. Traduite en anglais, elle a paru sous le titre *Soldiers : an Obituary for Geneva*, New York, Samuel French, 1968.

chill est en train de griller en enfer aux côtés de Staline et de Hitler...

À l'écart de ces outrances, s'est développée une historiographie critique et souvent de qualité, reposant sur de patients dépouillements d'archives. De là une entreprise de démythification, bienvenue sur le principe, mais qui charrie le meilleur et le pire. Dans la première catégorie on peut ranger les fines analyses de Robert Rhodes James, qui, étudiant la carrière de Churchill de 1900 à 1939, l'a intitulée, arguments solides à l'appui, l'« histoire d'un échec ». D'autres travaux, comme ceux de Paul Addison, ont mis en lumière sur le plan intérieur les louvoiements et les limites du personnage [1].

Surtout, on a montré que la ligne « antiapaisement », tant prônée par les fidèles du héros, a été fortement majorée après la guerre. Lui-même ne l'a jamais soutenue vis-à-vis de l'Italie (il a même eu des mots malheureux à la louange de Mussolini) ni du Japon. La seule menace était celle de l'Allemagne hitlérienne, expansionniste et guerrière, contre laquelle Winston a multiplié les avertissements à partir de 1934. Plaidant pour un réarmement accéléré de l'aviation (mais ni de la marine ni de l'armée de terre, tant était grande sa confiance dans l'armée française), songeant même à une alliance avec l'URSS, il a durant la crise des Sudètes adopté une position de grande fermeté qui lui a fait condamner sans appel l'accord de Munich et émettre un très sombre pronostic pour l'avenir si l'esprit munichois continuait de prévaloir au sommet de l'État. Par chance les événements se sont alors mis à lui donner raison, et du même coup s'est opéré un retour du balancier en sa faveur, qui a permis aux « churchilliens », après la guerre, de vanter sur tous les tons sa lucidité et son courage.

1. Robert Rhodes James, *Churchill : a Study in Failure 1900-1939*, Londres, Weidenfeld and Nicolson, 1970 ; Paul Addison, *Churchill on the Home Front 1900-1955*, Londres, Cape, 1992.

Mais d'autres historiens anglais ont voulu pousser à son terme le processus de désacralisation du héros, en prenant systématiquement – et abusivement – le contre-pied de la version accréditée. *Grosso modo*, leur thèse se résume ainsi : Churchill, loin d'avoir été le sauveur de son pays entre 1940 et 1945, comme l'affirme la mémoire nationale aussi bien que le chœur des historiens, a été en réalité le naufrageur de la grandeur britannique. Sa gloire est donc une gloire usurpée à coups d'autocélébrations et de légendes pieuses. En effet, pour l'Angleterre, la Seconde Guerre mondiale n'a abouti qu'à deux résultats : la perte de l'empire et l'abaissement au rang de satellite des États-Unis. Et cela essentiellement par la faute d'un Premier ministre victime de nostalgies passéistes et obsédé par une politique de guerre à outrance qui a entraîné son pays sur la voie de la décadence.

Déjà c'est ce qu'avait prétendu, après 1945, Oswald Mosley, le leader des fascistes britanniques. Sous une forme beaucoup plus raffinée, Correlli Barnett, dans son livre de 1970 *The Collapse of British Power*, a soutenu que le slogan churchillien « La victoire à tout prix » avait à la fois ruiné l'économie du pays et fait de lui une dépendance américaine. Récemment, John Charmley a intitulé sa biographie très fouillée « La fin de la gloire » – cette gloire usurpée à coups d'autocélébration et de complaisance pour les légendes pieuses [1]. Selon Charmley, si Churchill a entraîné son pays dans l'abîme, c'est parce qu'il était fondamentalement prisonnier d'une vision archaïque, victime de son imagination romantique, obsédé par une mémoire historique trompeuse. Car ce vieil impérialiste vivait dans le passé, se croyant encore aux temps glorieux de la grande Elizabeth ou de

---

1. John Charmley, *Churchill : the End of Glory. A Political Biography*, Londres, Hodder and Stoughton, 1995.

son aïeul Marlborough. Parce qu'il refusait obstinément de reconnaître le déclin de l'Angleterre comme grande puissance, il a choisi de s'enfermer dans une politique de guerre à outrance qui a coûté en fin de compte extrêmement cher à son pays. Tandis qu'à l'intérieur, à force de n'accorder d'attention qu'à la guerre, il a laissé s'installer le cheval de Troie socialiste qui a triomphé aux élections de 1945. Ainsi, à la fin du conflit, l'Angleterre, abaissée, appauvrie, réduite à ses seules forces, s'est retrouvée définitivement incapable de faire l'histoire. Autrement dit, la rhétorique churchillienne n'a servi que de cache-misère à une nation en décadence. Contrairement à la légende dorée, le Churchill de 1940, loin de devoir être porté aux nues comme un géant dans un combat de titans, n'apparaît plus que comme un colosse aux pieds d'argile.

Mais aux sophismes de ce révisionnisme radical, ne peut-on répondre, comme l'ont fait de bons esprits qui ne sont nullement des dévots de Churchill, qu'avec ou sans guerre le déclin de la puissance britannique, déjà largement entamé, était irrémédiable et que le phénomène de la décolonisation, lui aussi bien amorcé – notamment en Inde –, ne dépendait d'aucun Premier ministre britannique ? D'autre part, il apparaît peu sérieux d'affirmer qu'en 1945 Churchill a ouvert la porte au socialisme à l'intérieur et au communisme à l'extérieur. Comment ne pas comprendre que, à partir du moment où l'Armée rouge occupait Berlin, Prague et Vienne – parce que les Anglo-Américains avaient délibérément choisi une stratégie moins coûteuse en vies humaines –, il n'y avait guère de chance pour quiconque d'empêcher le communisme de dominer la moitié de l'Europe ?

*
* *

C'est pourquoi, dans ce livre, notre objectif est, à l'écart de toute complaisance, de contribuer à restituer la figure du vrai Churchill. En dégageant les vecteurs de sa trajectoire dans la sphère publique – sans négliger pour autant sa vie privée et sa famille. En tentant de percer l'opacité de l'être. Existe-t-il un ou plusieurs Churchill ? Quelle stature lui affecter ? Quel sens donner à cette vie de lutteur ? Comment interpréter la relation entre l'homme, son temps et son pays ?

Chapitre premier

Une jeunesse dorée
1874-1900

Un patricien

Le lundi 30 novembre 1874, à 1 h 30 du matin, dans une chambre du château de Blenheim transformée à la hâte en salle d'accouchement, la jeune lady Randolph Churchill donnait naissance à un bébé de sexe masculin appelé à régir, le jour venu et pendant un lustre, le destin de l'Angleterre en même temps que le sort du monde.

L'enfant est l'héritier d'un long et éclatant lignage. L'ascendance noble des Churchill, en effet, remonte loin dans le passé. On mentionne par exemple au xie siècle un certain Othon de Leon, châtelain de Gisors, dont le fils aurait combattu à Hastings dans les rangs de l'armée de Guillaume le Conquérant. Au siècle suivant on trouve un Jocelyn de Churchill seigneur dans le Devon. Avec plus de certitude, la généalogie familiale remonte en direction de la gentry du Dorset, d'où sort de l'obscurité, au xviie siècle, le premier ancêtre connu, au nom prédestiné : sir Winston Churchill. Ce petit *squire* volontaire et têtu est un champion des causes perdues : après avoir pris le parti de Charles Ier dans la guerre civile et sacrifié sa fortune, il a adopté en espagnol la devise *Fiel pero desdichado* – « fidèle, mais infortuné ». Historien à ses heures, il a laissé un gros ouvrage à la gloire des rois d'Angleterre.

Son principal mérite, cependant, c'est d'avoir engendré le héros de la famille, le grand Marlborough, à la gloire impérissable de vainqueur du Roi-Soleil – auquel son descendant consacrera entre 1933 et 1938 une biographie monumentale et admirative. Né en 1650, John Churchill, devenu duc de Marlborough en 1702 et nommé en 1705 prince du Saint Empire romain germanique, était un homme à double visage. À Londres, ce courtisan opportuniste et habile, ambitieux et intrigant (sans scrupules il avait trahi Jacques II pour se rallier à Guillaume d'Orange), a eu la chance que sa femme Sarah, épousée en 1677, fût l'amie préférée de la reine Anne. Celle-ci, montée sur le trône en 1702, lui a immédiatement confié le commandement des armées anglaises sur le continent en vue de la guerre contre la France. Sur le terrain, c'était un capitaine hors de pair, le meilleur chef de guerre du temps, doué d'un sens tactique aigu, aimé de ses officiers et de ses soldats, dont la série de victoires éclatantes remportées sur les forces françaises et espagnoles – Blindheim en Bavière en 1704 (connue en Angleterre sous le nom de bataille de Blenheim et en France de Hoechstaedt), puis entre 1706 et 1709 Ramillies, Oudenarde, Malplaquet – ont brisé l'hégémonie de Louis XIV en Europe. Mais sa cupidité et son arrogance provoquent, à la faveur d'une accusation de concussion, sa disgrâce et même son exil temporaire en 1712. Il finira ses jours, vieilli et amer, dans son château de Blenheim, où il est mort en 1722.

C'est en 1704 que la reine Anne, en récompense du fait d'armes de Blenheim, a offert au vainqueur un vaste domaine de 800 hectares à Woodstock, près d'Oxford, pour y construire une grande demeure ducale – que Winston qualifiera de pharaonesque (la cour d'entrée à elle seule est capable de contenir un régiment). La majestueuse construction est l'œuvre des plus grands architectes du temps, Vanbrugh et Hawksmoor. Trois corps de logis – dont le bâtiment central coiffé de quatre tours de pierre et d'un portique à large fronton –, des appartements intérieurs décorés par des artistes célèbres, un parc immense planté de grands arbres et orné d'une haute colonne de la victoire : l'énorme palais aux mille fenêtres, où la solennité l'emporte sur l'agrément, a davantage l'allure d'un mémorial que d'une résidence de famille (le château est la seule demeure aristocratique en Angleterre à avoir droit au titre de « palais », normalement réservé aux résidences royales).

Pourtant Winston Churchill est resté toute son existence très attaché au lieu qui l'a vu naître. C'est là, a-t-il expliqué plus tard, qu'il a pris les deux plus importantes décisions de sa vie : « Naître et me marier, et je n'ai jamais regretté ni l'une ni l'autre. » C'est aussi dans le cimetière de Bladon, le petit village voisin, presque en vue du château familial, qu'il a choisi d'être enterré aux côtés de son père et de sa mère. Il y a chez lui une loyauté indéfectible, instinctive, presque tribale, à la famille Marlborough. Lui-même restera toujours rempli de déférence et de respect – traits qui ne le caractérisent guère – envers le chef de la dynastie, quoique ni le septième duc, son grand-père, ni le huitième, débauché et dépensier, ni même le neuvième, son cousin « Sunny », n'aient brillé par leur vie publique ou privée.

Dans ce cadre prestigieux de Blenheim, où tout rappelle la mémoire de l'ancêtre chef de guerre, l'esprit enfiévré par la gloire militaire du jeune Winston s'est convaincu tout naturellement que « les batailles sont les événements marquants de l'histoire du monde » et que c'est la volonté qui décide du sort des nations : « Dans toutes les grandes luttes du passé, le succès est allé à celui qui a montré un pouvoir supérieur de volonté capable d'arracher la victoire aux griffes de l'adversité. »

De là le seul mot d'ordre qui vaille : combattre ! (« *Fight on*[1] *!* »).

Le garçon né dans la nuit du 29 au 30 novembre 1874 a reçu le nom de Winston Leonard Spencer Churchill. Winston, on l'a vu, est un prénom traditionnel dans la famille depuis le XVIIe siècle, et c'est précisément celui du grand-père paternel de l'enfant, le septième duc de Marlborough. Leonard correspond au prénom du grand-père maternel, Leonard Jerome. Quant au nom de Spencer, c'est le résultat d'une alliance ancienne : comme le grand John Churchill n'avait pas d'héritier mâle, lorsqu'en 1700 il a marié sa fille à Charles Spencer, comte de Sutherland – une autre grande famille de l'aristocratie –, le nom des Spencer s'est trouvé officiellement accolé à celui des Churchill. D'où les initiales qui désignent notre héros sur de nombreux documents : WSC, c'est-à-dire Winston Spencer Churchill.

Ainsi, c'est dans un cadre social extraordinairement privilégié qu'est né et qu'a grandi le futur Premier ministre. Un univers alliant tout à la fois la richesse, le pouvoir et le prestige de la vieille aristocratie terrienne, dans la hiérarchie de laquelle de surcroît les ducs occupent le niveau supérieur. Toutes les portes s'ouvriront sans peine devant le jeune patricien, habitué dès le plus jeune âge au faste, à la considération, aux honneurs. Symbole d'une vie passée tout entière dans les blandices de l'establishment : Churchill n'a pris le métro qu'une fois dans sa vie – en 1926, pendant la grève générale.

Autre chance pour le petit Winston, pour laquelle il devra une éternelle reconnaissance aux fées qui en grand nombre se sont penchées sur son berceau : c'est dans une branche cadette de la famille Marlborough qu'il est venu

---

1. W. Churchill, *Marlborough : his Life and Times*, vol. III, p. 433; vol. IV, p. 96; *Secret Session Speeches*, éd. C. Eade, Londres, Cassell, 1946, p. 45, House of Commons, 25 juin 1941; trad. fr., P. Dupont, 1947, p. 70.

au monde. Nul problème donc pour entrer à la Chambre des communes et y faire carrière, condition essentielle d'un grand avenir politique. En effet, au tournant du siècle, Salisbury a été le dernier membre de la Chambre des lords à occuper le 10 Downing Street, tandis que sur les dix Premiers ministres qui se sont succédé ensuite entre 1902, moment de l'entrée de Churchill en politique, et 1955, date de son départ du pouvoir, tous ont été des élus de la Chambre des communes.

Du côté paternel comme du côté maternel, l'enfant appartient au rang supérieur des privilégiés, tant par le nom que par la fortune. Pendant l'été 1873, son père, lord Randolph Churchill, avait rencontré aux régates royales de l'île de Wight une héritière américaine d'une grande beauté, Jennie Jerome, âgée de dix-neuf ans. Ce fut le coup de foudre immédiat, et le mariage, décidé sur-le-champ, eut lieu le 15 avril 1874 à la chapelle de l'ambassade de Grande-Bretagne à Paris, où habitait alors la mariée. De retour à Londres pour la « saison », le couple s'était lancé aussitôt dans la vie très libre de fêtes et de plaisirs qui devait être la sienne au fil des années. C'est d'ailleurs, dit-on, pour avoir trop dansé au cours d'un bal donné au château de Blenheim que la jeune et sémillante lady Randolph avait ressenti les premières douleurs de la parturition. Si la version officielle de la venue au monde du petit Winston, à savoir l'arrivée inattendue d'un enfant prématuré, a pour des raisons évidentes de convenance prévalu dans la chronique churchillienne, à l'époque cette naissance survenue sept mois et demi seulement après le mariage des parents n'avait pas laissé de susciter maints commentaires dans la bonne société. On en retiendra le signe – il y en aura bien d'autres – que dès le berceau l'existence de Winston Churchill se situe hors des cadres conventionnels...

Son père, personnalité brillante, bouillante, batailleuse, pour lequel il a éprouvé durant toute sa vie une admiration sans bornes, a connu un destin à la fois météorique et tragique. Porteur de l'un des plus grands noms d'Angleterre, élevé à Eton et à Oxford, lord Randolph Churchill, grâce à sa position de cadet de grande famille, avait été élu à vingt-quatre ans en 1874 député conservateur du bourg familial de Woodstock. Muni de tous les dons, raffiné et plein de charme, causeur spirituel et caustique, doué d'une vive intelligence, bon orateur sachant manier la formule percutante sans dédaigner la pointe qui fait mouche, il paraissait promis aux plus hautes destinées, son objectif non déguisé étant de prendre la tête du Parti conservateur.

Mais une instabilité brouillonne, un égocentrisme maladif, une ambition procédant par impulsions hâtives au lieu de calculs réfléchis sont venus sans cesse gâcher ses entreprises. « Être César ou rien », avait-il confié à sa mère : faute de conquérir la première place, Randolph Churchill s'est effectivement voué au néant. D'autant que chez ce maniaco-dépressif les phases de découragement et de lassitude alternaient avec les accès d'activisme, tandis que les foucades de l'homme de plaisir adonné à la chair, au jeu et au turf l'ont fait juger durement par ses pairs. En dépit de son brio, notait dans son journal lord Derby, c'est « un personnage douteux, à peine un gentleman, probablement atteint de folie[1] ».

Pourtant, ses premiers pas dans la carrière politique s'étaient annoncés prometteurs. Pour lui la clef du succès reposait sur une idée simple, au demeurant riche d'avenir : il fallait, en un âge de démocratisation et d'élargissement du suffrage, que le Parti conservateur s'appuyât désormais sur les classes populaires urbaines

---

1. Cité par R.F. Foster, *Lord Randolph Churchill : a Political Life*, Oxford, Clarendon Press, 1981, p. 177.

en plein essor au lieu de compter principalement comme jusqu'ici sur les campagnes. Aussi, à la tête d'un quarteron baptisé le *Fourth Party*, se pose-t-il à partir de 1880 en champion d'un nouveau torysme, le « torysme démocratique ». La voie d'avenir des tories, proclame-t-il, en même temps que leur vocation originelle, c'est l'alliance avec le peuple. Sans nul doute le programme reste assez confus, mais il y a là une stratégie grosse d'atouts pour le futur, dans le sillage de Disraeli. De ces idées, de cette ligne politique, Winston a été profondément marqué, et c'est sans conteste l'influence paternelle qui explique, parallèlement à l'ambition et aux considérations de carrière, ses allées et venues entre Parti libéral et Parti conservateur ainsi que la tonalité propre de son torysme.

Vers 1885-1886, lord Randolph a réussi à se hisser au premier rang des hommes politiques du jour et sa popularité est au zénith. Consécration éclatante : lord Salisbury lui confie le poste de chancelier de l'Échiquier dans le gouvernement qu'il forme après le succès des conservateurs et des unionistes aux élections de 1886. Mais la chute n'est pas loin. Affaibli par la maladie – depuis des années il souffre de la syphilis –, mal vu par ses collègues ministres qu'il exaspère en voulant se mêler de tout, en particulier des affaires étrangères et de la défense, il commet l'erreur capitale, au bout de cinq mois, de présenter, en un geste de bravade, sa démission. Cette dernière, contrairement à son attente, est immédiatement acceptée par le Premier ministre. Ainsi, par une impulsion inconsidérée, il a ruiné sa carrière politique qui est désormais terminée. Dès lors, miné par un mal inexorable, accumulant les dettes (à sa mort il devra 67 000 livres sterling à ses banquiers, les Rothschild), il passe ses dernières années partagées entre occupations mondaines, voyages à l'étranger et vie à la campagne, sans beaucoup s'occuper de son fils Winston, jusqu'au jour où, victime de la paralysie générale et devenu l'ombre de lui-même, il meurt le 24 janvier 1895 à l'âge de quarante-cinq ans.

D'apparence brillante, et parée de mille feux, l'existence de lady Randolph Churchill, sans pour sa part connaître ni la roche Tarpéienne ni une mort prématurée, n'en a pas moins été elle aussi marquée par le timbre tragique de l'échec. Née pour la séduction et le plaisir, « Jennie » a croqué la vie à pleines dents, mais, à force de papillonner sur la scène londonienne, elle n'a pas laissé d'expérimenter la vanité du monde – tout spécialement du grand monde –, avant de finir assez misérablement dans l'obscurité de deux remariages ratés. Elle-même n'a guère su s'occuper de son fils enfant, et une fois adulte Winston n'a pas pu grand-chose pour elle.

Jennie Jerome était la fille d'un brasseur d'affaires new-yorkais, Leonard Jerome, surnommé « le roi de Wall Street », personnage fantasque et dissipé, tour à tour richissime et ruiné. À sa naissance, en 1854, Jennie avait été prénommée ainsi du nom de la cantatrice suédoise Jenny Lind, « le rossignol de Suède », qui était alors la maîtresse en titre de son père. D'origine française huguenote, la famille avait émigré en Angleterre, puis aux États-Unis. On lui attribuait aussi du sang iroquois, ce qui aurait expliqué les cheveux noirs et le teint de lady Randolph. Avec son esprit imaginatif et romantique, Winston Churchill s'est toujours considéré comme un enfant des deux mondes, le produit de l'Ancien et du Nouveau. Comment du reste un jeune homme d'avenir ne se serait-il pas enfiévré à l'idée que sang bleu et sang de Peau-Rouge coulaient mêlés dans ses veines ?

Jennie a passé son adolescence à Paris, où sa mère, séparée de Leonard Jerome, l'a emmenée vivre de 1867 à 1873 et où elle a approché la cour impériale, tout en acquérant une excellente culture française – ainsi que le surnom de « Jeannette ». Sitôt mariée, elle s'est jetée dans la vie mondaine de plaisirs et de fêtes habituelle à la *high society*. Bals et dîners, courses et jeux se succèdent au milieu des extravagances et sans reculer devant les dépenses les plus folles. Au bout de quelques années, les deux époux ont choisi de vivre séparés, en sorte que chacun peut conduire ses aventures à sa guise et en pleine liberté, car les rigueurs du code moral victorien, loin de s'appliquer à la haute aristocratie, font place dans ce milieu privilégié à la plus complète licence.

Autour de la jolie et attirante lady Randolph le petit cercle des admirateurs, très international, n'a cessé de se renouveler au fil des années. Parmi les premiers, John Strange Jocelyn, cinquième comte de Roden, colonel des fusiliers écossais de la Garde (unité où Churchill servira en Flandre en 1916), a été soupçonné d'être le père du frère de Winston. En effet, en 1880, lady Randolph a donné naissance à un second fils, John *Strange* Churchill, appelé habituellement « Jack ». À vrai dire, une grande incertitude demeure sur la véritable identité du géniteur de ce frère, ou plutôt de ce demi-frère, au caractère placide, que Winston a toujours entouré d'une grande affection. Personnalité inoffensive et plutôt terne, Jack, qui a mené une carrière sans histoire d'agent de change, a vécu toute sa vie dans l'ombre de son aîné dont il était très fier. Fragile du cœur, il mourra en 1947 (sa fille Clarissa épousera Eden).

C'est surtout dans les milieux de la haute aristocratie que Jennie exerce ses talents de séduction. À côté de ses liaisons avec lord D'Abernon et avec lord Dunraven ainsi qu'avec le comte Herbert von Bismarck, le fils du chancelier, on a été jusqu'à mentionner le nom du prince de Galles lui-même. Du côté français, on peut citer le marquis de Breteuil (le « marquis de Bréauté » de Proust) et Paul Bourget. Mais le grand favori a été un diplomate autrichien, le comte Kinsky, aristocrate d'origine hongroise à la belle allure, brillant cavalier, qui a

41

conquis pour plusieurs années le cœur de la belle lady Randolph (les mauvaises langues parlent alors de « l'alliance autrichienne »). On comprend que Jennie, plongée comme elle l'était dans cette vie légère, mondaine, tout à ses plaisirs, ait eu peu de loisir pour s'occuper du jeune Winston, qui en a beaucoup souffert.

Même si elle reste étonnamment jeune en apparence, l'âge venant, et quoi qu'en ait son fils, elle se lance dans une aventure sans issue en se remariant en 1900 avec son amant du jour, le lieutenant George Cornwallis-West, un officier de la Garde écossaise, de vingt ans plus jeune qu'elle, qui divorcera en 1913 en la quittant pour l'actrice Mrs. Patrick Campbell. Sans se décourager, Jennie fera un troisième mariage en 1919 avec Montagu Porch, haut fonctionnaire des colonies plutôt terne, mais agréable compagnon, son cadet de vingt-trois ans, ce qui fait d'elle la risée de la bonne société. Cependant, Winston, qui a toujours été passionnément attaché à sa mère et qui avait développé avec elle une véritable complicité au temps de sa jeunesse (nous étions, écrira-t-il, « plus comme frère et sœur que comme mère et fils [1] »), la pleurera sincèrement, lorsque s'achèvera en 1921 le destin de cette héroïne brillante et frivole de la Belle Époque.

UN ENFANT ET UN ADOLESCENT PERTURBÉ : 1874-1895

À sa naissance, selon la coutume dans les classes supérieures, le petit Winston, au lieu d'être élevé par ses parents, est confié à une nourrice qui s'occupe entièrement de lui. Il a la chance que la *nanny* choisie, une personne de confiance autour de la quarantaine nommée Elizabeth Everest, se soit prise pour lui d'une affection profonde, tandis que lui-même éprouvait à son endroit

---

1. W. Churchill, *My Early Life* (1930), Fontana éd., p. 70.

un attachement sans limite, au point que jusqu'à sa mort il gardera fidèlement au mur de sa chambre le portrait de sa nourrice. Il faut dire que ni son père ni sa mère, avec leurs multiples occupations mondaines, n'ont guère de temps à lui consacrer. Si bien que toute sa première enfance, que ce soit à Londres ou à Dublin – où la famille a habité de 1877 à 1880, car lord Randolph a dû accepter un poste auprès du vice-roi – est durement marquée par cette privation quotidienne d'attention et de tendresse. Et par la suite, quand viendra l'âge scolaire, la situation ne s'améliorera pas.

Heureusement pour Winston, Mrs. Everest (on donnait toujours le titre de « Madame » à ces demoiselles d'âge mûr faisant office de *nanny*) prend un soin constant et jaloux du bien-être de cet enfant aux yeux bleus et aux cheveux roux, à la fois mignon et volontaire, séducteur et capricieux. Avec son dévouement sans bornes et ses sages principes d'éducation, c'est elle qui a remplacé l'amour maternel défaillant. Churchill, la cinquantaine venue, en a gardé une mémoire si attendrie qu'il lui a rendu ce bel hommage dans ses souvenirs : « À mes yeux, se souvient-il, ma mère brillait comme l'étoile du soir. Je l'aimais tendrement – mais à distance. Ma nourrice, Mrs. Everest, était ma confidente. C'est elle qui s'occupait de moi et qui répondait à toutes mes demandes. C'était à elle que je confiais tous mes chagrins[1]. » De même, dans le roman de jeunesse *Savrola* écrit par le jeune Winston au sortir de l'adolescence, on relève un passage manifestement autobiographique où l'on sent poindre l'émotion à l'évocation de la figure douce et aimante de la *nanny* du héros : « Elle avait été sa nourrice depuis sa naissance avec une dévotion et un soin de tous les instants. C'est une chose étrange que l'amour déployé par de telles femmes. Peut-être est-ce la

1. W. Churchill, *My Early Life, op. cit.*, p. 13.

seule affection désintéressée existant dans le monde. »
Car, poursuit l'auteur, autant il est naturel qu'une mère
aime son enfant, un garçon sa *sweetheart* ou un homme
son chien, autant « l'amour d'une mère adoptive pour
l'enfant dont elle a la charge apparaît absolument irrationnel ».

C'est à l'âge de sept ans qu'a commencé la vie scolaire de Winston. Il est d'abord mis en pension dans un
petit établissement très huppé, Saint George School, à
Ascot. Pour son malheur il s'agit d'un pensionnat des
plus traditionnels en matière de pédagogie, où règnent
exercices de mémoire et châtiments corporels. Aussi
l'enfant prend-il en grippe son école, et du coup il est
noté comme « indiscipliné », « gourmand », « désor-
donné ». Au bout de deux ans de ce régime, ses parents
le retirent pour le confier au pensionnat des demoiselles
Thomson à Brighton. Il y reste de septembre 1884 à
mars 1888, mais ni les résultats scolaires ni les appréciations concernant la conduite et la sociabilité n'ont beaucoup progressé dans ce nouveau cadre.

Finalement lord Randolph décide d'envoyer son fils
dans l'une des plus célèbres *public schools* d'Angleterre,
Harrow, la rivale d'Eton. Le jeune garçon passe là un
peu plus de quatre années, de quatorze à dix-huit ans, à
se morfondre en accumulant punitions et résultats
médiocres, sans jamais avoir réussi à s'intégrer au
milieu. Dans leurs notations les professeurs relèvent
« les oublis, les étourderies, les retards, l'irrégularité persistante » d'un élève qui « sur le plan des capacités
devrait être tête de classe alors qu'il est en queue[1] ».
Pendant les vacances, chez cet enfant délaissé et rétif,
turbulent et batailleur, on observe la même indiscipline,
les mêmes sautes d'humeur, le même désarroi intérieur,

1. CV I, 1, pp. 168-169.

sauf quand il se passionne pour des mondes imaginaires, comme avec son armée de soldats de plomb (il en a plus d'un millier) qu'il fait manœuvrer au gré de sa fantaisie. Première spectatrice de cette jeunesse indocile et troublée, lady Randolph a confié plus tard : « Winston a été un enfant très difficile à gouverner [1]. »

Il faut dire qu'entre un père illustre, mais distant et sévère, imprévisible et brutal, incapable de la moindre marque de tendresse, et une mère également lointaine, dissipée, frivole, tout à ses mondanités brillantes et futiles, le jeune Winston a passé une enfance et une adolescence sevrées d'affection parentale, et il en a subi une marque indélébile au plus profond de l'être. En témoignent les nombreuses missives écrites à sa famille, en particulier à lady Randolph, dont certaines ont une tonalité pathétique. Ainsi, à neuf ans, alors qu'il est pensionnaire à Ascot, il se plaint de n'avoir reçu d'elle qu'une seule lettre de tout le trimestre. À treize ans il exprime amèrement sa déception de ne pouvoir passer Noël avec ses parents et d'être simplement en compagnie de sa nourrice. À dix-sept ans encore, de Harrow (où sa mère lui a écrit un jour : « Tu n'es qu'un petit garnement paresseux »), il exhale sa détresse : « Je suis étonné et peiné que Papa et toi me traitiez comme une machine », et quelques jours plus tard : « Je t'en prie, prête attention à ma lettre. Je suis si malheureux. À l'heure actuelle je pleure. S'il te plaît, Maman chérie, sois gentille avec ton fils qui t'aime. Ne sois pas fâchée par mes lettres stupides. Laisse-moi au moins penser que tu m'aimes. Maman chérie, je suis désespéré. [...] Je ne sais plus quoi faire. Je suis si triste [2]. » Même si dans cette correspon-

---

1. Anita Leslie, *Jennie : the Life of Lady Randolph Churchill*, Londres, Hutchinson, 1969, p. 70.
2. CV I, 1, p. 88, lettre de W. Churchill à lady Randolph, 8 juin 1884 ; lettre du 14 décembre 1887 : RC, *Youth*, p. 99 ; lettres des 24 novembre, 9 et 18 décembre 1891 : CV I, 1, pp. 291, 293-294 et 295.

dance il convient de faire la part du calcul et de la propension à dramatiser, on ne peut s'empêcher de reconnaître dans les plaintes de ce jeune rouquin exaspérant et mal dans sa peau une sensibilité à vif, en permanence blessée par une carence affective irrémédiable : signe qu'au sein d'un univers de privilège et de prestige le jeune Winston, loin de se sentir protégé et compris, a connu une enfance et une adolescence très perturbées.

Phénomène plus grave : Churchill, comme son ancêtre Marlborough – et comme beaucoup de grands hommes –, a souffert toute sa vie d'accès de dépression. Ce fut là, des années de jeunesse aux derniers jours, un élément central de son comportement, bien qu'il ait réussi la plupart du temps à camoufler cette infirmité psychologique. De nature cyclothymique, il passait de temps à autre par des phases d'abattement : véritables crises d'anxiété et de découragement qui le plongeaient dans un état de misère et de désespoir. Lui-même était si conscient de ce handicap pathologique qu'il avait donné à ce compagnon des mauvais jours le nom de *black dog* – « chien noir ».

Le psychiatre Anthony Storr, qui a consacré au cas Churchill une étude approfondie, a vu dans cette nature dépressive la source à la fois de l'ambition insatiable et de l'hyperactivité de son sujet. De fait, le cheminement psychologique paraît simple à retracer. Au point de départ il y a le trauma psychologique remontant à la première enfance et provoqué par le défaut d'affection et le sentiment de déréliction dont a souffert profondément et précocement le petit Winston. En compensation de ce manque d'amour, et comme pour surmonter une impression persistante d'insécurité, le jeune homme a développé une farouche volonté de réussir par tous les moyens, afin de faire la preuve, à coups d'exploits – aussi bien à ses propres yeux qu'aux yeux des autres –, de ses capacités et de ses talents. Bref, pour l'enfant mal aimé, il fallait trouver dans la reconnaissance d'autrui la démonstration de sa valeur. Et dans toute la mesure du possible, pour celui qui naguère avait tant pâti de se sentir rejeté, il fallait que maintenant les autres l'admirent et l'aiment.

On comprend dès lors l'égocentrisme radical, absolu, souvent monstrueux, de Churchill. Mais aussi son besoin continuel de réussite et de gloire, seul moyen pour lui de faire taire les doutes qu'il continuait d'entretenir à l'égard de lui-même. « Quelle horrible chose ce serait, écrira-t-il à sa mère, si je ne réussis pas ! Cela me briserait le cœur, car je n'ai que l'ambition à quoi m'accrocher[1]. » De là la volonté de fer qu'il s'est forgée pour la vie. De là aussi les actes d'audace, les gestes de bravade, et toutes les prouesses qu'il a voulu accomplir, moins pour épater ses contemporains que pour refouler ses propres doutes et surmonter ses propres peurs. Rien n'est plus révélateur du double complexe, d'infériorité et de supériorité qui l'a toujours poursuivi qu'une confidence faite un jour à Violet Asquith : « Nous ne sommes tous que des vers de terre, mais je pense que je suis, moi, un ver luisant[2]. »

N'est-ce pas là aussi ce qui explique que Churchill, malgré son côté charmeur et spirituel, ait été si peu populaire – et même bien souvent détesté – parmi ses camarades de collège et de régiment, et par la suite parmi ses collègues parlementaires ou ministres ? Comment les uns et les autres auraient-ils pu éprouver autre chose qu'irritation et méfiance envers cet ambitieux sans scrupules qui ne songeait qu'à leur passer sur le corps pour arriver ? Le malheur pour lui était qu'une ambition aussi démesurée, dans la mesure où elle provenait du plus intime de l'être, était par nature irrépressible.

1. RC, *Youth*, p. 441, lettre à lady Randolph, 11 janvier 1899.
2. Violet Bonham Carter, *Winston Churchill as I Knew him*, Londres, Eyre and Spottiswoode, 1965, p. 16.

Plus tard, dans deux de ses ouvrages, Churchill a subtilement cherché, par un curieux processus d'inversion, à transformer le handicap d'une jeunesse malheureuse en atout pour l'existence, en soutenant que bien des grands hommes ont en fin de compte tiré bénéfice du fait d'avoir connu des débuts difficiles, car cela a servi à les endurcir et à leur former le caractère. Ainsi, au début de sa biographie de Marlborough, à propos de la corrélation qu'il entend établir entre enfance malheureuse et personnages célèbres, il affirme : « Il faut la tenaille de l'adversité, les sévères contraintes des circonstances, l'aiguillon des sarcasmes et des humiliations reçues dans le jeune âge pour donner naissance à l'impitoyable ténacité d'esprit et concentration sur un seul objectif sans lesquelles il est rare d'accomplir de grandes actions. » De même, dans son livre sur la campagne du Soudan, *La Guerre du fleuve*, quand l'auteur évoque la figure du chef de l'empire des derviches, le Mahdi, il note – peut-être en vue de se rassurer lui-même : « Les arbres solitaires, quand ils réussissent à grandir, poussent solides. Et un garçon privé des attentions de son père développe souvent une force et une indépendance d'esprit qui plus tard compenseront les manques de la petite enfance[1]. »

C'est aux alentours de la quinzième année que Churchill a dû commencer à se préoccuper de son avenir et opter pour une carrière, encore que son père ait largement décidé pour lui. À un cadet de grande famille aristocratique, trois voies, à l'époque victorienne, étaient ouvertes : l'armée, le clergé et le barreau. Comme Winston n'était attiré par ni par l'Église ni par le droit, c'est la carrière militaire qui s'imposait, d'autant qu'elle apparaissait riche de possibilités d'action et d'aventures telles que les rêvait l'adolescent.

1. W. Churchill, *Marlborough, his Life and Times*, vol. I, 1933, p. 29 ; *The River War*, 1898, chap. I.

Mais entrer au Royal Military College de Sandhurst – le Saint-Cyr britannique – n'était point chose aisée, surtout quand on traînait le poids d'une scolarité aussi défaillante que celle du candidat Churchill. C'est pourquoi, après deux échecs à l'examen d'entrée, lord Randolph retire son fils de Harrow – le jeune homme quitte sa *public school* sans regret – pour l'inscrire à Londres dans une *crammer*, sorte de boîte à bac nommée Captain James's Establishment. Dans cette institution de haute chauffe on garantissait le succès même des élèves les plus récalcitrants. S'il est vrai qu'au début Winston fait l'objet de notations peu flatteuses – « irrégularité », « manque d'attention », « propension à donner des leçons à ses professeurs » –, il n'en doit pas moins se soumettre à ce régime de bachotage intensif, et au bout de six mois le succès vient couronner ses efforts. Le 28 juin 1893, il est admis à Sandhurst, mais comme cadet de cavalerie (n'ayant été classé que 92e sur 102, à cause notamment de ses mauvaises notes en latin, il n'a pas été accepté dans l'infanterie, arme plus exigeante sur le plan scolaire).

Parmi ses matières fortes, on note alors l'histoire et le français. Winston a commencé à apprendre tout jeune le français, et il en a acquis une bonne connaissance. Dès cette époque il a pris l'habitude d'émailler ses phrases, quand il parle ou écrit, d'expressions françaises, et plus tard ce sera toujours pour lui un plaisir – pas toujours partagé par ses auditeurs ou interlocuteurs – de parler français. Déjà, à l'âge de douze ans, il avait joué à l'école le personnage de Martine, la femme de Sganarelle, dans *Le Médecin malgré lui*. Après une rapide visite à Paris avec son père en 1883, son premier séjour en France date de 1891, puis il passe une partie de l'été 1893 en randonnée en Suisse, et l'année suivante il effectue un séjour en Belgique, au cours duquel il visite le champ de bataille de Waterloo. En même temps, malgré le caractère alors exécrable des rapports entre

Anglais et Français, il a commencé à développer une certaine francophilie, qui l'amène à sympathiser avec le deuil des « provinces perdues », comme en témoigne un poème de son cru composé en 1890 :

> *Fair Alsace and forlorn Lorraine,*
> *The cause of bitterness and pain,*
> *In many a Gallic breast*[1]...

Ayant revêtu l'uniforme bleu des cadets, Churchill passe à Sandhurst un peu plus d'une année, de septembre 1893 à décembre 1894, période dont il gardera un assez bon souvenir. Dans ce milieu très privilégié des futurs officiers de Sa Majesté, il se sent à l'aise, acceptant sans rechigner la discipline et se soumettant volontiers aux différents exercices de rigueur, même si au début les instructeurs se plaignent de ses retards chroniques – une habitude qu'il conservera par la suite, allant jusqu'à l'élever au rang d'un art. Lever à 6 heures, maniement des armes, marches, inspections, manœuvres, gymnastique, équitation, enseignements théoriques, l'ensemble lui convient, malgré la fatigue et le stress. Car physiquement Churchill n'a jamais été très costaud. De taille au-dessous de la moyenne – il mesure seulement 1,68 mètre –, il est et restera de santé délicate. Ce qui ne l'empêche pas d'être souvent casse-cou, provoquant l'anxiété et les recommandations de la bonne Mrs. Everest : « Le pauvre chéri est si imprudent ! » écrit-elle à son frère. Déjà il a commencé à fumer, notamment le cigare, et à boire, quoique dans sa consommation – mesurée – de vins et

---

1. Cité par Martin Gilbert, *Churchill : a Life*, Londres, Heinemann, 1991, p. 25 : « Belle Alsace et malheureuse Lorraine, / Sujet d'amertume et de douleur, / Dans bien des cœurs de France... »

d'alcools il n'ait pas encore jeté son dévolu sur le whisky et le cognac. Cependant, de mois en mois, les notes du cadet s'améliorent et il sort de Sandhurst en bien meilleur rang qu'il n'y était entré : 20ᵉ sur 130.

Peu avant la fin de son temps au Royal Military College, un épisode est resté célèbre dans la chronique churchillienne : l'affaire du music-hall de Leicester Square. L'incident, mineur en lui-même et de peu de portée, mais vite colporté par la presse, est révélateur du besoin de paraître du jeune Winston en même temps que de l'irrévérence du privilégié face aux canons du moralisme victorien. En guise de distraction, il lui arrivait de temps à autre, avec des camarades de Sandhurst, de fréquenter les music-halls de Londres. Parmi ceux-ci, l'un des plus célèbres, l'Empire de Leicester Square, situé en plein quartier de la prostitution de la capitale, et où le bar et la corbeille attiraient des nuées de dames de petite vertu, était justement au centre d'une polémique suscitée par une « campagne de pureté » – campagne qui venait d'être bruyamment lancée contre cet étalage de stupre par un groupe de pression animé par une dame patronnesse du nom de Mrs. Ormiston Chant.

En riposte à cette « croisade » contre le « vice », Churchill avait publié dans la *Westminster Gazette* un article (prudemment signé de ses seules initiales) où il soutenait que, « pour faire progresser la vertu dans la sphère publique, mieux valait améliorer les conditions sociales et développer l'éducation que suivre les divagations des bégueules ». Mais comme, sous les injonctions du lobby puritain, l'Empire a fermé le bar et la corbeille incriminés, Churchill, aidé par quelques cadets, décide de monter une spectaculaire manifestation le 3 novembre 1894. Envahissant le music-hall, les perturbateurs en tenue de soirée renversent les barrières interdisant l'accès des espaces prohibés, et au milieu du tohubohu

51

Churchill improvise un discours retentissant qui commence par cette profession de foi : « Mesdames de l'Empire, je suis un champion de la Liberté! » Bien entendu le scandale de cette soirée tumultueuse est aussitôt répercuté dans les journaux, ce qui provoque entre autres ce commentaire acide de l'évêque de Londres dans une lettre au *Times* : « Jamais je ne me serais attendu à ce que le descendant de Marlborough soit acclamé par une guirlande de putains [1]. »

Une fois passé l'examen final de Sandhurst, peu après cet épisode, Churchill devient officier avec le grade de sous-lieutenant le 20 février 1895 et il est affecté à la cavalerie – arme noble – dans un des plus chics régiments de l'armée, les hussards de la reine (4th Queen's Own Hussars).

Cependant, l'année 1895 marque pour lui à tous égards un tournant. C'est la fin de l'adolescence et l'entrée dans l'âge d'homme. En effet ces mois sont ponctués de deuils qui le frappent durement. En janvier ç'a été la mort de lord Randolph, qui lui a causé un grand choc et dont il a du mal à se remettre, même si d'une certaine manière la disparition de ce père affreusement tyrannique le libère d'une pesante et impérieuse tutelle. En fait, il a développé simultanément une véritable dévotion pour ce personnage qui l'avait tant brutalisé, mais auquel il voue désormais un culte passionné et à qui il consacrera une talentueuse et volumineuse biographie quelques années plus tard : « Je conçus pour lui, raconte-t-il dans un livre de souvenirs, une admiration et une affection intenses, et après sa mort prématurée pour sa mémoire. [...] Je connaissais par cœur de larges pans de ses discours. C'est de lui que proviennent sans conteste mes choix politiques [2]. »

1. RC, *Youth*, p. 233 ; CV I, 1, pp. 527-528.
2. W. Churchill, *Thoughts and Adventures* (1932), p. 32.

Autre disparition qui touche Churchill au cœur : sa *nanny*, Mrs. Everest, meurt d'une péritonite en juillet. La malheureuse, tombée dans la pauvreté depuis que la famille Chuchill avait cavalièrement mis fin à ses services deux ans plus tôt sous un sordide prétexte d'économie, avait continué d'entourer son cher Winston de toute la chaleur de son affection jusqu'à son dernier souffle.

Pour Churchill, maintenant, en raison de ces morts successives et par suite de son entrée dans la carrière militaire, la période de l'enfance est révolue. Une nouvelle phase d'existence commence. Il l'aborde avec son impétuosité coutumière, sa soif d'action, son culte de l'énergie. Témoin les vibrants conseils que, dans le passage consacré à l'année 1895 dans son autobiographie, il donne à la jeunesse : ne point perdre de temps ; prendre place tout de suite avec détermination sur la ligne de combat de la vie ; ne pas se contenter des choses telles qu'elles sont ; ne jamais se résigner à l'échec. Car « le monde n'existe et ne tourne que pour être conquis[1] ».

EN QUÊTE DE GLOIRE : AVENTURES MILITAIRES ET DÉBUTS LITTÉRAIRES (1895-1900)

Maintenant que pour le jeune Winston l'âge adulte commence, à côté de l'armée pour laquelle il a opté, bien d'autres chemins prometteurs s'offrent. Vers lequel se diriger ? En vérité, au fond de son cœur, son choix est fait. Car une ambition le tenaille depuis longtemps : entrer en politique, y faire carrière, imposer sa marque sur l'histoire de l'Angleterre à l'instar des plus grandes figures de la nation, bref, réussir là où son père a échoué. Il croit profondément en son destin : « J'ai confiance

1. W. Churchill, *My Early Life, op. cit.*, p. 68.

dans mon étoile, écrit-il à sa mère, j'entends faire quelque chose dans le monde », d'autant que « la renommée [...] est encore la meilleure chose de la vie[1] ». Cette certitude d'un grand avenir, cette croyance en son étoile le rapprochent de Napoléon, personnage qui l'a fasciné des années durant et dont il a songé à écrire une biographie (il aura longtemps sur son bureau de travail un buste de l'Empereur). De fait, dès ses premiers mois de service au 4e hussards, le sous-lieutenant Churchill, tout en éprouvant à plein l'attrait de l'armée, se rend compte que là n'est pas sa destinée : « Plus j'expérimente la vie militaire, note-t-il, plus je l'aime – mais plus je suis persuadé que ce n'est pas mon *job*[2]. »

Aussi est-ce une chance pour lui que son régiment soit stationné à Aldershot, petite ville de garnison située à une cinquantaine de kilomètres au sud-ouest de Londres. Car si l'exercice quotidien comporte de longues heures à cheval, les exigences du service n'empêchent ni d'agréables moments de liberté ni les permissions fréquentes. De là des contacts aisément maintenus dans la capitale ainsi que les visites à la caserne de hauts personnages. Le rang social du fils de lord Randolph Churchill lui vaut d'accueillir et d'escorter dans son bel uniforme rouge et or ces hôtes de marque, qui vont du prince de Galles ou de son fils, le futur George V, au duc de Cambridge, commandant en chef de l'armée, et au maréchal Roberts. Ce qui ne l'empêche pas de déplorer la routine d'esprit, voire la paresse mentale de ses camarades officiers. Surtout il rêve d'aventures lointaines qui lui permettraient de se distinguer.

De surcroît, il lui faut faire face à des nécessités financières pressantes. Alors que la vie d'un officier de cava-

---

1. RC, *Youth*, p. 351, lettre à lady Randolph, 5 septembre 1897 ; CV I, 2, p. 839, lettre à lady Randolph, 22 décembre 1897.
2. CV I, 1, p. 583, lettre à lady Randolph, 16 août 1895.

lerie est déjà très coûteuse, car elle demande des ressources de l'ordre de 600 livres par an pour une solde de 150 livres, le jeune Winston, à l'exemple du milieu aristocratique qui l'entoure, dépense sans compter, cependant que sa mère de son côté accumule follement les dettes. D'année en année la situation empire, du moins jusqu'au moment où les reportages du soldat-journaliste commenceront à lui être grassement payés. Mais toute sa vie Churchill gardera l'habitude des dépenses inconsidérées. Témoin l'inconscience avec laquelle il conclut une lettre à lady Randolph, après avoir fait le compte de leurs extravagances à l'un et à l'autre (pour elle une robe de bal de 200 livres – l'équivalent de trois ans de salaire d'un ouvrier –, pour lui un cheval de 100 livres) : « Le hic de toute l'affaire, c'est que nous sommes terriblement pauvres[1]. »

C'est sans enthousiasme qu'après une année passée à Aldershot Churchill apprend que son régiment va être transféré en Inde, car c'est pour y mener une vie de garnison tranquille et sans panache. Effectivement, en octobre 1896, le 4e hussards prend ses quartiers à Bangalore, dans le sud de la péninsule, une région de collines au climat agréable. Pour les officiers, l'existence est facile et confortable : notre sous-lieutenant est logé dans une vaste demeure, entourée d'un beau jardin – on y compte pas moins de 70 variétés de roses –, servi par une escouade de domestiques. Tandis que les matinées sont réservées aux exercices, les après-midi sont principalement occupés à jouer au polo. Pour ce jeu, à la fois sport, divertissement et moyen de sociabilité (à l'occasion, des tournois opposent officiers britanniques et princes indiens), Churchill a développé une véritable passion (c'est comme « fouetter un cobra avec une cravache », disait-il) et il y a passé des heures et des heures au temps

1. RC, *Youth*, p. 371, lettre à lady Randolph, 28 janvier 1898.

de sa jeunesse, le pratiquant encore dans l'âge mûr (il y jouera pour la dernière fois à Malte en 1926 à cinquante et un ans).

Mais la vérité, c'est qu'entre la routine militaire de chaque jour et son allergie à la civilisation indienne Churchill s'ennuie. Ses rêves sont ailleurs. Aussi profite-t-il de ce temps de loisir forcé pour lire et se cultiver, ce qu'il n'avait guère fait jusque-là. Pour lui c'est une découverte. Ses livres préférés, ce sont les grands classiques de l'histoire (il dévore Gibbon et Macaulay), les ouvrages traitant de politique, parfois de philosophie, ici ou là de littérature. Toutefois, la culture qu'il acquiert peu à peu, une culture considérable et dont il donnera les preuves les plus inattendues tout au long de son existence, reste – et restera – très disparate. Autant il est capable de réciter par cœur des passages entiers d'œuvres célèbres et imbattable en matière de connaissances historiques, autant ses lacunes stupéfient ses interlocuteurs : ainsi quand Violet Asquith découvre que ce ministre de la Couronne confond le poète William Blake avec l'amiral, ou quand son médecin s'aperçoit qu'il lui a fallu attendre d'être octogénaire pour lire *Hamlet*[1].

Déjà, quand il était à Aldershot, Churchill, en vue d'échapper à la monotonie de la vie de garnison, s'était lancé dans l'aventure à la faveur d'une longue permission en partant se battre à Cuba, où une rébellion avait éclaté contre la domination espagnole. L'affaire n'avait duré que quelques semaines, mais le jeune Winston y avait connu le baptême du feu. Parti en octobre 1895, il avait d'abord découvert New York et la vie américaine,

---

1. Violet Bonham Carter, *Winston Churchill as I Knew him, op. cit.,* p. 16 ; lord Moran, *Winston Churchill : the Struggle for Survival*, Londres, Constable, 1966, p. 525 : trad. fr. *Mémoires,* Paris, Laffont, p. 465.

puis atteint Cuba fin novembre et pris part en décembre dans les rangs de l'armée espagnole à une opération de représailles menée contre les insurgés et connue sous le nom de bataille de La Reforma. Remarqué pour sa bravoure en première ligne aux côtés du général espagnol commandant l'expédition – mais heureusement pour lui protégé par la médiocrité de l'armement rebelle –, il reçoit la décoration espagnole de la Croix Rouge qui le comble d'aise.

En même temps il inaugure sa carrière de journaliste, en racontant son équipée dans le *Daily Graphic*. C'est le début d'un système qu'il va pratiquer plusieurs années durant avec succès. Pour le soldat-reporter – sa première machine à écrire lui a été offerte en 1893 à l'âge de dix-neuf ans –, l'avantage est double : d'abord, l'escarcelle toujours vide du jeune dépensier trouve là des rentrées appréciables, d'autant que les honoraires iront croissant au fur et à mesure que grandira la réputation de l'auteur; d'autre part, chez un débutant aussi ambitieux que talentueux, c'est un excellent moyen de publicité. Alliance de l'épée et de la plume, mariage de l'argent et de la renommée, appel jumelé à l'imaginaire et au patriotisme dans des récits d'aventures épiques et lointaines : la recette inventée par Churchill et servie par son ambition dévorante, par son génie médiatique et, faut-il ajouter, par le jeu tutélaire des circonstances, va le faire connaître de ses compatriotes bien au-delà de ses espérances en conférant au jeune patricien à l'éblouissant pedigree un statut de héros national.

Durant l'été 1897, à la faveur d'une longue permission passée à Londres qui lui permet d'assister aux célébrations grandioses du jubilé de diamant de la reine Victoria, Churchill apprend que des troubles viennent d'éclater à la frontière nord-ouest de l'Inde, dans une région de hautes montagnes à la croisée des empires britannique, russe et chinois. Plutôt que de continuer à se morfondre à

Bangalore, médiocre ville de garnison qu'il compare à « une ville d'eaux de troisième catégorie » et où sa condition de « reclus » coupé du pays et de ses habitants le condamne à une existence « terne, bête et sans intérêt [1] », voilà que s'offre une occasion inespérée d'échapper au traintrain, de braver le danger en participant à une aventure excitante en un point stratégique du globe, et – qui sait? – de se distinguer par quelque haut fait. Immédiatement le voilà qui bombarde de télégrammes les autorités militaires afin de se faire affecter au corps expéditionnaire chargé de mener les opérations, la Malakand Field Force – ainsi baptisée du nom des vallées à soumettre dans une zone accidentée aux confins de l'Inde et de l'Afghanistan, au nord de Peshawar et à proximité de la célèbre passe de Khaybar. Là, il s'agit de réduire les tribus indigènes révoltées, en particulier les Mohmands, qui ont proclamé la guerre sainte. En fait, c'est comme correspondant de guerre que Churchill est accepté dans le corps expéditionnaire, et non avec le poste d'officier qu'il convoitait. Il lui faut donc reprendre la plume de journaliste et négocier un contrat avec le *Daily Telegraph*, dans lequel il publie des lettres pleines de relief et de mouvement. Finalement, par suite des pertes subies, il est affecté en octobre 1897 comme lieutenant dans un régiment indien, le 31ᵉ d'infanterie du Pendjab.

La campagne ne dure que quelques semaines – sorte de guérilla, faite tour à tour d'embuscades et de représailles contre les tribus nomades qui ont assailli les postes britanniques, tandis que des colonnes punitives sont mises sur pied pour brûler les villages et les moissons, boucher les puits, détruire les réservoirs. En fait, c'est une sale guerre coloniale, coûteuse, sanglante, ponctuée d'atrocités de part et d'autre. Sans doute le

1. RC, *Youth*, p. 301, lettre à lady Randolph, 4 novembre 1896; *ibid.*, p. 298, lettre à lady Randolph, 14 avril 1897.

lieutenant Churchill y prend-il conscience avec une certaine répulsion des horreurs de la guerre, mais la férocité des méthodes employées par les autorités britanniques ne l'émeut pas outre-mesure. À la différence de ses écrits publics – ses articles de presse d'abord, puis le livre qu'il en tire, *The Story of the Malakand Field Force*, qui paraît en mars 1898 –, il revient à diverses reprises dans sa correspondance privée sur le caractère sauvage et sans merci des combats : « Je me demande, écrit-il à sa grand-mère, la duchesse de Marlborough, si les gens en Angleterre ont une idée du type de guerre que nous menons. [...] Personne ne fait de quartier. Les rebelles torturent les blessés et mutilent les morts. Nos troupes n'épargnent jamais quiconque leur tombe entre les mains, qu'il soit blessé ou non. » De surcroît, ajoute-t-il, nos soldats utilisent des balles dum-dum – la dernière invention de la technique européenne (qui va être interdite par la convention de La Haye de 1899). Dans une lettre à un camarade officier, il raconte comment des fantassins d'un régiment sikh ont jeté un adversaire blessé dans un incinérateur et l'ont brûlé vivant[1].

Au cours de ces semaines passées sur la frontière du Nord-Ouest, loin de se ménager, Churchill n'a cessé de prendre des risques, de se mettre en avant, d'afficher sa bravoure. Cela correspond chez lui à un plan mûrement calculé, que du reste il expose sans fard à sa mère dans ses lettres. Parader, briller, se faire voir, explique-t-il, voilà ce qui pose un homme aux yeux du public, voilà ce qui prépare une carrière politique. Un jour, raconte-t-il, « j'ai chevauché sur mon poney gris sur la ligne de feu, alors que tout le monde s'était mis à couvert : idiot peut-être, mais moi je joue gros jeu, et quand on a un public rien n'est trop audacieux. Évidemment, sans la galerie,

---

1. Cf. Martin Gilbert, *In Search of Churchill*, Londres, Harper/Collins, 1994, p. 82.

les choses ne sont pas les mêmes. » Une fois de retour à Bangalore, en acteur consommé, il écrira : « C'est une grande satisfaction pour moi d'apprendre que mes folies n'ont pas passé inaperçues. » Et de relater comment en trois occasions il est allé caracoler en pleine fusillade afin d'être vu du général et de ses officiers et de recueillir leurs félicitations pour sa bravoure. Si au bout du compte il ne décroche pas les médailles qu'il espérait, du moins il a la fierté de faire l'objet d'une citation[1].

Maintenant que les trompettes de la renommée ont commencé à sonner, le mouvement va prendre de l'ampleur. À vrai dire, la stratégie du jeune Winston, soigneusement calculée, est simple : partout où dans l'univers se produit une guerre ou une rébellion, il faut s'y précipiter et participer à l'action, de façon à se montrer, à faire parler de soi, si possible en s'illustrant les armes à la main, sinon en s'y faisant envoyer comme correspondant de guerre. Plus la bataille se déroule dans des contrées lointaines aux marges de l'Empire, plus l'aventure a de chances d'en appeler à l'imagination des foules insulaires. De surcroît, Churchill a pu expérimenter ses talents de plume : non seulement ses reportages de guerre parus dans les journaux ont remporté un vif succès, mais la preuve est faite qu'il est possible de les utiliser ensuite pour en faire de véritables livres capables d'atteindre un large public. Ainsi, son premier ouvrage, *The Story of the Malakand Field Force,* rédigé en sept semaines, bénéficie d'une critique flatteuse et 9 000 exemplaires en sont vendus en l'espace d'un an. La chance sourit donc au jeune audacieux, ravi de constater qu'après tout la gloire et l'argent sont en mesure de cheminer de pair. Une leçon qu'il saura retenir. Une fois de

---

1. CV I, 2, pp. 792-793 et 839-840, lettres à lady Randolph, 19 septembre et 22 décembre 1897.

plus, c'est auprès de sa mère que – cynisme ou ingé-
nuité ? – il épanche le fond de son cœur : « Nous vivons,
lui assure-t-il, une époque où il faut se faire valoir et
jouer des coudes avec les meilleurs [1]. »

C'est pourquoi, après avoir songé un moment à aller
chercher les lauriers de la gloire en Grèce ou à nouveau
sur le pourtour de l'Inde, il a jeté son dévolu sur la vallée
du Nil – où se conjuguent l'appel de l'Orient et l'appel
de l'histoire. En effet, depuis 1896, une expédition
anglo-égyptienne, partie d'Égypte, y est en action, avançant lentement vers le sud, sous le commandement du
général Kitchener, pour reconquérir le Soudan. Ce territoire, soumis et exploité pendant la plus grande partie du
XIXe siècle par l'Égypte (qui en tirait des esclaves et de
l'or), s'était révolté en 1883 à l'appel d'un chef religieux, le Mahdi, c'est-à-dire « le Guide », « l'envoyé de
Dieu ». Celui-ci avait chassé les Égyptiens, battu l'armée
britannique envoyée à la rescousse, dont le chef, le général Gordon, avait été tué à Khartoum, et bâti un vaste
empire s'étendant de la Nubie aux confins de l'Ouganda
et de la mer Rouge au désert tchadien. Après sa mort,
son successeur, le calife Abdallah, avait continué de
régner sur une armée considérable de « derviches » –
nom donné par les Anglais à ces guerriers redoutables.
Pour les Britanniques, l'enjeu est de première grandeur.
Car l'objectif n'est pas seulement de liquider l'empire
des derviches et de rétablir la domination de Londres sur
le Soudan, mais aussi de devancer les Français aux
sources du Nil, zone stratégique vitale pour le contrôle
du continent africain (effectivement, la mission Marchand, partie du Congo en 1897, arrivera à Fachoda sur
le Nil blanc avant les Anglais, en juillet 1898). Compte
tenu de ces miroitantes perspectives, on comprend que
Churchill, en 1897-1898, n'ait plus qu'un rêve en tête :

1. CV I, 2, p. 856, lettre à lady Randolph, 10 janvier 1898.

prendre part à la « seconde expédition d'Égypte », un siècle après la première.

Dès lors il se déchaîne, multipliant les démarches, utilisant le vaste réseau de relations de son père, et plus encore mobilisant sa mère, dont l'entregent et le charme, les talents mondains et les capacités de lobbying semblent garantir le succès (« Je t'en supplie, implore-t-il, n'aie aucun scrupule, démène-toi en tout sens, ne tolère aucun refus »). Plus tard il lui rendra hommage dans son langage imagé : « Pour servir mes intérêts, ma mère tirait n'importe quelle ficelle, retournait n'importe quelle pierre, faisait griller n'importe quelle côtelette [1]. » Mais en vain. Brusquement, par un coup de chance – une entrevue inespérée avec le Premier ministre, lord Salisbury –, l'affaire est débloquée : le lieutenant Churchill est nommé au 21e lanciers. On est alors en juillet 1898. Du coup, il gagne en hâte Le Caire pour rejoindre en août sur le haut Nil l'armée de Kitchener à la veille de livrer un engagement décisif. Parallèlement, fidèle à sa méthode d'association entre Mars et Apollon, il a fait affaire avec le *Morning Post* à qui il enverra des articles relatant le déroulement des opérations.

C'est alors la bataille d'Omdurman, le 2 septembre 1898. En une journée le sort de la campagne est scellé. Sur la rive gauche du Nil, en vue de Khartoum, 8 000 Britanniques et 18 000 Égyptiens font face à 60 000 derviches. Le combat s'engage aux premières heures du jour. Les derviches, adeptes de la tactique du nombre, sont massés en rangs serrés, mais de l'autre côté le *sirdar* Kitchener dispose de 80 canons et de 50 mitrailleuses Maxim qui vont faucher les remparts humains adverses. Au 21e lanciers, où le clairon a sonné le réveil à 4 heures, l'ordre est donné de charger. Au trot, puis au

---

1. CV I, 2, p. 855, lettre à lady Randolph, 6 janvier 1898 ; *My Early Life, op. cit.*, p. 159.

galop, les lourds escadrons des cavaliers britanniques se déploient et enfoncent les lignes ennemies. Il s'ensuit une mêlée confuse où, dans l'excitation du combat, le jeune Winston abat au revolver plusieurs derviches (« Le pistolet est la meilleure chose du monde [1] », confiera-t-il).

En fait, c'est une boucherie autant qu'une bataille : il y aurait eu plus de 10 000 tués et de 25 000 blessés parmi les derviches, contre 48 tués et 428 blessés dans le camp des Anglais et des Égyptiens. Kitchener sera tenu pour responsable des atrocités qui ont accompagné la victoire, en particulier les massacres de blessés. À Khartoum, la tombe du Mahdi est profanée, ses ossements jetés dans le Nil, son crâne emporté comme trophée. Si rétrospectivement, sur le plan militaire, la charge du 21e lanciers apparaît comme une erreur tactique à l'instar de la charge de la brigade légère en Crimée, l'épisode a gardé une allure d'épopée dans les mémoires et Churchill bénéficiera toute sa vie de la gloire d'avoir pris part à vingt-trois ans comme jeune officier à la dernière charge de cavalerie de l'histoire britannique.

Tandis que Kitchener poursuit sa marche vers le sud, en remontant le Nil jusqu'à Fachoda, où il arrive à la mi-septembre, Churchill, dont les dépêches paraissent au même moment dans le *Morning Post,* regagne l'Égypte, puis l'Angleterre. De là il retourne en décembre à son régiment en Inde, mais il quitte définitivement le sous-continent en mars 1899 et démissionne de l'armée le 3 mai en vue d'entamer une carrière politique.

Cependant, ses reportages, une fois publiés à Londres, ne manquent pas de soulever des remous. Déjà on avait reproché à son premier livre, *The Story of the Malakand Field Force,* certains passages acides à l'égard du commandement (ironiquement, on avait été jusqu'à sug-

---

1. RC, *Youth*, p. 414, lettre à lady Randolph, 4 septembre 1898.

gérer de sous-titrer l'ouvrage « Conseils d'un officier subalterne aux officiers généraux »), mais dans l'ensemble on avait mis ces impertinences sur le compte du caractère présomptueux d'un jeune aristocrate pressé de jeter sa gourme. Cette fois-ci, les critiques, souvent acerbes, formulées par Churchill sur la conduite de la campagne du Soudan sont beaucoup plus vivement ressenties et jugées déplacées, car à travers l'état-major elles semblent atteindre l'armée tout entière. D'où de vives réactions dans les milieux de la bonne société à l'encontre de cet insolent lieutenant qui se permet sans arrêt de donner des leçons à ses supérieurs. Cela lui vaut même une petite admonestation du prince de Galles, qui pourtant l'aime bien.

À partir de ses reportages sur le terrain, Churchill a tout de suite entrepris la rédaction d'un grand ouvrage : une fresque historique de près de 1 000 pages sur les événements du Soudan dans le dernier quart du siècle, qu'il intitule *The River War (La Guerre du fleuve)*. Le livre paraîtra en novembre 1899, alors que lui-même sera déjà en Afrique du Sud. Une de ses cibles est le commandant en chef, avec qui ses relations étaient exécrables et dont il trace ce portrait peu amène : « Le général Kitchener, qui ne se ménage jamais lui-même, s'intéresse peu aux autres. Il traite les hommes comme des machines, depuis les soldats de deuxième classe au salut desquels il ne répond point jusqu'aux officiers supérieurs qu'il tient sous sa férule. [...] Ni les blessés égyptiens ni même les blessés britanniques ne suscitent en lui la moindre attention » (le passage, ainsi que d'autres, disparaîtra des éditions ultérieures). Déjà le talent de Churchill éclate dans ce premier ouvrage historique, vivant et documenté, qui sera suivi de beaucoup d'autres, et dont les pages souvent étincelantes retracent la destinée du Soudan et de ses habitants vue sous l'angle du colonisateur impérial.

À peine l'aventure égyptienne est-elle terminée qu'en un autre point chaud de l'Empire une nouvelle occasion, plus prometteuse encore, s'offre à l'ambition insatiable du jeune patricien à la conquête de la renommée. En Afrique du Sud, en effet, depuis la découverte des mines d'or en 1886, la situation n'a cessé de se tendre entre la Grande-Bretagne et les deux républiques boers de l'Orange et du Transvaal. En 1899, la crise atteint son stade culminant, au point que la guerre apparaît comme la seule issue. De fait, celle-ci éclate le 11 octobre. Contrairement à toute attente, elle va durer près de trois années. Attiré depuis longtemps par ces terres lointaines, Churchill s'est déjà abouché avec le directeur du *Morning Post* et s'est fait attribuer un contrat extraordinairement avantageux de correspondant de guerre, bien au-dessus des tarifs habituels, alors qu'il n'a que vingt-cinq ans : 1 000 livres d'honoraires pour quatre mois, tous frais payés. Le voilà donc qui embarque pour Le Cap sur le même bateau que le général en chef et son état-major, deux jours après qu'ont été tirés les premiers coups de feu. À son arrivée, le 31 octobre, il obtient en outre une affectation comme lieutenant dans un des régiments britanniques sur place, les hussards du Lancashire. À bord du paquebot, un autre correspondant de guerre, le journaliste John Atkins, du *Manchester Guardian*, frappé par cet être d'exception, solitaire et confiant en soi, tantôt discourant tantôt méditatif, de surcroît dénué de toute révérence envers ses aînés, a laissé de lui un intéressant portrait : « Jamais auparavant, note-t-il, je n'avais rencontré un tel personnage d'ambitieux déclaré, égocentrique, capable à la fois de communiquer sa fièvre et de susciter la sympathie [1]. »

Pressé de rejoindre le théâtre des opérations, Churchill, dès son arrivée, gagne le Natal. C'est là qu'il est

1. John B. Atkins, *Incidents and Reflections*, Londres, Christophers, 1947, pp. 122-123.

fait prisonnier quelques jours plus tard, le 15 novembre, en accompagnant un train blindé qui tombe dans une embuscade dressée par un détachement de Boers (lui-même a été mis en joue par un cavalier en qui son imagination a voulu voir Louis Botha, le futur général de l'armée boer !). Il a beau exciper de sa qualité de correspondant de guerre, les Boers, qui ont parfaitement repéré son rôle de combattant au cours de l'engagement, l'enferment à Pretoria dans une école transformée en camp de prisonniers pour officiers britanniques. Malgré le caractère doré de sa détention, durant laquelle ministres et officiers supérieurs ennemis viennent lui rendre visite, Churchill ressent durement sa condition de prisonnier, à ses yeux « pénible et humiliante » – il s'en souviendra quand, ministre de l'Intérieur, il aura la charge du système pénitentiaire.

Dès lors il n'a qu'une idée en tête : s'évader. Bien que la nouvelle de sa capture se soit répandue partout à la vitesse de l'éclair et que sa tête soit mise à prix (des centaines d'affiches portant sa photo promettent une récompense de 25 livres à qui se saisira de lui « mort ou vif »), il réussit, dans la nuit du 12 au 13 décembre, à franchir les défenses du camp. Mais une fois libre il se retrouve seul dans les rues de Pretoria, muni simplement d'un peu d'argent et de quelques barres de chocolat, en plein cœur du pays ennemi, sans carte ni boussole, sans connaître un mot d'afrikaans, à 500 kilomètres du premier territoire portugais. Sautant dans un train de marchandises, il réussit à s'éloigner de la ville, et, la nuit suivante, coup de chance, la maison où il frappe est celle du directeur anglais d'une mine de charbon, qui le cache pendant trois jours au fond d'une galerie (l'évadé s'y distrait en lisant *Kidnapped* de R.L. Stevenson). Puis en secret Churchill est hissé à bord d'un train, dissimulé au milieu de gros ballots de laine, et il gagne sain et sauf le Mozambique. Parvenu à Lourenço Marques le

21 décembre, il se rend aussitôt chez le consul britannique, télégraphie au *Morning Post*, puis prend le bateau pour Durban où il est accueilli par une foule en liesse dans un déploiement d'Union Jacks et de musiques patriotiques. De là il rejoint le jour de Noël le quartier général et la ligne des opérations, et il est affecté comme lieutenant au régiment de cavalerie légère sud-africaine.

Du jour au lendemain, c'est la gloire. Partout Churchill est traité en héros, acclamé, célébré. D'Angleterre les télégrammes de félicitations affluent. On brode sur ses exploits. C'est que la nouvelle de son évasion, qui a circulé encore plus vite que celle de sa capture, compense quelque peu les humiliants revers que les Boers viennent d'infliger aux troupes britanniques durant la *Black Week* (dont les dates correspondent à la cavale de l'évadé). Pour sa part, le jugement de Churchill sur les Boers a bien changé depuis son arrivée en Afrique du Sud. Parti plein de morgue pour ce petit peuple défiant un grand empire (la *Pax britannica* va-t-elle être mise en péril par une bande de flibustiers audacieux ? avait-il déclaré lors d'une kermesse à Blenheim), il avait très vite révisé son diagnostic et annoncé que la guerre serait longue. De près, non seulement il rend hommage à l'adversaire, bon cavalier, bon tireur, et dont la connaissance du terrain fait que chaque soldat boer, dit-il, vaut 4 ou 5 soldats britanniques, mais, à son habitude, il critique dans ses dépêches le commandement, dont il n'a évidemment pas de peine à pointer les déficiences – ce qui fait derechef grincer quelques dents. Il faut dire que le jeune ambitieux a l'art de prendre à rebrousse-poil les gens en place... Un seul chef trouve grâce à ses yeux, le général Ian Hamilton, avec lequel il avait sympathisé en Inde et auquel il restera fidèle jusqu'au temps des Dardanelles.

Cependant, le sort des armes a commencé à se renverser. À partir du début de l'année 1900, c'est au tour des

Anglais, appuyés par des renforts considérables, de prendre l'offensive. La ville de Ladysmith, encerclée depuis le début de la campagne, est délivrée le 28 février (Churchill, dans ses articles au *Morning Post*, a raconté l'entrée des premiers contingents britanniques comme s'il en faisait partie ; en fait, il n'est arrivé que plusieurs heures après), tandis que quelques semaines plus tard le siège de Mafeking était levé (le colonel Baden-Powell est, avec Churchill, l'autre héros de la guerre pour lequel on s'enthousiasme en Angleterre). Maintenant les opérations se déroulent sur le territoire des républiques boers, et Churchill, après diverses aventures où il lui arrive encore de risquer sa vie, participe le 5 juin à l'entrée victorieuse dans Pretoria – où il s'empresse d'aller délivrer ses compatriotes détenus dans son ancienne prison.

Considérant que désormais son travail de correspondant de guerre est achevé et que sa réputation est suffisamment consacrée par la *vox populi*, il décide de quitter l'Afrique du Sud. Il s'embarque du Cap le 4 juillet et arrive en Angleterre juste à temps pour le remariage de lady Randolph avec le lieutenant George Cornwallis-West, le 28 juillet. Cette fois c'est la fin des aventures lointaines et le retour définitif à la vie civile. En mai avait été publié à Londres le récit de son odyssée sud-africaine, sous le titre *London to Ladysmith via Pretoria*, ouvrage où étaient réunis une bonne partie des articles du *Morning Post* et dont 14 000 exemplaires sont vendus en quelques mois. Un second livre de reportages, relatant la suite de la guerre des Boers et intitulé *Ian Hamilton's March*, paraîtra en octobre.

Mais une autre production de Churchill, plus inattendue celle-là, avait déjà suscité l'intérêt du public au mois de février 1900 : son premier – et unique – roman, *Savrola*. Il est vrai que Disraeli avait montré la voie, puisqu'il avait commencé par une brillante carrière litté-

raire de romancier avant de devenir une figure dominante de la scène politique. C'est à Bangalore, en 1897, à
l'âge de vingt-deux ans, que Churchill avait commencé
d'écrire ce gros livre de 350 pages, qu'il termine l'année
suivante et qui a d'abord été publié en feuilleton dans le
Macmillan's Magazine en 1899. Par la suite l'auteur a eu
beau tenter de jeter le voile de l'oubli sur cette œuvre de
jeunesse, celle-ci a été rééditée à plusieurs reprises,
d'abord en *six-penny novel* en 1908 et en 1915, puis en
pocket book en 1957. L'intérêt principal de cet ouvrage
mineur et souvent malhabile – si le récit est alerte, les
personnages sont plutôt artificiels –, c'est bien sûr ce
qu'il révèle de la psychologie de l'auteur, car ce mélo-
drame politique mêle l'aventure et l'ambition, la vie et la
mort, le pouvoir et l'amour en un cocktail corsé de rêve
et d'action.

L'intrigue est située dans un pays imaginaire, une
sorte de république mi-méditerranéenne mi-africaine
nommée Laurania. Là s'exerce la tyrannie brutale d'un
autocrate, contre lequel se dresse le héros, Savrola – per-
sonnification de Churchill –, un démocrate sincère et
réformateur, dont la femme du dictateur, Lucile,
s'éprend passionnément. Si l'histoire d'amour, assez
pâlotte, relève du romantisme d'opérette, le scénario
politique décrit avec verve et non sans finesse le drame
du pouvoir qui passe de main en main. En effet, un soulèvement populaire renverse le tyran qui est tué sur les
marches de son palais, mais la victoire du droit et de la
liberté, sous la bannière de Savrola, est dévoyée par les
menées d'une société secrète d'anarchistes adepte de la
violence, si bien que le héros n'a plus qu'à partir pour
l'exil en compagnie de sa bien-aimée Lucile.

On a voulu voir là un roman œdipien axé, sous des
dehors chastement victoriens, sur le meurtre d'un père
dictatorial et sur la conquête d'une mère qualifiée,
comme Lucile, de « plus belle femme de l'Europe ».

Mieux vaut sans doute retenir les traits révélateurs et prémonitoires du personnage central, incarnation du jeune Churchill, et ses méditations sur l'action politique, sur la conquête du pouvoir, sur le sens de la vie. Une telle destinée, se demande Savrola au début du livre, en valait-elle la peine ? « La lutte, la peine, le mouvement incessant, le sacrifice de tant de choses qui font la vie douce et agréable – et tout cela pourquoi ? Pour le bien du peuple ! C'était là, il ne pouvait se le dissimuler, l'objet plutôt que la cause de ses labeurs. Le véritable moteur, c'était l'ambition. Il était incapable de lui résister. » Car, loin d'être fait pour goûter tranquillement les plaisirs de l'existence, « l'ardeur, l'audace, les cimes, voilà quelle était sa nature d'esprit. La vie qu'il avait choisie était la seule qu'il pourrait jamais vivre. Il lui faudrait aller jusqu'au bout[1]. » Arrive-t-il si souvent de dessiner à moins de vingt-cinq ans, avec autant de sûreté et de perspicacité, sa trajectoire d'existence ?

1. W. Churchill, *Savrola*, pp. 42-43.

CHAPITRE II

L'ascension d'un homme d'État
1900-1914

PREMIERS PAS EN POLITIQUE : 1900-1905

C'est à l'âge de vingt-cinq ans, dans les premiers jours de 1901, que Churchill fait son entrée à Westminster. En effet, lors des élections législatives de l'automne 1900 – les « élections kaki » –, il a été élu député conservateur d'Oldham, une ville ouvrière du Lancashire, à la faveur de ses exploits en Afrique du Sud et et de la vague impérialiste du jour.

À vrai dire, ce n'est pas sa première expérience politique, car il avait eu l'occasion de prononcer à deux ou trois reprises des discours dans des meetings conservateurs, et surtout il avait déjà tenté sa chance à Oldham en juillet 1899 lors d'une élection partielle. Dans cette circonscription très peuplée à deux députés, dont la grande majorité des électeurs était composée d'ouvriers du textile, le « ticket » conservateur, face aux deux candidats libéraux, associait Churchill à un travailleur manuel, le secrétaire du syndicat des fileurs de coton, James Mawdsley : belle occasion de jouer la carte du « torysme démocratique » que cette alliance symbolique entre un jeune aristocrate et un vieil ouvrier de l'industrie cotonnière ! Mais au cours de la campagne la rhétorique assez creuse des harangues de Churchill sur la

71

grandeur de l'Empire et les progrès de la nation, mal assortie avec les revendications très pratiques et terre à terre de Mawdsley, avait laissé froids les électeurs, d'autant que dans cette région du Lancashire les clivages politiques, au lieu de reposer sur les conflits de classes, reflétaient avant tout les oppositions religieuses entre, d'un côté, le camp libéral et non conformiste, et, de l'autre, le camp conservateur et anglican. De surcroît, emporté par son élan, Churchill avait traité le Parti libéral de « rassemblement de pharisiens, de bégueules et de maniaques » (des qualificatifs qu'on lui resservira, lorsqu'il rejoindra les rangs libéraux). Le résultat, ce fut une sévère défaite, qui avait donné à Balfour, l'ancien associé de Randolph Churchill, l'occasion d'un bon mot assez cruel : « Je voyais en lui un jeune homme plein de promesse, c'est seulement un jeune homme qui fait des promesses. »

En revanche, en 1900, c'est une atmosphère politique bien différente que Churchill trouve à Oldham. Car lorsque le gouvernement conservateur de Salisbury avait décidé de dissoudre la Chambre des communes avec l'idée de ramener au Parlement une majorité confortable, on était en pleine fièvre nationaliste engendrée par la guerre des Boers. De là la victoire remportée aisément par les conservateurs et unionistes. Dans sa circonscription, Churchill, bien plus encore que de cette dynamique, a bénéficié de sa gloire de héros du Transvaal. À son arrivée, le candidat avait été accueilli par une fanfare locale qui lui avait joué *See the Conquering Hero Comes*. À chaque meeting éclate l'enthousiasme populaire. Aussi conduit-il une campagne hautement personnelle et festive, en concentrant toute sa propagande sur le thème de la guerre, du patriotisme et de la grandeur de l'Empire. En fin de compte il est élu le 1er octobre 1900 avec 16 voix de majorité.

Pourtant, à cette date, le nouvel élu est plus familier des terres lointaines des colonies que de son propre pays, où il ne connaît guère que la capitale, Blenheim, les grandes demeures de l'aristocratie et les mess d'officiers. Pour lui le Nord industriel, avec ses villes ouvrières pauvres, enfumées et monotones, sans parler de l'Écosse, est *terra incognita*. Un gouffre sépare l'élégant joueur de polo des supporters de l'Oldham Athletic Club. Pourtant, à Oldham comme plus tard à Dundee – deux hauts lieux du textile –, il va représenter, non sans succès, les « mains calleuses » et les « mentons mal rasés » d'Angleterre avec un paternalisme affiché et convaincu, selon la grande tradition de ses ancêtres whigs ou tories.

L'ouverture du nouveau Parlement, retardée par la mort de la reine Victoria le 22 janvier, a lieu en grande pompe le 14 février 1901. C'est le nouveau roi, Edward VII, qui conduit la cérémonie et prononce le discours du trône. À l'émotion de Churchill, qui ce jour-là prend pour la première fois son siège aux Communes, à proximité de celui de son père (il siégera à la Chambre soixante-deux ans), se mêle l'excitation devant un monde nouveau. N'est-on pas entré quelques jours plus tôt dans le XXe siècle ? La longue ère victorienne, après un majestueux couchant, ne vient-elle pas de se clore, tandis que commence l'ère édouardienne ? L'ambition, les espérances, l'esprit romantique, tout s'unit chez le jeune député pour nourrir de grands rêves de carrière : après tout, n'est-il pas un leader-né, *born to rule* ?

Après un début prometteur – son *maiden speech* (c'est-à-dire sa première prise de parole), prononcé dès le 18 février, est favorablement accueilli –, Churchill choisit d'adopter une position d'indépendance, cultivant d'emblée l'image d'un homme politique national plutôt que celle d'un homme de parti. Du coup, il n'hésite pas à émettre des critiques sévères à l'endroit de la politique militaire du gouvernement, telle qu'elle est mise en œuvre par le ministre de la Guerre conservateur, St. John Brodrick, à qui il s'en prend durement en lui reprochant à la fois l'inefficacité et le coût des réformes envisagées : mieux vaut, à son avis, compter sur la marine et la soutenir plutôt que de concevoir des ambitions excessives pour l'armée (en 1903 il publiera sur ce sujet un livre intitulé *Mr. Brodrick's Army*). En même temps il fait partie d'une fraction dissidente de députés conservateurs groupés autour de lord Hugh Cecil, le propre fils du Premier ministre, lord Salisbury. Ces « Jeunes-Turcs », baptisés les *Hughligans*, puis les *Hooligans*, prêchent un évangile de réformes sociales auquel Churchill, dans sa fièvre d'activisme, adhère au nom d'une politique de progrès.

Mais le grand enjeu qui divise la classe politique à partir de 1903, c'est la question du retour au protectionnisme. En effet, Joseph Chamberlain, récemment converti au principe de la préférence impériale, lance comme une bombe, dans un discours à Birmingham le 15 mai 1903, sa proposition de mettre fin au libre-échange, ce qui sème la zizanie parmi les conservateurs et les unionistes, et provoque un schisme mortel dans les rangs de la majorité au pouvoir. Avec fougue, Churchill se fait aussitôt le champion du libre-échange, dans lequel il voit une cause à la fois populaire et porteuse. Il attaque avec virulence Chamberlain, s'en prend directement à Balfour, Premier ministre depuis 1902, et apparaît de plus en plus comme un rebelle dans le camp tory. Au point d'entamer à la fin de 1903 des conversations avec Lloyd George sur son avenir politique et de voter de plus en plus souvent avec les libéraux. Le pas décisif est franchi à la Chambre le 31 mai 1904 : Churchill, selon l'expression consacrée, *crosses the floor*, c'est-à-dire quitte les bancs conservateurs pour siéger doréna-

vant sur les bancs libéraux. On a prétendu que si les leaders conservateurs avaient eu l'habileté de lui faire
miroiter un poste ministériel ils auraient peut-être pu le
retenir. Mais on doit raisonnablement en douter. Tout,
en fait, poussait le jeune opportuniste, avide de grimper
le « glissant mât de cocagne » cher à Disraeli, à changer
de camp – et d'abord ses convictions personnelles, lui
qui n'était point un dévot des partis (il ne le sera jamais)
et qui ne se reconnaissait nulle allégeance envers les
conservateurs (« les conservateurs ne m'ont jamais aimé
ni fait confiance », dira-t-il dans les années 20[1]). Au
demeurant, il avait été jusqu'à écrire dans une lettre à
Hugh Cecil : « Je suis un libéral. Je déteste le parti tory,
ses hommes, son discours, ses méthodes. Je n'ai de sympathie que pour mes électeurs d'Oldham[2]. »

Au cours de ces années, de 1902 à 1905, une autre
occupation accapare Churchill : la biographie de son
père. Celle-ci paraîtra en janvier 1906 en deux gros
volumes. Œuvre de piété filiale, mais très documenté,
l'ouvrage idéalise beaucoup la figure de lord Randolph,
faisant de lui non seulement un homme à principes, mais
un véritable homme d'État, le champion du torysme
démocratique, autrement dit un précurseur des idées de
son fils. Comme on pouvait s'y attendre, les aspérités et
les foucades du personnage sont gommées, tandis qu'un
voile pudique est jeté sur ses côtés sombres et morbides.
Mais le talent de composition et de style de l'auteur
éclate à chaque page. Compte tenu des lois du genre,
c'est une réussite, et le livre ne recueillera que des
louanges lors de sa parution.

Cependant, maintenant que Churchill a brûlé ses vaisseaux du côté conservateur et opté pour le camp libéral,

1. Cité par Robert Rhodes James, *Churchill : a Study in Failure 1900-
1939, op. cit.*, p. 32.
2. RC, *Young Statesman*, p. 71, lettre du 24 octobre 1903 (en fait la lettre
n'a jamais été envoyée).

il lui faut se trouver un nouvelle base électorale à la place d'Oldham. Parmi les diverses propositions reçues de sections locales du Parti libéral, il choisit Manchester Nord-Ouest, une circonscription plutôt aisée, mais très attachée au libre-échange et où il bénéficie de solides appuis. Là, le transfuge, devenu le candidat officiel « libre-échangiste et libéral », peut habilement plaider sa cause en soutenant que ce n'est pas lui qui a changé, mais le Parti conservateur. Aux élections législatives de janvier 1906, porté par la vague libérale qui submerge le pays, il remporte une belle victoire avec 56 % des suffrages et une majorité de plus de 1 200 voix sur son adversaire, W. Joynson-Hicks (« Jix »), qu'il retrouvera comme collègue chargé de l'Intérieur dans le gouvernement conservateur de Baldwin entre 1924 et 1929.

À ce stade de l'existence de Winston Churchill, il est possible de se faire une idée assez précise du jeune député, de son aspect physique, de sa personnalité, de ses manières, car beaucoup de contemporains nous ont laissé notations et témoignages. Une taille moyenne, une allure délicate malgré une robuste constitution, des yeux bleus, des taches de rousseur, une chevelure dont les tons roux virent bientôt au blond vénitien, un visage de chérubin souvent illuminé d'un sourire espiègle – l'éclair de malice de l'incorrigible écolier –, tel apparaît le débutant dans la carrière politique, toujours plein de confiance en soi et qui rejette avec dédain tout ce qui est conventionnel. L'homme a la parole facile : atteint d'un léger zézaiement, mais qui deviendra vite volontaire et calculé, il parle avec un débit nerveux, rapide, constamment accompagné de gestes, et dans la conversation il bombarde ses interlocuteurs d'un feu roulant de questions. Son égocentrisme et son culte de l'énergie vitale se teintent d'influences darwiniennes. À ses yeux, dans le *struggle for life*, le destin aide ceux qui s'aident eux-mêmes. Seuls survivent les plus doués et les plus forts. Quoi d'étonnant à ce que l'adepte passionné du *Rule Britannia* adore les chansons martiales et patriotiques ?

Chez cet être charmeur et maladroit, qui à la fois attire et repousse la sympathie, le pouvoir de l'ambition et le besoin de publicité sont toujours aussi intenses, aussi insatiables qu'aux temps aventureux des guerres coloniales. Mais la chasse aux places a remplacé la chasse aux médailles. De là une réputation de personnage se complaisant dans les intrigues, la démagogie, les manœuvres, voire la duplicité. Ne parlons même pas des attaques, souvent ignominieuses, dont il a été l'objet de la part de ses anciens amis conservateurs à partir du moment où il a passé dans le camp libéral. Traité de renégat, de traître à sa classe, de *turncoat*, il est couramment désigné dans ce milieu par le nom de *Blenheim rat*, « le salaud de Blenheim ». Plus sobrement, mais non moins durement, Austen Chamberlain a observé : « Sa conversion a coïncidé avec son intérêt personnel. » De fait, les animosités et même les haines nées au cours de ces années vont empoisonner toute la carrière ultérieure de Churchill : jusqu'en 1940 la Némésis, sous les espèces d'une longue mémoire, le poursuivra sans relâche, tant la vengeance est un plat qui se mange froid – en politique plus qu'ailleurs.

Mais, si l'on se tourne vers les témoignages d'amis ou d'observateurs bien disposés, on note sous leur plume le même penchant chez Churchill à se mettre en avant et à briguer les lauriers de la gloire. Ainsi, Lloyd George constate : « Les applaudissements de la Chambre lui montent aux narines. Il est comme un acteur à qui il faut les feux de la rampe et les acclamations du parterre. » Et le journaliste libéral Alfred Gardiner note : « Inconsciemment il est toujours en train de jouer un rôle – un rôle héroïque, dont il est lui-même le spectateur inattendu [1]. » Le gouverneur de l'Ouganda a rapporté que, lors du voyage de Churchill en Afrique en 1907, le jeune sous-secrétaire d'État aux Colonies lui avait garanti qu'avant l'âge de quarante-trois ans – l'âge du gouverneur – il serait Premier ministre [2].

Dans les carnets de Beatrice Webb, on relève un portrait particulièrement éclairant, écrit à la suite d'un dîner en 1903. Churchill, quoique présenté sous un jour sévère – un arriviste déplaisant et hâbleur –, y est crédité de dons de premier ordre, qui permettent d'augurer éventuellement pour lui un grand avenir. Voici en quels termes la sociologue huppée et méthodique décrit son convive, l'amateur vif-argent : « Première impression : un agité – de manière presque intolérable. Incapable d'un travail soutenu et sérieux. Égocentrique, prétentieux, superficiel, réactionnaire, mais du magnétisme personnel, beaucoup de cran, de l'originalité – non d'esprit, mais de caractère. Tient plus du spéculateur à l'américaine que de l'aristocrate anglais. N'a parlé que de lui et de ses projets électoraux. » Malgré tout, poursuit-elle, « sa hardiesse, son courage, ses ressources multiples, et la grande tradition qu'il incarne, peuvent le conduire loin, à moins qu'il ne se brise lui-même comme son père [3] ».

En ce qui concerne les conceptions politiques personnelles de Churchill, elles sont en ce temps commandées par une vision du monde originale qui englobe l'intérieur dans l'extérieur, les questions domestiques dans la donne planétaire, le Royaume-Uni dans

1. Cf. William George, *My Brother and I*, Londres, Eyre and Spottiswoode, 1958, p. 211 ; Alfred G. Gardiner, *Pillars of Society*, Londres, Nisbet, 1913, p. 153.
2. Cf. Ronald Hyam, *Elgin and Churchill at the Colonial Office 1905-1908*, Londres, Macmillan, 1968, p. 357.
3. Beatrice Webb, *Our Partnership*, éd. B. Drake, Londres, Longmans, 1948, Diary, 8 juillet 1903, pp. 269-270.

l'Empire. Lui-même accable de mépris les esprits qui considèrent que la puissance britannique a atteint son apogée et que désormais la nation est sur la pente du déclin – il les appelle les *croakers*, les « croasseurs ». Car sa conviction profonde, c'est que la vigueur et la vitalité, comme il dit, de « notre race et notre sang » garantissent à l'Angleterre de poursuivre sa haute mission civilisatrice à travers le monde. Il n'y a là nul jingoïsme, nul impérialisme vulgaire, mais, entée sur un patriotisme viscéral et indestructible, une vision grandiose et romantique de la grandeur de la nation. Dès lors les problèmes politiques et sociaux internes, les réformes nécessaires en matière d'éducation, de santé, de taxation, d'amélioration du sort des masses, les progrès du bien-être et de la démocratie, tout cela dépend de la position de l'Angleterre dans l'univers. À cet égard, Paul Addison a eu raison de faire remarquer que, face à la vision pessimiste de l'avenir de la Grande-Bretagne qui sous-tendait la pensée des tenants de la préférence impériale comme Chamberlain, la logique des partisans du libre-échange était une logique optimiste, exportatrice, compétitive, fondée sur la croyance en la prospérité et en la puissance, demain comme aujourd'hui, de la nation impériale. *Imperium et Libertas* : Churchill entend rester fidèle à la devise de la ligue de la Primevère à laquelle avaient tant œuvré son père et sa mère.

AU POUVOIR : UN MINISTRE RÉFORMATEUR : 1906-1911

Dans les derniers jours de 1905, après la démission de Balfour, chef d'un gouvernement conservateur à bout de souffle, Campbell-Bannerman, leader du Parti libéral, est nommé Premier ministre et forme un gouvernement, dans lequel Churchill reçoit un secrétariat d'État. Puis on procède aussitôt, en janvier 1906, à des élections législatives. Le résultat est un raz de marée libéral : dans la nouvelle Chambre des communes, on ne compte pas moins de 400 députés libéraux (dont Churchill, élu, comme on l'a vu, à Manchester Nord-Ouest) contre 158 conservateurs, 29 travaillistes et 83 nationalistes irlandais.

Pour l'ambitieux Winston, ce passage des bancs du Parlement au gouvernement – même si ce n'est encore qu'avec un poste de *junior minister,* étape classique dans la carrière –, c'est à la fois l'accession au pouvoir et le point de départ d'une ascension politique rapide et d'un cursus brillant. En effet, le jeune ministre va rester près de dix années consécutives titulaire d'un porte-feuille gouvernemental, du 12 décembre 1905 au 25 novembre 1915, occupant des postes de premier plan (du moins jusqu'à la chute finale) : d'abord sous-secrétaire d'État aux Colonies de décembre 1905 à avril 1908, il est président du Board of Trade d'avril 1908 à février 1910, ministre de l'Intérieur de février 1910 à octobre 1911, Premier lord de l'Amirauté d'octobre 1911 à mai 1915, chancelier du duché de Lancastre de mai à novembre 1915. Années de réussite, années de plénitude, jusqu'à ce qu'éclate la guerre : au total la moisson engrangée, tant par la contribution personnelle apportée à la marche en avant de l'État et de la société britanniques que par la démonstration de capacités et de talents hors de pair, se révèle impressionnante, même si la récolte compte aussi des brassées d'ivraie.

Au Colonial Office, c'est un curieux attelage que forment le jeune sous-secrétaire d'État, trente et un ans, et le ministre en titre, lord Elgin, cinquante-six ans, ancien vice-roi des Indes : on croirait un pur-sang couplé avec un cheval de labour. Autant Elgin, personnage introverti et fatigué, souhaite limiter ses tâches, autant Winston, soucieux de faire ses preuves et rempli d'énergie vitale, escompte briller et s'imposer. Alors que son chef siège à la Chambre des lords, il a, quant à lui, l'avantage d'occuper le terrain – et l'attention – aux Communes, où se traitent les affaires et où son don de la parole fait merveille. Aussi son étoile va-t-elle monter au firmament au détriment d'Elgin. Loin de goûter les audaces de son adjoint, celui-ci le trouve souvent aventureux, léger, instable, sans parler du ton péremptoire des innombrables notes, projets et admonestations qu'il lui adresse. Encore qu'il arrive à Elgin de remettre l'impertinent à sa place : on raconte par exemple que, en marge d'un document rédigé par Winston et concluant : « Telles sont mes vues », le ministre avait écrit : « Mais pas les miennes [1]. » À propos de la propension du sous-secrétaire d'État à vouloir régir le Colonial Office, un historien a pu décrire un tel comportement comme un alliage d'« homme d'État responsable et d'écolier espiègle [2] ».

Toutefois, malgré les frictions, les frustrations, parfois les exaspérations, le duo Churchill-Elgin a réussi à tenir le coup et à travailler en commun pendant les deux ans et demi qu'a duré leur tandem. D'autant que l'un et l'autre partagent la même vision de l'Empire comme grande force de progrès – ce qu'Elgin nomme la mission des Britanniques, « pionniers de la civilisation ». Comme chef de cabinet, Winston a recruté un jeune fonctionnaire compétent et dévoué, Edward Marsh, qui lui rend les plus grands services et dont la fidélité affectueuse ne se démentira pas au cours des quelque vingt ans où « Eddie » sera son collaborateur le plus direct. En

---

1. Anecdote racontée par Austen Chamberlain, *Politics from Inside*, Londres, Cassell, 1936, p. 459.
2. Ronald Hyam, *Elgin and Churchill at the Colonial Office 1905-1908*, *op. cit.*, p. 497.

revanche, il se heurte en maintes occasions au ressentiment, voire à l'ire, des hauts fonctionnaires du ministère, irrités par ce blanc-bec vif-argent et sûr de lui qui se permet de leur donner des leçons et de réécrire leurs notes. Témoin cette diatribe adressée au ministre par le secrétaire général du Colonial Office, Hopwood : « C'est extrêmement agaçant d'avoir affaire à lui. Il sera cause, c'est sûr, d'autant d'ennuis que son père. » Et de dénoncer avec aigreur l'agitation incessante, la volonté incontrôlée de faire parler de soi, l'absence de principes moraux du sous-secrétaire d'État[1].

La première affaire que doit traiter Churchill à son arrivée en fonction concerne le statut de l'Afrique du Sud, dont il a la responsabilité, et plus particulièrement l'avenir des républiques boers annexées en 1902. Quel équilibre convient-il d'établir entre Anglais et Afrikaners ? L'idée-force de l'ancien prisonnier de Pretoria, c'est la réconciliation. Traiter sur un pied d'égalité, par une politique hardie et généreuse, colons britanniques et Boers vaincus, voilà à ses yeux la ligne de l'avenir. Effectivement, dès l'été 1906, le *self-government* est accordé à l'Orange et au Transvaal.

Mais cette politique aboutit à abandonner les Noirs. Ce que gagnent les Afrikaners, notamment avec la règle *one man, one vote*, c'est au prix des droits des Africains, victimes du choix fait à Londres. Alors que les Noirs représentent les deux tiers de la population (vivant sur un sixième des terres), ils doivent désormais subir la férule de leurs maîtres boers qui imposent pour longtemps leurs principes raciaux et politiques.

Il faut dire que Churchill lui-même partage très largement les préjugés raciaux et colonialistes de son milieu et de son temps. Dans son univers, il existe une hiérar-

1. CV II, 2, p. 730, lettre de sir Francis Hopwood à lord Elgin, 27 décembre 1907.

chie à l'intérieur de l'espèce humaine : les Noirs, qualifiés par lui de « nègres » (*niggers*) ou de « moricauds »
(*blackamoors*), sont par nature à ranger au-dessous des
Blancs, auxquels il revient d'exercer l'autorité. « Les
indigènes, écrira-t-il retour d'Afrique à propos des
Kikuyu, sont des enfants, enjoués, dociles, mais ils
gardent quelque chose de la brute. » Le seul espoir pour
les arracher à « leur dégradation actuelle [...], c'est
l'auguste administration de la Couronne[1] ». On ne saurait imaginer plus belle accumulation de clichés... Ces
partis pris raciaux, Churchill les conservera toute sa
vie : jamais ils ne céderont devant l'idée de l'unité du
genre humain ni devant le principe de l'égalité des
races.

Au centre de l'œuvre accomplie au Colonial Office, il
convient de placer l'Afrique noire. Après le partage de
l'Afrique entre les grandes puissances, le Royaume-Uni,
qui s'était taillé, avec la France, la part du lion, exerce
sa souveraineté, outre sur l'Égypte et le Soudan au nord
et sur l'Afrique du Sud à l'extrémité méridionale, sur de
larges fractions de l'Afrique noire : à l'ouest le Nigeria,
la Côte de l'Or (aujourd'hui le Ghana), la Sierra Leone,
la Gambie ; à l'est la Somalie, le Kenya (dénommé British East Africa), Zanzibar, l'Ouganda, le Nyassaland,
les deux Rhodésies – territoires gérés dans l'ensemble
par le Colonial Office. S'il est admis que maintenant le
temps des conquêtes et de l'expansion est terminé –
quoique Churchill décide d'annexer de nouvelles
régions à l'Ouganda –, l'enjeu, sous couleur de lutte de
la civilisation contre la barbarie, est celui de la mise en
valeur et de l'exploitation économique. Winston croit
dur comme fer à l'avenir de l'Ouganda, protectorat sur
lequel il veut que se concentrent les efforts :
« L'Ouganda est la perle », proclame-t-il[2].

1. W. Churchill, *My African Journey* (1908), pp. 37-38.
2. *Ibid.*, pp. 197 et 209-213.

Aussi décide-t-il d'entreprendre un grand voyage à travers le continent – voyage qui va durer d'octobre 1907 à janvier 1908 –, afin de se rendre compte lui-même sur place de la situation de ces territoires et d'étudier les solutions à leur apporter, avec au surplus la possibilité de pratiquer la chasse au gros gibier : occasion rêvée de renouer avec les aventures lointaines de naguère. En outre, il passe un accord avec le *Strand Magazine* en vue d'une série d'articles qui paieront ses frais de voyage et ceux de son entourage. Après des escales à Malte, à Chypre, en Somalie, il débarque à Mombasa et gagne par le train Nairobi. Solidement juché à l'avant de la locomotive, fusil en main, il peut s'en donner à cœur joie pour tirer sur les rhinocéros, antilopes et zèbres qui peuplent les alentours de la ligne de chemin de fer, mais les lions préfèrent quitter cette zone exposée, échappant ainsi à la mire du chasseur. À Kampala, capitale de l'Ouganda, il rencontre le roi, ou *kabaka*, âgé de onze ans et élevé à l'anglaise, avant d'entamer une longue marche à pied de reconnaissance à travers la forêt et la savane, à raison de 20 à 25 kilomètres par jour, entre le lac Victoria et le lac Albert, avec une troupe de 400 porteurs. C'est là qu'il se persuade du caractère prometteur du pays, imaginant une expérience de « socialisme d'État » avec des travailleurs enrégimentés sous la houlette d'administrateurs blancs et produisant du coton qui, une fois manufacturé en Angleterre, serait réexpédié sur place de façon à vêtir cette population noire et à l'arracher ainsi à sa « nudité primitive » et à l'« animalité ». Tel est l'un des thèmes qu'il exposera dans ses récits de *My African Journey*. Le livre, tiré des articles publiés dans le *Strand Magazine* et paru en mars 1908, remportera un vif succès.

Si Churchill s'est senti à ce point en synergie avec la mission qui lui avait été assignée par le gouvernement libéral en le nommant au ministère des Colonies, c'est parce que, dans son esprit, la position de la Grande-Bretagne dans le monde est la véritable clef de la politique intérieure. En fin de compte, les problèmes domestiques, la question sociale, le progrès de la démocratie et du bien-être chez les insulaires dépendent de l'Empire, tout autant que la grandeur nationale. C'est pourquoi il lui arrive de lancer, avec une verve corrosive, des mercuriales contre ceux qu'il appelle les *croakers* – littéralement les « croasseurs » – parce qu'ils prétendent que la puissance britannique, après avoir atteint son apogée, est sur la pente du déclin. Selon lui, la vigueur et la vitalité de « notre race et notre sang » garantissent la poursuite de la mission civilisatrice d'Albion. Ce qui meut le jeune Churchill au pouvoir, et qui continuera de l'inspirer jusqu'à son dernier souffle, ce n'est donc point un jingoïsme vulgaire, c'est une vision romantique et grandiose de la vocation et de l'avenir de son pays.

*
* *

En 1908, à la faveur du changement qui se produit dans le paysage politique britannique, à savoir la disparition ou l'effacement des vieux caciques libéraux et l'arrivée aux affaires d'une nouvelle génération d'hommes jeunes, ambitieux et entreprenants, Churchill bénéficie d'une promotion brillante et méritée : il est nommé président du Board of Trade, c'est-à-dire ministre du Commerce et de l'Industrie, ce qui lui vaut à trente-trois ans d'entrer au cabinet (il n'y avait pas eu de membre du cabinet aussi jeune depuis près d'un demi-siècle).

En effet, Asquith, appelé comme Premier ministre à la mort de Campbell-Bannerman, a réuni dans un nouveau « ministère de tous les talents » une équipe gouvernementale éclatante : à côté de Grey aux Affaires étrangères, de Haldane à la Guerre, de Morley à l'Inde, de Runciman à l'Éducation et de l'ouvrier John Burns à l'Administration locale (c'est la première fois qu'un ouvrier devient ministre), les trois étoiles du cabinet sont Asquith lui-même, Lloyd George et Churchill. Le premier, issu de la bourgeoisie industrielle et non conformiste selon les bonnes traditions du Parti libéral, avocat à succès, excellent *debater*, intellectuel de grande culture (on l'a appelé « le dernier des Romains »), est un professionnel accompli et habile de la politique, qui restera Premier ministre jusqu'en 1916 (c'est lui l'inventeur de l'immortelle formule *wait and see*). Il est séduit par le brio et la virtuosité de Winston, mais souvent irrité par ses foucades et ses initiatives intempestives – il qualifiera un jour une des innombrables épîtres dont il est abreuvé de « missive typique faite de mousse sur de l'écume[1] ». Cependant, il maintient fermement son autorité sur ses piaffants lieutenants, les deux chevau-légers Lloyd George et Churchill, qui caracolent de concert et que leur étroite alliance en ces années a fait appeler tantôt les « jumeaux célestes » (*heavenly twins*), tantôt « les deux Roméos ».

Pourtant on ne saurait imaginer contraste plus saisissant que celui opposant Churchill l'aristocrate et Lloyd George le plébéien, ces deux géants de la scène publique britannique au xxᵉ siècle, dont le destin s'est trouvé intimement enchevêtré une vingtaine d'années durant. Car le « sorcier gallois » issu d'une lignée d'artisans et de paysans, élevé par un oncle cordonnier baptiste, s'est fait lui-même. Porte-parole de la cause du peuple, champion des « petits » contre les « gros », doté d'un talent d'orateur hors de pair alliant la verve et l'imagination, il s'est imposé comme chef de file de la gauche radicale, mais, derrière sa passion conjuguée pour le combat et

---

1. RC, *Young Statesman*, p. 246.

pour le pouvoir, déjà perce son penchant pour l'intrigue et la manœuvre, penchant qui ira croissant et qui explique le jugement sévère porté dès cette époque par Asquith sur son chancelier de l'Échiquier en même temps que sur son ministre du Commerce : « Lloyd George est sans principes et Winston sans convictions [1]. »

Quoi qu'il en soit, c'est fondamentalement à un débat de société que Churchill se trouve désormais affronté. Pour lui, c'est là chose toute nouvelle. Jusqu'ici, en effet, la question sociale lui était restée étrangère, si bien qu'en ce domaine son ignorance est grande. Non seulement il n'a aucune expérience directe des classes populaires – mis à part les domestiques au service de l'aristocratie –, mais il découvre la misère dans les rapports officiels et en lisant l'enquête sociologique de Seebohm Rowntree, l'industriel philanthrope, publiée sous le titre *Poverty* et démontrant que près du tiers de la population britannique vit au-dessous de la *poverty line,* c'est-à-dire du minimum vital.

Comme l'observe ironiquement et un peu méchamment un jeune secrétaire d'État libéral, Charles Masterman, auteur du livre *The Condition of England*, Winston est « plein de ses pauvres qu'il vient de découvrir » et il se croit « appelé par la Providence pour faire quelque chose à leur sujet », encore que, ajoute Masterman, la société pour laquelle il penche soit une société où « une *upper class* bienveillante dispenserait ses bienfaits à une classe ouvrière industrieuse, bien-pensante et reconnaissante [2] ». À dire vrai, c'est pousser la charge un peu loin, car la pensée churchillienne est singulièrement plus sub-

1. RC, *Young Statesman*, p. 247.
2. Cf. Lucy Masterman, *C.F.G. Masterman*, Londres, Nicholson and Watson, 1939, p. 97.

tile et plus sophistiquée. Au demeurant, chez cet être romantique, la sentimentalité n'est jamais loin : lui qui vit au milieu des fastes de l'establishment est sincèrement ému au spectacle de la détresse des *slums*.

En réalité, si l'on veut saisir la philosophie sociale de Churchill en ces années, par-delà la rhétorique flamboyante – et savamment ambiguë – de l'homme public, trois paradigmes sont à mettre en évidence. Premier paradigme : la cohabitation entre une idéologie essentiellement conservatrice sur le plan des structures de la société et une ligne politique de démocratie avancée bruyamment affichée. Car le fond du positionnement de Churchill, c'est qu'il se retrouve devant le problème chronique de tous les leaders de la classe dirigeante britannique depuis la révolution industrielle : que faire des masses ouvrières ? Comment intégrer « les classes inférieures » dans une société stable ? Comment évoluer et réformer tout en préservant l'ordre existant ?

En lui le patricien *born to rule* se rend bien compte que seules des réformes radicales, propres à remédier aux tares les plus criantes de l'état de choses présent et conduites sous la bannière de la lutte contre les inégalités et les injustices, sont en mesure de rallier les classes populaires à l'ordre économique et social en vigueur. Autrement dit, ces réformes sont une forme de *social control*. D'où l'annonce claironnée haut et fort d'actions à lancer hardiment sur le territoire que Winston baptise, non sans emphase, « les terres vierges de la politique britannique[1] ».

Car on en revient toujours au vieux problème de la misère, du chômage, de l'exclusion. Face à ces défis, il faut développer le bien-être, abattre les citadelles des privilèges, maintenir contre vents et marée que « la cause du Parti libéral est la cause des millions

1. Lettre dans *The Nation*, 7 mars 1908.

d'exclus » (*the left-out millions*[1]). Emporté par son élan, le bouillant champion du radicalisme pousse le paradoxe jusqu'à considérer la lutte des classes comme un instrument de régulation sociale. Au lieu de gémir devant ce phénomène récurrent, explique-t-il, mieux vaut comprendre qu'en stimulant les réformes la lutte des classes arrache la Grande-Bretagne au double danger de l'immobilisme et de la subversion violente[2].

Le deuxième paradigme dans la stratégie sociale de Churchill consiste à déconnecter le libéralisme politique du libéralisme économique. Au lieu de se cramponner au credo du laisser-faire, il est nécessaire au contraire de faire largement intervenir l'État, la puissance publique étant seule capable de corriger les abus et les injustices, et de venir en aide aux plus défavorisés. Dans cette nouvelle relation entre l'État et les individus à l'intérieur du corps social, il y a sans conteste une innovation majeure. Le néolibéralisme, qui fleurit en ces années, contient en germe le *Welfare State*. De là une législation sociale étendue et soigneusement élaborée, à laquelle Churchill apporte une contribution personnelle de première importance. Mais comment ne pas voir que c'est en même temps un excellent moyen de maintenir en place le système social, voire d'éliminer le danger du socialisme en le tuant par la douceur (« *to kill socialism by kindness* »)? D'ailleurs, Churchill préconise ici de suivre l'exemple de l'Allemagne en introduisant dans le tissu social britannique « une bonne tranche de bismarckisme[3] ».

1. Discours à Glasgow, 11 octobre 1906, reproduit dans W.S. Churchill, *Liberalism and the Social Problem*, Londres, Hodder and Stoughton, 1909, pp. 67-84.
2. Discours du 4 mai 1908 : cf. Robert Rhodes James, éd., *Winston Churchill : his Complete Speeches*, New York, Chelsea House, 1974, vol. I, 1897-1908, p. 1034.
3. CV II, 2, p. 863, lettre à Asquith, 29 décembre 1908. La supériorité de

En troisième lieu, il se révèle crucial pour l'avenir du Parti libéral de faire face à la concurrence du Labour Party. Pour les esprits les plus clairvoyants, tels Churchill et Lloyd George, conscients de l'urgence de la question sociale et de la montée des forces ouvrières et socialistes, c'est une question de vie ou de mort que de gagner de vitesse le Labour en réalisant rapidement des réformes substantielles afin de garder au Parti libéral sa clientèle populaire et de prolonger la vieille alliance « *Lib-Lab* » – cette alliance conçue au temps du victorianisme triomphant et qui avait fait les beaux jours du libéralisme.

Car Winston a beau se présenter en radical avancé, pour lui l'opposition est nette et tranchée entre libéralisme et socialisme, comme il l'expose sans ambages dans un discours à Dundee : « Le libéralisme n'est pas le socialisme et ne le sera jamais », annonce-t-il d'emblée. En effet, un fossé les sépare. « Le socialisme cherche à abattre la richesse, le libéralisme à supprimer la pauvreté. Le socialisme détruirait l'intérêt personnel, le libéralisme le préserverait [...] en le conciliant avec les droits de la société. Le socialisme tuerait l'entreprise, le libéralisme l'arracherait aux rets des privilèges. [...] Le socialisme exalte le règlement, le libéralisme exalte l'homme. Le socialisme attaque le capital, le libéralisme attaque les monopoles [1]. » La ligne politique est donc claire : elle consiste à répondre par des réalisations concrètes aux revendications et aspirations des ouvriers, en enrobant ces réformes dans un langage émancipateur – une stratégie que travaillistes et conservateurs dénoncent de concert comme une tricherie démagogique.

---

l'Allemagne, précise Churchill, c'est qu' « elle est organisée non seulement pour la guerre, mais aussi pour la paix ».
1. *Dundee Advertiser*, 5 mai 1908.

C'est pourquoi, dès son arrivée au Board of Trade, Churchill se jette dans une frénésie de réformes sociales avec la même ardeur et la même impétuosité que dans tous ses actes. Car l'objectif numéro un est de démontrer ses capacités et ses talents tant au monde politique et aux experts qu'à l'ensemble du public britannique, à commencer par les électeurs. Il faut dire qu'en ce temps le Board of Trade, en l'absence d'un ministère du Travail, offrait un vaste champ d'action, puisqu'il était chargé non seulement du commerce et de l'industrie, mais aussi des transports maritimes et ferroviaires et du monde du travail.

Trois réalisations majeures sont à mettre au crédit de Churchill : le Labour Exchanges Act et le Trade Boards Act, promulgués en 1909, la mise en route d'une loi d'assurance contre le chômage qui aboutira en 1911. Pour préparer et faire passer ces mesures, le ministre s'est appuyé sur deux hommes clefs, dont il a su habilement utiliser les compétences et les idées. D'abord, le secrétaire général du ministère, Hubert Llewellyn Smith, un quaker passionné de réforme sociale et un grand administrateur, qui avait participé au mouvement des universités populaires (les *University Settlements*) dans l'East End de Londres et qui rêvait d'une *via media* entre le *self-help* et le collectivisme. L'autre figure dominante était un jeune économiste d'Oxford appelé à un bel avenir, William Beveridge, recruté par Churchill dans les hautes sphères du Board of Trade comme expert en matière d'emploi (c'est en 1909 qu'il publie son grand livre *Unemployment : A Problem of Industry*). Lui aussi se situe à la frontière du libéralisme et du socialisme, mais, de même que Churchill et Lloyd George, il préfère traiter les effets du chômage plutôt que s'attaquer à ses causes.

Les *labour exchanges*, créés en pleine dépression (la crise cyclique de 1907-1909 est la plus sévère depuis trente ans), sont des bureaux de placement ou, si l'on préfère, des agences pour l'emploi, destinés à faciliter l'embauche et à réduire le chômage en développant l'information et la mobilité des travailleurs. On escompte que ces *clearing houses*, où sont affichés les besoins des employeurs et des ouvriers, permettront, grâce à une plus grande flexibilité du travail, de lutter contre la paupérisation causée par le chômage et le travail irrégulier (*casual labour*), tout en servant également à restreindre l'espace de temps entre deux emplois. Au début de 1910, déjà 61 *labour exchanges* fonctionnent; un an plus tard, ils sont 175.

Quant aux *trade boards*, ils sont conçus pour remédier aux vices du *sweating system*. Celui-ci, qui affectait par priorité la main-d'œuvre féminine, sévissait alors dans une série de métiers pratiqués dans de petits ateliers ou à domicile et caractérisés par de longues heures de travail, des locaux insalubres et des salaires de misère. Le fléau avait eu beau faire l'objet de multiples dénonciations depuis des années, tant par les philanthropes que par les enquêteurs sociaux – unanimes dans l'analyse des mécanismes de la trinité maléfique exploitation surtravail sous-paiement –, rien ne l'avait fait reculer. La nouveauté – et la hardiesse – de la loi introduite par Churchill, c'est de reposer sur le principe du *national minimum*, emprunté aux Fabiens, c'est-à-dire d'un minimum légal de salaire dans les métiers les plus exposés. La loi porte pour commencer sur quatre branches professionnelles (en particulier la couture et la dentelle), employant 200 000 personnes, dont trois quarts de femmes, pour la plupart appartenant aux classes les plus pauvres. Ainsi est ouvertement affirmé le droit de l'État à intervenir dans certains secteurs de l'industrie pour fixer les salaires et les conditions de travail.

Enfin, au Board of Trade, Churchill a travaillé d'arrache-pied pendant des mois, avec ses collaborateurs, à un plan d'assurance obligatoire contre le chômage. Un projet à plusieurs variantes a été élaboré et mûri, qui trouvera place – mais lui-même aura alors quitté le ministère – dans le National Insurance Act de 1911 qui rend obligatoire une double assurance des salariés, contre la maladie et contre le chômage, dans les métiers les plus vulnérables tels que la métallurgie, les constructions navales et le bâtiment. Cependant, si importante qu'ait été au cours de ces années l'œuvre de Winston Churchill sur le plan social, il serait tout à fait abusif de suivre Randolph Churchill lorsque, dans la biographie de son père, il fait de ce dernier « l'un des architectes du *Welfare State* ». Autant Winston a été l'artisan efficace d'une législation sociale audacieuse, autant sa philosophie politique s'est toujours inscrite à l'intérieur du système économique libéral et à l'extérieur de l'État providence.

Parallèlement, sur le plan politique, les années 1909-1911 sont des années extrêmement agitées en Angleterre. Un budget proclamé révolutionnaire – le « budget du peuple » de Lloyd George –, une bataille acharnée entre le gouvernement et les Lords, deux élections législatives dans la seule année 1910, une réforme constitutionnelle de première grandeur, le Parliament Act de 1911, consacrant la prépondérance des Communes : autant de combats historiques où Churchill se jette tête baissée dans la mêlée. Fervent supporter du budget de Lloyd George qui a déclenché les hostilités dans la mesure où il inaugure une politique de redistribution de la richesse par l'impôt et où par là il est considéré du côté conservateur comme une provocation, Winston riposte en multipliant à son tour les provocations, notammment par ses attaques contre la Chambre des lords, autrement dit contre son propre milieu, à qui il

93

apparaît plus que jamais sous les traits d'un renégat. Après avoir traité les Lords de « forteresse de la réaction » et de « minorité misérable de gens titrés qui ne représentent personne et ne sont responsables envers personne », il en vient à proposer carrément à Asquith et au gouvernement d'abolir la chambre haute et de la remplacer par une chambre élue sans pouvoirs en matière de finances [1].

Sur le plan électoral, Churchill a transféré depuis 1908 sa base en Écosse, à Dundee. En effet, lorsqu'il a été nommé au Board of Trade, et conformément à la coutume alors en vigueur, pour un nouveau ministre, de se représenter devant ses électeurs, il a été battu à Manchester Nord-Ouest, quartier majoritairement bourgeois où le siège est revenu aux conservateurs auxquels il appartenait avant 1906. Aussi Winston, dont la popularité est grande, accepte-t-il la proposition des libéraux de Dundee, ville où doit se dérouler une élection partielle et circonscription très sûre pour le Parti libéral. Mais ici la configuration sociale est toute différente de celle de Manchester : dans cette cité ouvrière, les électeurs sont en majorité des travailleurs des industries locales, jute, lin, confiture, chantiers navals, alors en pleine récession. Le candidat Churchill se heurte à un conservateur, un patron du textile, et à deux travaillistes. Du coup il en profite pour attaquer le socialisme, « construction monstrueuse et imbécile » fondée sur des « illusions utopiques [2] ». En fin de compte, le jour du scrutin, Winston est élu avec une confortable majorité. Lors des deux élections législatives de 1910, cette majorité sort renforcée du premier vote, le 22 janvier : le député sortant se présente après une campagne très

---

1. RC, *Young Statesman*, p. 319 et p. 327; mémorandum à Asquith, janvier 1910 : CV II, 2, pp. 965-967.
2. Cité par Paul Addison, *Churchill on the Home Front, 1900-1955*, Londres, Cape, 1992, p. 66.

courte, en alliance avec un syndicaliste étiqueté Labour (car il s'agit d'une circonscription à deux députés). En revanche, onze mois plus tard, en décembre 1910, Churchill, qui sollicite les voix des électeurs avec le même « ticket », enregistre, quoique élu, un recul. À cette date, d'ailleurs, il a changé de poste, puisqu'une nouvelle promotion l'a porté à la tête du ministère de l'Intérieur.

*
* *

Le Home Office, auquel Churchill accède à trente-cinq ans en février 1910, était alors, avec le Foreign Office et l'Échiquier, l'un des trois grands ministères du royaume. Sa sphère de compétence, quelque peu hybride en raison des ajouts successifs au fil du temps, comprenait la sécurité et l'ordre public, les relations avec le Palais, la police de Londres, les pompiers, l'administration pénitentiaire, le droit de grâce et les remises de peines, l'immigration, l'agriculture et la pêche, les routes et les canaux, l'alcool et les drogues, la morale publique : de quoi absorber le plus boulimique des ministres. Effectivement il semble que le nouveau *Home Secretary* non seulement ait caressé l'espoir de poursuivre à ce poste sa politique de réformes, mais qu'il ait rêvé de passer à la postérité comme un grand ministre de progrès. Car, jusqu'à la Grande Guerre, Churchill, grandi et formé dans l'atmosphère optimiste du XIXᵉ siècle finissant, n'a cessé de croire au progrès : « Je suis de ceux qui considèrent que le monde va aller de mieux en mieux », assurait-il à la veille de son transfert au Home Office[1].

En réalité, c'est d'une mission périlleuse que Winston se trouve investi en un temps d'agitation ouvrière exa-

1. Discours du 13 janvier 1910 : cf. R.R. James, *W. Churchill : his Complete Speeches, op. cit.,* vol. II, p. 1 464.

cerbée et de campagnes véhémentes des suffragettes. De là l'allure de Janus de sa gestion du ministère, faite d'un visage libéral et d'un visage répressif, le premier prévalant au début, le second à la fin. En outre, lui-même ne se sent guère à l'unisson des cadres administratifs placés sous son autorité, et il n'est pas impossible que, repris par son *black dog*, il ait souffert de bouffées de dépression.

Toutefois, Churchill commence par se lancer, avec son allant coutumier, dans un ambitieux programme de réformes pénitentiaires. Soucieux d'améliorer le régime des prisons, il cherche à humaniser le sort des détenus – tout en refusant d'abolir le fouet – et à favoriser leur réhabilitation. Surtout, il veut supprimer la prison pour dettes et réformer le traitement des jeunes délinquants. Un épisode fait alors beaucoup de bruit : il ordonne de libérer et de rendre à ses parents un garçon de douze ans qui, pour le vol d'un morceau de morue valant quelques sous, avait été condamné au fouet et à la détention pendant sept ans dans une maison de correction. Néanmoins, le ministre ne réussit qu'à faire passer des mesures ponctuelles sans parvenir au vote d'une législation globale.

Il en va de même avec les projets de réforme en faveur des employés de magasin, si souvent exploités sur le plan des horaires et des conditions de travail. Le ministre a beau essayer par deux Shop Bills successifs de limiter la semaine de travail à soixante heures et d'introduire le repos du dimanche, il se heurte à l'opposition acharnée des patrons du commerce et n'arrive qu'à faire voter une demi-journée de fermeture des magasins par semaine (*early closing*). Autre domaine où Churchill, prisonnier de son temps et de son milieu (où fleurissent les thèses eugéniques et où l'on croit dur comme fer au primat de l'hérédité), est tenté d'intervenir sous couleur d'éviter la « dégénérescence » de la race : le traitement des débiles mentaux – ceux que l'on appelait les *unfit*, c'est-à-dire les individus tarés et faibles d'esprit. Autant il s'oppose à ceux qui voudraient les enfermer dans des institutions spécialisées, autant il jongle avec l'idée de la stérilisation de cette catégorie de la population, sans finalement prendre la moindre mesure inspirée par l'eugénisme.

En vérité, le maintien de l'ordre, responsabilité numéro un du *Home Secretary*, accapare de plus en plus celui-ci, entre, d'un côté, le *labour unrest,* cette poussée de fièvre ouvrière et syndicaliste qui a débuté en 1910, et, de l'autre, l'agitation féministe qui redouble de virulence. Pour les suffragettes, Churchill constitue une cible de choix, en raison à la fois de sa popularité, de la meute de journalistes qui l'accompagne, de ses meetings toujours bien achalandés. Aussi ne l'épargnent-elles guère. Si la tactique de harcèlement reste en règle générale verbale, il arrive à deux reprises à Winston d'être agressé physiquement, par exemple en gare de Bristol par une militante en colère armée d'un fouet pour chien.

À diverses reprises lui-même a affirmé être en faveur du principe du vote des femmes, mais sans jamais prendre d'engagement et en critiquant toutes les modalités proposées. Pis, lors d'une tentative de compromis en 1910, visant à accorder la franchise à certaines catégories de femmes, Churchill prononce aux Communes un discours dévastateur et vote contre le projet de loi. Peu après a lieu une grande manifestation de suffragettes à Westminster, qui est brutalement réprimée par la police en dépit des instructions données par Churchill. La journée, étiquetée *Black Friday*, est immédiatement exploitée contre le ministre de l'Intérieur, accusé de pratiques sauvages à l'encontre de militantes pacifiques. Le fond du problème, c'est qu'aux yeux de Winston (qui restera toute sa vie un « chauviniste mâle ») le suffrage féminin et l'agitation qu'il génère – et qu'il qualifie dédaigneu-

sement de « politique en jupons » (*petticoats politics*) –
apparaissent comme des affaires secondaires, marginales, indignes de la haute politique requise pour
conduire les destinées d'un grand empire.

Au même moment, du côté des syndicats ouvriers,
avec lesquels Winston avait jusque-là entretenu les
meilleures relations, les choses se gâtent pareillement.
Les affrontements, et l'image d'un Churchill adversaire
des travailleurs qui en a résulté, se sont cristallisés
autour de deux épisodes. Le premier, dit « le massacre
de Tonypandy », se situe en novembre 1910 à l'occasion
d'une grève des mineurs gallois de la vallée de
Rhondda. La police locale se sentant débordée par quelques désordres et pillages (un mineur est tué à Tonypandy), Churchill prend l'affaire en main et grâce à son
sang-froid et à sa modération réussit à ramener le calme
sans avoir à faire intervenir les unités de l'armée tenues
en réserve à proximité. C'est donc bien à tort que la
légende noire de Tonypandy lui collera durablement à la
peau.

En revanche, au cours de l'été 1911, deux grandes
grèves, à l'échelon national celles-là, d'abord la grève
des dockers, puis celle des cheminots, sous prétexte
qu'elles mettent en danger la défense nationale (on est
en pleine crise d'Agadir), amènent Churchill à adopter
des postures aventurées et inutilement belliqueuses.
D'où le sentiment général que le ministre cherche la
confrontation plutôt que la conciliation. À chaque fois,
en effet, il appelle la troupe pour intimider et faire céder
les grévistes traités en mutins, et il y a des morts. Il va
même jusqu'à répandre le bruit que « l'or allemand » est
derrière la tentative de paralysie du pays. Finalement,
quand un règlement est apporté à la grève des chemins
de fer grâce à un compromis élaboré par Lloyd George,
Churchill est tout marri de cette issue pacifique. Accusé
de « méthodes moyenâgeuses », il entre pour de bon – et

pour des années – dans la démonologie du Labour : le voilà dorénavant traité d'ennemi public du monde ouvrier. Pourtant, comme souvent, Winston est prisonnier des apparences extérieures et victime de lui-même. Car en fait il continue de croire à l'alliance *Lib-Lab*, d'autant qu'il est le premier à reconnaître que les ouvriers ne manquent pas de raisons légitimes de se rebeller contre leur sort. En somme, une croyance prévaut chez ce libéral-conservateur : la croyance en une société à la fois harmonieuse et hiérarchique.

Cependant l'imagination romantique est toujours là, jusqu'à l'enfantillage, comme le montre en janvier 1911 un événement abondamment médiatisé et passé dans les annales sous le nom de « bataille de Sidney Street ». Au point de départ, il n'y a qu'un incident relativement banal. À Londres, dans un des quartiers les plus déshérités de l'East End, un quarteron de *policemen* appelés pour un contrôle de routine tombe dans une véritable embuscade et trois d'entre eux sont tués. Aussitôt commence une chasse aux « terroristes », identifiés comme de mystérieux anarchistes lettons conduits par un certain « Pierre le Peintre ». Repérés quelques jours plus tard dans une masure au 100 Sidney Street, les assiégés ouvrent un feu nourri. Immédiatement on rassemble de grands moyens : plusieurs centaines de policiers, une section de la Garde écossaise, des tireurs d'élite. Churchill, prévenu dans son bain, et tout enfiévré, se précipite sur les lieux, où la fusillade se poursuit, mettant le feu à la maison dont les occupants périssent dans les décombres.

Une photographie a immortalisé la scène. On y voit, au milieu des policiers et des soldats en armes, un petit groupe de personnalités, avec en avant le *Home Secretary* coiffé d'un haut-de-forme et vêtu d'une pelisse, la tête et le corps penchés pour mieux apercevoir la scène en train de se dérouler. Après coup, les critiques n'ont pas manqué de fuser : était-ce bien la place d'un ministre de la Couronne ? Avait-il le droit de s'exposer ? Pourquoi parader devant les reporters et les photographes sinon par appétit de publicité ? Ce sont d'ailleurs des remontrances analogues que le ministre, de retour au Home Office, entend de la bouche d'un de ses proches collaborateurs : « Ne vous fâchez pas, lui réplique-t-il, ça a été tellement amusant[1] ! » Tout Churchill est dans cette réponse.

WINSTON ET CLEMMIE

Le printemps 1908 n'a pas vu seulement Churchill accéder au peloton de tête des hommes politiques britanniques en devenant le titulaire d'un grand portefeuille. Un autre événement capital s'est produit dans son existence : sa rencontre avec Clementine Hozier, point de départ d'une union qui va durer plus de cinquante-six ans.

Jusque-là, il faut bien dire que la vie sentimentale de Churchill, à la différence de sa vie publique, n'avait guère été remplie. Et que ni alors ni encore aujourd'hui elle n'offre matière à gloses ou commérages. Certes, on peut mentionner quelques engouements et intrigues de jeunesse, au demeurant d'ordre assez platonique, mais nulle aventure poussée, nul signe de dissipation, nulle chronique scandaleuse qui pourrait nourrir l'appétit de

---

1. Cf. Lucy Masterman, *C.F.G. Masterman, op. cit.*, p. 184. Sur l'épisode de Sidney Street, maintes fois relaté, le récit le plus intéressant – et non dénué d'autocritique – est celui donné par Churchill lui-même dans *Thoughts and Adventures* (1932). Coïncidence étrange : parmi les spectateurs se trouvait un travailleur social de l'East End, qui passait par là et dont la route croisera des années durant celle de Churchill : Clement Attlee. Cf. son autobiographie, *As it Happened*, Londres, Heinemann, 1954, p. 31.

biographes en quête de sensationnel – il est vrai que le terrible exemple de lord Randolph suffisait à écarter la tentation, à supposer qu'elle existât, des plaisirs faciles.

Comme tous les jeunes gens de son temps, Churchill a eu une éducation entièrement masculine, de Harrow à Sandhurst. Loin d'être un bourreau des cœurs, il est assez emprunté dans ses relations avec les jeunes filles – tous les témoignages concordent là-dessus. Alors qu'il apparaît si extraverti quand il s'agit de sa carrière, qui est pour lui la priorité des priorités, ici, au lieu de se montrer entreprenant, il présente une figure introvertie, raide, maladroite. De surcroît, il n'aime pas danser et préfère les longs soliloques, parlant sans discontinuer de politique, ce qui évidemment n'est pas de nature à favoriser ses espoirs de mariage auprès des demoiselles de la bonne société.

Dans cette chronique sentimentale, trois attachements, qui ont été autant de rêves d'amour déçus, méritent d'être signalés. Le premier et le principal – si l'on met à part un bref flirt à dix-neuf ans avec une jeune et jolie péronnelle, Molly Hacket, au cours d'un séjour chez lord Hindlip – a été une jeune fille rencontrée en Inde en 1897 et à laquelle Churchill a songé sérieusement pendant plusieurs années. Pamela Plowden était la fille du résident britannique à Hyderabad, et son charme et sa beauté avaient conquis le jeune officier. Celui-ci lui avait même fait faire une promenade à dos d'éléphant à travers les rues d'Hyderabad. Tous deux continuèrent au fil du temps d'échanger des lettres, et certains de leurs proches crurent au mariage, mais en fin de compte ni l'un ni l'autre ne se décida. Si bien que les sentiments se distendirent, et en 1902 Pamela épousa lord Lytton, tout en conservant avec Churchill des liens d'amitié jusqu'à sa mort, car elle lui survécut de plusieurs années.

Par la suite un autre parti a été envisagé par Winston : une jeune fille nommée Muriel Wilson, héritière d'une grande famille d'armateurs. Jolie et enjouée, elle était immensément riche, ce qui convenait aux goûts dispendieux du prétendant, mais ce dernier ne put se faire à la platitude d'esprit de l'élue et l'affaire n'eut pas de suite. Troisième échec : l'actrice américaine en vogue Ethel Barrymore avait beaucoup séduit le jeune politicien, mais dès qu'il s'était déclaré elle s'était empressée de l'éconduire.

Jusqu'à l'âge de trente-trois ans Churchill est donc resté célibataire. Or en mars 1908 le destin vient frapper pour de bon à la porte de son cœur, sous la forme d'un dîner auquel a été conviée *in extremis* – en vue de remplacer un invité défaillant et pour éviter d'être treize à table – une jeune fille de l'aristocratie écossaise nommée Clementine Hozier, tandis que lui-même, après avoir songé à annuler la soirée, ne s'est rendu à celle-ci que de mauvais gré et en retard. Placé à table entre Clementine Hozier et lady Lugard, la grande spécialiste de l'Afrique et des questions coloniales, en l'honneur de qui était offert le dîner, le sous-secrétaire d'État aux Colonies n'adresse pas un mot à celle-ci, car son autre voisine monopolise toute son attention[1]. Point de départ d'une véritable passion, qui amène les deux convives à se revoir, puis à décider d'unir leurs vies. C'est dans le parc de Blenheim que Winston se déclare, le 11 août, et le mariage est prévu pour le 12 septembre.

Née en 1885 – elle a donc dix ans d'écart avec Winston –, la future était la fille de sir Henry Hozier, un colonel de la Garde aux beaux états de service, et de lady Blanche Hozier, elle-même issue d'une grande famille

---

1. Cf. Mary Soames, *Clementine Churchill by her Daughter*, Londres, Cassell, 1979, Penguin, pp. 72-73.

écossaise (son père était le comte d'Airlie). Mais si des deux côtés les ascendants ne manquaient pas de quartiers de noblesse, Clementine (on lui avait choisi un prénom « jacobite ») a connu un milieu familial aussi perturbé et une enfance aussi malheureuse que le jeune Winston. En effet, ses parents s'étaient très vite séparés et lady Blanche, avec qui elle habitait ainsi que ses sœurs, menait une vie d'une liberté effrénée. Confiée à des *nannies*, l'enfant voyait peu sa mère, trop occupée par sa passion du jeu et par ses multiples aventures et liaisons. Il semble bien qu'aucun de ses enfants n'était de Hozier, et selon certaines sources le véritable père de Clementine et de sa sœur aînée aurait été le capitaine George (dit « Bay ») Middleton, un élégant et séduisant cavalier – qui aurait compté aussi parmi les amants de lady Randolph Churchill, cette dernière étant une grande amie de lady Blanche avec qui elle avait beaucoup de points communs[1]. Pendant un temps la famille a vécu à Dieppe, où il y avait un casino et toute une colonie anglaise huppée, et Clementine a acquis une excellente connaissance du français avec ses gouvernantes françaises. Elle a même donné plus tard des leçons de français au tarif de deux shillings et six pence, car toute son enfance et sa jeunesse se sont déroulées sinon dans la gêne, du moins avec des moyens très modestes.

À vingt-quatre ans, quand elle rencontre Winston, Clementine a la réputation d'une jeune fille d'une grande beauté, sérieuse, intelligente, cultivée, et en même temps sociable et agréable. Un esprit indépendant, du caractère, des convictions – elle appartient au camp libéral et a des sympathies pour la cause des suffragettes : ces qualités compensent le fait qu'elle soit

1. Cf. Elizabeth Longford, *A Pilgrimage of Passion : the Life of Wilfrid Scawen Blunt*, Londres, Weidenfeld and Nicolson, 1979, pp. 271-272 et 385-388.

parfois jugée trop exigeante (elle a déjà rompu deux fois des fiançailles), trop puritaine (elle déteste la roulette chère à Winston), voire ennuyeuse, par certains des collègues de son futur époux. Elle se montrera toujours dévouée à la carrière de celui-ci et, à défaut de fortune, elle lui apportera un concours fidèle, sûr et plein de discernement, d'autant qu'elle a un bien meilleur jugement que lui aussi bien sur les hommes que sur les situations.

Le mariage a lieu en grande pompe à l'église St. Margaret de Westminster. C'est un événement mondain, la cérémonie religieuse étant suivie d'une réception de 1 500 personnes. Dans la rue il y a aussi toute une délégation de marchands de quatre-saisons poussant leurs petites voitures, car Churchill, en tant que ministre du Commerce, venait de leur rendre certains avantages et privilèges traditionnels. Puis le couple part en voyage de noces vers les lacs italiens et Venise. À vrai dire, le mariage n'a changé chez Churchill ni l'ambition dévorante, ni le goût du pouvoir, ni sa passion de *workaolic,* et son épouse, de bon ou de mauvais gré, va devoir en prendre son parti : à la sacristie de St. Margaret, n'avait-il pas trouvé le moyen de consacrer un moment à discuter avec Lloyd George des affaires politiques en cours, et, durant sa lune de miel, n'avait-il pas multiplié les missives à ses collègues du gouvernement ?

De retour à Londres Winston et « Clemmie » s'installent dans un bel immeuble Régence, situé dans Eccleston Square, près de la gare de Victoria, et la nouvelle mariée s'efforce, non sans mal, de gérer à l'économie la maisonnée, car elle a horreur du gaspillage. Bientôt la famille s'agrandit. Une fille, Diana, naît en juillet 1909. Très fier, Churchill déclare à Lloyd George que c'est le plus beau bébé qu'on a jamais vu : « Parce qu'il ressemble à sa mère, je suppose ? interroge le chancelier de l'Échiquier. – Non, riposte le père, parce qu'il est exactement comme moi[1]. » D'autres enfants suivent : un fils, Randolph, en mai 1911 ; une autre fille, Sarah, en octobre 1914, puis Marigold en novembre 1918 (elle ne vivra que deux ans et demi, emportée en 1921 par une septicémie) ; enfin Mary, en septembre 1922. Mais autant l'union entre Winston et Clemmie a été heureuse, en apportant à tous deux – mais en particulier au premier, si erratique et si imprévisible dans sa carrière – apaisement, stabilité et équilibre, autant le couple a connu les pires déceptions et les pires infortunes avec ses enfants, à l'exception de la dernière.

Randolph Churchill, au sujet du mariage de son père, a parlé d'une « ancre de salut » à laquelle celui-ci a pu s'accrocher pour le restant de son existence. L'expression apparaît pleinement justifiée, en particulier au sein d'un monde politique où les unions brisées et les alliances défaites étaient légion. À cet égard, le couple Churchill, avec sa solidité de roc, est apparu comme exemplaire. Toute sa vie Churchill a été un mari fidèle et rempli d'une indéniable affection pour sa femme. Tous deux d'ailleurs avaient en commun d'avoir été des solitaires et d'avoir souffert d'une enfance traumatisante. Pourtant, compte tenu des grandes différences de tempérament entre eux, le ménage n'a pas été sans connaître tensions et oppositions. Avec son caractère impétueux et autoritaire, doublé d'une conception plus que traditionnelle des rapports entre les sexes, Winston, à la fois en machiste invétéré et en jouant à l'enfant gâté, a toujours dicté ses façons de voir et ses choix, sans guère tenir compte des sentiments et des aspirations de son épouse. Dès le départ il a été, et il est resté par la suite, un véritable despote sur le plan domestique, imposant comme allant de soi ses exigences et ses caprices.

1. Cf. Lucy Masterman, *C.F.G. Masterman*, *op. cit.*, p. 144.

Clemmie, de son côté, avec son esprit volontaire, indépendant et tenace, et forte de ses qualités de réserve et de sagesse, a su composer, réconforter, soutenir, sans céder ni sur ses principes ni sur ses convictions. Elle est parvenue en somme à défendre son autonomie, et, tout en apparaissant de grand cœur dans l'espace public aux côtés de son époux, elle a réussi à se réserver son propre espace privé. En ce sens, on peut suivre Churchill quand il conclut son autobiographie par cette phrase sur son mariage : « Je me suis marié et depuis lors j'ai toujours vécu une existence heureuse[1]. »

SPECTROSCOPIE D'UN POLITICIEN

À ce stade de la carrière de Churchill, tout auréolée de succès au cours de la décennie où la Belle Époque jette ses derniers feux, est-il possible de prendre la mesure du personnage et d'évaluer son impact politique et ses chances d'avenir ? Par-delà le décor et les apparences, qui est, au juste, ce brillant touche-à-tout, étonnamment doué, qui parade au firmament des médias et de la *high society* ? Faut-il adopter la version, colportée jadis et naguère par la foule de ses dévots, le présentant en grand prêtre des réformes de la société et de l'État ? Les controverses n'ont point cessé depuis bientôt un siècle, tant ont divergé les divers diagnostics, soit parmi les contemporains, soit par la suite chez les historiens.

On peut *grosso modo* regrouper les interprétations en deux écoles. Pour les uns, s'il est incontestable que le jeune ministre s'est lancé avec un dynamisme à toute épreuve dans une série de réformes à la fois audacieuses et avancées, il ne faut voir là qu'une tactique du moment, dépourvue de racines, commandée par la

---

1. W. Churchill, *My Early Life, op. cit.*, p. 378.

conjoncture politique et par l'intérêt de carrière d'un politicien ambitieux et habile à saisir les occasions.

Si l'on suit cette version, la belle rhétorique radicale de Winston, savamment orchestrée, mais creuse, dissimulerait simplement le calcul d'un homme sans scrupules et avide de parvenir, prêt pour gagner à adopter le langage de la démagogie ambiante. D'ailleurs, dès que sa carrière ministérielle l'a orienté dans une autre direction, comme lorsqu'il est devenu Premier lord de l'Amirauté, son apparente passion pour les réformes sociales s'est estompée d'un coup, le visage du patriote conservateur prenant bien vite la place de celui du contestataire radical. C'est un fait aussi qu'il n'a jamais montré beaucoup de goût pour certains points du programme libéral, tels que l'éducation ou la tempérance, pourtant non dénués d'importance pour l'avenir de la société.

En sens inverse, il n'est pas difficile de discerner dans la stratégie sociale et politique de Churchill une logique d'une grande cohérence. On ne saurait donc se satisfaire d'une dialectique fondée sur le couple antithétique : ou bien opportunisme et calcul égoïste, ou bien convictions et sincérité. En réalité, cette logique, qu'inspire au jeune ambitieux aussi bien le sens de l'histoire que le sens de sa classe, consiste à promouvoir les réformes et le progrès, non point tant pour changer la société que pour la maintenir solide et stable et pour en garantir la durée. Car les classes supérieures ne sauraient préserver leur autorité et leur ascendant en s'opposant aux revendications et aux doléances, par ailleurs justifiées, des masses : « Le gouvernement d'un État, a-t-il expliqué, ressemble à une pyramide. [...] La fonction du libéralisme est d'élargir la base de la pyramide et par là d'accroître la stabilité de l'ensemble », seule méthode pour « bloquer la voie de la révolution[1] ». Dès lors, le

1. Discours du 14 avril 1908 : cf. Robert Rhodes James, *Winston Churchill : his Complete Speeches*, vol. I, 1897-1908, p. 954. Sur la ligne

changement, au lieu d'être un but en soi, apparaît, de même que pour le héros du *Guépard,* comme le moyen à long terme de fortifier l'ordre dans l'État et dans la société.

À quoi s'ajoute chez Winston, tant en raison de son tempérament personnel que parce qu'il est un exemple parfait de la tradition paternaliste de la vieille aristocratie, une sympathie réelle et spontanée pour l'*underdog.* Pour le patricien qu'il est, il n'y a que deux étages dans la société : les grandes familles dans leur *country houses* et les pauvres dans leurs *slums*, les maîtres et les domestiques, les officiers et les soldats. En revanche, la *middle class* lui est largement étrangère, et il connaît mal les milieux de l'industrie et du commerce. Au fond, dès que l'on gratte le vernis de l'homme du XXe siècle, reparaissent les traits du grand aristocrate whig.

Une autre conviction, d'une grande continuité, et qui constitue une touche personnelle dans l'univers churchillien, habite – et habitera longtemps – le politicien : l'alliance entre politique sociale et politique impériale. Dès ses débuts sur la scène publique, Winston avait exprimé l'idée d'une connexion congénitale entre « la plus grande Bretagne » et l'état de la société anglaise. Par exemple, dans un de ses premiers discours, au temps où il était encore solidement conservateur, il déclarait : « Pour maintenir notre Empire, nous devons avoir un peuple libre, instruit et bien nourri. C'est pourquoi nous sommes pour les réformes sociales. » Dix ans plus tard, devenu le héraut du libéralisme avancé, il réitère avec une éloquence plus vigoureuse encore : « Si le peuple

politique et sociale de Churchill, cf. aussi Ronald Hyam, « Winston Churchill Before 1914 », *Historical Journal*, XII, 1, mars 1969, pp. 164-173 ; Paul Addison, « Winston Churchill and the Working Class 1900-1914 », in Jay Winter, éd., *The Working Class in British Modern History : Essays in Honour of Henry Pelling*, Cambridge, Cambridge University Press, 1983, pp. 43-64.

britannique entend être à la tête d'un grand Empire [...], il lui faut une race impériale pour soutenir le fardeau. Jamais il ne pourra faire porter cette grande construction sur les épaules de millions d'êtres privés du nécessaire, entassés dans les *slums* de nos cités, pataugeant dans la boue de rues lugubres. Ce n'est pas dans cette direction que réside l'avenir de la race britannique[1]. »

*

* *

Personnage capricant et hétéromorphe, Churchill irrite autant qu'il séduit et suscite autant d'inimitiés que de fidélités. En lui coexistent en permanence la dureté et la tendresse, la rudesse et la sensibilité, les roses et les épines. Aussi lui arrive-t-il d'être tantôt rude jusqu'à la brutalité, tantôt compatissant, voire ému aux larmes, notamment devant les petits et les humbles. De là les jugements contrastés portés par ceux qui l'ont fréquenté de près soit en public soit dans le privé. Comme l'a observé plaisamment sa première flamme, la jolie Pamela Plowden devenue lady Lytton, « la première fois que l'on rencontre Winston, on voit tous ses défauts, et on passe le reste de sa vie à découvrir ses qualités[2] ».

C'est toujours la même ambition insatiable que par le passé qui l'habite et qui guide ses pas. Mais il est le premier à se rendre compte que l'énergie vitale ne suffit pas. Il faut donner des preuves de sa valeur, ce qui implique de faire le poids – par le caractère, par le travail, par les réalisations. Très tôt il avait exposé cette

1. Discours devant la section du Parti conservateur de Southsea, 31 octobre 1898 : RC, *Youth*, p. 422 ; discours au National Liberal Club, 18 janvier 1908 : cf. Robert Rhodes James, éd., *Churchill Speaks : W.S. Churchill in Peace and War 1897-1963*, Leicester, Windward, 1981, p. 126.
2. Cf. Edward Marsh, *A Number of People*, Londres, Heinemann, 1939, p. 149.

philosophie dans une lettre à sa mère : « En politique, lui écrivait-il, on réussit non pas tant parce que l'on *fait* que par ce que l'on *est*. Ce n'est pas tant une affaire de cerveau que de caractère et de personnalité. [...] Des introductions, des relations, des amis bien placés, un nom, de bons conseils bien suivis, tout cela compte, mais ne conduit qu'à un certain niveau. Tel quel, cela donne accès au pesage. Mais, en fin de compte, chacun doit être pesé, et si le poids n'est pas suffisant, rien ne pourra amener le public à faire confiance[1]. »

En même temps, Churchill est toujours prêt à s'enfiévrer, porté par des rêves exaltés, qui lui ont fait maintes fois poursuivre des chimères, sans vouloir démordre de ses idées fixes, y compris les plus extravagantes. Selon le mot du journaliste Alfred Gardiner, il est son « propre *superman* », si absorbé par lui-même qu'il ne s'aperçoit point de la présence des autres[2]. C'est cet égocentrisme fondamental qui explique qu'il ne voie nulle contradiction entre les principes qu'il affiche ou les idées dont il se réclame et ses comportements concrets et ses pratiques d'existence.

Ainsi, au plus fort de la bataille contre la Chambre des lords, alors qu'il vilipende la caste dont il est issu, il n'en va pas moins fêter Noël au palais de Blenheim, sous les lambris, au milieu des fastes ducaux, savourant la bonne chère servie dans de la vaisselle d'or par des laquais poudrés et en perruque, vêtus de vestes et de culottes grenat, avec bas de soie et escarpins à boucles d'argent. De même, l'été, il va camper dans le parc de Blenheim avec l'Oxfordshire Yeomanry à l'exercice, dont les officiers passent les nuits à boire et à jouer à la

---

1. CV I, 2, pp. 863-864, lettre à lady Randolph, écrite de Bangalore le 26 janvier 1898.
2. Cf. aussi le témoignage de Violet Asquith dans Violet Bonham Carter, *Winston Churchill as I Knew him, op. cit.*, pp. 19-20.

manière des roués de la Régence un siècle auparavant. Parfois le comportement d'enfant gâté de Winston, heureux de parader dans de beaux uniformes, va jusqu'à la puérilité. Ainsi, après avoir reçu en 1913 le titre honorifique de *Elder Brother of Trinity House* (la « Fraternité de Trinity House », fondée par Henry VIII, était chargée de la surveillance des phares et des bouées sur les côtes du royaume), Churchill, tout fier de son somptueux costume et de son tricorne, déclare en 1914 à un général à Dunkerque dans son français très spécial : « Je souize oune frair ehnay de la Trinitay [1]... »

*
* *

Reste à déterminer, en cette fin des années « édouardiennes », comment se présentent les chances d'avenir de Churchill. D'un côté, il est indéniable qu'il a accumulé les succès. Comme ministre, comme orateur, comme journaliste et écrivain, il a abondamment fait la preuve de ses dons et de ses talents. Avec Lloyd George, il est la coqueluche des médias. Pourquoi sa brillante ascension s'arrêterait-elle en si bon chemin ?

Mais, sur la pente opposée à ce versant lumineux, il existe un versant sombre et inquiétant. Car sur le plan politique Churchill a contre lui deux très lourds handicaps : l'hostilité bien ancrée, sinon la haine, du camp conservateur ; la suspicion rampante, sinon la défiance, du camp libéral. Chez les conservateurs, on n'attend qu'une occasion pour briser la carrière de ce transfuge, traître à son lignage et à sa classe, dont l'orgueil, l'arrogance et l'agilité sémantique sont jugés intolérables.

1. Cité par H. Pelling, *Churchill*, Londres, Macmillan, 1974, p. 183, d'après lady Ida Poore, *Recollections of an Admiral's Wife* (1916) et William James, *A Great Seaman : the Life of Admiral of the Fleet Sir Henry Oliver* (1956).

Toutefois, dans l'immédiat, ce sont, au sein du Parti libéral, les doutes, le manque d'adhésion, la confiance défaillante qui obèrent le plus le destin politique de Churchill. En effet, Winston a beau s'être jeté à corps perdu dans la cause du néolibéralisme, on soupçonne ses motivations, on s'interroge sur ses gestes ou sur ses paroles erratiques, bref, le politicien ensorceleur et imprévisible inquiète à l'instar d'un sphinx. Ce n'est pas tant qu'on le trouve tortueux ou machiavélique comme Lloyd George, c'est plutôt qu'on le juge instable et imprévisible. On appréhende ses sautes d'humeur, son manque de continuité, les oscillations de son jugement. « Son volant de direction est trop faible pour ses chevaux-vapeur », a dit de lui le frère de Lloyd George. Non moins perspicace, Asquith, déplorant que Winston n'ait pas plus le sens de la mesure que l'instinct de la loyauté, notait en 1915 : « Je l'aime vraiment beaucoup, mais je vois son avenir avec appréhension. [...] Il n'arrivera jamais au sommet de la vie politique anglaise en dépit de ses magnifiques dons. Parler avec la langue des hommes et des anges et travailler jour et nuit ses dossiers ne sert de rien si on n'inspire pas confiance[1]. » Effectivement, sans Hitler, la prédiction avait bien des chances de se réaliser.

Au bout du compte, ne serait-il pas légitime de se demander si, en dépit de ses tirades enflammées contre sa caste, Winston n'était pas par essence un tory, comme certains l'ont soutenu. Ainsi, Charles Masterman l'a qualifié d'« aborigène tory immuable[2] ». La vérité, c'est que Churchill n'était pas réellement – et n'a jamais voulu être – un homme de parti. Toujours il a

---

1. William George, *My Brother and I*, Londres, Eyre and Spottiswoode, 1958, p. 253 ; Roy Jenkins, *Asquith*, Londres, Collins, 1964, pp. 339-340.
2. Lucy Masterman, *C.F.G. Masterman, op. cit.*, p. 165.

cherché une *via media*, au *centre* de l'échiquier politique. D'où ses amitiés politiques dans tous les camps.
D'où sa poursuite obstinée d'ententes par-delà les clivages partisans (et les reproches de double jeu qu'il suscite) et son goût pour les gouvernements de coalition –
ceux qu'il n'a pas réussi à faire aboutir et surtout ceux
auxquels il s'est donné tout entier lors de la Première et
plus encore durant la Seconde Guerre mondiale. Comment dès lors ne lui appliquerait-on pas à lui aussi ces
vers de Pope qu'il avait choisis pour la biographie de
son père :

> *Sworn to no master, of no sect am I;*
> *As drives the storm, at any door I knock.*

À LA TÊTE DE LA ROYAL NAVY : 1911-1914

Dans les derniers jours de septembre 1911, conduisant lui-même sa grosse torpédo rouge, une Napier six
cylindres de 600 livres, Churchill prend la route pour
l'Écosse, où Asquith l'a invité à passer quelques jours
dans sa demeure de vacances. Là, entre deux parties de
golf (sport où il ne brille guère), il se voit proposer à
brûle-pourpoint par le Premier ministre le portefeuille
de la Marine, à la barbe de son collègue du War Office,
Haldane, qui était sur les rangs. En fait, il s'agit d'une
permutation au sein du cabinet, le titulaire du poste,
Reginald McKenna, personnage raide et sans allant,
devant remplacer Churchill au Home Office.

Premier lord de l'Amirauté : Winston rêvait depuis
quelque temps déjà de ce ministère prestigieux, garant
de la puissance de la nation et de la sécurité de l'Empire.
D'autant que l'on sortait tout juste d'une grave crise
internationale, la crise d'Agadir, suscitée par l'envoi, le

1er juillet, devant le port marocain d'une canonnière allemande, la *Panther*, en vue d'affirmer les droits du Reich sur le Maroc. À vrai dire, ce ne sont pas seulement les chancelleries qui avaient été secouées durant l'été à la perspective d'une possible conflagration européenne. Pour Churchill, la seconde moitié de l'année 1911, avec l'affaire d'Agadir et sa nomination à l'Amirauté, marque un tournant majeur dans son existence. Sa psychologie, sa stratégie, sa carrière se trouvent réorientées de fond en comble. Le titulaire du Foreign Office, sir Edward Grey, a raconté son étonnement devant cette métamorphose de son jeune collègue[1] : lui qui dans le domaine international était jusque-là un homme de l'apaisement et des économies budgétaires, le voilà maintenant converti à la devise : *Si vis pacem, para bellum*. C'en est fini du politicien radical à l'ambition tournée vers la réforme et vers le social. Chez lui l'emporte le patriote passionné et intransigeant, raisonnant en termes nationaux plutôt qu'en termes de parti. Dorénavant les affaires extérieures prennent le pas sur la politique intérieure. De la question sociale on est passé à la question de la paix ou de la guerre.

Dans l'immédiat, dès la proposition d'Asquith reçue – et acceptée aussitôt –, Churchill se sent transporté à la pensée de la haute mission qui l'attend. Dans son esprit, prendre la tête de la Royal Navy conjugue providentiellement l'ambition personnelle et le goût des responsabilités. Il s'en confie incontinent à la fille du Premier ministre : « C'est une très grande chose, lui déclare-t-il – la plus grande qui m'est arrivée jusqu'ici –, la chance

---

1. Lord Grey of Fallodon, *Twenty-Five Years*, Londres, Hodder and Stoughton, 1925, t. I, p. 238. Cf. aussi la lettre de Churchill à Grey en date du 30 août 1911, citée dans *The World Crisis,* I, chap. III, « The Agadir crisis ».

que j'aurais choisie entre toutes. Je vais pouvoir donner tout ce que j'ai en moi[1]. »

Il est vrai que le domaine de la défense nationale était loin de lui être étranger. Depuis 1909 il était membre du Comité de défense de l'Empire, au sein duquel il était, selon l'habitude, d'une activité débordante (le Committee of Imperial Defence, créé en 1904, était l'organisme suprême de la sécurité du royaume). En particulier, en pleine crise d'Agadir, il avait rédigé à l'intention des membres du Comité un mémorandum véritablement prémonitoire décrivant les opérations qui se dérouleraient sur le continent en cas de guerre entre, d'un côté, les empires centraux, Allemagne et Autriche, et, de l'autre, les puissances de la Triple-Entente, Grande-Bretagne, France et Russie. Expliquant pourquoi la bataille déterminante se déroulerait entre les armées allemande et française, et fondé sur une belle vision prospective, le document prévoyait qu'après avoir envahi la Belgique les forces allemandes auraient franchi la ligne de la Meuse au vingtième jour des hostilités, mais qu'au quarantième jour se produirait un retournement de situation au profit de l'armée française, dont celle-ci pourrait tirer parti de manière décisive[2].

*
* *

Commence alors pour un Churchill en pleine maturité et possession de ses dons une période heureuse de son existence : celle des années de paix à l'Amirauté. Formé

---

1. Carnets de Violet Asquith, cf. Violet Bonham Carter, *Winston Churchill as I Knew him, op. cit.*, p. 237.
2. « Military Aspects of the Continental Problem », 13 août 1911; le document est reproduit intégralement dans *The World Crisis*, t. I, pp. 60-64.

suivant les principes de la *Blue Water School*, convaincu que la suprématie britannique repose, à côté d'une solide petite armée, sur une grande marine, Winston aime la mer, les navires, la vie à bord, le décorum de la Navy. Imagination et prouesses techniques, tout lui plaît, des sveltes vedettes rapides aux majestueux dreadnoughts. Le Premier lord s'est installé dans l'élégant bâtiment xviiie siècle d'Admiralty House, bordant Whitehall, mais il passe aussi beaucoup de temps à naviguer sur le yacht de l'Amirauté, l'*Enchantress*, qui lui sert tout à la fois de bureau flottant, de salle de jeux, d'instrument d'inspection des bases et arsenaux de la marine et, l'été, de bâtiment de croisière.

Lui-même, saisi par la *furor navalis*, donne libre cours à sa frénésie de travail. Se jetant à corps perdu dans les problèmes de la Navy, persuadé – à juste titre – qu'on attend beaucoup de lui, il s'investit à fond, et avec enthousiasme, dans son nouveau métier, jusqu'à susciter la gouaille de Lloyd George, qui se plaint d'un Winston « de moins en moins intéressé par la politique et de plus en plus absorbé par les chaudières ». Ses collaborateurs, obligés de travailler le dimanche aussi bien que les autres jours, plaisantent sur le onzième commandement régissant le « shabbat du Premier lord » : « Le septième jour, tu ne feras que travailler [1]. »

Mais le style Churchill, caractérisé par un appétit insatiable d'action et de panache, une agitation trépidante et des interventions continuelles, jusque dans les détails, à tous les échelons du commandement et à tous les niveaux des bureaux, mécontente et irrite beaucoup de monde. Du côté des amiraux, où dès le départ l'accueil a été frais, c'est un concert de récriminations, de critiques, parfois de fureurs, aggravées par les divisions en coteries et par le poids des habitudes que bous-

1. Christopher Hassall, *Edward Marsh*, Londres, Longmans, 1959, p. 175.

cule le Premier lord. « Son erreur fatale, persifle l'un des meilleurs, l'amiral Jellicoe, c'est de n'avoir pas compris qu'il était un civil ignorant des affaires de la mer[1]. » On accuse Churchill de se comporter en dictateur, sans aucun égard pour les traditions de la marine (résumées brutalement par lui dans la trilogie : « le rhum, la sodomie et le fouet »).

Néanmoins, les réformes vont bon train. La première qu'impose le Premier lord, c'est la création en 1912 d'un état-major de la Navy (*Naval War Staff*). En effet, après avoir constaté avec effarement que l'Amirauté ne disposait pas du moindre plan d'opérations en cas de guerre, Churchill entend faire du nouvel organisme le cerveau de la marine, chargé à la fois d'élaborer des projets de campagnes navales et de former les futurs chefs de « la Royale ». En même temps il bouleverse la composition de l'Admiralty Board, changeant trois sur quatre des *Sea Lords* (il appelle au poste de Premier lord de la Mer le prince Louis de Battenberg[2]) et nomme auprès de lui comme *Naval Secretary* le talentueux amiral Beatty. Dans cette croisade menée contre l'immobilisme et les intérêts en place, Churchill s'appuie sur le très controversé amiral Fisher. Personnage tyrannique et égocentrique, visionnaire et brutal, mais superbe marin (le plus grand des marins anglais depuis Nelson, a-t-on dit), « Jacky » Fisher (1841-1920) était entré dans la Navy à l'âge de treize ans (il avait combattu en Crimée), exercé les plus prestigieux des commandements et surtout avait occupé la fonction de *First Sea Lord* de 1904

---

1. Amiral Bacon, *Life of Jellicoe*, Londres, Cassell, 1936, p. 181. Cité par l'amiral sir Peter Gretton, *Former Naval Person : Winston Churchill and the Royal Navy*, Londres, Cassell, 1968, p. 117.
2. De famille princière allemande, Louis de Battenberg devra démissionner en octobre 1914, victime de la vague de germanophobie. Par la suite il changera son nom en Mountbatten (il est le père de l'amiral Mountbatten).

à 1910. En dépit d'ennemis innombrables suscités par son comportement volcanique – et non d'ailleurs sans que ses relations avec Churchill aient traversé des orages –, il avait révolutionné à la force du poignet la marine, modernisé à outrance, poussé la construction des dreadnoughts, ces redoutables forteresses flottantes, orgueil de la Navy, dénoncé le danger allemand – en prédisant même que la guerre éclaterait en 1914. Bref, « Jacky », comme Winston, était un adepte passionné du credo victorien : *Britannia rules the waves.* C'est pour cette raison que le Premier lord décide en 1912 de réduire les effectifs de l'escadre de la Méditerranée, où veille la marine française, afin de renforcer la Home Fleet en mer du Nord et dans la Manche et l'Atlantique face à la flotte allemande de haute mer.

Parmi les réformes entreprises, l'une, qui concerne les équipages, porte la marque personnelle de Churchill. En effet, depuis des décennies aucun changement n'avait été apporté aux conditions de vie et de travail de ceux que l'on appelait le *lower deck,* c'est-à-dire les gradés et les matelots du pont inférieur. Or, mû par un mélange de paternalisme, de souci démocratique et de calcul politique, le Premier lord s'emploie à améliorer et à humaniser le sort de cette catégorie de marins. Augmentation de la solde, repos dominical, abolition des punitions humiliantes, possibilités de promotion jusqu'au grade d'officier, toutes ces mesures représentent un indéniable progrès pour la masse des marins et soutiers dont l'existence au fond de casemates blindées tranche désormais avec l'image classique de matelots vivant en plein air, le visage fouetté par le vent du large.

Autre champ d'activité où l'esprit imaginatif et l'énergie de Churchill font merveille : les innovations techniques grosses d'avenir. Deux d'entre elles vont se révéler capitales. D'abord la décision en 1913 de changer le mode de propulsion de la flotte en passant du charbon au mazout. L'initiative est à la fois audacieuse et courageuse dans la mesure où l'Angleterre, si riche en houille, n'a pas un seul puits de pétrole. Du même coup est formée l'Anglo-Persian Oil Company, contrôlée par l'État britannique propriétaire de 51 % des actions, ce qui garantit l'approvisionnement futur du pays en carburant tout en renforçant la stratégie traditionnelle de liberté d'accès à la route du Golfe.

Seconde anticipation de Churchill : le rôle de l'aviation dans la guerre de l'avenir. Voilà des années qu'il était fasciné par l'aéronautique. De concert avec lord Fisher, il pressent la révolution que va apporter l'avion dans les opérations maritimes aussi bien que terrestres. Il entrevoit même, à la différence de ses contemporains pour qui les taxis du ciel n'étaient appelés qu'à servir de moyens d'observation, la possibilité d'engins armés pour le combat. D'où la création en 1912 de l'aéronavale, le Royal Naval Air Service, détaché du Royal Flying Corps, ancêtre de la RAF. À côté des aéroplanes et des hydravions, dont il soigne le développement, Churchill croit aussi aux dirigeables tels que les zeppelins – quoi qu'il ait prétendu par la suite. Au demeurant, il prêche d'exemple en apprenant lui-même à piloter, malgré son âge (il a alors trente-huit ans), au grand dam de Clemmie, et compte à son actif une quarantaine d'heures de vol. Ainsi, en ce domaine comme en bien d'autres, il s'est montré un précurseur, bousculant les routines mentales ou administratives. Aussi ni les résistances ni les railleries ne lui ont-elles manqué, même si au bout du compte bien des sceptiques ou des opposants ont fini par se rallier à ses idées. Selon la plaisante formule d'un de ses acolytes à propos de l'aéronavale, « on a pissé pendant trois ans sur ses plantations, et maintenant on voudrait qu'en un mois elles fleurissent [1] ». On verra plus loin

---

1. Témoignage du capitaine Courtney : cf. RC, *Young Statesman*, p. 698.

comment de façon concomitante ont germé dès cette époque dans l'esprit fertile de Winston un premier projet de tank et l'ébauche d'un *Secret Service.*

*
* *

Ce qui à l'évidence domine ces années où le Premier lord de l'Amirauté est à la barre au milieu d'un environnement international assombri, c'est la rivalité navale anglo-allemande. À ses yeux, comme à ceux de ses compatriotes, « l'Océan ne comporte qu'un maître ». Depuis que le Kaiser, en 1898, a prononcé la phrase fatidique : « Notre avenir est sur l'eau », le « navalisme » allemand ne touche pas seulement les Britanniques dans leurs intérêts vitaux, il les atteint au plus profond de leur instinct. Comme l'a écrit Élie Halévy, toute atteinte à leur suprématie maritime leur apparaît comme « un crime de lèse-majesté nationale[1] ». La vieille doctrine du rapport « deux quilles pour une », dite du *Two Power Standard* – règle selon laquelle la flotte anglaise devait être au moins égale aux flottes réunies des deux puissances navales les plus fortes –, est battue en brèche par les ambitions allemandes. C'est en vain que Churchill essaie d'en faire comprendre la portée à l'ambassadeur d'Allemagne, le prince Lichnowski, en lui expliquant que la Kriegsmarine constitue « une Alsace-Lorraine entre les deux pays[2] ».

Alors que sa nomination à l'Amirauté avait été plutôt bien accueillie par l'opinion allemande, très vite celle-ci déchante et se met à voir en lui une sorte de Chamber-

---

1. Élie Halévy, *Histoire du peuple anglais au XIXᵉ siècle : épilogue II 1905-1914*, Paris, Hachette, 1932, p. 565.
2. Dépêche à Bethmann-Holweg, 30 avril 1913, *Die Grosse Politik der Europäischen Kabinette*, t. XXXIX, p. 38.

lain ambitieux et démagogue prêt à jeter de l'huile sur le feu. Il faut dire qu'en février 1912 Churchill prononce à Glasgow un discours – sans doute son plus important discours comme Premier lord – où il ne mâche pas ses mots pour exprimer la philosophie de la nation – une nation sincèrement convaincue de son droit à la suprématie sur mer : « La marine, déclare-t-il, est, pour l'Angleterre, une nécessité ; pour l'Allemagne, un objet de luxe. Elle est, pour nous, synonyme d'existence ; pour eux, d'expansion. Si grande et si puissante que soit notre marine, nous sommes incapables de menacer le moindre hameau sur le continent européen. En revanche, tout le destin de notre race et de notre Empire, tous les trésors accumulés durant tant de siècles de sacrifices et d'exploits, seraient balayés s'il était porté atteinte à notre suprématie navale. C'est la marine britannique qui fait du Royaume-Uni une grande puissance. L'Allemagne était une grande puissance, respectée et honorée sur toute la surface de la terre, avant qu'elle eût un seul navire de guerre[1]. » Qui s'étonnerait que le discours ait suscité une vague d'indignation en Allemagne, le terme de *Luxus Flotte* restant en travers d'innombrables gosiers ?

On aurait grand tort cependant de voir en Churchill un boutefeu chauvin et germanophobe. Jusqu'à la guerre il laissera la porte ouverte à une réduction de la course aux armements des deux puissances, proposant même un coup d'arrêt sous la forme de « vacances navales » (*naval holiday*) et cherchant à obtenir encore en mai 1914 une rencontre avec le grand maître de la Kriegsmarine, l'amiral Tirpitz. Là où en revanche la politique du Premier lord suscite tension et conflit, c'est à l'intérieur même du gouvernement libéral. Car l'augmentation constante des dépenses de la marine, en grevant

1. RC, *Young Statesman*, p. 563.

lourdement le budget, se heurte à la fin de 1913 aux récriminations des ministres « pacifistes » qui accusent Churchill d'avoir passé dans le camp impérialiste, et plus encore au veto de Lloyd George, chancelier de l'Échiquier et donc grand argentier du royaume. On en arrive même à des menaces de démission. Finalement la crise est résolue et les deux amis se réconcilient – ce sera d'ailleurs Churchill qui, au moment de l'entrée en guerre, guidera le choix de Lloyd George, encore que ce dernier estime depuis longtemps que pour Winston la Navy tourne à l'« obsession », ce dont il lui fait plaisamment le reproche : « Vous êtes devenu une créature aquatique. Vous pensez que nous vivons tous dans la mer. [...] Vous oubliez que la plupart d'entre nous vivent à terre [1]. »

Il reste que, selon le mot célèbre de Kitchener, en août 1914, « la flotte était prête », quelles que fussent ses lacunes et ses déficiences. Et cela est à mettre au crédit de celui que le vieux gladstonien Morley appelait « le splendide *condottiere* de l'Amirauté », encore tout fier du succès de la revue annuelle de la flotte quelques jours plus tôt à Spithead, devant le roi George V, immense procession de navires étirée en une file de 70 kilomètres de long – la plus formidable concentration navale jamais réalisée.

*
* *

Churchill a beau avoir eu la passion de la mer et de la Navy, s'y dévouer corps et âme, aimer les bateaux, le cérémonial de la marine, les grands espaces maritimes, il n'en a pas moins été d'abord et avant tout un soldat.

---

1. *Ibid.*, p. 576. Cf. lord Riddell, *More Pages from my Diary 1908-1914*, Londres, Country Life, 1934, p. 78.

Non seulement à cause de son attachement à l'armée et de son goût pour la bataille, mais parce que c'est l'ordre militaire, l'esprit militaire, le modèle militaire qui constituaient son être profond. On pourrait soutenir sans paradoxe que toute sa vie il est resté un officier de cavalerie, le lieutenant de hussards de sa jeunesse. « C'est la caserne qui a été son école, le champ de bataille, son université », notait avec perspicacité en 1908 le grand journaliste libéral Alfred Gardiner. Et de poursuivre, alors que le jeune ministre était immergé dans les réformes sociales : « L'esprit de sa politique est entièrement militaire. On ne peut penser à lui qu'en termes de combat. Sur sa route il y a l'odeur de la poudre [1]. »

De fait, on doit remarquer que le langage churchillien est émaillé de métaphores militaires, mais que presque aucune expression navale n'y a trouvé place. Lui-même dans son enfance adorait faire marcher au pas son frère et ses cousins, leur commander l'exercice. Une fois adulte, il passe des heures devant les cartes et les plans d'opérations. Malgré ses charges ministérielles, il ne manque l'été aucune des manœuvres auxquelles on le convie, que ce soit celles de l'armée allemande (en 1906 et 1909), de l'armée française (en 1907), de l'armée anglaise (en 1908 et 1910). Toutefois la mystique guerrière qui le fascine ne lui ferme pas les yeux sur « la folie et la barbarie de la guerre », comme il l'écrit à sa femme pendant les manœuvres allemandes [2]. Mais il opère en permanence une fusion entre action politique et action militaire.

Tous ceux qui l'ont connu, étudié, approché n'ont pas manqué d'être frappés par le mode de pensée militaire et

---

1. Alfred G. Gardiner, *Prophets, Priests and Kings*, Londres, Dent, 1908, pp. 106-107.
2. RC, *Young Statesman*, p. 225, lettre à Clementine Churchill, 15 septembre 1909.

par la démarche martiale qui impulsaient son comportement : depuis un leader ouvrier comme Clynes, syndicaliste et ministre (« Churchill, écrit-il dans ses *Mémoires*, était et est toujours resté un soldat en civil »), jusqu'au grand historien de l'Angleterre, Élie Halévy, pour qui « l'âme de ce politicien libéral, et même ultralibéral, était toujours l'âme d'un soldat[1] ». Mais c'est sans doute Alfred Gardiner qui, dans un article d'une grande clairvoyance prospective, est allé le plus loin en brossant de Churchill un portrait intégrant son *habitus* militaire dans sa psychologie globale : « Il est toujours en train de jouer inconsciemment un rôle – un rôle héroïque. Et il est son propre spectateur – tout étonné. Il se voit avançant à travers la fumée de la bataille, triomphant, terrible, [...] ses légions portant leurs regards sur lui, vers la victoire. » Les héros de son imagination, ce sont Napoléon, Marlborough, Agamemnon. « Il aime l'aventure, il aime le combat plus que la cause, plus même que son ambition et sa vie. Son seul but, c'est d'être sur la ligne de feu, que ce soit dans les combats de la guerre ou de la paix. [...] Sachons-le : il est, en premier, en dernier, et toujours, un soldat – qui écrira en lettres majuscules son nom sur notre avenir[2]. »

*
* *

Même s'il est vrai que la Royal Navy était devenue chez Churchill – pour reprendre le mot de Lloyd George – une « obsession », d'autres problèmes pressants, durant ses années à l'Amirauté, n'ont pas laissé de cap-

---

1. John R. Clynes, *Memoirs*, vol. I, *1869-1924*, Londres, Hutchinson, 1937, p. 97 ; É. Halévy, *Histoire du peuple anglais..., op. cit.*, p. 566.
2. Article paru dans le *Daily News* en août 1911. Reproduit in Alfred G. Gardiner, *Pillars of Society, op. cit.*, pp. 153-158.

ter son attention. L'un en particulier s'est imposé à lui par la force des choses : la question irlandaise, à propos de laquelle il s'est même retrouvé en première ligne en 1913-1914.

Sans doute, pendant un temps, vers 1911, Winston avait-il flirté avec l'idée d'une solution fédérale, allant jusqu'à élaborer un véritable plan de dévolution à l'intérieur du Royaume-Uni. Il s'agissait par là de rien de moins que de créer des Parlements séparés pour l'Angleterre, l'Irlande, l'Écosse et le pays de Galles, sous l'autorité d'un Parlement impérial à Westminster. C'est ce qu'on appelait le *Home Rule All Round*, système de *self-government* qui aurait transformé les îles Britanniques en un État fédéral. Mais le plan s'était révélé mort-né, car, outre les doutes qu'entretenait son auteur lui-même sur sa faisabilité, il s'était heurté à l'opposition catégorique des nationalistes irlandais, qui ne démordaient pas de leur vieille revendication d'autonomie, à savoir le Home Rule pour l'Irlande.

Or, au même moment, deux données politiques nouvelles avaient ramené la question du Home Rule au premier plan de l'actualité. D'une part, depuis la réforme de la Chambre des lords par le Parliament Act, il n'y a plus à redouter de blocage de ce côté. D'autre part, à la suite des élections de décembre 1910, les libéraux ne détiennent plus la majorité à eux seuls aux Communes et ils doivent compter sur l'appoint des voix du parti nationaliste irlandais. Du coup, en avril 1912, le gouvernement Asquith introduit un Home Rule Bill, qui, une fois voté, en janvier 1913, est rejeté par les Lords. Mais le veto de la chambre haute n'est que suspensif, ce qui signifie que le Home Rule entrera en vigueur durant l'été 1914.

Aussitôt une émotion intense saisit les Irlandais de l'Ulster. Pour défendre l'Union et empêcher l'application du Home Rule, une vaste campagne s'organise.

Faite d'un refus passionnel et quasi viscéral, l'opposition des orangistes, à la fois religieuse et patriotique, et qui allie l'ardeur irlandaise à la ferveur protestante, trouve un Churchill vulnérable en raison de la position véhémente prise par son père en 1886 devant le projet de Home Rule présenté par Gladstone et contre lequel il avait quasiment prôné la rébellion. On ne se fait pas faute en effet de ressortir les paroles enflammées alors prononcées par lord Randolph : « L'Ulster se battra et l'Ulster aura raison. » À vrai dire, ce n'est pas seulement Churchill, c'est tout le personnel politique libéral qui à Londres a sous-estimé la capacité de résistance des unionistes d'Irlande. Selon l'expression pittoresque de Paul Addison, « comme le *Titanic,* le navire gouvernemental voguait dans le brouillard de l'ignorance, jusqu'au moment où s'est dressé devant lui le grand iceberg de l'Ulster protestant[1] ».

Tandis qu'en Irlande une milice forte de plusieurs dizaines de milliers d'hommes, l'Ulster Volunteer Force, s'arme et s'entraîne ouvertement, Churchill tente d'abord la conciliation, mais sans effet. À Londres le gouvernement tergiverse, le monde politique s'enlise, certains se demandent s'il ne faudrait pas exclure du Home Rule les six comtés à majorité protestante d'Ulster. Est-il vrai que Churchill ait songé à un moment, pour rétablir « la loi et l'ordre », à une confrontation militaire ? Rien ne le prouve, encore que l'on ne puisse en écarter l'hypothèse. Ce qui est sûr, c'est qu'en liaison avec le ministre de la Guerre le Premier lord a envoyé des unités de la marine sur les côtes d'Ulster.

Là-dessus éclate en mars 1914 la « mutinerie » du camp du Curragh – le quartier général de l'armée britannique en Irlande : 60 officiers d'une brigade de cavalerie, dont le général qui la commande, font savoir qu'ils

---

1. Paul Addison, *Churchill on the Home Front 1900-1955, op. cit.,* p. 105.

démissionneront plutôt que de porter les armes contre leurs compatriotes. Du côté conservateur, c'est un véritable tollé contre Churchill, abondamment vilipendé, accusé d'avoir une fois de plus retourné sa veste et de vouloir organiser un « pogrom » contre les unionistes fidèles à la Couronne. Dès lors l'impasse est totale. Churchill en revient à l'idée d'un régime spécial pour l'Ulster, tandis que le Home Rule s'appliquerait au reste de l'Irlande. Mais l'ultime tentative de conciliation, présidée par le roi, qui a lieu à Buckingham Palace du 21 au 24 juillet, alors que la crise internationale bat déjà son plein, se solde par un échec total.

*
* *

En vérité, la crise internationale a pris Churchill par surprise. D'une part, les événements d'Irlande ont oblitéré chez lui l'attentat de Sarajevo, à l'instar de la classe politique britannique, d'autre part, lui-même jusqu'ici n'a manifesté aucun intérêt particulier pour les Balkans. Tout change avec l'ultimatum autrichien à la Serbie le 23 juillet. Cette fois le réveil a sonné : le danger d'une conflagration européenne est là. Dans la tourmente qui enfle de jour en jour, le comportement résolu de Churchill tranche avec les hésitations et les doutes de la plupart des ministres. Car, au sein du cabinet, c'est la division. Plusieurs, par fidélité à la tradition libérale, constituent une sorte de *peace party*; ils démissionneront plutôt que de consentir à la guerre.

À l'opposé, Winston – indéniablement le plus impétueux des membres du gouvernement Asquith – défend la ligne de la fermeté, quoiqu'il éprouve des inquiétudes croissantes devant la marche des événements, partagé qu'il est entre un sentiment de répulsion et d'horreur à l'idée d'une guerre sanglante et l'excitation à la perspective de grandes actions à venir. S'il est certain que ce n'est pas lui qui a joué le rôle clef dans la décision d'intervention de la Grande-Bretagne dans le conflit, c'est tout de même à lui que reviennent deux initiatives majeures, qu'il fait approuver ensuite par le Premier ministre et par le cabinet. La première, le mardi 28 juillet, jour de la déclaration de guerre de l'Autriche-Hongrie à la Serbie, c'est d'ordonner à la Navy d'occuper secrètement ses positions de guerre dans ses bases d'Écosse face à la flotte allemande de haute mer, tandis que le lendemain est expédié à tous les commandants en chef un *warning telegram* leur enjoignant de prendre les mesures nécessaires pour entrer en guerre au premier signal. La seconde initiative, d'une portée capitale celle-là, se situe dans la nuit du samedi 1er au dimanche 2 août, après qu'a été connue la déclaration de guerre de l'Allemagne à la Russie : c'est l'ordre de mobilisation générale donné à la flotte britannique.

Au cours de ces journées dramatiques, certains se sont interrogés sur le comportement de Churchill, taxé de déraison trépidante et de fébrilité belliqueuse. Telle qu'elle nous a été rapportée par lord Beaverbrook, sa conduite apparaît au contraire comme celle d'un véritable homme d'État : ni déprimé, ni agité, ni surpris, mais effectuant calmement son travail et assumant avec sang-froid ses responsabilités[1]. Faut-il voir là le signe qu'il était l'homme des conjonctures exceptionnelles et que ces dernières lui réussissaient? En vérité c'est dans les lettres adressées à sa femme que l'on saisit le mieux le cheminement et les contradictions du personnage : « Ma chérie, écrit-il le 28 juillet, tout tourne à la catastrophe et à l'effondrement. [...] Tous ces préparatifs exercent sur moi une horrible fascination. [...] Mais la

---

1. Cf. lord Beaverbrook, *Politicians and the War 1914-1916*, Londres, Thornton Butterworth, 1928, p. 36.

guerre est l'inconnu et l'inattendu. Je risquerais ma vie pour garder ce pays grand, prospère et libre. » Et trois jours plus tard : « Les nuages sont de plus en plus noirs. [...] Chacun se prépare vivement à la guerre. À tout moment l'heure peut sonner. Nous sommes prêts. [...] J'attends la victoire[1]. »

Précisément l'heure fatidique sonne pour la Grande-Bretagne dans la soirée du mardi 4 août. C'est à 23 heures, heure anglaise, ce jour-là, qu'expire l'ultimatum à l'Allemagne exigeant le respect de la neutralité belge. Dans la *War Room* de l'Amirauté, où affluent les télégrammes communiquant à Londres les mouvements de tous les vaisseaux de la Navy, se trouvent réunis, autour du Premier lord de l'Amirauté, le *First Sea Lord*, les chefs de l'état-major et plusieurs amiraux français. Dans le lointain on entend des mouvements de foule, des chants du *God save the King*. Brusquement, à 23 heures, les fenêtres de l'Amirauté s'ouvrent, éclairant l'obscurité, tandis que Big Ben commence à sonner et qu'au onzième coup part à travers le monde, à destination de toutes les unités de la Royal Navy, le télégramme : « *Commence hostilities against Germany.* »

1. RC, *Young Statesman*, pp. 710 et 714-715, lettres à Clementine Churchill, 28 et 31 juillet 1914.

CHAPITRE III

Un temps d'épreuves :
des revers de la guerre aux
traverses de la paix
1914-1922

LE FUMET DE LA BATAILLE : 1914-1915

Aussitôt le Royaume-Uni en guerre, l'habituel activisme de Churchill se transmue en fièvre du combat. Maintenant son instinct guerrier peut se donner libre cours. Tous les observateurs ont été frappés par son zèle fougueux, enthousiaste même, pour la bataille, tant on le sent emporté par une volonté frénétique d'être un artisan clef de la victoire. C'est à lui, estime-t-il, qu'il revient de conduire la guerre sur mer. Même s'il veut bien tenir compte des avis des *Sea Lords* et des plans de l'état-major de la marine, toutes les décisions importantes sont prises par lui dans la vaste *Admiralty War Room* aux murs tapissés des cartes de tous les espaces maritimes du globe. Indéniablement c'est lui qui règne en chef suprême sur les opérations.

Malheureusement pour Winston, dans l'opinion, les déceptions s'accumulent rapidement – et cela pour deux raisons. La première, c'est que le public imaginait d'emblée une grande bataille navale, sur le modèle de Trafalgar, entre la *Grand Fleet* et la flotte de haute mer allemande, qui déciderait du sort de la guerre. Or la *Kriegsmarine* préfère rester dans ses bases et aucune rencontre n'a lieu. Churchill, beaucoup plus réaliste quant à lui, n'a jamais cru à une guerre courte. Aussi a-t-il ordonné à la Royal Navy de préparer des plans pour un an au moins. Surtout, il sait que la décision interviendra sur terre. Depuis des années il a prédit qu'une guerre européenne, loin de ressembler aux lointaines guerres coloniales peu coûteuses, aboutirait à l'épuisement du vainqueur en même temps qu'à la ruine du vaincu. Selon lui, avec l'avènement de l'ère démocratique, la guerre des peuples risquait d'être bien plus abominable que la guerre des rois.

Seconde raison de l'insatisfaction du public : les revers sur mer qui ponctuent les premières semaines des hostilités. En effet, alors qu'à l'Amirauté on avait misé avant tout sur les grands navires de surface, on avait gravement sous-estimé deux armes majeures de l'adversaire : les sous-marins et les mines. Or, le 22 septembre, trois croiseurs sont coulés par le même sous-marin, un mois plus tard un cuirassé saute sur une mine, la bataille dite de Heligoland se révèle confuse et sans portée. Tandis que la mer du Nord se transforme en *no man's sea*, la Home Fleet devant abandonner son mouillage trop peu sûr de Scapa Flow, en Méditerranée le croiseur de bataille allemand *Goeben*, échappant à la surveillance de la flotte britannique, gagne tranquillement les Détroits, bien à l'abri dans les eaux territoriales turques.

Non moins démoralisants apparaissent les coups d'éclat des navires allemands dans les mers lointaines. Après le croiseur *Emden* qui répand la terreur en écumant l'océan Indien, où il paralyse le commerce (il est finalement coulé aux îles Cocos), c'est la puissante escadre de la mer de Chine, commandée par l'amiral von Spee et forte du *Scharnhorst* et du *Gneisenau*, qui traverse tout le Pacifique et vient détruire une flotte de combat britannique à la bataille de Coronel, au large du Chili. Dans un tel contexte, on commence à se demander si l'adage *Britannia rules the waves* est encore valide.

132

Au même moment, le Premier lord de l'Amirauté se trouve pour une autre affaire sur la sellette : à propos de son équipée pour défendre Anvers. Pourtant, l'initiative, outre qu'elle ne manquait pas de panache, pouvait se prévaloir d'une justification militaire réelle. L'épisode se situe au cours de ce que l'on a appelé « la course à la mer », c'est-à-dire la manœuvre opérée à l'automne 1914 par les armées adverses en vue d'occuper le grand vide créé entre elles et la Manche. Le port d'Anvers, avec sa ceinture de forts, est alors défendu par l'armée belge, et Churchill propose d'envoyer d'urgence des forces britanniques – dont il prend le commandement – afin de garder la place aux Alliés et de protéger les autres ports de la mer du Nord, d'Ostende à Calais. Arrivé le 3 octobre 1914 et parcourant le secteur en Rolls-Royce, il stimule aussitôt la défense et fait venir à la fois une brigade d'infanterie de marine – corps d'élite de l'armée régulière – et deux brigades navales – mal entraînées et mal équipées quant à elles (parmi les jeunes officiers accompagnant Churchill se trouvent le poète Rupert Brooke et le fils du Premier ministre, Raymond Asquith, qui l'un et l'autre compteront bientôt au nombre des victimes de la guerre).

Imperturbable sous la mitraille, au grand dam de l'amiral qui lui est adjoint, Winston est tellement enivré par la bataille qu'il câble au gouvernement qu'il préfère abandonner l'Amirauté et rester sur place comme commandant des forces britanniques – une proposition qui est reçue à Londres avec des quolibets et qui ne manque pas de le faire taxer une fois de plus de personnage irresponsable et sans jugement (même sa femme le supplie de revenir à la raison). En fin de compte, Anvers tombe le 10 octobre. Bien que militairement parlant il y eût de bons arguments en faveur de cette opération de retardement – qui a contribué entre autres à laisser aux mains des Alliés Dunkerque, Calais et Boulogne –, le fiasco d'Anvers retombe lourdement sur Churchill, critiqué par les chefs militaires, blâmé par les civils, attaqué dans les journaux, accusé de toute part d'un échec dont il est, fort injustement, rendu seul responsable.

Par chance pour la Royal Navy et pour Churchill, au tournant de l'année 1914-1915, la victoire revient auréoler les plis de l'Union Jack. C'est d'abord en décembre la bataille des Falklands : l'escadre de l'amiral von Spee est interceptée par une *task force* envoyée d'Angleterre et quatre sur cinq de ses puissants navires envoyés par le fond. Puis en janvier, en mer du Nord, le combat du Dogger Bank tourne à l'avantage de la Navy, tandis qu'un croiseur lourd ennemi, le *Blücher*, est coulé. Simultanément, le blocus mis en place depuis le début des hostilités se resserre et commence à peser sur l'approvisionnement des Empires centraux. Aussi la confiance des Anglais dans leur marine revient-elle, et le crédit du Premier lord remonte. Au demeurant, lui-même n'a rien perdu de son enfièvrement belliqueux. « Seigneur ! s'exclame-t-il au cours d'un dîner où il est placé à la droite de Margot Asquith, la femme du Premier ministre, voici que nous vivons l'histoire en train de se produire. Tout ce que nous pouvons faire et dire est terriblement excitant. On en parlera, c'est sûr, pendant mille générations. Pour rien au monde je ne voudrais être en dehors de cette guerre glorieuse et délicieuse. » Puis, pris de scrupule, il retire le mot « délicieuse[1] ».

Autre succès à mettre alors à l'actif de Winston – mais succès caché, quoique appelé à un bel avenir : les premières armes du décryptage. Depuis longtemps Churchill, fort de son imagination débridée et de son goût romantique des arcanes et du mystère, s'intéressait intensément au développement des services secrets. Supporter

---

1. Dîner du 10 janvier 1915 chez les Asquith : journal de Margot Asquith. Cf. CV III, 1, p. 400.

convaincu du Secret Service Bureau, fondé en 1909 avec ses deux branches, MI 5 (Military Intelligence 5 pour la sécurité intérieure) et MI 6 (Military Intelligence 6 ou SIS – Secret Intelligence Service – pour le renseignement), ce passionné des dernières inventions de la science et de la technique, y compris des gadgets les plus bizarres, s'enflamme en 1914 pour une nouvelle source de renseignement qui va révolutionner les méthodes classiques d'espionnage : le décryptage des messages émis par l'adversaire, ou Sigint (signals intelligence).

Il est vrai que déjà pendant la guerre des Boers les Anglais avaient réussi à percer le code de leurs ennemis. Mais maintenant c'est à une tout autre échelle que va s'exercer la supériorité de la Royal Navy, puisqu'il s'agit de rien de moins que de décoder les signaux de la flotte allemande de haute mer. À l'origine, il y a trois coups de chance : la transmission par les Russes à l'Amirauté britannique d'un exemplaire du code naval allemand saisi en Baltique, la découverte en Australie d'un autre manuel de codage, enfin la saisie par un chalutier britannique de documents similaires.

Aussitôt Churchill, conscient de l'immense avantage que représente pour la Navy ce moyen de connaître à l'avance les mouvements de la flotte ennemie, met sur pied un service étoffé de spécialistes, opérant dans la célèbre *Room 40* de l'Amirauté, qui devient ainsi le centre névralgique des opérations et où le Pemier lord effectue de fréquentes visites. C'est du reste grâce aux renseignements ainsi obtenus que l'Amirauté peut déjouer une tentative de bombardement de la côte est de l'Angleterre par des croiseurs allemands et repérer les instructions données à la marine impériale dans la bataille du Dogger Bank. Néanmoins, de tels faits d'armes, beaucoup trop limités au goût de Churchill, ne sont en mesure ni de calmer son impatience stratégique ni de répondre à son avidité de porter des coups décisifs à l'ennemi. De là les projets grandioses qu'il a commencé de ruminer pour d'autres théâtres d'opérations.

L'ENFER DES DARDANELLES

Toute sa vie Winston Churchill a été hanté par le spectre des Dardanelles. D'abord parce que dans l'immédiat cet échec cuisant, à la fois militaire et politique, a provoqué, après une ascension météorique, une chute si brutale qu'elle a failli ruiner sa carrière. Mais plus encore parce que cette tunique de Nessus lui a collé à la peau pendant des années. Lui qui avait tant cru au succès de l'expédition, et qui, dans l'attente de la gloire impérissable qui rejaillirait sur sa personne, s'y était investi corps et âme – jusqu'à la déraison –, a traversé, une fois le rêve effondré, les mois les plus noirs de son existence. Les passions à vrai dire atteignent alors un diapason inouï. Randolph Churchill a raconté comment dans sa petite école un camarade âgé comme lui de cinq ans, et à qui il proposait d'être son ami, lui avait lancé à la figure : « Jamais ! Ton père a tué mon père aux Dardanelles[1] ! » Au cours de l'entre-deux-guerres, combien de meetings de Churchill ont été perturbés au cri de « Gallipoli » ! Et de 1939 à 1945, dans les discussions stratégiques au sommet, combien avaient à l'esprit sans le dire, parmi les critiques des projets les plus aventureux du Premier ministre, les sanglants déboires de 1915 ! Encore aujourd'hui la campagne des Dardanelles demeure très controversée, même si tout le monde s'accorde sur l'incroyable somme d'erreurs accumulées

1. Randolph Churchill, *Twenty-One Years*, Londres, Weidenfeld and Nicolson, 1965, p. 17.

du premier au dernier jour : fautes plus calamiteuses les unes que les autres, dont Churchill est certes loin de porter la seule responsabilité, mais dans lesquelles il détient une part très lourde.

Tout a commencé avec le grand débat stratégique qui, à l'automne 1914, agite les chefs militaires et civils britanniques au sein de l'instance suprême de décision, le Comité de guerre (le War Council a remplacé en novembre le Comité de défense impériale). Maintenant qu'a disparu l'espoir d'une guerre courte, deux camps s'affrontent. D'un côté, les « Occidentaux » ou *Westerners*, en force à l'état-major impérial et au War Office, et soutenus par le commandant en chef en France, le général French : pour eux la victoire ne peut être remportée que sur le front à l'ouest, là où est concentré le gros des forces de l'Allemagne impériale. De l'autre côté, ceux que l'on baptise les « Orientaux » ou *Easterners*, partisans d'une stratégie périphérique de contournement de l'adversaire, du côté de la Méditerranée orientale et de la Turquie (entrée en guerre contre les Alliés en octobre). Ici on invoque l'exemple de Wellington en Espagne – en oubliant que ce n'était pas sur les champs de bataille espagnols qu'avait été consommée la défaite de la Grande Armée. Entre les deux, le Premier ministre, Asquith, et le ministre de la Guerre, Kitchener, balancent, sans stratégie aucune.

En fait, c'est dans le cerveau imaginatif des deux civils dynamiques du gouvernement, Lloyd George et Churchill, que germent des idées neuves, aussitôt présentées comme propres à briser le blocage intervenu sur le front français avec la guerre statique de tranchées. Même si l'un et l'autre diffèrent dans les propositions stratégiques mises en avant (Lloyd George préconise un débarquement à Salonique, Churchill, une expédition dans les Dardanelles), le principe de base est le même. Au lieu de venir buter sur les lignes imprenables de l'adversaire – ce que Winston appelle « mâcher du barbelé » – et de sacrifier inutilement des dizaines de milliers d'hommes sur le front occidental, il faut utiliser la supériorité navale britannique (*sea power*) pour tourner le flanc des Empires centraux et chercher un autre front où pourrait être remportée une victoire éclatante. D'où l'idée de créer un théâtre d'opérations lointain, où l'armée allemande serait incapable d'infliger aux Franco-Britanniques des pertes élevées – mais sans penser que dans ce cas les Alliés seraient eux aussi incapables de porter des coups décisifs à la machine de guerre ennemie.

À vrai dire, Churchill est resté longtemps partagé entre un projet nordique et un projet méditerranéen. Depuis l'été 1914 jusqu'au début de 1915, en effet, il a caressé sans discontinuer un plan d'expédition en direction de la Baltique. Ce plan, qui entendait, en ressaisissant l'initiative, frapper un grand coup contre le IIe Reich – mais qui avait contre lui un inconvénient majeur : l'opposition farouche de la plupart des experts de la Navy –, consistait à prendre possession d'une île au large des côtes allemandes de la mer du Nord (Borkum ou Sylt), à envahir le Schleswig et à pénétrer en Baltique en force, ce qui amènerait l'entrée du Danemark dans la guerre et un possible débarquement des Russes en Poméranie[1].

En concurrence avec ce programme audacieux d'action au nord, une autre vision d'offensive et de victoire, plus grandiose celle-là, et parée de tous les mirages de l'Orient, s'est imposée peu à peu dans le cerveau de Churchill, après être restée longtemps à l'arrière-plan. C'est elle qui triomphe en janvier 1915, occupant désormais tout son esprit et mobilisant sa surabondance

---

1. Cf. le mémorandum de Churchill à Asquith, 29 décembre 1914 : MG III, *1914-1916*, pp. 225-226.

d'énergie en même temps que ses capacités d'enthousiasme et de rêve. Ici il s'agissait de rien de moins que d'envoyer la flotte forcer les Détroits et s'emparer de Constantinople.

Comme au même moment le gouvernement britannique reçoit un appel des Russes menacés par une avance des Turcs dans le Caucase, et comme Churchill, plus impatient et plus infatigable que jamais, déploie toutes les ressources de sa dialectique pour persuader un Comité de guerre à court d'idées et de muscle, celui-ci adopte le 13 janvier 1915 un grand projet stratégique qu'il charge l'Amirauté de mettre en œuvre, à savoir préparer une expédition maritime pour bombarder la péninsule de Gallipoli et s'en emparer, avec pour objectif Constantinople. Décision fatidique et lourde de conséquences, bien que personne ne se soit posé la question de savoir en quoi la chute de Constantinope entraînerait la défaite de l'Allemagne. Il est vrai que l'on estime alors que l'opération sera courte et peu coûteuse, sans compter qu'elle se déroulera à proximité du site de l'ancienne Troie, ce qui fouette les imaginations.

Le malheur pour Churchill, c'est qu'il est tellement emporté par ce qui est devenu chez lui une idée fixe et en même temps tellement persuadé de son génie militaire qu'au lieu de soumettre son grand dessein stratégique à l'examen approfondi des experts de la marine, de faire calculer les moyens disponibles en navires et en effectifs, de tenir compte des objections (presque tous les professionnels tentent de lui démontrer, mais en vain, qu'une opération purement navale est impraticable et qu'il faut prévoir une expédition amphibie), il se jette dans des plans aussi aventureux que risqués sans assurer ni les bases logistiques indispensables ni ses arrières politiques.

À quoi s'ajoutent les torrents d'éloquence qu'il déploie avec sa fièvre coutumière et son sens de la publicité afin de justifier ses initiatives et ses décisions, si bien que, le jour où l'affaire tournera mal, le discrédit s'abattra sur lui par priorité. De surcroît, son imagination romantique ne laisse pas de l'entraîner en pleine chimère : « C'est une des grandes campagnes militaires de l'histoire, continuera-t-il de prétendre après les graves échecs subis coup sur coup sur mer et sur terre. Songeons à ce que représente Constantinople pour l'Orient. C'est plus que Londres, Paris et Berlin ensemble pour l'Occident. Songeons à sa domination passée sur l'Orient. Songeons à ce que représenterait sa chute. Et quel retentissement sur la Bulgarie, la Grèce, la Roumanie, l'Italie[1] ! »

Le moins qu'on puisse dire, c'est que ni l'histoire ni l'historiographie ne sont venues conforter les espérances churchilliennes. Il est exact que dans les controverses, militaires et politiques, qui ont fait rage à propos de la campagne des Dardanelles, celle-ci a connu une certaine faveur au cours de l'entre-deux-guerres. Mais il faut voir là principalement une réaction contre les hécatombes des tranchées et contre l'impasse dans laquelle se sont enfermées à l'ouest les deux armées adverses de l'automne 1914 au printemps 1918. On peut invoquer aussi accessoirement l'influence du livre de Churchill lui-même, *The World Crisis,* très habile plaidoyer – sorte d'*apologia pro actis suis* –, mais très contestable présentation historique[2]. En revanche, depuis la Seconde Guerre mondiale (durant laquelle au demeurant Churchill avait

1. *Lord Riddell's War Diary 1914-1918*, Londres, Ivor Nicholson and Watson, 1933, pp. 82-83 : conversation du 29 avril 1915.
2. Pour un jugement critique sur la validité historique de *The World Crisis*, cf. Peter Wright, « Historian of the War », *Essays and Criticism* (1925), reproduit in Peter Stansky, éd., *Churchill : a Profile*, New York, Macmillan, 1973, et surtout Robin Prior, *Churchill's « World Crisis » as History*, Londres, Croom Helm, 1983, en particulier la conclusion, pp. 272-283.

tiré les leçons de l'échec de Gallipoli, comme l'a montré le soin extrême apporté à la logistique et à la préparation technique du débarquement en Normandie), on a exprimé des vues très défavorables sur la stratégie des Dardanelles, sur ses erreurs de conception et de planning, ce qui a amené à émettre les plus grands doutes sur les chances de cette diversion bâclée et sanglante de raccourcir la guerre avec l'Allemagne.

*
* *

Aussitôt la décision prise en janvier 1915 de monter une expédition contre les Dardanelles, la préparation a commencé, mais dans un tel climat d'incohérences et de tergiversations qu'elle est tout de suite irrémédiablement handicapée par la confusion, le désordre et les divergences de vues. Au sommet de l'appareil militaro-naval, Churchill paie maintenant au prix fort la double erreur qu'il a commise au début de la guerre, de concert avec Asquith : d'abord, en août 1914, l'appel à la tête du War Office – le ministère jumeau de l'Amirauté –, pour la première fois depuis le xviie siècle, d'un militaire, lord Kitchener, héros des guerres coloniales et général à la belle prestance, mais dépourvu de sens stratégique et de compréhension de la guerre moderne ; en second lieu, en octobre, le rappel de lord Fisher, après la démission du prince Louis de Battenberg, comme Premier lord de la Mer, car l'« ange noir » de la Navy est un personnage erratique, imprévisible, peu équilibré, certes capable d'intuitions brillantes, mais aussi d'initiatives irresponsables et d'invectives violentes, et dont l'égocentrisme forcené va se heurter bientôt à celui du Premier lord de l'Amirauté.

Tout le mois de février 1915 se passe ainsi en plans successifs, et les lenteurs s'accumulent. On balance entre

141

deux tactiques. L'une, dont Churchill se fait l'avocat fougueux et quasi frénétique, consiste en une expédition purement navale dans laquelle la Royal Navy forcerait les Dardanelles et pénétrerait dans la mer de Marmara, l'armée ne fournissant des soldats que pour occuper ensuite Constantinople. L'autre tactique envisage une opération combinée, avec bombardement naval et débarquement à terre – c'est celle que recommandent dans leur ensemble les experts de la marine. Comme il faut simultanément résoudre la quadrature du cercle, puisque l'objectif est de s'emparer des Détroits de manière à briser l'impasse sur le front français sans dégarnir celui-ci de troupes britanniques, tantôt Kitchener prévoit d'affecter des unités terrestres à l'expédition, tantôt il recule devant cette décision, tandis que pour sa part Churchill passe outre aux objections élevées par les services de l'Amirauté. De surcroît, dans son impatience, il a fait effectuer à deux reprises des bombardements contre les Dardanelles, ce qui a alerté les Turcs et leurs conseillers allemands et ôté aux Alliés toute chance de surprise.

Pour couronner le tout, chez les concepteurs et décideurs de l'opération navale, on a accumulé les fautes techniques. Sous-estimation systématique des capacités militaires turques ; croyance erronée à l'efficacité des canons de la marine pour réduire les fortifications des Détroits (Winston a oublié l'adage de Nelson selon lequel la marine n'est pas faite pour attaquer des forts) ; négligence du danger mortel des mines (ce sont de malheureux chalutiers de pêche en mer du Nord que l'on envoie procéder au dragage) ; inattention portée à la force des courants dans les Détroits et aux incertitudes du temps en mer Égée à cette saison de l'année ; carences de l'équipement cartographique aussi bien des états-majors – eux-mêmes squelettiques – que des officiers sur le terrain : autant d'erreurs lourdes de conséquences qui, ajoutées aux désaccords en haut lieu et au désordre découlant de la succession des ordres et contrordres, vont retomber sur les responsables de l'idée et de son exécution, au premier chef Churchill, puisque c'est lui qui s'est voulu et qui est apparu à tous comme l'âme de l'entreprise.

Finalement, le 18 mars 1915 a lieu l'attaque navale prévue. Une puissante escadre anglo-française, forte de dix cuirassés et de plusieurs croiseurs et contre-torpilleurs, aborde les Dardanelles, canonne les forts défendant l'entrée, pénètre dans les Détroits, réduit presque au silence les défenses turques, mais tombe sur un champ de mines. Il s'ensuit un désastre : les gros navires sautent les uns après les autres. À la fin de la journée, le bilan est catastrophique : sur les dix cuirassés engagés, quatre ont coulé et deux sont hors de combat, et les pertes en hommes sont sévères. Devant cet échec aussi brutal qu'inattendu, et à l'encontre de Churchill, qui voudrait reprendre l'attaque, une concertation a lieu entre les deux chefs de l'expédition, l'amiral de Robeck, qui commande l'escadre en mer Égée, et le général sir Ian Hamilton, placé à la tête des forces terrestres en réserve (c'était un ami de Churchill du temps de la guerre des Boers). Tous deux se mettent d'accord sur une nouvelle ligne : la mise sur pied d'une opération amphibie, seule tactique capable à leurs yeux de réussir, en combinant bombardement naval et débarquement de troupes sur la presqu'île de Gallipoli.

Après de nouveaux délais, car les moyens humains et les moyens de transport font défaut, la double expédition, maritime et terrestre, est planifiée pour le 25 avril. Les forces réunies à cet effet sont considérables, car il s'agit de débarquer plusieurs dizaines de milliers d'hommes, dont quelque 12 000 le premier jour. Elles comprennent, outre les bateaux de la flotte de débarquement et de la flotte de combat, des soldats britanniques venus d'Angleterre, un corps d'Australiens et de Néo-

Zélandais – les « Anzacs », qui vont payer un terrible tribut de sang –, des troupes françaises, un contingent de Sénégalais (appelés *niggy wigs* par Hamilton), et même une compagnie de mulets sous la conduite de Juifs assyriens.

Mais, sitôt engagée, l'affaire tourne mal. Face à l'armée turque sur ses gardes et retranchée dans ses casemates sur les hauteurs, les soldats alliés, lancés à l'assaut par petits groupes sur les cinq plages d'une côte nue, sans péniches de débarquement, sans entraînement, se trouvent cloués au sol sous un feu meurtrier. Dans cet enfer de mitraille et de fumée, jonché de cadavres, d'armes, de pansements, où bourdonnent des milliers de mouches, la seule solution est de s'enfouir dans le sol, en creusant des abris, en se protégeant derrière des barbelés : autrement dit, au lieu d'un rapide mouvement en avant, c'est dans une guerre de tranchées que l'on s'installe – une guerre de siège, comme sur le front de l'Ouest.

Malgré des efforts surhumains (les pertes sont terribles : le premier jour, sur la dizaine de milliers d'hommes débarqués, le tiers est tué ou blessé), les combattants alliés restent confinés dans leurs minuscules têtes de pont à l'extrémité sud de la péninsule de Gallipoli. De nouvelles attaques, en mai, puis en juin, ne réussissent pas davantage : les lignes turques tiennent bon. Chez les soldats, à bout de forces sur cette terre hostile, la démoralisation gagne. Bientôt la dysenterie s'en mêle. À l'évidence c'est l'échec. Un nouveau débarquement a beau avoir lieu en août, un peu plus au nord, à Suvla Bay, il ne parvient point à enfoncer les défenses de l'armée turque, renforcée d'éléments allemands et conseillée depuis le début par le général Liman von Sanders. Commence alors la longue agonie du corps expéditionnaire. À l'automne, il faut se rendre à la raison, à savoir le rembarquement. La décision, longuement discutée et longtemps différée, est finalement prise le 8 décembre 1915, et l'évacuation commence. Au total, le coût du drame des Dardanelles est considérable, puisqu'il s'élève du côté allié à 250 000 morts, disparus, blessés et malades.

*

* *

À cette date, cependant, il y a beau temps que la Némésis s'est abattue sur Churchill. C'est en mai 1915, en effet, qu'est advenue la chute retentissante du flamboyant ministre, jusqu'ici chéri des dieux. Le prix qu'il a dû alors acquitter a largement débordé sa responsabilité personnelle – quoique partagée – dans l'affaire des Dardanelles. Devant le coup qui l'a jeté à terre, beaucoup même se demandent s'il parviendra jamais à se remettre en selle.

Ici, il convient de revenir quelque peu en arrière afin de replacer le destin personnel de Churchill dans le cadre plus général de la situation du Royaume-Uni en guerre. La toile de fond, c'est le marasme politique dans lequel se débat depuis l'automne 1914 le gouvernement Asquith, faute d'une direction ferme de la guerre et d'une autorité affirmée du Premier ministre tant sur l'équipe au pouvoir que sur les chefs militaires. De là, à Whitehall et à Westminster, un univers bruissant de rumeurs et de manœuvres dans une atmosphère délétère où les intrigues se nouent et se défont sans discontinuer.

De plus en plus apparaît inéluctable la constitution d'un gouvernement de coalition, qui assainirait la situation en associant au pouvoir les conservateurs et les libéraux. Or c'est là une menace directe pour Churchill, bien qu'il ne s'en rende guère compte, car les conservateurs sont ses ennemis jurés, en particulier leur leader, Bonar Law, un Écossais originaire de l'Ulster qui le poursuit de son exécration avec la dureté métallique du négociant en plaques d'acier qu'il a été avant d'entrer en politique. Là-dessus, au milieu de mai 1915, le gouvernement se trouve brusquement fragilisé par deux affaires : d'une part, l'échec, maintenant patent, de l'expédition des Dardanelles ; d'autre part, le prétendu scandale des munitions, suscité par une campagne de presse calomnieuse accusant les dirigeants du pays de laisser tuer les soldats britanniques sur le front en les privant des armes et des obus nécessaires.

En fait, c'est sur Churchill que s'abat la foudre, le 15 mai, avec la démission fracassante de lord Fisher de son poste de Premier lord de la Mer. Certes, ce n'est que la neuvième lettre de démission que le tempétueux amiral adresse au Premier lord de l'Amirauté, mais cette fois aucune injonction ni de ce dernier ni du Premier ministre ne le fait revenir sur sa décision. Devant pareille bombe, c'est l'affolement dans les hautes sphères de l'État. L'heure a sonné d'une révision politique déchirante – dont Churchill va faire les frais – sous la forme d'un gouvernement de coalition. Car pour les conservateurs a sonné également l'heure de la vengeance. Enfin ils vont pouvoir casser les reins de ce misérable personnage, démagogue et arriviste qui, tout héritier des Marlborough qu'il est, les a nargués, vilipendés, trahis depuis des années, et encore tout récemment en Irlande, où il était prêt à faire couler le sang des loyalistes !

Effectivement, dès lors qu'il est fait appel aux conservateurs, Churchill est condamné. Car leurs chefs font d'emblée savoir à Asquith que la condition *sine qua non* de leur participation, c'est le départ du Premier lord de l'Amirauté et sa relégation dans une fonction subalterne. Ironie amère et ruse de l'histoire : pour le politicien qui depuis si longtemps rêvait d'une coalition à la tête du pays grâce à une entente entre partis, voilà que la réalisation de ses vœux se traduit par sa chute...

Dès le 17 mai, en effet, son sort est scellé, Asquith lui ayant fait savoir qu'il devait quitter l'Amirauté. S'ensuivent des journées humiliantes durant lesquelles Churchill fait des pieds et des mains pour s'accrocher désespérément à son poste, avant de comprendre qu'il est voué impitoyablement aux ténèbres extérieures au milieu des pleurs et des grincements de dents. Car le portefeuille auquel il se voit reléguer en pénitence, c'est, au dernier rang du cabinet, celui de chancelier du duché de Lancastre, une sinécure pour hommes politiques en retrait, ce qui l'exclut complètement de la direction des affaires, même s'il demeure membre du Comité des Dardanelles (le successeur du Comité de guerre) : autrement dit, un os à ronger, mais sans viande, selon l'expression de son cousin, le duc de Marlborough. Bref, après avoir grimpé avec brio au mât de cocagne, c'est la chute – une chute fracassante et sans rémission. Apparemment, Winston a échoué – comme son père, lui aussi qualifié de traître à sa cause et à son sang. Sa carrière serait-elle, elle aussi, finie ?

Pour ajouter à l'humiliation de cette éviction, maintenant que le coup est tombé, Churchill se retrouve très seul, quasiment abandonné de tous. Il faut dire qu'à force de se mêler de tout et de discourir sans fin sur tout en prétendant toujours avoir raison, il a exaspéré beaucoup de monde, que ce soit parmi ses collègues ou ses subordonnés, dans les milieux politiques ou dans la marine et l'armée, au point que même ceux qui lui étaient le plus acquis supportaient de moins en moins ses comportements tranchants et ses airs suffisants d'amateur qui sait tout.

De surcroît, au lieu de reconnaître ses torts, Winston s'obstine, se cramponnant à ses plans et à ses espérances, victime d'une véritable fixation sur les Dardanelles. Non seulement, jusqu'à la fin de 1915, il continuera de croire envers et contre tout à la possibilité d'un renversement de fortune susceptible d'apporter enfin le succès et de faire la démonstration de son génie stratégique, mais, même après le fiasco final, il persistera pendant des années, à coups de plaidoyers *pro domo*, à justifier son action et à maintenir que l'expédition avait été « un pari de guerre légitime [1] ».

En fin de compte, quel jugement l'historien peut-il aujourd'hui porter sur le drame des Dardanelles? Si indiscutablement Churchill doit y être assigné comme figure centrale, force est de souligner à quel point sa responsabilité est partagée avec celle des autres décideurs au sommet, Asquith, Kitchener, Fisher et les autres membres du Comité de guerre, sans compter, aux échelons inférieurs, les multiples échines souples qui n'ont pas eu le courage de tenir tête au Premier lord.

L'opération, en vérité, a souffert de trois défauts majeurs : un défaut de conception, un défaut de moyens, un défaut d'exécution. Le défaut de conception tenait à ce que l'objectif, même s'il avait été atteint, visait un allié secondaire de l'ennemi – l'Empire ottoman – au lieu de s'attaquer à un élément vital de la puissance militaire allemande. De plus, il n'a jamais été clairement défini : en fait, il n'y a eu ni plan ni unité de commandement, mais des plans successifs et contradictoires et une pléiade discordante de responsables à Londres et sur le terrain. Pour ce qui est des moyens, la logistique s'est montrée totalement défaillante : personne alors ne semble savoir en quoi consiste une opération amphibie, pour laquelle au demeurant manquent les spécialistes, les unités entraînées, le matériel. À l'occasion, certains ont

---

1. Discours de W. Churchill à la Chambre des communes, *House of Commons Debates*, vol. LXXV, 15 novembre 1915, col. 1505-1518.

évoqué, pour s'en gausser, les mésaventures de Xerxès en ces mêmes lieux, mais sans prêter sérieusement attention à ce précédent funeste enfoui dans un lointain passé. Enfin, sur le plan de l'exécution, toute l'affaire a été menée avec une telle incohérence, un tel désordre et de tels flottements qu'elle a abouti inéluctablement au gâchis sanglant que l'on a décrit plus haut. À quoi l'on doit ajouter la médiocrité ou l'inadéquation à leur tâche des amiraux et des généraux chargés sur place de l'opération, aussi peu capables les uns que les autres de faire face à leur redoutable mission.

*
* *

Durant plusieurs mois, de mai à octobre 1915, Churchill a traversé ce qui a peut-être été la pire dépression de son existence. Sans doute en public maintenait-il *la bella figura*, mais en privé sa chute de la roche Tarpéienne, une chute aussi humiliante qu'inattendue, a accaparé tout son être. Au creux du désespoir, il est repris par son *Angst* chronique. En témoigne le tableau que réalise alors de lui le peintre William Orpen, où son visage apparaît si misérable que la toile ne sera jamais accrochée dans ses appartements. « Je suis fini », répète-t-il sans arrêt. Dans la bataille mentale qui le secoue jusqu'à l'épuisement, c'est le *black dog* qui la plupart du temps a le dessus.

Bien des années plus tard, Clementine Churchill a confié au biographe officiel, Martin Gilbert : « Les Dardanelles l'ont hanté toute sa vie. Il y avait toujours cru. Quand il a quitté l'Amirauté, il se croyait fini. Il lui apparaissait impossible d'être un jour rappelé au gouvernement. Je me disais qu'il ne surmonterait jamais l'épreuve. J'ai cru qu'il allait mourir de chagrin. » Sur le moment, pour mesurer la détresse de l'homme à terre, nous disposons d'un témoignage de Churchill lui-même, qui, laissant parler ses sentiments profonds, écrivait dans une lettre à son ami Archibald Sinclair à la fin de juin 1915 : « J'ai maintenant tout mon temps et je peux ressentir chaque pincement de mon cœur. C'est une expérience affreuse que de rester en plein milieu des affaires, connaissant tout, ressentant tout passionnément, conscient de sa capacité à servir et pourtant paralysé en permanence. [...] Malgré tout, jusqu'ici j'ai réussi à tenir. Ce serait un réconfort de l'âme d'en sortir pendant quelques mois et de servir avec mon régiment. Dans mon épreuve j'y pense de plus en plus. Mais tant que la victoire n'est pas acquise aux Dardanelles, mon poste est manifestement ici [1]. »

On voit bien là transparaître la cyclothymie de Churchill, faite d'accès d'abattement et de désespérance succédant aux vagues d'euphorie et d'enthousiasme. Une psychologie qui a toujours intrigué son ami lord Beaverbrook et que celui-ci a résumée en une formulation frappante pour décrire un tempérament porté aux extrêmes : « Quelle créature aux humeurs étranges, tantôt au sommet de la roue de la confiance, tantôt au plus profond de la dépression [2] ! »

Si Winston éprouve à ce point les affres de la déréliction, c'est aussi parce que dans la tragédie des Dardanelles il est un bouc émissaire tout trouvé – aussitôt désigné du doigt comme le grand, sinon le seul, coupable. Et cela pour deux raisons. D'abord, sur le fond, n'a-t-il pas été le premier à lancer le projet stratégique, puis à s'en faire le promoteur inlassable, balayant avec son assurance et son verbe coutumiers toutes les objec-

---

1. Cf. Martin Gilbert, *In Search of Churchill, op. cit.* : témoignage de lady Churchill, p. 64 ; lettre de W. Churchill à sir Archibald Sinclair, p. 297.
2. Cité par Kenneth Young, *Churchill and Beaverbrook*, Londres, Eyre and Spottiswoode, 1966, p. 38.

tions techniques des experts ? D'autre part, sur le plan des *public relations* et des apparences, une fois de plus, comme à Anvers, n'a-t-il pas cherché à concentrer sur lui les feux de la rampe ? En d'autres termes, son acharnement à accréditer l'idée qu'il est un génie de l'art militaire ne l'a-t-il pas amené à vouloir jouer constamment les premiers rôles ? Selon le mot de son ami conservateur lord Birkenhead (F.E. Smith), son ambition, ses capacités et son audace l'ont entraîné trop loin : « Il a vu trop grand et il a voulu en faire trop [1]. » Mais, du même coup, comment esquiver l'interrogation cruciale (et embarrassante) : Winston, en laissant ses défauts prendre le pas sur ses immenses qualités au risque de les ruiner, n'a-t-il pas été le premier artisan de ses malheurs ? N'est-ce point lui l'auteur principal de ses déboires et de ses échecs ? À attirer constamment la foudre sur sa tête sans se garantir le moindre paratonnerre, est-il si étonnant qu'il ait fini par être foudroyé ?

Lui-même d'ailleurs, quelques années plus tard, a retracé d'une plume lucide et imagée son calvaire de 1915. Passé sans transition d'une activité débordante à l'oisiveté forcée (le poste de chancelier du duché de Lancastre ne comporte l'attribution d'aucun département ministériel ni d'aucune tâche précise), Churchill se sent complètement inutile, relégué à l'écart et rejeté par tous : « Je savais tout et je ne pouvais rien, écrit-il. [...] Comme un monstre marin capturé des profondeurs ou comme un plongeur trop brusquement remonté à la surface, mes artères menaçaient d'éclater sous l'effet de la brusque chute de pression. J'étais plein d'anxiété sans aucun moyen d'y porter remède. [...] À un moment où chaque fibre de mon être brûlait au feu de l'action, il me fallait rester spectateur de la tragédie [2]. »

1. Cité par Robert Rhodes James, *Churchill : a Study in Failure, op. cit.,* pp. 87-88.
2. W. Churchill, *Thoughts and Adventures* (1932), « Painting as a Pastime ».

Pour sa part, le fidèle Eddie Marsh, qualifiant de sinistre « farce » le poste ministériel du duché de Lancastre, écrivait dans une lettre à Violet Asquith : « Je me sens accablé et misérable pour Winston. Imaginez quelle terrible blessure et quelle mutilation c'est pour lui d'être arraché à son labeur », tandis que de son côté lady Randolph confiait à sa sœur : « Winston est horriblement triste de n'avoir rien à faire[1]. » Par moments même, Churchill se sent bourrelé de remords à la pensée des milliers de jeunes hommes dont la vie a été sacrifiée dans l'aventure des Dardanelles : « Il y a plus de sang que de peinture sur ces mains », dit-il un jour d'un air sombre à un visiteur, le poète W.S. Blunt, qui l'avait trouvé en train de peindre[2].

Toutefois, malgré son influence déclinante – car il est de moins en moins écouté –, le chancelier du duché de Lancastre est demeuré membre du Comité des Dardanelles, dernier lien, fort ténu, avec les opérations en Orient. Mais ses pensées le portent avec une insistance croissante vers l'idée de servir en France, pourvu que l'on veuille bien lui donner un commandement. Cependant, à la tête du pays, l'atmosphère ne cesse de s'alourdir au fur et à mesure que s'accumulent les échecs. Dans la conduite de la guerre, rien ne va plus. La passivité et l'inefficacité sont reines. On commence même à parler de conscription.

En vue de couper court au malaise et aux doléances, notamment à l'endroit de Kitchener, Asquith décide le 11 novembre 1915 de mettre fin au Comité des Dar-

1. Cf. Christopher Hassall, *A Biography of Edward Marsh*, Londres, Longmans, 1959, p. 340 : lettre à Violet Asquith (Bonham Carter); cf. Anita Leslie, *The Fabulous Leonard Jerome*, Londres, Hutchinson, 1955, p. 321.
2. Cité par Elizabeth Longford, *A Pilgrimage of Passion : the Life of Wilfrid Scawen Blunt, op. cit.,* p. 409.

danelles et de le remplacer par un cabinet de guerre de cinq personnes, dont Winston est exclu. Cette fois, c'est l'humiliation suprême – la goutte d'eau qui fait déborder le vase. Churchill, qui depuis quelque temps déjà agitait une menace de démission, considérant qu'il ne saurait y avoir de responsabilité sans pouvoir, passe immédiatement à l'acte : sa démission devient effective le 12 novembre, sans qu'Asquith lui propose la moindre fonction (lui-même avait été jusqu'à envisager de se faire nommer gouverneur général et commandant en chef de l'Afrique orientale britannique dans le dessein de lever une armée d'Africains pour combattre en Europe). Pour la première fois depuis près de dix ans, Churchill – dont c'est la première et la dernière démission de ministre – se retrouve simple citoyen. Et du même coup libre de rejoindre l'armée pour aller se battre sur le front français, ce qu'il fait six jours plus tard.

La muse de la peinture

C'est au plus fort de sa dépression que Churchill a découvert la peinture. Tout de suite elle va lui servir d'antidote à la désespérance, puis plus tard elle remédiera au surmenage. Ce qui a commencé par n'être pour lui qu'un hobby secourable va en peu de temps devenir un des points forts de son existence – une occupation tenant une place majeure dans son cœur et qui l'accompagnera jusque dans son extrême vieillesse. Lui-même l'a reconnu sans hésitation : venue à sa rescousse à une époque éprouvante, a-t-il écrit, « la peinture est une compagne avec laquelle on peut espérer cheminer une grande partie de la vie ». Car, à la différence des sports ou des jeux réclamant de violents efforts physiques, elle est « une amie qui n'implique ni exigences incongrues ni demandes épuisantes », mais qui au contraire s'accommode du vieillissement, voire de la décrépitude[1].

On peut dater avec précision la première expérience d'artiste de Winston. C'est le dimanche 20 juin 1915 qu'a commencé sa carrière de peintre. À cette date, en effet, en vue d'épargner à sa petite famille les tensions de la capitale et de pouvoir lui-même se reposer le week-end, Churchill a loué pour l'été une agréable maison, Hoe Farm, une ferme Tudor modernisée, entourée d'un beau jardin, dans un vallon du Surrey, près de Godalming. Là, sa belle-sœur, la femme de son frère Jack, lady Gwendeline, surnommée « Goonie », venue pour quelques jours, a installé son chevalet et soudain propose à Winston intrigué par son travail d'essayer la boîte d'aquarelles de son jeune fils. Le défi aussitôt relevé, le peintre novice se met à l'œuvre, et comme par enchantement, au fur et à mesure qu'il se concentre sur sa peinture, ses soucis s'évaporent. Selon ses propres termes, la muse de la peinture est venue à son secours.

De retour à Londres, il dévalise la grande boutique de fournitures d'art de Piccadilly, et la semaine suivante il dresse dare-dare son chevalet et se remet au travail pour peindre le jardin de Hoe Farm, mais cette fois en utilisant la peinture à l'huile, dont il ne démordra plus. D'abord hésitant, l'apprenti peintre prend de l'assurance, d'autant qu'il est vivement encouragé sur cette nouvelle voie par un couple d'amis, les peintres connus John et Hazel Lavery, qui, venus le voir quelques jours après, lui donnent des conseils et lui enseignent les règles et les techniques de la peinture de paysage.

---

1. W. Churchill, « Hobbies », in *Thoughts and Adventures* (1932). Toutes les citations qui suivent sont tirées de « Painting as a Pastime », paru d'abord en deux articles dans le *Strand Magazine* (décembre 1921 et janvier 1922), puis intégré dans le recueil *Thoughts and Adventures,* enfin publié en livre en 1948.

Le déclic a opéré. Le hasard a bousculé le destin. Désormais, ce qui était un simple sédatif contre les turbulences et les frustrations d'une mauvaise passe s'est transmué en une occupation élevée et bienfaisante de création, au rang d'une œuvre d'art. Comme Churchill l'a assuré fièrement quelques années plus tard, « peindre constitue un divertissement complet. Je ne connais rien d'autre qui, sans épuiser le corps, absorbe autant l'esprit. Quels que soient les soucis de l'heure ou les menaces de l'avenir, une fois que l'on a commencé un tableau, il n'y a plus place pour ces choses dans son univers mental. Elles s'effacent dans l'ombre et toute la lumière de l'esprit se concentre sur l'œuvre à réaliser. » En réalité le terme *divertissement* dépasse largement le simple fait de se distraire (ailleurs Winston a écrit : « *To paint is great fun* »). Il doit être pris au sens pascalien du mot, c'est-à-dire enveloppant la relation au monde de l'être tout entier. Lady Randolph, voyant son fils se jeter avec autant de passion dans sa nouvelle occupation, allait jusqu'à parler de drogue. Pourtant le néophyte a été le premier à souligner qu'il y avait des limites à ne pas dépasser. Par exemple, a-t-il écrit, il faut savoir rester modeste et d'avance renoncer aux ambitions excessives : « Ne pas aspirer aux chefs-d'œuvre, mais se contenter des plaisirs de bon aloi que procure la palette. »

Une silhouette va bientôt devenir familière, d'abord en Angleterre, dans un cadre de jardins, d'arbres et de fleurs, puis, après la guerre, dans le midi de la France, sur la Côte d'Azur ou en Provence : la silhouette de Churchill devant un chevalet, en veste de coutil blanc, coiffé d'un Homburg, le cigare à la bouche, la palette dans une main et le pinceau dans l'autre, absorbé par son activité, l'air épanoui. Le sujet des centaines de tableaux qu'il va peindre se situera toujours dans le même registre : sa prédilection le porte avant tout vers les paysages (il avait même emporté son matériel de peinture sur le front des Flandres). Devant sa toile il retrouve équilibre et confiance, comme s'il plongeait dans une autre vie.

En même temps, chez Churchill, le naturel revient constamment au galop. Autrement dit, le soldat qui sommeille en lui ne perd jamais ses droits. En effet, à ses yeux, parmi toutes les vertus de la peinture, il en est une qui dépasse les autres : c'est la ressemblance entre un tableau et une bataille. Aussi paradoxal que cela puisse paraître, mais dans la logique de son mécanisme mental de battant et de combattant, Winston est convaincu qu'il existe un lien congénital entre la peinture et l'art militaire. Peindre un tableau, affirme-t-il, c'est comme livrer une bataille – en cas de succès, c'est même plus excitant. Et d'argumenter longuement (dans « Painting as a Pastime » plusieurs pages sont consacrées au sujet) afin de justifier la comparaison.

Non seulement, prétend-il, les principes sont les mêmes, à savoir l'unité de conception, la synergie entre le tout et les parties, l'interaction des éléments, mais surtout, dans l'une et l'autre activité, il faut à la fois un plan et une réserve stratégique (en peinture les réserves consistent dans les proportions et les équilibres, les relations et les harmonies). En outre, de même que dans l'art militaire on doit avoir étudié les campagnes des grands capitaines du passé, de même dans l'art pictural il faut s'être familiarisé avec les grandes œuvres conservées dans les musées. Ainsi, la peinture, tout comme un combat victorieux, est source de plaisirs sans fin. En somme, il n'y a nul Janus en Churchill : derrière la figure de l'artiste se profile la figure du militaire-né.

Il est arrivé aussi à Churchill de disserter sur les mécanismes de la création artistique, en particulier la dialectique de la lumière et de la couleur, ainsi que sur le triangle formé par l'artiste, l'objet à peindre et l'œuvre produite. Dans « Painting as a Pastime », il en a appelé par exemple à une étude approfondie, et même scientifique, du problème de la relation entre l'œil et la mémoire chez un peintre. Ou, si on préfère formuler la question autrement, il s'agit pour lui de savoir quel rôle la mémoire joue en peinture. À cette question il a consacré toute une page qui a suscité l'admiration de l'historien et critique d'art Ernst Gombrich.

Quand on peint un tableau, explique Churchill, le regard est absorbé d'abord par l'objet à peindre, puis par la palette, enfin par la toile. Par conséquent, cette dernière reçoit un message émis en général quelques secondes plus tôt par l'objet. « Mais en route, poursuit-il, ce message est passé par un "bureau de poste" : il a été transmis en code – transcrit de lumière en peinture. C'est donc un cryptogramme qui parvient à la toile et qui, une fois là, doit attendre d'être placé dans une connexion correcte avec tout ce qu'il y a d'autre sur le tableau avant de pouvoir être décrypté, avant que son sens apparaisse et avant qu'il soit lui-même retranscrit de matière colorée en lumière. Mais cette fois la lumière n'est plus celle de la nature, c'est celle de l'art. Or tout ce processus est porté sur les ailes – ou tiré par les roues – de la mémoire. Dans la plupart des cas, pense-t-on, ce sont les ailes – éthérées et rapides comme un papillon voletant de fleur en fleur. Mais tout le trafic lourd et à longue distance repose sur les roues de la mémoire. »

Arrivé à ce point de sa démonstration, l'artiste Churchill introduit une distinction : quand on peint en plein air, les séquences de l'action se succèdent si vite que le processus de traduction en couleur paraît opérer de façon inconsciente. En revanche, les plus grands paysages ont été peints à l'intérieur, souvent longtemps après la réception des premières impressions : alors il est nécessaire d'avoir « une formidable mémoire visuelle », si l'on veut pouvoir reproduire l'objet de la peinture après que des heures, des jours, parfois des mois ont passé.

Si maintenant, indépendamment du plaisir que l'artiste y a pris, de la passion qu'il y a déployée et de tous les effets bénéfiques qui en ont découlé pour le sort du monde, on entend porter un jugement esthétique sur la peinture de Churchill – dont la production s'est étalée sur plus de quarante années –, il a été de bon ton pendant longtemps de considérer que la grandeur de l'homme d'État permettait de lui pardonner la faiblesse de son œuvre picturale. À l'heure actuelle le balancier est revenu dans l'autre sens et l'on assiste à une indéniable réévaluation de l'art churchillien. La grande exposition de son œuvre organisée à Londres en 1998 a fortement contribué à un tel retour en faveur – qui devrait réjouir les mânes de l'apprenti peintre de Hoe Farm.

AU FRONT

C'est le 18 novembre 1915 que le « major » Churchill s'est embarqué pour la France afin de rejoindre son régiment, le Queen's Own Oxfordshire Hussars, stationné à Saint-Omer. En fait, sitôt arrivé sur le sol français, il est accueilli par le commandant en chef du corps expéditionnaire britannique, son ami le général French, qui lui propose le commandement d'une brigade avec le grade de général. Mais comme il lui faut d'abord se familiariser avec la chose militaire sur le terrain et acquérir l'expérience du front, il est décidé de l'affecter pour un stage de formation de quelques semaines au 2e bataillon des grenadiers de la Garde, un régiment d'élite.

Fort mal reçu par son colonel et par les officiers du bataillon, où l'on n'aime guère les politiciens habillés en soldats, Churchill, sans rien laisser paraître, monte aussitôt en ligne avec son unité, dans le secteur de Neuve-Chapelle, en Artois, où s'étaient déroulés de violents combats au printemps. Là, il inaugure une nouvelle existence, dangereuse, éprouvante, dénuée de tout confort, se pliant sans murmurer à la sévère discipline de la Garde. Peu à peu son courage et son endurance opèrent un renversement en sa faveur, et il commence à être sincèrement adopté par ses compagnons de combat. Il est vrai qu'il n'a guère d'autre choix que de supporter stoïquement les dures conditions du secteur occupé par le bataillon : tranchées mal construites et mal équipées, exposées jour et nuit aux bombardements ennemis, omniprésence de la boue, pluie et froid, sans parler des chauves-souris qui pullulent. Un jour même, l'abri qui lui sert de base reçoit un obus qui le détruit complètement – heureusement en son absence.

Après une semaine passée en première ligne, Winston profite de quelques jours de repos pour rédiger dans les premiers jours de décembre un mémorandum qu'il intitule « Variantes pour une offensive ». Dans ce texte, il développe des idées qui lui tenaient depuis longtemps à cœur et qu'à l'Amirauté il avait essayé de faire mettre en pratique sous forme de prototypes appelés *landships*. Sa thèse, c'est que si l'on veut attaquer l'ennemi et l'enfoncer autrement qu'avec « les poitrines nues des soldats », il est nécessaire de recourir à des engins nouveaux et mobiles, sortes de grands boucliers blindés, montés sur roues ou plutôt sur chenilles : invulnérables aux tirs de mitrailleuses de l'adversaire, mais crachant le feu, abritant dans leurs flancs une dizaine d'hommes, ces véhicules capables de grimper des pentes écraseraient les lignes de barbelés, parviendraient jusqu'aux tranchées ennemies et s'en empareraient en les prenant en enfilade. Ainsi serait brisée l'impasse d'un front statique et restaurée la mobilité dans le combat[1]. C'est aussi à cette épo-

---

1. Cf. MG III, *1914-1916,* pp. 591-592. Le texte du mémorandum est reproduit dans *The World Crisis.*

que qu'il fait la connaissance d'un jeune capitaine de hussards, Louis Spears (appelé alors Spiers), en mission auprès de la Xe armée française, avec qui il se lie aussitôt d'amitié et visite le front français autour de Notre-Dame-de-Lorette – un front sanglant infesté de milliers de rats dévorant les cadavres (en 1940, devenu général, Spears jouera un rôle de liaison de premier plan entre le Premier ministre et le général de Gaulle).

Churchill a beau écrire à Clementine à propos de sa nouvelle existence au front : « J'ai trouvé contentement et bonheur comme je n'en avais pas connu depuis des mois » et affirmer à lord Curzon qu'il passe des semaines très enrichissantes et libres de soucis (« *a jolly life with nice people* »), les moments d'abattement sont là, et surtout les déconvenues ne le lâchent pas [1]. Comme Asquith a mis son veto à sa promotion comme général à la tête d'une brigade, il lui faut renoncer à l'espoir caressé durant plusieurs semaines. D'autre part, sir John French est relevé de son poste juste avant Noël et c'est un nouveau général, sir Douglas Haig, fort réservé à son endroit, qui est nommé chef des armées britanniques en France. Le résultat, c'est pour Churchill une nouvelle rebuffade : il est affecté le 1er janvier 1916 à un régiment d'infanterie écossaise, avec le grade de lieutenant-colonel, pour commander le 6e bataillon des Royal Scots Fusiliers.

Le premier accueil est plutôt frais, pour les mêmes raisons que chez les grenadiers, mais très vite l'atmosphère se réchauffe. Le bataillon – 30 officiers, 700 hommes – appartient à une unité au passé glorieux (elle remonte à 1678) qui vient d'être décimée à la bataille de Loos en septembre. Les fusiliers y ont perdu la moitié de leur effectif, tués ou blessés (dont tous les officiers d'active),

---

1. MG III, *1914-1916*, p. 580, lettre à Clementine Churchill, 22 novembre 1915, p. 603, lettre à lord Curzon, 8 décembre 1915.

et les nouvelles recrues sont jeunes et sans expérience. Pour Churchill, l'urgence est donc de procéder à la réorganisation et à l'entraînement de sa troupe, tâche qui lui convient fort bien et où il réussit immédiatement. Comme second, il a appelé auprès de lui un capitaine d'active de ses amis, baronnet écossais et officier de la Garde, sir Archibald Sinclair, lui aussi passionné d'aviation, avec qui il se sent en confiance et s'entend à merveille (l'amitié sera durable : Sinclair sera ministre de l'Air dans le gouvernement Churchill de façon continue de 1940 à 1945).

Certes, les méthodes churchilliennes ne sont pas toujours orthodoxes, mais elles ont le mérite de stimuler le moral et de donner un esprit de corps à son unité. Ainsi, lorsqu'il réunit pour la première fois ses officiers, il leur annonce tout de go : « La guerre, messieurs, est déclarée contre les poux ! » Et de se lancer dans un cours savant sur la biographie et les mœurs du *Pulex europeus*, son origine, sa nourriture, ses habitudes, son rôle dans les guerres passées et dans les guerres modernes[1]. En l'espace de quelques jours, le pouvoir de séduction de Churchill a fait son effet. Son côté charmeur lui a acquis une popularité qui ira croissant, tant parmi les officiers que parmi les hommes, originaires pour la plupart des comtés d'Ayrshire et de Galloway, dans les Lowlands. De son côté, l'officier de liaison français s'appelle Émile Herzog, alias André Maurois.

Les cent jours passés par Churchill en Flandre à la tête de ses fusiliers écossais l'ont profondément marqué. Après une brève période de formation, le bataillon est

---

1. Cf. Captain X [Andrew Gibb], *With Winston Churchill at the Front*, Londres et Glasgow, Gowan and Gray, 1924, pp. 21-22. Ce livre de souvenirs, écrit par un avocat écossais, commandant une compagnie du bataillon, qui sera pendant vingt-cinq ans *regius professor* de droit à l'université de Glasgow, constitue une mine de renseignements sur les trois mois passés par Churchill sur le front des Flandres.

monté en ligne vers la fin de janvier 1916. Le secteur d'un kilomètre de front qui lui a été attribué est situé dans un coin de Belgique resté aux mains des Alliés, juste à la frontière française, au nord d'Armentières. Il a pour base avancée le village de Ploegsteert, immédiatement baptisé par les combattants « Plug Street » (« rue de la vidange ») et encore habité par quelques civils en dépit des bombardements d'artillerie (la flèche de l'église sera détruite en mars par un obus). En avant, les premières lignes sont séparées des lignes allemandes par un no man's land de 150 à 300 mètres. De l'autre côté de la frontière, en territoire français, est installé le commandement du bataillon, en particulier dans un couvent appelé « l'hospice » où résident deux sœurs de Sion avec qui Churchill sympathise. Aux environs s'étend un paysage désolé, émaillé, écrit Churchill, de « misérables petites fermes perdues dans un océan de champs trempés et de chemins boueux [1] ».

Chaque jour le « colonel Churchill » inspecte le secteur, s'assure des défenses, veille au bon état des sacs de sable, car l'artillerie allemande ne chôme guère (la pièce qui lui sert de chambre est un jour éventrée), et la nuit il patrouille dans les tranchées, accompagné du fidèle Sinclair. Les photographies le représentent vêtu d'un long imperméable, chaussé de larges bottes, portant à la ceinture revolver et lampe électrique, coiffé d'un casque français bleu horizon offert par un général voisin – avec son goût du panache, il l'a adopté de préférence au casque plat des *tommies* ainsi qu'au *glengarry*, le bonnet écossais.

Évidemment, compte tenu de sa notoriété, il ne saurait passer inaperçu, d'autant qu'il reçoit des visiteurs de marque. Comment pourrait-il en être autrement ? Comment serait-il un officier comme les autres, perdu dans

---

1. Lettre à Clementine Churchill, 7 janvier 1916 : cf. Mary Soames, *Clementine Churchill*, Londres, Cassell, 1979, p. 238.

l'anonymat du corps expéditionnaire ? Son standing dans l'establishment lui vaut du reste de bénéficier d'incontestables privilèges : il a son *tub* pour son bain, son linge raffiné, ses provisions de cigares, de champagne et de cognac, le tout diligemment expédié de Londres par Clemmie. Néanmoins, jamais il ne fait sentir son rang. Quand il quittera les fusiliers, il sera sincèrement regretté par tous pour sa gentillesse et son sens de l'humain. Au total, son autorité s'est imposée d'emblée. Un de ses officiers a plaisamment rapporté : « Nous passions nos nuits à nous demander ce qu'il ordonnerait le lendemain et nos journées à exécuter ce qu'il avait ordonné[1]. »

Devant le danger, Winston, indifférent selon son habitude, ne s'occupe ni des balles ni des obus. Cependant, si son courage physique ne manque pas d'accroître son prestige auprès du bataillon, il provoque les alarmes continuelles de Clementine à Londres. Celle-ci, loin d'être rassurée par des épîtres du style « Ce sont pour moi de longues vacances [...] comme mon voyage en Afrique[2] », est toujours prête à imaginer le pire. Les lettres que Winston et elle échangent quotidiennement mêlent à égalité nouvelles de la famille ou du front et nouvelles politiques. On y voit l'exilé de Ploegsteert à la fois épancher son cœur et adresser à sa femme un flot incessant d'instructions et d'objurgations, sans masquer le désarroi qui le taraude à la pensée de sa carrière brisée. « À l'extérieur, avoue-t-il, je montre uniquement un visage souriant aux militaires qui m'entourent, un complet détachement et une satisfaction entière. Aussi est-ce un soulagement de t'ouvrir mon cœur. Pardonne-moi. » Quelques jours plus tard, les mêmes sentiments

---

1. Cf. Captain X [A. Gibb], *With Winston Churchill, op. cit.*, p. 26.
2. CV III, 2, p. 1410, lettre à Clementine Churchill, 2 février 1916 (l'allusion concerne le voyage de Churchill en Afrique en 1907).

de frustration et d'impuissance le poursuivent : « Je dois attendre en silence le sombre mouvement des événements. Malgré tout, mieux vaut se sentir bâillonné que de donner des conseils que l'on n'écoute pas. » Et d'adjurer Clemmie de rester très régulièrement en contact avec ses amis et « pseudo-amis » : « Je n'ai que toi qui puisses agir pour moi[1]. »

De fait, à Londres, Clementine se dépense sans compter dans les hautes sphères. Elle quête informations et rumeurs, accepte chaque invitation, tente de déchiffrer les pensées des uns et des autres, afin de guider judicieusement son mari dans les calculs politiques qui ne le lâchent pas plus au front que lorsqu'il était à l'épicentre du pouvoir. Devant la dégradation accélérée du climat au gouvernement, Winston se convainc peu à peu qu'il lui faut revenir à Westminster. Pourtant, à l'occasion d'une permission au début de mars, il a prononcé un discours désastreux aux Communes. N'importe, avec son impatience et son optimisme coutumiers, il nourrit à nouveau des espoirs. Une occasion se présente en avril : il est décidé de réorganiser les Royal Scots Fusiliers, ce qui amènerait la fusion du 6e bataillon avec un autre et ôterait à Churchill son commandement. Aussitôt sa décision est prise. Après un dernier séjour en ligne, c'en est fini du front. Le 9 mai 1916, Churchill est de retour à Londres.

LE MINISTÈRE DES MUNITIONS : 1917-1918

À Londres, Churchill se retrouve très isolé. Depuis qu'il a quitté Admiralty House, il s'est installé avec sa famille dans l'élégant quartier de South Kensington (où il aura aussi sa dernière demeure), 41 Cromwell Road,

---

1. Lettres à Clementine Churchill, 11 et 19 janvier 1916 : cf. Mary Soames, *Clementine Churchill, op. cit.*, pp. 235 et 239.

en face du Natural History Museum. Autour de lui, loin de reculer, préventions, inimitiés, rancunes sont toujours aussi vives. Dans l'univers politique on distille plus que jamais le fiel à son endroit. Ses interventions aux Communes, quel qu'en soit le sujet, sont mal reçues. Si bien que lorsque, en décembre 1916, Lloyd George forme un nouveau gouvernement de coalition à la suite de la rébellion des conservateurs contre l'impéritie d'Asquith, Winston continue d'être exclu du pouvoir, le nouveau Premier ministre s'étant heurté à l'opposition catégorique des chefs tories, qui du reste obtiennent la part du lion dans le ministère. Furieux et démoralisé (quand il apprend qu'il reste dehors, il a même un accès de rage), Churchill se voit de plus en plus sur la pente descendante. Son seul motif de réconfort, c'est, en mars 1917, le rapport de la commission d'enquête sur les Dardanelles, qui marque un timide retour en grâce. Sans doute l'ancien Premier lord est-il loin d'être exonéré, mais au moins le blâme est-il équitablement réparti entre les divers responsables.

Finalement, les choses changent en juillet 1917. Lloyd George, conscient mieux que quiconque des immenses qualités de Churchill, et qui d'autre part juge plus expédient de l'avoir pour lui que contre lui, lui offre d'entrer au gouvernement comme ministre des Munitions. Chez les conservateurs, c'est un tollé, avec menace de démission de plusieurs ministres, mais Lloyd George tient bon, laissant passer l'orage et faisant valoir que le portefeuille ne comporte pas une position de grand pouvoir, et surtout que le nouveau ministre n'est pas membre du cabinet de guerre. Néanmoins, pour Winston, c'est la fin du purgatoire. Il faut dire que, non sans une candeur étrange de sa part, il s'étonne de l'orage sans mesurer aucunement la virulence des oppositions à sa personne [1].

1. Cf. Hankey Diary, 22 juillet 1917, cité par MG IV, *1916-1922*, p. 33.

Après vingt mois passés dans les limbes, et maintenant qu'il est de retour au pouvoir, Churchill se sent tout requinqué et à nouveau plein d'allant. Sa réélection à Dundee le 29 juillet n'est qu'une formalité et immédiatement il s'absorbe dans ses nouvelles fonctions. Étant donné sa fâcheuse habitude d'empiéter sur le domaine de ses collègues du cabinet, l'une de ses tantes lui donne ce sage conseil : « Colle bien aux Munitions et ne cherche pas à diriger le gouvernement ! » Voilà donc reconstitué le partenariat Lloyd George-Churchill, mais dans des conditions bien différentes de naguère : cette fois le premier est à la tête de l'État, tandis que le second, titulaire d'un ministère sans grand panache, n'occupe qu'une position subordonnée, sans voix sur la conduite de la guerre. Malgré tout, dans la psychologie de Winston, les lueurs de la rampe, même faibles, valent mieux que l'obscurité.

Créé en 1915 et d'abord tenu par Lloyd George, ce département ministériel chargé du secteur clef de l'armement a besoin d'une sérieuse réorganisation, car, ayant poussé comme un champignon, il est alourdi par une bureaucratie de 12 000 personnes et manque de coordination entre une pléiade de subdivisions dispersées et hétéroclites. Une des premières mesures du nouveau ministre consiste donc à regrouper les instances de décision en instituant au sommet un Munitions Council qu'il préside. En fait son action, où l'on retrouve la même énergie et la même efficacité que dans ses fonctions antérieures, se développe principalement dans deux directions : d'un côté, les nouveaux matériels nécessaires pour gagner la guerre ; de l'autre, le monde du travail et des *industrial relations*.

Dans la première direction, il existe dans l'esprit de Churchill une corrélation étroite entre armement et stratégie. Lui qui depuis le début a été très critique sur la

guerre d'« attrition » menée sur le front occidental, blâ-
mant sévèrement les hécatombes de la Somme en 1916
et celle alors en cours de Passchendaele (la « troisième
bataille d'Ypres », d'août à novembre 1917) – une forme
de guerre consistant, dit-il, à « perdre des vies à une
échelle effrayante et inconnue jusque-là dans l'histoire
du monde, mais en même temps trop modeste pour
emporter la décision[1] » –, il est devenu adepte d'une
guerre de matériel, au nom de la formule *Machines ins-
tead of men.*

Maintenant que sur le plan stratégique sont advenus
deux virages capitaux – d'une part, l'entrée en guerre des
États-Unis et l'arrivée prochaine de soldats américains
en nombre, d'autre part, les nouveaux matériels et avec
eux la possibilité d'une guerre mécanique –, Churchill
est devenu un *Westerner.* Dès le printemps 1917, il a
proclamé : « Les machines peuvent servir à remplacer
les hommes. [...] Des engins mécaniques de toute sorte
peuvent accroître le pouvoir de la main de l'homme et
servir de rempart à la coupe sacrée de la vie[2]. » C'est
pourquoi, après avoir été longtemps sceptique sur la possibilité d'une rupture du front en France, il compte maintenant pour y arriver sur la production en masse d'armement, en particulier de matériels nouveaux : tanks,
avions et obus toxiques (aussi s'élève-t-il vivement
contre la proposition faite par la Croix-Rouge d'interdire
les gaz asphyxiants, que d'ailleurs il voulait déjà
employer aux Dardanelles).

En second lieu, sur le plan des relations professionnelles et du travail dans les usines d'armement, Churchill
se retrouve dans un monde qu'il a bien connu naguère au
Board of Trade. Depuis que la Grande-Bretagne s'est

---

1. Mémorandum au War Cabinet, 5 mars 1918 : cf. *The World Crisis*, IV,
   p. 402.
2. *Sunday Pictorial*, 8 avril 1917.

transformée en arsenal en vue d'une guerre totale, deux problèmes entrelacés dominent l'univers du *labour* : le problème de la « dilution » et celui de l'échelle des salaires. En effet, pour répondre aux besoins simultanés du recrutement dans l'armée et de la production, il a fallu faire appel dans les usines, à côté des ouvriers professionnels, à une main-d'œuvre nouvelle non qualifiée, composée à la fois d'hommes (*unskilled*) et de femmes. D'où le terme de « dilution ». Il s'en est suivi une vive réaction parmi les ouvriers qualifiés de la métallurgie et des constructions navales, inquiets du double processus en cours de déqualification et de diminution du différentiel des salaires entre *skilled* et *unskilled*. De plus, chez les femmes, au nombre de 200 000 en 1914 et d'un million en 1918 dans les ateliers de munitions, les salaires sont par principe inférieurs aux salaires masculins.

C'est donc au sein de l'aristocratie ouvrière, menacée dans son statut et dans ses avantages acquis, que s'est développé, notamment dans les usines d'armement, le mouvement très militant des *shop stewards* ou délégués d'atelier, qui a abouti à de grandes grèves au printemps 1917. Il faut donc à Churchill beaucoup de doigté pour naviguer entre les besoins de la guerre, les directives du gouvernement, les exigences des employeurs et les revendications, elles-mêmes divergentes selon les catégories, des ouvriers. Il paraît d'autant plus difficile de remédier au mécontentement populaire suscité par la vie chère et les scandales des profits de guerre qu'au même moment la révolution russe sert d'exemple et d'inspiration aux éléments les plus en pointe de l'Independent Labour Party et du British Socialist Party. Néanmoins, comme le gouvernement s'alarme et comme son flair politique lui commande de se concilier les ouvriers les plus organisés et les plus déterminés, à savoir les *skilled*, Churchill consent à des augmentations de salaires – ce qui n'empêche pas les grèves de reprendre dans l'été

1918 – tout en dénonçant avec vigueur le défaitisme et le pacifisme de source bolchevique.

Parallèlement, l'esprit visionnaire du ministre lui fait poser des jalons pour l'avenir. Ainsi, en novembre 1917, il crée un comité pour la démobilisation et la reconstruction à l'intérieur de ses services de manière à imaginer des solutions durables pour l'après-guerre en matière d'*industrial relations*. À la même époque, devant des femmes syndicalistes assemblées au ministère, il brosse un grand tableau prospectif sur le travail féminin. Proclamant : « Nous sommes les pionniers de l'emploi des femmes dans l'industrie et même sur le plan militaire », il en appelle à « la marche de l'histoire concernant la place des femmes dans la vie industrielle de la Grande-Bretagne, peut-être pour tout le siècle ». Car il serait tout à fait erroné de considérer leur contribution à la production comme « un simple épisode de la Grande Guerre ». Le temps est venu, assure-t-il, de définir les principes sur lesquels devra reposer pour les générations à venir la régulation du travail féminin dans l'industrie [1].

Cependant, à côté de ses multiples tâches et responsabilités aux Munitions, Churchill garde en permanence un œil attentif et perçant sur la conduite de la guerre. Sous des motivations diverses il passe environ le cinquième de son temps en France, soit à Paris (où il est en contact régulier avec le ministre de l'Armement, Louis Loucheur), soit dans les états-majors, ou bien encore sur le front. Il a même fait affecter à son usage un château près d'Étaples. Ces fréquents voyages lui ont permis d'assister à plusieurs des moments décisifs des opérations. Ainsi, il est présent lors de la dramatique offensive allemande du 21 mars 1918, quand, sous un ouragan de fer

---

1. Cf. Paul Addison, *Churchill on the Home Front, op. cit.*, p. 193.

et de feu, le front britannique est crevé et qu'une brèche s'ouvre avec l'armée française. Il voit alors Foch et est chargé de rencontrer Clemenceau. Tous deux s'empressent d'aller inspecter les défenses alliées en première ligne, car sur le tigre comme sur le bouledogue le front agit à la manière d'un aimant[1].

Winston est encore sur place en avril au moment du coup de boutoir en Flandre, marqué par une avance de l'adversaire sur un large secteur – qui comprend les tranchées de Ploegsteert où il avait combattu. Le 8 août 1918, jour de deuil de l'armée allemande selon Ludendorff, Churchill a la satisfaction d'assister à une grande attaque victorieuse de tanks qui enfoncent le front ennemi (la première démonstration probante des nouveaux engins avait eu lieu près de Cambrai en novembre 1917).

La victoire tant attendue est maintenant en vue. Dans *The World Crisis*, Churchill a raconté comment, au moment de la signature de l'armistice, de la fenêtre de son ministère donnant sur Trafalgar Square, il a écouté avec une émotion grave, bien différente de celle de 1914, Big Ben sonner la 11e heure du 11e jour du 11e mois de 1918 – un carillon aussitôt relayé par les cloches de toutes les églises de Londres.

MINISTRE DE LA GUERRE ET MINISTRE DES COLONIES :
1919-1922

Maintenant que les armes se sont tues et que la paix est en vue, dans l'opinion beaucoup s'imaginent que l'on va revenir à la vie normale (« *back to normalcy* »),

---

1. Churchill a donné de cet épisode un récit animé, sinon rigoureux, dans un chapitre de *Thoughts and Adventures* intitulé « A Day with Clemenceau ».

comme avant la guerre (« *back to 1914* »). Churchill, quant à lui, ne partage point ces illusions, même s'il se sent en harmonie avec Lloyd George lorsque celui-ci a promis aux combattants à leur retour « des foyers dignes de leur héroïsme ».

Dans l'immédiat, toutefois, l'urgence est de procéder à des élections, puisque les dernières remontent à 1910. Pour cela, il faut trancher au plus vite un problème clef : celui du maintien ou non de l'alliance au pouvoir, puisque c'est ce qui commande tout le positionnement des partis. En effet, depuis 1915, au nom des impératifs patriotiques, le Royaume-Uni est dirigé, sous la houlette d'un Premier ministre libéral – Asquith, puis Lloyd George –, par une coalition des libéraux et des conservateurs, auxquels se sont agrégés des travaillistes partisans de l'union sacrée. D'où la question : cette alliance, dont la guerre était la raison d'être, doit-elle et va-t-elle survivre en temps de paix ?

Or deux données viennent accroître les incertitudes politiques. La première est l'éclatement du vieux Parti libéral, dorénavant déchiré entre deux frères ennemis : d'un côté, la majorité des libéraux, qui soutiennent Lloyd George et adhèrent à la coalition – et dont Churchill est l'un des chefs de file ; de l'autre, les partisans d'Asquith, dont la rupture a été consommée par un vote hostile aux Communes en mars 1918. Seconde donnée : le triplement en nombre de l'électorat, à la suite du Representation of the People Act de 1918 qui a accordé le droit de vote à tous les hommes de plus de vingt et un ans et aux femmes à partir de trente ans.

Finalement, l'alliance du temps de guerre est maintenue, sous la bannière de Lloyd George, ce qui remplit d'aise Churchill qui avait toujours rêvé d'une coalition de type centriste en temps de paix. Les législatives qui se déroulent le 14 décembre 1918 sont donc, sur le territoire de la Grande-Bretagne, des législatives triangulaires.

Dans un premier camp on trouve la coalition, qui est très largement victorieuse puisqu'elle obtient les deux tiers des sièges – les conservateurs remportant eux-mêmes la part du lion. Dans le deuxième camp, les libéraux d'Asquith essuient une sévère défaite. Quant au troisième camp, celui du Labour, il fait un score honorable avec 22 % des voix. À Dundee, Churchill, arrivé largement en tête, a connu une réélection brillante.

Sur le plan extérieur, au cours de la campagne électorale, Winston s'est gardé de tomber dans le nationalisme germanophobe du jour. Au lieu de réclamer la mise en jugement de Guillaume II (« Hang the Kaiser ») et de préconiser une politique de vengeance envers l'Allemagne (« Presser l'orange jusqu'à ce que les pépins en jaillissent », selon la formule de Lloyd George), il songe au contraire à la réconciliation maintenant que la victoire est acquise – une attitude mêlant générosité et calcul politique, que l'on retrouve tout au long de sa carrière. Car s'il déteste la caste militaire prussienne, il souhaite, comme il le déclarera peu après, « que les Allemands soient traités humainement, nourris correctement et que leurs usines repartent[1] ».

Sur le plan intérieur, Churchill plaide pour une politique sociale hardie : occasion pour lui de ranimer quelques braises de son radicalisme d'antan tout en chassant sur les terres du Labour. Ce qui l'amène à reprendre de vieux refrains en faveur des réformes et du bien-être. Il faut, explique-t-il à Lloyd George, « réunir toutes les forces éclairées du pays et les conduire sur les voies de la science et de l'organisation au secours des pauvres et des malheureux » : telle est la tâche du « gouvernement de la victoire », tel est aussi le moyen d'assurer « la prospérité et la stabilité de l'Empire[2] ».

1. War Cabinet Minutes, 28 février 1919 : CV IV, 1, p. 557.
2. MG IV, *1917-1922*, p. 178, lettre de W. Churchill à D. Lloyd George, 26 décembre 1918.

Mais le portefeuille que lui propose Lloyd George dans le nouveau gouvernement de coalition en cours de constitution, le War Office – l'un des grands postes du cabinet –, ne l'oriente guère vers la politique intérieure. Pendant plus de deux ans, Churchill va cumuler le ministère de la Guerre et le ministère de l'Air, qui lui a été offert en supplément : double fonction qu'il occupe du 10 janvier 1919 au 13 février 1921. À cette date il passe au Colonial Office, tout en gardant l'Air pendant encore deux mois. Du 1er avril 1921 au 19 octobre 1922, il est uniquement ministre des Colonies. Ainsi, après le travail accompli avec succès à l'Armement en 1917-1918, Churchill, revenu en grâce, réoccupe une place de premier plan sur la scène politique. Une place où il va donner pendant quatre ans sa pleine mesure, mais sans garantie pour l'avenir, comme les événements le prouveront.

Une première échéance, qu'il lui faut traiter en urgence, attend le nouveau ministre : la démobilisation. En effet, dès le lendemain de l'armistice, les signes d'impatience se sont multipliés parmi les soldats, qui ne revendiquent qu'une chose : le retour immédiat à la vie civile maintenant que l'on ne se bat plus. Or les plans compliqués et d'exécution lente préparés par le War Office pendant la guerre ont complètement méconnu cette donnée. D'où un vif mécontentement, qui de surcroît risque de se combiner avec l'agitation sociale en train d'exploser dans tout le pays.

Devant cette situation critique qui s'aggrave de jour en jour, force est de réagir avec célérité. Il apparaît indispensable de désamorcer le mouvement avant que ne s'étendent les mutineries. Celles qui ont éclaté – 5 000 militaires à Calais, 3 000 à Londres, d'autres ailleurs – ont déjà semé l'alarme au gouvernement et dans la hiérarchie de l'armée. Habilement, Churchill annonce des mesures propres à la fois à donner satisfaction aux mécontents et à hâter leur retour dans leur foyer, tout en tenant compte de la nécessité de garder sous l'uniforme des effectifs suffisants pour assurer les besoins d'occupation et de maintien de l'ordre dans les zones d'instabilité, qu'il s'agisse du continent européen, du Moyen-Orient ou de l'Irlande. C'est ce qu'il appelle « libérer trois soldats sur quatre et payer au quatrième une solde double [1] ». Au total, 2 600 000 hommes sont rapidement démobilisés tandis que 900 000 restent sous les drapeaux. Au début de 1920 il est possible de supprimer la conscription, très impopulaire, et d'en revenir au volontariat, désormais suffisant pour assurer les besoins de l'armée. C'est là un succès indéniable à l'actif du ministre de la Guerre.

Cependant, à la tête du War Office, Churchill va se trouver accaparé par deux problèmes majeurs auxquels il consacrera le plus clair de son temps et de son énergie, le bolchevisme en Russie et les « troubles » en Irlande, ce qui lui a fait négliger d'autres tâches. Premier secteur à souffrir : la réorganisation de la défense au lendemain de la victoire. L'occasion est perdue d'opérer une modernisation de l'armée à la lumière des enseignements de la guerre et en fonction des nouvelles technologies. Ensuite et surtout, l'aviation a été indiscutablement le parent pauvre de la gestion de Churchill en dépit de l'intérêt qu'il lui avait toujours manifesté.

Certes, le ministre de l'Air, gagné aux arguments du général – futur maréchal – Trenchard, le père de la RAF, a réussi à garantir à l'aviation un statut de service indépendant, placé sur un pied d'égalité avec l'armée et la marine. Certes, il s'est fait l'avocat déterminé de l'avion pour assurer la sécurité dans les vastes territoires de l'Empire, notamment au Moyen-Orient. Mais c'est aussi lui qui est à l'origine de la fameuse « règle des dix ans ».

---

1. Discours à la Chambre des communes, *House of Commons Debates*, vol. CXIII, 3 mars 1919, col. 72.

Cette *Ten Years'Rule,* édictée (sur proposition de Churchill) par le gouvernement de coalition en août 1919 pour le calcul des budgets militaires à venir, s'appuie sur une vision prospective : l'hypothèse (ou la thèse) selon laquelle la Grande-Bretagne et l'Empire britannique ne seraient pas engagés dans une grande guerre au cours des dix années à venir, en conséquence de quoi il n'y avait pas lieu de prévoir de corps expéditionnaire d'envergure. Les budgets futurs devaient donc être modulés et adaptés en fonction de cet impératif.

D'où des années de vaches maigres pour les trois armes, marquées par des réductions drastiques des dépenses. À la fin de 1920 l'armée se trouve ramenée d'un effectif de plus de 3 millions au lendemain de l'armistice à 370 000 hommes. La RAF, au lieu des 150 groupes (*squadrons*) espérés, n'en compte que 24, dont deux pour la défense de la Grande-Bretagne, tandis que la budget de l'aviation du Moyen Orient chute de 45 millions à 11 millions de livres.

*
* *

Durant l'année 1919 et au début de 1920, c'est avant tout la situation en Russie bolchevique qui occupe Churchill – celui-ci, notons-le au passage, ne joue aucun rôle dans les négociations de paix de Paris : la réorganisation de la carte de l'Europe s'opère sans lui. La position du fougueux ministre de la Guerre est simple : à partir d'un tableau apocalyptique des horreurs perpétrées par les bolcheviks et par leur régime, il plaide sans discontinuer, ce qui entraîne de violents désaccords avec Lloyd George, pour une intervention militaire d'envergure. Dans cette perspective, il adopte deux lignes successives.

En premier lieu, comme depuis la fin de 1917 des troupes alliées ont été envoyées en nombre en Russie

pour empêcher les Allemands de profiter de l'effondrement des armées tsaristes (quelque 30 000 Britanniques
sont stationnés au nord, dans la région de Mourmansk et
d'Arkhangelsk, mais il y en a d'autres à Vladivostok),
l'idée de Churchill est de les utiliser pour une intervention musclée, en liaison avec les armées russes
contre-révolutionnaires en pleine action, en vue de renverser la dictature de Moscou. Mais dans sa campagne
passionnée Winston se retrouve isolé au sein du gouvernement, où l'on n'a pas de peine à lui faire valoir
qu'après quatre années d'un conflit terrible l'idée d'une
nouvelle guerre n'aurait aucun soutien dans l'opinion.

Aussi, dans un second temps, concentre-t-il ses efforts
dans une autre direction. Puisque les Anglais ne veulent
pas se battre pour écraser l'hydre bolchevique, c'est aux
armées blanches de le faire : il faut donc les soutenir à
fond. D'où la nécessité de leur apporter une aide considérable, en armes, en argent et en matériel, dans la
guerre civile qui fait rage, en particulier en assistant le
général Denikine au sud et l'amiral Koltchak à l'est, et
en les faisant épauler par des combattants britanniques
volontaires. Mais là encore ni le Premier ministre ni les
autres membres du gouvernement ne le suivent. Winston
a beau fulminer contre la mollesse de ses collègues, il ne
mesure absolument pas la lassitude de ses compatriotes
après le gigantesque effort de la Grande Guerre. Si bien
que le mot d'ordre du jour « *Kill the Bolshie, kiss the
Hun* » (« Tuer les bolchos, embrasser les Boches ») ne
trouve guère d'écho.

D'autant que dans les milieux du Labour la révolution
russe a suscité un large mouvement de sympathie,
comme en témoigne l'audience du Hands off Russia
Committee (« Bas les pattes en Russie »). À gauche on
est fasciné par la lueur qui s'est levée à l'Est – l'utopie
en train de devenir réalité (H.G.Wells en tire une satire
en 1923 : *Men like Gods*). La presse travailliste, *Daily
Herald* en tête, n'arrête pas de canonner Churchill, repré-

senté comme l'allié et l'incarnation par excellence du capitalisme, du militarisme et de l'impérialisme. Au total, ses prises de position belliqueuses alliées à son anticommunisme virulent – venant après les conflits sociaux de 1910-1911 et en attendant la grève générale de 1926 – l'ont coupé du *labour movement* et des trade-unions, ce qui va lui donner pour des années une image d'adversaire de la classe ouvrière.

Quoi qu'il en soit, la guerre civile au milieu de 1920 touche à sa fin. L'Armée rouge l'emporte. Mais, avec un panache à la Don Quichotte, Churchill, indigné par le lâchage par ses compatriotes de leurs alliés blancs, dédie à ces derniers le cinquième volume de *The World Crisis* : « À nos fidèles alliés et camarades des armées impériales de Russie ».

Pendant plus de deux ans, l'adversaire implacable du bolchevisme qu'était Churchill a utilisé toutes les ressources de sa rhétorique pour en dénoncer les méfaits, notamment le désastre humain qui en découlait, en un langage d'une violence inouïe, employant les métaphores les plus extrêmes, du cancer à la vermine, pour mieux diaboliser le système des Soviets. La réalité, s'indigne-t-il, c'est que sous la main de fer de ces « ennemis du genre humain » qui gouvernent « à coups de massacres et d'assassinats de masse » – alors qu'ils « ne représentent qu'une minorité de la population » –, « la Russie est en passe d'être ramenée à un état de barbarie animale ». Là-bas, « la civilisation est en train de disparaître sur d'immenses territoires, tandis que les bolcheviks sautent et gambadent comme d'affreux babouins au milieu de villes en ruines et de monceaux de cadavres [1] ».

---

1. Lettre de Philip Kerr à Lloyd George, 15 février 1919, après une conversation avec Churchill ; cabinet de guerre, 31 décembre 1918 ; discours de W. Churchill à Dundee, 26 novembre 1918 : cf. MG IV, *1917-1922*, pp. 246, 229 et 227.

Et de traiter Lénine de « monstre rampant sur une pyramide de crânes ». En fin de compte, le nihilisme communiste fait que « les bolcheviks détruisent tout partout où ils sont [...] comme des vampires qui sucent le sang de leurs victimes [1] ».

Le drame de la Russie, en proie au malheur et à la misère à cause de « la folie et de la perversité » de ses nouveaux maîtres, c'est qu'il n'y a aucun espoir pour elle tant que ce « vil groupe de fanatiques cosmopolites » continuera de « tenir aux cheveux le peuple russe et de le tyranniser ». Bref, le verdict tombe sans appel : « De toutes les tyrannies de l'histoire, la tyrannie bolchevique est la pire, la plus dévastatrice, la plus avilissante [2]. »

Reste à comprendre les raisons d'un tel acharnement, qui par moments tourne chez Churchill à l'obsession. Bien pauvre apparaît à cet égard l'explication avancée par Lloyd George, en conflit permanent avec son ministre de la Guerre à propos de l'attitude à tenir vis-à-vis de la Russie. Selon lui, le descendant des ducs de Marlborough aurait été si horrifié par les assassinats des grands-ducs russes que son aversion pour le bolchevisme refléterait une défense de classe. Même si celle-ci n'est point absente, pas plus qu'une pincée d'attachement romantique à la « sainte Russie », ce n'est pas là qu'il convient de chercher les motivations profondes d'un déchaînement aussi passionnel. Pour sa part, Churchill s'est toujours défendu d'avoir adopté en ce domaine une ligne « réactionnaire ».

À notre sens, la clef est en réalité à chercher dans une autre direction. Elle est d'ordre idéologique. Elle découle

---

1. Discours de W. Churchill à la Chambre des communes, *House of Commons Debates*, vol. CIV, 26 mars 1919, col. 372.
2. Discours à l'Oxford Union, 18 novembre 1920 ; discours à l'Aldwych Club, 11 avril 1919 : MG IV, *1917-1922,* pp. 440 et 278.

de la perception propre qu'avait Churchill de la nature du communisme, de sa philosophie politique, de son caractère universel, en quelque sorte « exportable » sur la planète entière. Dans l'âme de Churchill, l'enjeu est clair : c'est la liberté, c'est la démocratie, c'est l'État de droit, c'est l'Empire britannique, autrement dit toutes les valeurs auxquelles il croit et se sent passionnément attaché, mais dont il comprend à quel point elles sont menacées d'anéantissement par la subversion internationale communiste. Il s'agit d'une lutte à mort entre deux systèmes de civilisation et deux conceptions de l'homme. Voilà pourquoi le ministre s'est lancé avec toute la *furia churchilliana* dont il était capable dans sa croisade antibolchevique. Le but, pour lui, c'était d'écraser le monstre, à la différence de ses collègues du gouvernement pour qui il suffisait d'empêcher le communisme de s'implanter en Grande-Bretagne.

Au demeurant, Churchill s'est expliqué sans ambages sur le caractère idéologique de son combat contre les bolcheviks : « Leur guerre, a-t-il écrit, est une guerre sans fin contre la civilisation. Leur objectif, c'est de renverser et de détruire toutes les institutions, tous les gouvernements, tous les États qui existent dans l'univers. Leur but, c'est une ligue internationale, mais une ligue des paumés, des criminels, des incapables, des révoltés, des malades, des débiles et des imbéciles à travers le monde. » Dans cette guerre, comme Lénine l'a dit avec raison, il ne peut y avoir ni trêve ni accommodement[1]. En effet, ce qui est en débat – et Churchill fait preuve ici d'une belle intuition quant aux enjeux du xxe siècle –, ce n'est rien de moins que l'avenir des sociétés européennes. D'où les tonalités prophétiques de ses avertissements : « Les théories de Lénine et de Trotski [...] ont dissous l'échange entre l'homme et l'homme, entre l'ou-

1. *Weekly Dispatch*, 22 juin 1919.

vrier et le paysan, entre la ville et la campagne. [...] Elles ont dressé classe contre classe et peuple contre peuple en une guerre fratricide. [...] Elles ont ramené l'homme civilisé du XXe siècle à des formes de barbarie pires qu'à l'âge de pierre. [...] Et voilà le progrès ! voilà la liberté ! voilà l'utopie ! Quelle monstrueuse absurdité et quelle perversion de la vérité que cette façon de présenter les théories communistes [1]... »

On comprend aisément comment, de 1941 à 1945, la propagande hitlérienne a pu s'emparer d'un pareil florilège de citations (alors mises prudemment en sourdine à Londres) afin de l'exploiter au maximum au profit de la croisade antibolchevique du IIIe Reich. Mais aujourd'hui, rétrospectivement, comment ne pas reconnaître à Churchill, dans son analyse des fondements de la philosophie politique bolchevique, une lucidité qui n'était guère répandue à l'époque, même s'il est vrai que c'est à contretemps qu'il a alors tenté de faire passer son message ? Du reste, on n'est pas moins frappé par la logique de sa pensée et de sa ligne politique lorsque l'on constate que, à peine la guerre finie, le vieux lion a aussitôt embouché la trompette du héraut du « monde libre » dans la guerre froide naissante. Non sans triompher, il est vrai modestement, avec le recul du temps. Ainsi, en 1949, il déclare : « Étrangler le bolchevisme à sa naissance eût été pour le genre humain une incommensurable bénédiction [2]. » C'est pourquoi, plutôt que de retour aux sources – par-delà une phase momentanée de rapprochement et d'alliance avec l'URSS devant la menace de l'Allemagne nazie entre 1938 et 1945 –, mieux vaut sans

---

1. Discours de W. Churchill à Sunderland, 2 janvier 1920 : cf. MG IV, *1917-1922*, p. 365.
2. Discours du 27 janvier 1949 : cf. R.R. James, éd., *The Complete Speeches of Winston Churchill, op. cit.*, t. VII, p. 7774.

doute parler chez Churchill de continuité politique et de permanence éthique.

*

*   *

Autre terrain d'action où le ministre de la Guerre a tenu l'un des premiers rôles : l'Irlande. Là, à la suite des élections de 1918 où le Sinn Fein a obtenu la majorité, institué un Parlement, le Dail, et proclamé la république (dont De Valera a été élu président), la violence n'a pas tardé à éclater. L'IRA, l'Armée républicaine irlandaise, constituée en janvier 1919 et héritière des Fenians, s'est lancée, sous le commandement de Michael Collins, un nationaliste farouche et un cerveau militaire de première grandeur, dans une guérilla contre le pouvoir et les forces britanniques. Dès le début de 1920, l'ère des « troubles » a commencé.

Churchill, excédé par ce qu'il nomme « les haines moyenâgeuses et les passions barbares » de « l'île des saints », a beau être convaincu qu'il faut trouver une solution de compromis à la question irlandaise, son premier mouvement, comme toujours, est d'employer la manière forte. Aussi encourage-t-il la formation d'une milice, mi-police mi-armée, les Black and Tans, qui se mettent avec une extrême dureté à répondre à la terreur par la contre-terreur. À côté, une autre force britannique, les *Auxis* ou « Auxiliaires », se livrent à une répression encore plus brutale. Du coup, se succèdent impitoyablement embuscades, représailles, coups de main et assassinats. Loin de voir l'ordre restauré, l'Irlande est à feu et à sang. Le cycle de la violence paraît sans issue. Au point que Clementine Churchill supplie son mari au nom de l'humanité et du bon sens : « Use de ton influence, mon chéri, lui écrit-elle, pour introduire un peu de modération et de justice en Irlande. [...] Je me sens toujours malheureuse et déçue quand je te vois porté à croire que la méthode brutale du poing de fer, la méthode "boche", va réussir [1]. »

Finalement, Lloyd George se rend compte qu'il ne peut y avoir de solution que politique, en combinant l'indépendance et la partition, ce sur quoi il est immédiatement soutenu par Churchill. Maintenant que Londres a renversé sa position, le gouvernement décide en mai-juin 1921 d'ouvrir des négociations avec les nationalistes et propose une trêve, signée en juillet. Dans les pourparlers, qui se déroulent à Downing Street en octobre et qui aboutissent au traité du 6 décembre 1921, Churchill occupe une place de premier plan, établissant une bonne relation avec Collins et faisant prévaloir une ligne intelligente et à long terme.

Désormais l'Irlande est divisée en deux : d'un côté, la majorité du pays, avec les vingt-six comtés qui forment l'État libre d'Irlande ; de l'autre, les six comtés de l'Ulster, demeurés partie intégrante du Royaume-Uni. Mais comme le nouvel État libre a le statut de dominion, Churchill, en tant que ministre des Colonies, est chargé du transfert des pouvoirs. C'est le moment où entre nationalistes irlandais éclate une guerre civile qui va sévir jusqu'en 1923 et au cours de laquelle Collins est tué dans une embuscade, non sans avoir chargé un messager quelques jours auparavant de rendre un ultime hommage à Churchill : « Dites à Winston que sans lui on n'y serait jamais arrivé [2]. »

*
* *

1. MG IV, *1917-1922*, p. 471, lettre de Clementine Churchill à Winston Churchill, 18 février 1921.
2. Cité par Evelyn Wrench, « Churchill and the Empire », in Charles Eade, éd., *Churchill by his Contemporaries*, Londres, Hutchinson, 1953, p. 291.

Pendant les vingt mois où Churchill a détenu le porte-feuille des Colonies – c'est l'époque où l'Empire atteint le maximum de son étendue –, son principal champ d'activité a été le Moyen-Orient, en dépit de son peu de compétence sur le sujet. Tout de suite il fait créer un département spécial, le Middle East Department, au sein du Colonial Office. Pour lui comme pour la Grande-Bretagne, le principal problème, à la suite de l'éclate-ment de l'Empire ottoman et de l'attribution de mandats de la Société des Nations aux deux pays colonisateurs victorieux, est d'organiser dans cette zone clef du globe une sphère d'influence où la puissance britannique serait prépondérante, en s'appuyant sur deux pôles, la Palestine et la Mésopotamie, et en balayant le plus possible les ambitions françaises. Ainsi le vaste espace géopolitique s'étendant de Gibraltar au golfe Persique en passant par Malte, l'Égypte et le canal resterait-il étroitement contrôlé par Londres avec l'appui de la Royal Navy et de la Royal Air Force.

Dans cette perspective, Churchill convoque en mars 1921 une conférence au Caire avec les responsables bri-tanniques de la région (tout en trouvant le temps de peindre les Pyramides, puis de se rendre à Jérusalem). Pour les affaires arabes, il a fait appel comme conseiller au colonel Lawrence. Grâce à l'audience de celui-ci auprès de la dynastie hachémite, la Mésopotamie (appe-lée dorénavant l'Irak), qu'un soulèvement, vite réprimé, avait embrasée en 1920, accueille comme roi l'émir Fay-çal – qui fait figure de pantin des Anglais –, tandis que son frère, l'émir Abdallah, est placé sur le trône de Transjordanie.

En Palestine, en revanche, Churchill se trouve sur un sol beaucoup moins assuré. Sa conception personnelle est celle d'un « double devoir » envers les Arabes et envers les Juifs, de façon à concilier, sinon à réconcilier, les deux peuples. D'un côté, il réaffirme officiellement l'adhésion de Londres à la déclaration Balfour de 1917, c'est-à-dire à la promesse de créer un foyer national juif en Palestine, ce qui, en confirmant les droits des immigrants juifs dans le pays, provoque la fureur des Arabes. Mais, d'un autre côté, il déçoit profondément les sionistes en reconnaissant les droits des Arabes palestiniens sur leur propre terre. Il est vrai qu'ici le *Colonial Secretary* se trouvait affronté à la quadrature du cercle.

Enfin, dans le secteur de la mer Égée, Winston, en complet désaccord avec la politique obstinément pro-grecque de Lloyd George, et qui du reste déteste les Grecs, voit dans la Turquie d'Atatürk un pôle d'équilibre en Méditerranée orientale en même temps qu'un rempart face à l'Union soviétique et à la menace bolchevique.

Quant à l'Afrique, dont la séduction n'a cessé d'opérer sur lui, Churchill oppose la richesse potentielle du continent, dont les populations se comportent sagement, aux espaces désertiques et troublés du Moyen-Orient. À vrai dire il n'a guère de sympathie pour les Arabes. « En Afrique, déclare-t-il, la population est docile et le pays rapporte ; en Mésopotamie et au Moyen-Orient, le pays est aride et la population violente. Avec un peu d'argent on va loin en Afrique, avec beaucoup d'argent on n'arrive qu'à peu de chose en Arabie. » En même temps ses préjugés bien ancrés de couleur et de race lui font prôner la ségrégation dans un pays comme le Kenya, où doivent vivre séparés Blancs (à qui reviennent les bonnes terres), Indiens et Noirs, car « les principes démocratiques de l'Europe ne sont pas adaptés au développement des peuples d'Asie et d'Afrique [1] ».

1. Discours devant la British Cotton Growing Association, Manchester, 7 juin 1921 : cité par Ronald Hyam, « Churchill and the British Empire », in Robert Blake and W. Roger Louis, éd., *Churchill*, Oxford, Oxford University Press, 1993, p. 174 ; discours du 27 janvier 1922 : cité par H. Pelling, *Churchill...*, *op. cit.*, p. 267.

*
* *

Soudain, à l'automne 1922, une secousse tellurique que personne n'avait prévue ébranle le monde politique britannique, provoquant la chute de Lloyd George et de la coalition et chassant Churchill du pouvoir. À l'épicentre se combinent deux événements : l'un de politique extérieure, la crise diplomatique brève mais violente de Chanak ; l'autre de politique intérieure, sous les espèces d'une révolte des députés conservateurs.

En effet, la coalition placée à la tête de la Grande-Bretagne et dirigée par Lloyd George depuis les élections de 1918, après avoir bien commencé, avait très vite perdu de sa dynamique et de sa popularité. Elle s'était même enfoncée dans les marécages politiciens auxquels se complaisait de plus en plus un Premier ministre à qui on reprochait, preuves à l'appui, son machiavélisme tortueux à la petite semaine. Néanmoins, Churchill, tout en étant conscient de cet état de choses, et en dépit de ses fréquentes querelles avec Lloyd George, était resté par principe un ardent supporter de la coalition au pouvoir. Mais le résultat était là : celle-ci était profondément discréditée et usée, en sorte que la crise qui éclate en octobre 1922 va servir de catalyseur à toutes les oppositions coalisées contre un Lloyd George devenu insupportable à force de coups tordus.

La crise diplomatique, quant à elle, est provoquée par une nouvelle flambée du conflit endémique qui oppose en Méditerranée orientale la Grèce et la Turquie. Brusquement, le gouvernement turc de Mustafa Kemal Atatürk, exaspéré par les prétentions des Grecs en Asie Mineure, constamment et aveuglément soutenues par Lloyd George, envoie son armée mettre en pièces les troupes grecques et marcher vers la zone des Détroits tenue par les forces britanniques, en particulier la ville de

Chanak, dans les Dardanelles, dans l'attente d'un règlement de paix. La tension est telle que l'on paraît au bord de la guerre. De là de cinglantes critiques contre la manière dont le Premier ministre à Londres a géré la crise, même si celle-ci s'apaise aussi vite qu'elle a commencé.

Là-dessus, au sein du Parti conservateur se produit une révolte de la base et de quelques figures de second rang comme Baldwin contre l'establishment tory, si bien que Lloyd George perd la majorité de ses *backbenchers*. Il ne lui reste donc qu'à remettre au roi la démission de son gouvernement le soir même de cette journée de crise politique, le 19 octobre 1922, et à convoquer les électeurs pour des législatives impromptues..

Churchill, pour sa part, n'a pu jouer aucun rôle dans ces événements tumultueux, car, frappé d'une crise d'appendicite le 17 octobre, il a dû être opéré d'urgence. Comme à cette époque la convalescence était fort longue, il ne sort de clinique que le 1er novembre et ne peut entamer sa campagne électorale dans sa circonscription, à Dundee, que le 11 novembre, quatre jours avant le scrutin. Dans l'intervalle, pour pallier l'absence du candidat, Clemmie s'est dévouée et est allée faire campagne, assistée du général Spears, lui-même candidat dans une autre circonscription. Dans une ambiance d'hostilité, souvent agressive, où Churchill est dépeint comme un fauteur de guerre, un instable et un irresponsable, elle tente bravement de porter les couleurs de son époux, sans craindre d'affronter des meetings houleux.

Winston, encore très affaibli, a beau mobiliser toute son énergie dès son arrivée sur place, rien n'y fait. Tous les efforts sont vains. Le courant adverse est trop fort. Le jour du vote, Churchill, largement distancé, enregistre une défaite cuisante. Mais tandis que son ami T.E. Lawrence lui exprime sa déception en pestant contre les électeurs de Dundee, « ces salauds et ces merdeux » qui

186

ont blackboulé leur député, lui-même fait preuve d'une grande magnanimité : « Si vous saviez, écrit-il à un de ses anciens collègues du gouvernement, dans quelles conditions vivent les habitants de cette ville, vous admettriez qu'ils ont bien des excuses[1]. » Et peu après il résume avec humour la situation : «En un clin d'œil je me suis retrouvé sans ministère, sans siège de député, sans parti et sans appendice[2]. »

Aussi décide-t-il de prendre du champ. Après avoir fêté le 30 novembre son quarante-huitième anniversaire, il part pour six mois dans le midi de la France, décidé à consacrer son temps à peindre et à écrire, dans le beau cadre de la villa *Rêve d'or,* aux environs de Cannes.

1. MG IV, *1917-1922,* p. 890, lettre du colonel Lawrence à W. Churchill, 22 novembre 1922 ; lettre de W. Churchill à H.A.L. Fisher, 22 novembre 1922.
2. La formule, qui a fait florès, se trouve dans *Thoughts and Adventures*, « Election Memories », p. 213.

CHAPITRE IV

Un parcours erratique
1922-1939

LA SOLITUDE D'UN ACTEUR SANS RÔLE : 1922-1924

Winston a durement ressenti le désastre qui à l'automne 1922 s'est abattu sur lui. En l'espace de quelques jours, le voici seul, écarté de la scène publique, sans base ni soutien politique, hors de la Chambre des communes pour la première fois depuis vingt-deux ans, tandis que conservateurs, travaillistes et libéraux pro-Asquith se félicitent ouvertement de sa chute. Plusieurs témoins décrivent alors un Churchill sombre et abattu devant la ruine de ses calculs et de ses espérances, persuadé lui aussi que « sa carrière est terminée [1] ». Petite consolation : avant de quitter le pouvoir, Lloyd George lui a fait accorder par le roi le titre de *Companion of Honour*. Par ailleurs, il n'est pas complètement oublié, puisque le premier volume de *The World Crisis* paraît en avril 1923 et le deuxième en octobre, suscitant à profusion autour de l'auteur louanges et polémiques. Néanmoins, les mois qu'il passe sur la Côte d'Azur sont les six mois les plus silencieux de son existence.

---

1. Témoignage de Geoffrey Shakespeare, secrétaire de Lloyd George : MG IV, *1917-1922*, p. 892.

En réalité, le plus inquiétant dans sa position, ce n'est pas tant sa mise à l'écart, car celle-ci fait partie des aléas de la vie politique et elle peut n'être que passagère (comme le prouvera d'ailleurs son retour dans l'arène dès l'automne 1923), c'est avant tout son incapacité à susciter la confiance et à entraîner l'adhésion. Certes, tout le monde reconnaît son talent, son courage, sa probité, ses capacités de ministre, ses dons d'orateur et d'écrivain. Mais, d'abord, Winston exaspère par un besoin perpétuel de se mettre en avant et de capter l'attention du public, et surtout il n'arrive pas à se débarrasser de son image d'être irresponsable, sans jugement, excessif en tout. On ne sait jamais où la brillante et stridulante cigale va se poser. Bref, son pouvoir de répulsion est à la mesure de son pouvoir de séduction. De là un handicap apparemment insurmontable. Au fond, dans l'univers politique britannique – où le pragmatisme et le sens du compromis sont les deux règles cardinales et où à cette date l'on escompte que la paix revenue va apporter l'accalmie –, le banc des ministres à Westminster a-t-il besoin d'un boutefeu toujours prêt à sonner la charge?

Malgré tout, dans son infortune, Churchill a bénéficié durant cette période de trois coups de chance. Sa première chance, c'est que son isolement personnel a coïncidé avec une phase de confusion et de dérèglement dans la vie politique de l'Angleterre. Tandis que le bipartisme traditionnel est en lambeaux et que des factions rivales se déchirent à l'intérieur du monde conservateur et du monde libéral, le Labour continue sa progression, mais sans obtenir de majorité et sans programme fiable. Signe de l'instabilité et de l'impuissance du système, ainsi que du désarroi des citoyens : en trois ans, de novembre 1922 à octobre 1924, trois élections législatives se succèdent. Après deux Premiers ministres conservateurs d'octobre 1922 à janvier 1924 – Bonar Law, puis Baldwin –, un gouvernement travailliste minoritaire, formé sous la conduite de Ramsay MacDonald, dirige le pays du 22 janvier au 3 novembre 1924. À cette date le retour d'une majorité conservatrice homogène à la Chambre ramène, avec le bipartisme, un fonctionnement régulier des institutions. Dès lors, Churchill – revenu dans l'intervalle au bercail tory – a l'avantage de se retrouver sur un socle politique ferme après avoir échappé aux manœuvres de partis, aux intrigues de personnes et autres jeux politiques malsains des années 1922-1924.

Deuxième chance : à l'automne 1923, devant le marasme de l'économie, le Premier ministre Baldwin décide de procéder à des élections, avec pour thème central la question du retour au protectionnisme. Ce qui a aussitôt pour effet de propulser Churchill à nouveau sur la scène comme champion du libre-échange – la grande cause qu'il a toujours défendue depuis vingt ans. Invité à présenter sa candidature dans la circonscription de Leicester Ouest sous la bannière *Liberal and Free Trader* (les libéraux d'Asquith et de Lloyd George se sont réconciliés et réunifiés), il se jette avec son ardeur habituelle dans la campagne électorale pour guerroyer contre la réforme douanière (*Tariff Reform*), c'est-à-dire le protectionnisme prôné par les conservateurs. Encore que son combat soit davantage dirigé contre le socialisme du Labour que contre le Parti conservateur. Churchill est battu, mais il est revenu dans le circuit politique par la grande porte et il a retrouvé la vedette, cependant que les conservateurs sont eux aussi défaits.

Le troisième coup de chance se produit en janvier 1924, lorsque le Parti libéral choisit de soutenir aux Communes le gouvernement Labour de James Ramsay MacDonald. Cette fois, c'est la rupture avec l'appareil libéral, et elle est définitive : Churchill, qui vient d'adhérer à l'Anti-Socialist League, s'élève publiquement contre cette alliance, qu'il juge contre nature – une « monstruosité » et une corruption de « l'héritage national » –, et il essaie, sans succès, d'entraîner derrière lui dans sa révolte les libéraux de droite opposés aux travaillistes.

Dès lors la voie est libre pour une lente conversion – ou reconversion – en direction du havre tory. C'est à quoi Winston consacre toute sa stratégie et toute son énergie durant l'année 1924. Ce qui l'aide considérablement, c'est le retournement opéré par Baldwin en tant que leader du Parti conservateur : en février 1924, il annonce brusquement que le parti renonce dans son programme au mot d'ordre de retour au protectionnisme. Voilà donc écarté pour Churchill un obstacle de première grandeur.

En vérité, depuis quelque temps déjà, le virage était amorcé. De discrets signaux laissaient entrevoir le possible retour du fils prodigue. Déjà, en mars 1922, Beaverbrook observait : « Tout porte Churchill vers la droite ; ses principes sont de plus en plus tories [1]. » Winston lui-même se persuade peu à peu qu'il a toujours été au fond de son cœur un conservateur et que ce sont les circonstances qui l'ont amené à servir sous le drapeau libéral. Sa vraie nature, c'est d'être un *tory democrat* [2] – comme son père. En vue d'activer la dynamique en cours, il cherche une circonscription où il pourrait se présenter à une élection partielle comme antisocialiste avec le soutien conservateur. L'occasion se présente en mars 1924 en plein cœur de Londres, dans la circonscription de Westminster Abbey. Après une campagne courte, mais colorée et qui bénéficie d'une large publicité, le candidat Churchill, qui n'a pas réussi à avoir l'appui

---

1. Lettre de lord Beaverbrook à D. Lloyd George, 13 mars 1922 : cf. Kenneth Young, *Churchill and Beaverbrook, op. cit.,* p. 60.
2. Conversation du 30 mai 1924 : cf. *The Riddell Diaries,* J.M. McEwen, Londres, Athlone Press, 1986, p. 388.

officiel des conservateurs et porte l'étiquette *Independent and Anti-Socialist*, échoue de peu – 43 voix. C'est une grosse déception, d'autant que c'est sa troisième défaite électorale consécutive et qu'il escomptait bien la victoire (son adversaire travailliste, Fenner Brockway, l'a dépeint le soir des résultats « la tête courbée, le corps à demi vacillant, à la manière d'un animal au désespoir[1] »).

Ici on doit se poser une question : dans la guerre impitoyablement menée par Churchill au Labour Party, quelle était sa vraie pensée ? Quelle était la part de la tactique et de la rhétorique ? Croyait-il à son propre discours sur le péril rouge en Grande-Bretagne, à son argumentation sur le lien unissant le danger socialiste à l'intérieur et la menace bolchevique à l'extérieur ? Ce qui est sûr, c'est que Churchill a vu dans la marche en avant du Labour un défi pour l'avenir de la nation. Mais de là à imaginer la révolution aux portes il y avait un abîme. Une large part de la posture churchillienne relevait, comme souvent, du théâtre. Avec son flair si aiguisé, comment aurait-il été dupe ? Comment aurait-il pu croire au virus révolutionnaire d'un travaillisme légaliste et réformiste jusqu'à la moelle ? Comment aurait-il pu prendre les leaders, MacDonald, Snowden, J.H.Thomas, pour de dangereux suppôts de la subversion et de la violence ?

En réalité, face aux progrès du Labour, Churchill en revient toujours à deux idées fixes. D'une part, le salut réside dans l'entente, sinon la fusion, entre conservateurs de progrès et libéraux éclairés. D'autre part, la meilleure stratégie, et même la seule, pour couper l'herbe sous le pied des travaillistes, c'est de pratiquer une politique de réformes sociales, c'est de construire des logements,

---

1. Fenner Brockway, *Inside the Left*, Londres, Allen and Unwin, 1942, p. 155.

d'améliorer l'hygiène, de développer le bien-être, sans craindre de négocier avec les chefs au solide bon sens des trade-unions.

Ainsi, le cheminement de Churchill sur la route du bercail conservateur se poursuit à petits pas. Malgré quelques réticences du côté de Clemmie (elle qui a toujours été une libérale convaincue met en garde Winston : « Ne laisse pas les tories t'avoir à vil prix. Ils t'ont si mal traité dans le passé, ils doivent maintenant payer cher[1] »). Malgré aussi les grognements fréquents du côté des conservateurs : si beaucoup d'entre eux jugent désormais Churchill acceptable grâce à son antisocialisme et à son anticommunisme, d'autres le traitent de « caméléon » carriériste et sans scrupule.

Dans l'été 1924, à la suite de tractations discrètes, la section du Parti conservateur d'Epping, une banlieue aisée de Londres, lui propose le siège de député pour les élections prochaines. Ce sera désormais sa base électorale. Finalement la mise en minorité et la démission du gouvernement MacDonald le 8 octobre 1924 précipitent les choses. L'événement advient plus vite que Churchill ne s'y attendait. Aux législatives qui s'ensuivent, le 29 octobre, le candidat « constitutionnaliste et conservateur » est élu haut la main à Epping (il a deux fois plus de voix que son adversaire libéral).

Non seulement le voici de retour à Westminster, mais dans le cabinet que forme Baldwin – celui-ci préfère l'avoir dedans plutôt que dehors – il se voit proposer, stupéfait et ravi, le poste de chancelier de l'Échiquier, la fonction même qu'avait exercée jadis lord Randolph. Nommé officiellement le 6 novembre 1924, il s'installe le jour même au 11 Downing Street.

1. MG V, *1922-1939*, p. 29, lettre de Clementine Churchill à W. Churchill, 24 février 1924.

L'Échiquier

Dans la hiérarchie politique britannique, être chancelier de l'Échiquier, c'est détenir le poste le plus élevé du cabinet, immédiatement au-dessous du Premier ministre, avec même, le cas échéant, l'éventualité d'un droit de succession. Ainsi, pour Churchill, la boucle est bouclée. En revenant à sa famille légitime, en faisant allégeance au « parti naturel de gouvernement » (entre 1918 et 1939, les conservateurs ont été dix-huit ans au pouvoir), le voici de nouveau sur la pente ascendante. D'où la question que l'on commence à se poser à Westminster à propos de sa carrière : jusqu'où ?

Pour l'heure, Winston se consacre totalement, avec toute l'énergie dont il est capable, à sa tâche de ministre des Finances – à laquelle il est mieux préparé que beaucoup ne l'ont cru ou dit. Au demeurant, alors qu'il est juste de retour au bercail tory, il est conscient que ce n'est pas le moment d'échafauder des plans hasardeux sur la comète. Bien plus : en dépit de la frontière friable séparant le *Treasury* des autres ministères, il se garde, contrairement à ses habitudes antérieures, d'empiéter sur le domaine de ses collègues et d'interférer avec leurs responsabilités.

Son ambition, c'est de faire de l'Échiquier non seulement l'instrument d'une grande politique macroéconomique susceptible de ramener la prospérité et de rendre au pays sa grandeur, mais aussi l'outil d'une politique sociale ouverte et audacieuse de réforme et de progrès. C'est ainsi qu'il cherche à abaisser le taux de l'*income tax* qui pèse sur la *middle class* productrice et laborieuse en alourdissant en échange les droits de succession, autrement dit à favoriser les revenus du travail plutôt que ceux de la propriété et de la fortune. De même, il s'efforce de faire progresser les assurances sociales, dans la ligne de son œuvre des années 1908-1910, au bénéfice des classes populaires.

Au gouvernement, les deux personnalités avec qui Winston pourrait entrer en rivalité ou en conflit, le Premier ministre, Stanley Baldwin, et Neville Chamberlain, le ministre de la Santé (ce dernier avait décliné l'Échiquier lors de la formation du cabinet), travaillent pour le moment en bonne entente avec lui. Il est vrai que Baldwin, qui domine la scène politique de 1922 à 1937, est un homme neuf et qu'il n'a pas avec Churchill le lourd contentieux des autres chefs conservateurs qui ont connu les batailles du radicalisme d'avant 1914 et de l'Irlande.

Bien que Churchill et Baldwin, tous deux anciens élèves du même collège – Harrow School –, aient été tous deux des tenants du torysme de progrès et des adeptes convaincus d'une politique *middle of the road,* il est difficile d'imaginer contraste plus complet entre deux hommes, deux leaders et deux styles politiques : l'un, patricien de grande famille, extraverti, flamboyant, volubile, voyageur infatigable, amateur de cognac et de cigares, esprit de vaste culture aux intérêts multiples, tout entier dévoré par la passion politique qui constitue le ressort même de son existence; l'autre, issu de la bourgeoisie industrielle (il vient d'une famille de maîtres de forges du Worcestershire), mais jouant volontiers au gentleman-farmer, archétype de l'Anglais moyen au solide bon sens et au goût du compromis, aimant la tranquillité de la campagne, vêtu le plus souvent de costumes de sport et la pipe éternellement à la bouche, voulant donner l'image du conciliateur-né (même quand il lui arrive d'être aussi dur et brutal que Churchill). Bref, d'un côté l'homme de la mesure – et de la moyenne –, de l'autre l'homme de la démesure – et du génie.

Quant à Neville Chamberlain, étoile montante du Parti conservateur, sa collaboration au quotidien avec le chancelier de l'Échiquier commence par être cordiale, réaliste et sans faille, marquée de part et d'autre par le même souci d'efficacité et le même esprit de coopération. Après quelques mois d'expérience, le ministre de la Santé (qui lui-même a été chancelier de l'Échiquier dans le gouvernement Baldwin en 1923) se félicite, comme il l'explique en privé au Premier ministre, du comportement de Churchill et de l'action que celui-ci mène au *Treasury* : bien à sa place, sans chercher à intriguer ni à dominer[1].

En vérité, en 1924-1925, la situation de l'économie britannique posait un problème redoutable au chancelier de l'Échiquier. En effet, à la suite de la Grande Guerre, les bases de la suprématie industrielle et commerciale du Royaume-Uni avaient été profondément déséquilibrées par trois données nouvelles, toutes trois lourdes de menaces pour l'avenir. D'abord, la crise des industries traditionnelles : les *staple industries*, celles qui avaient fait la grandeur passée de l'Angleterre, en particulier les trois « géants victoriens », charbon, textile et constructions navales. En second lieu, la concurrence de nouveaux venus tels que les États-Unis et le Japon sur les marchés extérieurs creuse le déficit de la balance commerciale sans qu'il y ait compensation comme avant la guerre par les revenus invisibles, ce qui aggrave la décrépitude des secteurs paléo-industriels, en dépit de la croissance vigoureuse d'industries nouvelles telles que la chimie, l'automobile et l'aéronautique. Enfin grandit de jour en jour le danger que les États-Unis ne détrônent la City de Londres et ne prennent sa place comme banquiers du monde.

Sur le plan social, la conséquence, c'est qu'un chômage structurel est en train de devenir un trait caractéris-

---

1. CV V, 1, pp. 533-534, lettre de Neville Chamberlain à Stanley Baldwin, 30 août 1925.

tique de la vie insulaire, avec son cortège de misère, de souffrances et de revendications (en 1922, des chômeurs en colère avaient perturbé la cérémonie anniversaire de l'armistice à Londres avec une couronne où ils avaient inscrit : « Les vivants victimes du chômage à ceux qui sont morts en vain »).

Or la doctrine en vigueur, à savoir l'orthodoxie libérale, veut que le libre jeu du marché permette à la demande d'égaler l'offre, alors qu'au contraire toute tentative des pouvoirs publics pour influencer le niveau de la demande ne peut qu'avoir des effets néfastes. Il faut donc réduire de manière drastique le montant des dépenses publiques en opérant des coupes claires dans le budget de l'État et en pratiquant une politique de déflation. Telle est bien la ligne suivie par le gouvernement conservateur et que Churchill met en œuvre avec détermination.

D'autre part, selon les économistes libéraux, il convient de revenir au plus vite à une monnaie forte et stable, attractive pour les emprunteurs. Restaurer la convertibilité-or de la livre (suspendue en 1919) et sa parité avec le dollar au taux de 1914, ce serait pour le sterling le moyen de reprendre son rôle de relais entre les monnaies nationales et l'or, et pour la place de Londres de reconquérir et de garantir son hégémonie. Ainsi, les banquiers prêteurs de capitaux retrouveraient leur instrument de travail, cependant que la position restaurée de la City comme centre du marché monétaire mondial favoriserait la prospérité du secteur de la banque, des assurances et de la navigation.

C'est pourquoi la question du retour à l'étalon-or (*Gold Exchange Standard*) et à la convertibilité de la livre domine tous les débats à Whitehall. Devant la décision historique à prendre, Churchill consulte non seulement les experts du *Treasury,* mais aussi les plus hautes autorités économiques, y compris des économistes universitaires tels que Keynes. Du côté de la Banque d'Angleterre, en particulier du gouverneur Montagu Norman, la pression est très forte en faveur du *Gold Standard*. Finalement le sort en est jeté, et, lors de la présentation de son premier budget, le 28 avril 1925, le chancelier de l'Échiquier, au terme d'un brillant discours fortement argumenté, annonce le retour à l'étalon-or et la réévaluation de la livre.

On sait combien la décision prise alors par Churchill a été sévèrement jugée. Pendant un demi-siècle, dans le climat général de keynésianisme, les critiques ont fusé, sans nombre et sans appel. D'autant que la suite des événements a paru justifier la censure impitoyable de Keynes lui-même dans son pamphlet du jour, *The Economic Consequences of Mr. Churchill*, et déconsidérer une mesure au coût social élevé [1] qui, en favorisant la hausse des taux de change, a aggravé le chômage et préféré les bénéfices de l'échange mondial au développement de l'emploi et de la production industrielle nationale. Néanmoins, on doit souligner que c'est avant tout la dépression mondiale de 1929 qui a détruit les avantages qu'une livre sterling stable pouvait laisser escompter. De plus, le retour à l'or n'a pas eu toutes les conséquences désastreuses que l'on s'est plu à énumérer depuis.

Le paradoxe, c'est que Churchill a été le premier à faire son mea culpa : ç'a été « la plus grande bévue de ma vie », a-t-il avoué à son médecin au lendemain de la guerre [2]. En revanche, ce qui est sûr, c'est qu'en écono-

1. C'est pourquoi Keynes a pu écrire : « La situation dramatique des mineurs est la première, mais non la dernière – à moins d'une chance exceptionnelle – des conséquences économiques de M. Churchill » : *The Economic Consequences of Mr. Churchill*, Londres, Hogarth Press, 1925, p. 23.

2. Lord Moran, *Winston Churchill : the Struggle for Survival 1940-1965*, *op. cit.*, p. 303 (ce passage ne figure pas dans la traduction française).

mie, comme en d'autres domaines, Winston était resté un libéral à la Gladstone, ainsi qu'il l'a reconnu quelques années plus tard : « J'ai été le dernier chancelier [de l'Échiquier] orthodoxe de l'ère victorienne [1]. » En fait, il y a là une clef d'interprétation si on veut comprendre les vraies raisons du choix effectué par Churchill en 1925 : un choix qui procède de la géopolitique autant que de la théorie économique. Car, comme l'a suggéré Peter Clarke, l'orthodoxie financière victorienne n'était pas seulement associée à la rectitude et à la vertu, elle était également brêlée à la grandeur nationale [2]. Au XIXe siècle, en effet, la prépondérance britannique à la surface du globe reposait sur l'hégémonie financière de la City au même titre que sur la Royal Navy et sur l'Empire. En somme, le combat mené en 1925 par le chancelier Churchill, loin d'avoir été le combat d'un doctrinaire, a été d'abord celui d'un croyant.

*

* *

Dans l'immédiat, en 1925-1926, l'un des premiers effets du *Gold Standard* a été, en entravant les exportations, d'aggraver la crise chronique de l'industrie charbonnière. Or, depuis plusieurs années, la confrontation entre le capital et le travail s'était symboliquement concentrée sur cette industrie clef, d'autant que le Syndicat des mineurs (Miners' Federation), conduit par un militant enflammé, Arthur Cook, haï du patronat et adoré des ouvriers, faisait figure de fer de lance du mouvement ouvrier. À ce stade, toutefois, l'attitude de Chur-

---

1. *House of Commons Debates*, vol. CCCXI, 23 avril 1936, col. 327.
2. Cf. Peter Clarke, « Churchill's Economic Ideas 1900-1930 », in Robert Blake and W. Roger Louis, éd., *Churchill, op. cit.*, p. 94.

chill est restée empreinte de modération : mon but, avait-il affirmé devant des banquiers, c'est d'« apaiser l'âpreté des rapports de classe » et de rétablir l'harmonie dans la société[1]. Aussi, pour commencer, soutient-il les efforts de compromis de la commission d'enquête sur le charbon présidée par sir Herbert Samuel.

Mais parmi les propriétaires de mines et dans les cercles conservateurs, beaucoup sont déterminés à donner une leçon aux trade-unions, voire à les briser. En conséquence, un affrontement décisif se prépare, dans lequel se mêlent la peur sociale, de violents antagonismes de classe et le légalisme inné de la société britannique (à commencer par le *labour movement*). Par moments, il est vrai, on se croirait revenu au temps des « deux nations » de Disraeli[2]. Mais on est loin d'une révolution sociale – épouvantail que brandissent sans relâche les *diehards* et autres tenants de la réaction.

C'est le 4 mai 1926 que débute la grève générale déclenchée par le TUC (Trade-Unions Congress) par solidarité avec les mineurs entrés en action le 1er mai. Tout de suite Churchill distingue deux aspects dans le mouvement. D'une part, l'aspect politique : à ses yeux la grève générale est un défi inadmissible lancé par les syndicats au gouvernement légal responsable devant la nation ; là-dessus il ne peut y avoir de compromis. D'autre part, l'aspect technique : c'est un fait qu'il existe

1. Discours à la Bankers'Association, 13 mai 1925 : MG V, *1922-1939*, p. 120.
2. Cf. Benjamin Disraeli, *Sybil* (1845) : « Il n'existe point de communauté en Angleterre, il existe un agrégat. [...] Notre reine règne sur deux nations. [...] Deux nations entre lesquelles il n'y a ni relation ni sympathie ; qui sont aussi ignorantes des coutumes, des pensées et des sentiments l'une de l'autre que si leurs habitants appartenaient à deux planètes différentes. » Ces deux nations, ce sont « les Riches et les Pauvres ». Le torysme social de Disraeli est l'une des bases du credo politique de Churchill.

un conflit social dans l'industrie houillère, conflit auquel il faut trouver une solution, si possible en suivant la voie de la conciliation.

C'est la même thèse que défend le Premier ministre, avec le même argument que le chancelier de l'Échiquier. Qui gouverne l'Angleterre ? Est-ce le Parlement élu et le gouvernement qui en émane ou bien des organisations syndicales qui ne représentent qu'elles-mêmes ? N'est-il pas contraire à la Constitution de prétendre substituer le pouvoir des trade-unions au pouvoir du suffrage universel ? Mais là où Baldwin manie avec retenue ce thème et surtout cherche habilement à diviser l'adversaire en séparant la majorité modérée du TUC – qui incline à un compromis – de la minorité intransigeante des durs, le bellicisme de Churchill, emporté par la passion de la bataille, gâche tout. À l'inverse de ses plans, il n'aboutit qu'à cimenter en un seul bloc le front des grévistes en même temps qu'il attire sur lui la colère et l'opprobre du monde du travail. D'un coup le « syndrome de Tony-pandy » revient en force, grossi d'accusations nouvelles sur sa volonté de verser le sang – une image d'ennemi du peuple qui va lui coller à la peau pour longtemps.

On a même prétendu qu'à l'intérieur du cabinet Baldwin Churchill avait animé avec deux ou trois ministres un *war party* contre le Syndicat des mineurs. Rien ne permet d'appuyer cette allégation. Au contraire, une fois la grève terminée (le TUC y met fin dès le 12 mai : c'est une véritable capitulation sans conditions, seuls les mineurs continuant de tenir pendant six mois au milieu de souffrances terribles), Winston a cherché une issue honorable pour la Miners, Federation afin que les gueules noires puissent reprendre le travail. Et à ce moment-là c'est l'intransigeance des propriétaires de mines qui a fait échouer le compromis.

Il reste que, durant la semaine d'extrême tension du 4 au 12 mai 1926, l'esprit militaire, et même militariste, de

Churchill, allié à la tentation récurrente chez lui de camper pour la postérité un rôle épique, l'a conduit à sacrifier la rationalité politique à la passion militante et à apparaître, même si c'était à tort, comme un dangereux extrémiste. « Nous sommes en guerre, déclare-t-il tout de go au secrétaire adjoint du gouvernement. Il faut aller jusqu'au bout [1]. » De surcroît, son rôle a été d'autant plus voyant que Baldwin, en vue d'éviter d'autres débordements, l'a bombardé rédacteur en chef de la *British Gazette,* journal créé pour donner, en l'absence de la presse habituelle, la version officielle du gouvernement sur les événements. Ce n'est donc qu'une feuille de propagande au service du pouvoir. Churchill, qui s'y engage à fond, lui donne d'emblée un style strident et agressif, comme s'il était le commandant en chef d'une armée opposée à des rebelles. Au point de perdre tout sens politique quand par exemple il ne voit pas le parti psychologique que les autorités sont à même de tirer de l'annonce du match de football qui a opposé à Plymouth *policemen* et grévistes – beau symbole du fair-play pacifique et sportif d'une nation au beau milieu d'une crise aiguë. Ajoutons, pour parachever ce tableau de l'irruption du chancelier de l'Échiquier dans l'univers des médias, qu'il trouve aussi le moyen d'entrer en conflit avec la BBC, car dans son impétuosité brouillonne il veut la mettre au service de la propagande gouvernementale, alors que le directeur général, John Reith, s'attache fermement à en préserver l'indépendance.

Au total, loin de tourner au crédit de Churchill, l'épisode de la grève générale de 1926 est venu conforter dans les milieux politiques son image de politicien agité et fantasque et dans les milieux populaires sa réputation de représentant du capital et d'ennemi du travail.

1. Cf. Keith Middlemas, éd., *Thomas Jones : Whitehall Diary,* vol. II 1926-1930, 7 mai 1926, Oxford, Oxford University Press, 1969, p. 41.

*
* *

Cependant, la position du chancelier de l'Échiquier demeure solide au sein du gouvernement et au Parlement. Les budgets successifs qu'il présente jusqu'en 1929, techniquement bien calculés et politiquement bien argumentés, reçoivent des appréciations louangeuses, encore qu'aucun ne parvienne à faire reculer le niveau du chômage. Sur ce plan, l'échec est patent. D'ailleurs, en privé, le chancelier nourrit quelques doutes sur les bienfaits du retour à l'or. Malgré tout, par son expérience et plus encore par la force de sa personnalité, Winston domine la scène politique : Attlee l'a comparé, non sans raison, à « un Everest au milieu des collines de sable » du cabinet Baldwin.

Toutefois, les choses se gâtent quelque peu dans ses rapports avec une autre personnalité marquante du gouvernement : Neville Chamberlain, en effet, peut aspirer à bon droit, au même titre que Churchill, à la succession de Baldwin le jour où celle-ci se produirait. À plusieurs reprises, autour de 1928, des tensions, à la fois politiques et personnelles, se font jour entre eux. Il faut dire que les deux hommes sont aux antipodes l'un de l'autre. À la conception terne de la politique qui anime le ministre de la Santé – une affaire de bonne administration, faite de compétence et d'efficacité, à la manière de la gestion patrimoniale d'une firme ou de la gestion technicienne d'une grande cité comme Birmingham –, Churchill oppose la conception, ambitieuse et grandiose, romantique et historique, de la destinée d'une île et d'un empire. Au langage technocratique il oppose la magie du verbe. Au bon sens, l'imagination. Au monde étriqué d'aujourd'hui, les rêves d'avenir. À une vision

John Churchill, premier duc de Marlborough,
par John Closterman (1690). Londres, The National Portrait
Gallery. Photo © The National Portrait Gallery.

Blenheim Palace. Photo reproduced by kind permission of His Grace the Duke of Marlborough.

Lord Randolph Churchill (1849-1895).
Photo © Hulton Getty-Fotogram-Stone images.

Lady Randolph entourée de ses deux fils, Winston et Jack. Photo © Mansell Collection-PPCM.

Winston à 15 ans, élève du collège de Harrow.
Photo © Hulton Getty-Fotogram-Stone images.

Lieutenant de hussards en Inde.
Photo © Mansell Collection-PPCM.

Anglais prisonniers des Boers (1899). À droite Churchill (en bonnet de police).
Photo © Hulton Getty-Fotogram-Stone images.

Clementine Churchill, Winston et le général Hamilton
aux manœuvres d'Aldershot (1910).
Photo © Topham Picturepoint-Imapress.

Budget Day 1910 : Churchill et Lloyd George (accompagné de Margaret Lloyd George
et de son chef de cabinet). Photo coll. Central Press. © Hulton Getty-Fotogram-Stone images.

En croisière en Méditerranée sur le yatch de l'Amirauté, Churchill et Asquith côte à côte, le second plongé dans un journal.
«Des nouvelles d'Angleterre?», interroge Churchill. «Comment pourrait-il y en avoir, rétorque le Premier ministre,
puisque vous êtes ici». Caricature par Raven Hill, *Punch*, 21 mai
1913. Londres, Punch Cartoon Library. © Punch Ltd.

À proximité du front (décembre 1915) : Churchill en compagnie d'officiers français.

Churchill, ministre de la Guerre, et le maréchal Wilson inspectent les troupes britanniques en Rhénanie (1919). Photo © The Trustees of the Imperial War Museum, London.

Churchill, en campagne électorale (mars 1924), dicte un discours à sa secrétaire.
Photo © Topham Picturepoint-Imapress.

Churchill, chancelier de l'Échiquier, se rend au Parlement pour présenter le budget (avril 1929).
À sa gauche, sa fille Diana. Photo © Keystone.

Churchill maçon : construction d'un mur de brique à Chartwell (vers 1930).
Photo © Keystone.

7 mai 1940. Photo prise clandestinement à la Chambre des Communes durant le débat sur la Norvège.
Churchill est au banc des ministres (le 2ᵉ à gauche de Chamberlain debout).
Photo © Royal Air Force Museum (AC TI/3 frame 51), by courtesy of Lord Brabazon.

L'union sacrée (au 1ᵉʳ rang, Attlee et Bevin ; au 2ᵉ rang, Chamberlain et Halifax).
Caricature par David Low, *Evening Standard*, 14 mai 1940.
Photo Center for the study of Cartoons and Caricature, University of Kent, Canterbury. © David Low.

Dans les ruines de la cathédrale de Coventry.
Photo © The Trustees of the Imperial War
Museum, London.

À l'intérieur d'un *pub* du Hertfordshire,
le *Green Dragon,* pendant un discours
de Churchill (1941).
Photo Felix Man.
© Hulton Getty-Fotogram-Stone images

Churchill en Égypte en 1942
acclamé par les soldats
de son ancien régiment, le 4e hussards (devenu un régiment blindé).
Photo © The Trustees
of the Imperial War Museum, London.

Caricature de propagande allemande après la conférence de
Casablanca : Churchill et Roosevelt, chacun avec son chien en
laisse (de Gaulle et Giraud). D.R.

Conférence avec les chefs alliés à Alger en juin 1943. Assis : à droite de Churchill, Eden et
le général Brooke ; à gauche, le général Marshall et le général Eisenhower. Debout : le maréchal de l'Air Tedder, l'amiral Cunningham, les généraux Alexander et Montgomery. Photo
© The Trustees of the Imperial War Museum, London.

Téhéran : Churchill célèbre
son 69e anniversaire à la légation
de Grande-Bretagne
(30 novembre 1943).
Photo © The Trustees
of the Imperial War Museum, London.

En route pour les plages du débarquement en Normandie : 12 juin 1944.
Photo © The Trustees of the Imperial War Museum, London.

Un *Mulberry Harbour.* Photo © The Trustees of the Imperial War Museum, London.

À Paris le 11 novembre 1944 : descente des Champs-Élysées sous les vivats.
Photo © Camera Press-Imapress.

Traversée du Rhin (mars 1945) en compagnie du général Simpson, chef de la 9ᵉ Armée US.
Photo © Keystone.

Dans les ruines du bunker de Hitler à Berlin : entouré d'officiers soviétiques et britanniques,
Churchill tente de s'asseoir sur la chaise du Führer. Photo © Keystone.

Churchill, Truman et Staline à la conférence de Potsdam en juillet 1945.
Photo © Hulton Getty-Fotogram-Stone images.

Au congrès européen de La Haye
(mai 1948).
Photos Kurt Hutton-Picture Post.
© Hulton Getty-Fotogram-Stone images.

Séance de peinture en Italie (1949).
Photo © Keystone.

À l'hôtel de ville d'Hastings en 1957 : Churchill prononce un discours de remerciement pour le tableau qui lui a été offert et qui le représente en uniforme de Gardien des Cinq Ports (dont Hastings). Photo © Keystone.

Sir Winston et Lady Churchill accueillent la reine et le duc d'Edimbourg pour un dîner d'adieu à Downing Street le 4 avril 1955.
Photo coll. Fox Photos. © Hulton Getty-Fotogram-Stone images.

Winston et son chien Rufus à Chartwell.
Photo © Philippe Halsman-Magnum.

30 janvier 1965 : le cercueil de Churchill
traverse Parliament Square. Photo © Keystone.

municipale terre à terre, une vision nationale et planétaire propre à apporter aux hommes le bonheur.

En 1929, alors qu'approchent les législatives, en dépit du bilan dont se targuent les conservateurs, les menaces se précisent à leur encontre, car la question de l'emploi est devenue primordiale. D'un côté, les libéraux autour de Lloyd George, et avec l'appui intellectuel de John Maynard Keynes, lancent un programme offensif et conquérant : « Nous pouvons vaincre le chômage » (*We can conquer unemployment*). De l'autre, les travaillistes ont le vent en poupe. De l'aveu de Churchill, la campagne qui se déroule au cours du printemps 1929 se révèle la plus terne qu'il ait connue. Une innovation toutefois : pour la première fois dans une élection on utilise la TSF, et le chancelier de l'Échiquier adresse à ses compatriotes une allocution radiodiffusée meublée de tout son talent rhétorique. Si le jour du scrutin, le 30 mai, lui-même est réélu sans difficulté par les électeurs d'Epping, les conservateurs sont battus et ce sont les travaillistes, qui ont obtenu le plus de sièges, qui forment le gouvernement sous la direction de Ramsay MacDonald. À l'âge de cinquante-quatre ans, Winston se retrouve à nouveau sans charge ministérielle et écarté du pouvoir – une posture qui pour lui va durer dix ans.

LA TRAVERSÉE DU DÉSERT : 1929-1939

L'historiographie churchillienne a baptisé *the wilderness years* (« années de solitude au désert ») la période pendant laquelle, de 1929 à 1939, Churchill s'est trouvé écarté du pouvoir. Dix années sombres qui correspondent à une décennie de crises débouchant sur la guerre – « *the devil's decade* ». Or, si les historiens sont revenus aujourd'hui d'une vision uniformément noire des années 30, convient-il pour autant d'abandonner l'expression classique de « désert » en ce qui concerne la personne de Churchill ? Le paradoxe, c'est que c'est son biographe officiel, Martin Gilbert, qui, après avoir écrit lui-même un livre intitulé *The Wilderness Years*, a remis en cause l'appellation, en proposant à la place le terme de « désert habité » (*inhabited wilderness*) : l'argument avancé pour cette révision sémantique étant que durant ces années Churchill, loin d'être en retrait de la politique, a continué d'avoir une activité publique considérable et de faire parler abondamment de lui[1].

À vrai dire, le raisonnement n'est guère convaincant. D'abord parce que, durant cette période, Churchill n'a pas seulement été exclu de toute responsabilité gouvernementale, il s'est trouvé carrément éconduit par la classe politique, presque mis en quarantaine, et cela sous des formes généralement brutales et humiliantes. Ensuite, on doit prendre en compte la façon dont lui-même a vécu et interprété ces années d'exil intérieur. Car il est incontestable qu'il a durement ressenti sa mise à l'écart, éprouvant le sentiment d'être maltraité et rejeté. Particulièrement pénible, compte tenu de ses talents et de ses ambitions, a été pour lui le sentiment qu'à l'heure où s'amoncelaient les périls personne ne voulait faire appel à ses capacités. Comment ne pas discerner un cri du cœur – le cri d'un cœur blessé – quand on lit, au détour d'une phrase, dans un de ses essais sur les bouleversements du xxe siècle : « Ce ne sont plus aujourd'hui les hommes les plus capables qui dirigent les grandes nations[2]. » Que Winston ait largement contribué lui-même par son caractère, par ses actes et par ses manières

---

1. Martin Gilbert, *In Search of Churchill, op. cit.*, pp. 108-110. Cf. aussi, du même auteur, *The Wilderness Years,* Londres, Macmillan, 1981.
2. W. Churchill, *Thoughts and Adventures*, 1932, « Fifty Years Hence ».

à un tel ostracisme n'est pas moins incontestable, mais c'est là un autre problème – que l'on tentera d'élucider (encore que la clef se trouve pour une bonne part dans ce que l'on a déjà vu de sa personnalité et de son parcours depuis sa jeunesse).

*
* *

Après leur échec aux législatives de 1929 et l'arrivée au pouvoir du Labour, les conservateurs traversent une phase de turbulences. Déchirés par les dissensions entre protectionnistes et libre-échangistes ainsi que par les querelles de personnes, ils s'en prennent à une cible facile : l'ancien chancelier de l'Échiquier, rendu responsable de leur impopularité dans le pays. Churchill, amer et frustré, et qui mesure combien l'heure est peu favorable au torysme démocratique, s'agite et s'impatiente. Il lui arrive de parler de retraite puisque, après avoir occupé tous les postes élevés, sauf un – le plus haut –, il est conscient qu'aucune perspective ne point dans la direction de Downing Street : « Un seul but m'attire, écrit-il à sa femme, mais si on me barre la route je délaisserai ce piètre champ pour de nouveaux pâturages », ajoutant que si Neville Chamberlain devient leader du parti, il quittera la politique[1]. Car bien sûr, à l'arrière-plan, chacun a en tête le problème de la succession de Baldwin.

Mais Churchill commet deux erreurs. D'abord, il sous-évalue les capacités de l'homme à la pipe. D'autre part, il ne se rend pas compte à quel point les positions qu'il se met incontinent à prendre sur la question de l'Inde, si elles rallient à sa personne les *diehards* du

---

1. MG V, *1922-1939*, p. 344, lettre de W. Churchill à Clementine Churchill, 27 août 1929. Cf. aussi le journal de Leopold Amery, 5 août 1929, après une conversation avec W. Churchill, *ibid.*, p. 339.

parti, lui aliènent en échange les modérés, qui lui sont pourtant indispensables comme base politique, en particulier dans sa rivalité avec Chamberlain (dans le cabinet plutôt terne de Baldwin, entre 1924 et 1929, c'est Winston et Neville qui avaient été les deux seules figures de proue en mesure d'imprimer un certain allant au gouvernement et d'initier des réformes). D'autant que sur Churchill, déjà menacé par le spectre du désert – d'où l'expression d'« Ismaël de l'espace public » employée par un bon observateur, le journaliste A.G. Gardiner –, pèse en outre le très lourd handicap d'avoir à affronter une triple hostilité : « Détesté par les tories qu'il a rejetés, mais chez qui il est revenu, suspecté par les libéraux sur les épaules de qui il s'est hissé au pouvoir, haï par les travaillistes qu'il méprise et humilie et qui voient en lui un Mussolini potentiel en cas de poussée réactionnaire [1]. »

Cependant, jusqu'à la fin de 1930, les options restent ouvertes. C'est seulement en janvier 1931, lorsque Churchill prend la décision fatidique de démissionner du *shadow cabinet,* qu'il transforme en rupture irréparable son conflit avec Baldwin et avec les chefs conservateurs à propos de l'Inde. Alors les dés sont jetés. L'ultime – et vain – espoir de rallier à lui une majorité de députés conservateurs et par là de remplacer Baldwin au poste de leader du parti a échoué. Winston a brûlé ses vaisseaux.

Les multiples manœuvres qui se déroulent dans les semaines qui suivent n'aboutissent en fin de compte qu'à conforter la position de Baldwin et à trancher la question de sa succession le jour où elle se produira. Les choses désormais sont claires. C'est Neville Chamberlain qui héritera du leadership. Non seulement Churchill est écarté, mais, comme son rival n'a que cinq ans de plus

---

1. Cf. Alfred G. Gardiner, *Certain People of Importance*, Londres, Cape, 1926, p. 60.

que lui, il n'a aucune chance de lui succéder un jour puisqu'il serait alors trop âgé (de surcroît, personne n'imagine que la succession de Baldwin n'interviendra qu'en 1937). Il ne lui reste plus qu'à attendre dans les coulisses – mais des coulisses glacées et ténébreuses – un bien improbable retournement.

Selon la formulation frappante de l'historien Charles L. Mowat, maintenant « les jeux étaient faits pour les années 30 : le choc des personnalités et des stratégies politiques avait fixé aveuglément qui dominerait la politique et le style du gouvernement durant cette décennie tragique et qui serait tenu à l'écart du pouvoir[1] ». Effectivement, en août 1931 Churchill – qui se trouve alors sur la Côte d'Azur – n'est pas sollicité lorsque la crise du Labour amène la formation d'un gouvernement d'union nationale (MacDonald et Baldwin se sont entendus pour l'exclure) ; en 1935, après la victoire conservatrice aux élections, il n'est pas fait appel à lui ; en 1937, Chamberlain, lorsqu'il succède à Baldwin, ne veut pas de Churchill dans son gouvernement. Décidément, il ne reste à Winston qu'à arpenter les sables du désert.

*

* *

À vrai dire, tout cet engrenage a découlé de la stratégie suicidaire adoptée par Churchill lorsqu'il a commis l'erreur majeure de voir dans le problème de l'Inde le pivot central de la politique britannique et qu'il s'est fait en conséquence le champion le plus extrême de la pérennité du *Raj*. Car, du même coup, il a imaginé, de manière désastreuse pour ses ambitions, que la ligne de clivage allait passer dorénavant entre d'un côté les patriotes atta-

---

1. Charles Loch Mowat, *Britain between the Wars 1918-1940*, Londres, Methuen, 1955, p. 371.

chés au joyau le plus précieux de la Couronne et de l'autre les politiciens prêts à brader le plus beau territoire de l'Empire en s'engageant dans une véritable conspiration, celle de la « bande des trois » – à savoir les libéraux, les travaillistes et les leaders infidèles des conservateurs.

C'est à l'automne 1929 que la question de l'Inde a pris une nouvelle tournure. Jusque-là, en effet, la vie du *Raj* à travers le sous-continent avait continué sans grand changement, avec ses millions de sujets régis par une poignée d'administrateurs et de militaires britanniques, dans une alternance de calme et de désordre endémique, tandis que la pression exercée par le mouvement nationaliste prenait de plus en plus d'ampleur. Une commission royale, présidée par sir John Simon, s'était toutefois mise au travail en 1927 afin d'émettre des recommandations pour l'avenir. Mais, sans attendre ces dernières, et en accord avec le Premier ministre MacDonald et avec le leader de l'opposition Baldwin, le vice-roi, Edward Wood – lord Irwin depuis 1925 (devenu lord Halifax en 1934) –, grande figure conservatrice et haute conscience religieuse, avait promis par une importante déclaration du 31 octobre 1929 le statut de dominion à l'Inde. Aussitôt Churchill s'était enflammé et avait commencé d'entrer en dissidence. Dans un article véhément publié quelques jours plus tard, il proclamait qu'il serait criminel de transformer en dominion l'empire indien, que la gloire de l'Angleterre était de l'avoir arraché à la barbarie, à la tyrannie et aux carnages intestins et que toute la nation britannique devait faire front[1]. Il n'était pas difficile de discerner dans un tel langage les prémices d'une rupture avec le leadership conservateur.

Très vite, d'ailleurs, Winston va beaucoup plus loin, car à ses yeux garder l'Inde est la condition de survie de

---

1. *Daily Mail*, 16 novembre 1929.

l'Angleterre. Au cours de l'année 1930, alors que le rapport de la commission Simon préconise un début de gouvernement représentatif et que le gouvernement travailliste organise à Londres en septembre une table ronde et en annonce une autre, cependant que sur place Gandhi accentue sa campagne de désobéissance civile, Churchill poursuit ses attaques virulentes contre le leader nationaliste qu'il qualifie de « fanatique malfaisant », déclare qu'il s'oppose à ce que l'on remplace le « *British Raj* » par le « *Gandhi Raj*[1] » et explique qu'il aurait fallu arrêter l'agitateur dès sa première violation de la légalité, car la répression est la seule méthode valable.

Son discours prend une tournure de plus en plus alarmiste. En même temps qu'il dénonce le danger mortel des concessions aux nationalistes, il annonce la rupture inéluctable entre l'Inde et la Grande-Bretagne. Ainsi qu'il le déclare sur un ton théâtral dans une grande intervention aux Communes, « le paquebot est en train de couler dans une mer calme. Les cloisons étanches cèdent l'une après l'autre. [...] Mais le capitaine, les officiers et l'équipage dansent au salon au son d'un orchestre de jazz[2]. » Parfois affleure sans fard l'esprit impérialiste et dominateur de l'Anglais de race supérieure, par exemple quand il redouble d'invectives à l'encontre de Gandhi, dépeint comme un personnage qui « donne la nausée » à force de « poser au fakir oriental en gravissant à demi nu les marches du palais du vice-roi, alors qu'il est en train de braver la loi et d'organiser une campagne de désobéissance civile, en vue d'entrer en pourparlers sur un pied d'égalité avec le représentant du roi-empereur[3] ».

1. Discours à une assemblée conservatrice à Thanet (Kent), 20 août 1930 ; discours à l'Indian Empire Society, Londres, 12 décembre 1930 : cf. MG V, *1922-1939*, pp. 368 et 375.
2. *House of Commons Debates*, vol. CCXLVII, 26 janvier 1931, col. 702.
3. Discours à la West Essex Unionist Association, *The Times,* 24 février 1931.

C'est justement à ce moment-là que Chuchill a pris, on l'a vu, la décision lourde de conséquences de démissionner du *shadow cabinet*. En somme, bien loin que l'Inde ait représenté sa chance, comme il en a eu l'illusion, elle a été une véritable pierre à son cou. Ce qui nous amène à nous demander pourquoi il s'est engagé à fond dans pareille aventure. En fait, s'il s'est autant fourvoyé, c'est que, comme souvent chez lui, se sont combinés deux facteurs : la conviction et le calcul. La conviction procédait de son patriotisme intense, toujours prompt à emboucher la trompette impériale et à hisser l'Union Jack. L'Inde, en effet, reste pour lui le *Raj* de sa jeunesse, l'Inde du lieutenant du 4e hussards, celle de Kipling, « ce grand empire qui est le nôtre et pour le maintien duquel je donnerais ma vie », comme il l'écrivait au couchant du victorianisme[1]. N'est-il pas significatif que la seule algarade qu'il ait eue avec Roosevelt – une querelle fort vive en janvier 1942 à Washington – ait eu pour sujet l'Inde – aux yeux de Winston motif d'orgueil, mais à ceux du président des États-Unis exemple exécrable d'impérialisme où un conquérant impose son joug à un malheureux peuple[2] ?

Quant à la part du calcul qui, mêlé à l'ambition, a pesé lourd dans l'autre plateau de la balance, elle tient à ce que Churchill a cru son heure venue : à tort, il a escompté que l'enjeu indien lui permettrait de déloger Baldwin du poste de leader du parti et que par ce moyen il accéderait enfin à la place tant convoitée de Premier ministre. Il est vrai qu'il y avait une petite base rationnelle à un tel espoir, dans la mesure où un grand nombre

1. CV I, 2, p. 836, lettre de W. Churchill à son frère Jack Churchill, 2 décembre 1897.
2. L'épisode a été raconté par lord Moran, *Winston Churchill : the Struggle for Survival 1940-1965*, *op. cit.*, pp. 30-31 ; trad. fr., *Mémoires*, Paris, Laffont, 1966, pp. 43-44.

de députés conservateurs, et pas seulement les *diehards*, étaient hostiles à une politique de concessions en Inde et campaient *in petto* sur des positions proches de celles de Churchill, mais l'habileté de Baldwin et de la majorité des dirigeants du parti a consisté à leur faire préférer un gradualisme prudent et placide plutôt que l'aventure, en particulier en un temps où la Grande-Bretagne était déjà secouée de multiples tempêtes domestiques. Le résultat, c'est que tous les espoirs de Churchill sont tombés à l'eau, puisqu'il n'a retrouvé dans son camp qu'une quarantaine de supporters, parmi les plus réactionnaires du groupe parlementaire – ce qui de plus l'a coupé de jeunes députés d'avenir et à l'esprit ouvert tels que Harold Macmillan, Anthony Eden ou Duff Cooper. Si Churchill a trouvé un peu plus d'appui dans le pays, cela n'a guère atténué son isolement, d'autant que ni l'Indian Empire Society ni l'India Defence League – les deux groupes de pression qu'il a lancés tour à tour – n'ont jamais obtenu une très large audience.

Si bien que, quand le gouvernement d'union nationale présente en 1934 son Government of India Bill, qui prévoit d'accorder le *self-government* aux Indiens, il est désormais trop tard, et la loi est votée sans problème en 1935. Non seulement Churchill doit reconnaître sa défaite, mais l'affaire lui a coûté très cher, en le faisant apparaître à la fois comme un réactionnaire fieffé et comme un opportuniste sans scrupule. Aussi en sort-il profondément, et beaucoup pensent durablement, déconsidéré. Le voilà érigé en homme du passé – sorte de victorien impénitent et désuet qui n'a rien appris et beaucoup oublié. Pis encore peut-être : son alarmisme systématique et sans fondement sur l'Inde risque fort d'ôter maintenant une bonne dose de crédibilité à ses dénonciations d'un danger bien réel celui-là, celui de l'Allemagne hitlérienne.

*
* *

Vers 1935-1936, Churchill a atteint le nadir de sa fortune. Aux Communes, des deux grandes figures politiques de naguère, Lloyd George et lui, l'un n'a que trois supporters – son fils, sa fille, son gendre –, l'autre en a deux, Brendan Bracken et Robert Boothby, bientôt rejoints par un troisième, son gendre Duncan Sandys. À force d'accumuler les avanies, Winston ressent l'aigreur qui menace. La dépression, le *black dog,* le reprend. À la Chambre, où on note ses absences répétées, il va et vient pendant les débats, écoute à peine l'orateur, bavarde ou fait des commentaires à haute voix, ce qui lui vaut la réprobation de nombre de députés. En revanche, il a gardé tout son pouvoir oratoire : quand il se lève de son banc pour prendre la parole, on ne sait jamais vers quelle cible il va pointer ses flèches. Le roi Georges II de Grèce l'a dépeint sous les traits d'« un vieux monsieur fatigué et aigri, mécontent de n'être ni écouté ni suivi et d'être contraint de rester dans l'opposition [1] ». De fait, maintenant que c'en est fini des batailles sur l'Inde, il n'a pas abandonné toute idée de retour en grâce ni tout espoir de revenir au gouvernement. Mais rien ne vient, d'autant que les blessures, qu'elles aient été infligées ou reçues, se cicatrisent mal. Le sentiment du déclin l'assaille : déclin de l'Angleterre, déclin de l'Europe, déclin de la démocratie et du régime parlementaire, déclin des vertus de la race. Souvent il traite ses collègues conservateurs d'« insectes ».

Cependant, il ne faut à aucun titre être dupe de la légende véhiculée à profusion par les churchilliens,

---

1. Archives du ministère des Affaires étrangères, Comité national français, vol. CCLV, fol. 128 : compte rendu d'un entretien entre le général de Gaulle et le roi Georges II, 10 novembre 1941.

légende selon laquelle Winston aurait été victime d'une conspiration des médiocres, tous ligués pour le tenir à distance. En réalité, c'est lui et lui seul qui, par ses erreurs d'analyse et par son comportement dans l'arène politique, a été la cause de ses malheurs. Une fois de plus, il se retrouve victime de lui-même, de ses impulsions, de ses foucades, de sa manie d'en faire trop, de son besoin d'aller jusqu'au bout – jusqu'à la déraison.

Le journaliste Victor Germains, qui lui a consacré alors un livre fort critique, parle de la « tragédie d'un brillant échec » : n'a-t-il pas vu constamment « lui passer devant sur la route du pouvoir » des hommes qu'il méprisait[1] ? Vers la même époque, à l'occasion de la visite en URSS d'une délégation britannique conduite par Bernard Shaw et lady Astor, celle-ci, interrogée par Staline sur la situation politique en Angleterre et sur les personnalités d'avenir, notamment Chamberlain et Churchill, lui répond tout de go : « Oh ! Churchill ! Il est fini[2]. »

En 1936, au moment où, devant la montée des périls, Winston pouvait entrevoir la sortie du purgatoire, un événement imprévu est venu brutalement et malencontreusement le projeter en pleine lumière, avec pour effet immédiat de faire rechuter sa cote. Il s'agit du rôle qu'il a voulu jouer dans la crise monarchique, brève mais intense, qui a abouti en décembre à l'abdication d'Edward VIII et qui a tourné à son détriment. À la mort du roi George V, en janvier, son fils le prince de Galles, avec qui Winston entretenait des relations anciennes d'amitié, était monté sur le trône. Si depuis fort longtemps la liaison qu'il entretenait avec une Américaine deux fois divorcée du nom de Wallis Simpson avait fait

---

1. Victor Germains, *The Tragedy of Winston Churchill*, Londres, Hurst and Blackett, 1931, p. 277.
2. Lord Moran, *Winston Churchill : the Struggle for Survival 1940-1965*, *op. cit.*, trad. fr., p. 70.

l'objet de multiples échos dans la presse des États-Unis et dans la presse continentale, en revanche les journaux insulaires avaient gardé un mutisme total sur l'affaire.

Or, en novembre 1936, le nouveau roi fait savoir au Premier ministre Baldwin qu'il a la ferme intention d'épouser Mrs. Simpson avant le couronnement officiel prévu pour le printemps 1937. Très vite c'est une levée de boucliers. Les leaders des trois partis, la classe politique, la famille royale, l'Église anglicane, l'opinion, tous sont unanimes : c'est ou Mrs. Simpson ou la couronne. Churchill, consulté discrètement, et qui, connaissant le caractère volage du souverain, avait commencé par conseiller de gagner du temps, n'écoute ni sa femme ni ses amis qui lui recommandent le silence et l'abstention. Poussé par son esprit chevaleresque, il se fait le champion d'Edward VIII, quitte à se fourvoyer une nouvelle fois dans une cause perdue.

Maintenant que la question dynastique est mise sur la place publique, elle suscite une émotion intense. Le Premier ministre, resté très ferme et assuré d'un large appui, maintient que si le roi s'obstine, la seule issue est l'abdication (d'où le bon mot qui circule : « On ne baldwine pas avec l'amour »). Le malheur, pour Churchill, c'est que l'on fait courir en même temps une rumeur selon laquelle il serait prêt à former, à la demande du roi, un nouveau gouvernement à la place de celui de Baldwin – sorte de résurgence des Cavaliers fidèles au souverain face aux Têtes rondes du Parlement. Lui-même a beau considérer comme impossible que Mrs. Simpson devienne reine, il s'enferre et accumule les faux pas, prononçant en particulier le 7 décembre aux Communes un discours désastreux au cours duquel il se fait huer. Finalement, Edward VIII abdique le 10 décembre et son frère George VI lui succède.

Le résultat, c'est que Baldwin est unanimement loué et Churchill unanimement critiqué. L'épisode – qui révèle plutôt son donquichottisme – lui coûte cher sur le moment, même si la suite des événements va bientôt l'effacer des mémoires. Au fond, on constate dans cette affaire ce que lord Halifax a appelé l'étrange alliage chez Winston « de la raison d'un homme et de l'émotivité d'un enfant[1] ». Au demeurant, on retrouvera la même fibre sentimentale quelques années plus tard devant un dilemme analogue : en 1953, quand la princesse Margaret voudra épouser le colonel Peter Townshend, le premier mouvement de Churchill Premier ministre sera d'en accepter l'idée, et ce sont seulement les objurgations de Clemmie qui l'en dissuaderont en lui faisant valoir qu'il court ainsi le risque de se retrouver dans la même impasse qu'en 1936[2].

*
* *

Comment comprendre une telle suite d'actes, de gestes et de paroles inconsidérés, propres à ruiner en un tournemain tant de qualités exceptionnelles et tant d'efforts laborieusement accumulés ? N'y a-t-il pas là une énigme que l'on tente en vain de déchiffrer ? Pourtant, on sait que la dialectique construction/déconstruction, si manifestement en action pendant la période de l'entre-deux-guerres, n'a pas toujours fonctionné, comme l'ont démontré de façon éclatante les années qui ont suivi. Dès lors, il convient d'analyser de la manière la plus serrée possible les points de faiblesse de la dynamique churchillienne, ou, si l'on préfère, de découvrir les grains de sable venus gripper les engrenages. L'un

1. Lord Birkenhead, *Halifax*, Londres, Hamish Hamilton, 1965, p. 459 : journal de Halifax, 19 juin 1940.
2. Cf. John Colville, *The Fringes of Power,* Londres, Sceptre, 1987, vol. II, pp. 386-387.

des hommes qui ont le mieux connu Churchill et qui l'ont vu de plus près à l'œuvre, Lloyd George, a proposé le diagnostic suivant pour expliquer l'interaction, à l'intérieur de son fonctionnement mental, entre la surpuissance et l'autodestruction : « Son esprit était une machine puissante, mais il existait dans sa structure ou dans ses éléments un défaut caché qui l'empêchait de fonctionner toujours comme il fallait. On ne saurait dire ce que c'était. Mais, quand la mécanique tournait de travers, sa puissance même faisait que son action tournait au désastre, non seulement en ce qui le concernait, mais aussi pour tous ceux avec qui il travaillait et collaborait. C'est ce qui leur faisait redouter de s'associer avec lui, car ils sentaient qu'il y avait quelque part une paille dans le métal [1]. »

Néanmoins, certains observateurs, amis ou ennemis politiques, tout en soulignant les handicaps nombreux et les initiatives souvent contre-productives de l'homme, ont jugé que ses capacités d'homme d'État étaient trop grandes pour qu'il ne soit pas fait appel à lui. Seulement son tempérament ne convenait guère à des temps calmes, autrement dit à des périodes de paix, auxquelles son charisme était mal adapté ; peut-être des circonstances exceptionnelles lui permettraient-elles de donner sa pleine mesure. Ainsi, un adversaire comme le libéral/ travailliste et pacifiste Arthur Ponsonby notait à son sujet : « Il est de très loin le plus talentueux de nos hommes politiques, sans compter qu'il a beaucoup de charme et que c'est un gentleman (un oiseau rare aujourd'hui). [...] Mais politiquement il représente un grand danger, essentiellement à cause de sa passion pour les crises et de ses erreurs de jugement. Il m'a dit un jour

---

1. David Lloyd George, *War Memoirs*, Londres, Ivor Nicholson and Watson, 1933, t. III, p. 1071.

il y a des années : J'aime que les choses arrivent et si elles n'arrivent pas j'aime les faire arriver[1]. »

En sens inverse, un conservateur éclairé comme Harold Nicolson a su discerner, derrière les apparences contraires, et par-delà les étendues solitaires du désert, les chances d'avenir d'un homme d'exception en qui il n'hésitait pas à voir le personnage « le plus intéressant d'Angleterre ». En réalité, poursuivait-il, « il est plus qu'intéressant, c'est un phénomène, une énigme. [...] Il vivra dans l'histoire britannique alors que les autres hommes politiques auront été oubliés. C'est le pilote des causes désespérées. Le jour où l'avenir de l'Angleterre apparaîtra désespéré, c'est lui que l'on appellera comme leader[2]. »

L'HISTOIRE ET L'HISTORIEN

Fasciné par l'histoire, Churchill a écrit une douzaine d'ouvrages historiques – dont quatre en plusieurs volumes –, soit au total quelque 15 000 pages. C'est à vingt-quatre ans qu'il a publié son premier livre, le récit de sa campagne à la frontière nord-ouest de l'Inde en 1897, et il avait quatre-vingt-quatre ans quand a paru le dernier. Toutefois, c'est la période de l'entre-deux-guerres qui a été la plus féconde, étant donné qu'il a pu alors consacrer à la production historique une fraction importante de ses loisirs forcés. Chez lui, impossible de séparer l'histoire de l'historien. Dans ses écrits, la trame générale de l'histoire – conçue comme un grand drame : celui du passé des hommes – est étroitement tressée

1. Lettre d'Arthur Ponsonby à Edward Marsh, 11 mars 1929 : cf. Christopher Hassall, *A Biography of Edward Marsh, op. cit.*, p. 565.
2. *Vanity Fair*, 1931.

avec sa propre histoire – celle qu'il a vécue également comme un drame : l'histoire de son temps.

Entre ses deux hobbies, la peinture et l'histoire, aucune comparaison n'est possible. Elles se situent aux antipodes l'une de l'autre : la première est un divertissement – au sens fort du terme – qui arrache Winston au monde et lui permet de se relaxer; la seconde, au contraire, inscrite au plus profond de son être et noyau central de son rapport au monde, est au cœur de sa *Weltanschauung.*

D'ailleurs, l'histoire l'a toujours captivé. Dès ses jeunes années, le mauvais élève qu'il était collectionnait les bonnes notes en histoire, d'abord à sa petite école de Brighton, puis à Harrow. Plus tard, pour entrer à Sandhurst, ses connaissances historiques lui ont été d'un grand secours. Devenu adulte, à la base de sa passion pour l'écriture de l'histoire, on doit privilégier les motivations hautement personnelles qui commandaient cette activité. Si Churchill s'y est investi à ce point, c'est que, comme l'a écrit l'historien Maurice Ashley, qui fut son premier assistant de recherche, il y avait là pour lui « d'abord et avant tout un acte de piété envers ses ancêtres, envers sa famille, envers lui-même [1] ».

Mais Churchill, avec sa passion des grandes causes, des grands événements, des grands hommes, a beau nourrir une vision large et ample du passé, renforcée par le don d'imagination historique, il n'en mesure pas moins, devant le mystère des hommes et du temps, les limites de la connaissance historique. Selon lui, en effet, si l'histoire, art d'éclairer le passé, tente obstinément de projeter sa petite flamme sur ce qui un jour fut, la résurrection intégrale du passé reste hors d'atteinte. Là-dessus, il s'est prononcé sans équivoque, tout en célébrant

---

1. Maurice Ashley, *Churchill as Historian*, Londres, Secker and Warburg, 1968, p. 13.

les vertus du travail historique : « De sa lampe vacillante, l'histoire éclaire en trébuchant la route du passé, elle tente d'en ressusciter les actions, d'en transmettre les échos et de faire revivre avec ses pâles rayons les passions d'autrefois [1]. » Cependant, les zones d'ombre subsisteront toujours : comment nier que de grands fragments du passé ont disparu à jamais ? Dans cette lutte entre l'optimisme d'un savoir conquérant et la mélancolie à la vue de la fragilité humaine, on peut discerner un reflet du tempérament dépressif de Churchill et de son sentiment de la vanité des choses – un sentiment qui ira croissant avec le vieillissement et qui explique le pessimisme des dernières années.

*
* *

Il n'est pas facile d'opérer une classification de la production historique de Churchill, car les genres littéraires s'y entremêlent et les lignes de démarcation se brouillent, tant l'auteur est omniprésent dans son œuvre où partout affleure l'autobiographie. Dans une première catégorie tracée à gros traits, on peut rassembler en bloc les récits des campagnes coloniales, *The Story of the Malakand Field Force* (1898), *The River War* (1899), *London to Ladysmith* (1900), le gros ouvrage consacré à la Première Guerre mondiale, *The World Crisis* (6 volumes, 1923-1931), ainsi que *The Second World War* (6 volumes, 1948-1954) : tandis qu'une part très large de ces livres retrace les expériences personnelles vécues par l'auteur et raconte la part qu'il a prise à l'action, son art consiste à combiner cette approche avec des analyses d'ensemble afin de dresser un vaste panorama historique.

1. Discours aux Communes, *House of Commons Debates,* vol. CCCLXV, 12 novembre 1940, col. 1617.

Dans une catégorie voisine, on pourrait classer deux livres de mélanges, les essais réunis dans *Thoughts and Adventures* (1932) et la galerie de portraits de *Great Contemporaries* (1937). Carrément autobiographique en revanche est *My Early Life* (1930), charmante évocation de l'ère victorienne et de l'ère édouardienne. Deux autres œuvres appartiennent en principe au registre historique : *Lord Randolph Churchill* (1906) et *Marlborough : his Life and Times* (4 volumes, 1933-1938), mais il s'agit là de deux biographies de famille lourdement chargées d'affectivité et biaisées par la piété. Enfin, *A History of the English-Speaking Peoples* (4 volumes, 1956-1958) constitue le seul livre où n'apparaît point la personne de l'auteur et que l'on pourrait rattacher au genre historique proprement dit.

Donnée très importante : toute cette production rapporte beaucoup d'argent à Churchill. D'ailleurs, il a été le premier à expliquer que ce n'était pas la peine d'écrire des livres s'ils ne se vendaient pas. Dès ses premiers ouvrages il a travaillé pour l'argent autant que pour la gloire. C'est cette activité littéraire qui lui fournit désormais la majorité de ses revenus et lui permet son train de vie fastueux, d'autant que le succès commercial, loin de se démentir, ne fait que progresser et que les éditeurs lui consentent des conditions royales, ainsi que les directeurs de journaux et de magazines. Martin Gilbert a calculé les gains qu'en huit ans, de 1929 à 1937, Churchill a tirés de ses écrits sous forme de droits d'auteur et honoraires : ils dépassent 100 000 livres[1] !

Dès la publication en 1923 des deux premiers volumes, *The World Crisis* est une immense réussite. Alors que la mémoire de la Grande Guerre obsède encore les esprits, le livre, bourré de documents inédits et écrit avec talent par un auteur-acteur en vue, pas-

1. Cf. MG V, *1922-1939*, p. 835, note 1.

sionne, interpelle, suscite les polémiques. Les controverses font rage autour d'une des idées-forces de
l'ouvrage : la thèse selon laquelle, durant le conflit, les
professionnels de la guerre, généraux et amiraux – « *the
brass-hats* » –, ont eu régulièrement tort, tandis que les
professionnels de la politique – « *the frocks* » – ont généralement vu juste. Balfour a beau railler ce qu'il qualifie
de « brillante autobiographie déguisée en histoire univer-
selle », la carrière du livre est assurée[1]. Keynes, pour sa
part, voit dans l'ouvrage (qu'il admire) « un traité contre
la guerre – plus efficace que ne l'aurait été un livre écrit
par un pacifiste[2] ».

En se jetant avec passion à partir de 1929 dans la vie
de John Churchill, duc de Marlborough, Winston n'avait
pas seulement en vue une revanche et une réhabilitation
– contre Macaulay – de son illustre ancêtre, il plongeait
dans un passé glorieux qui avait vu l'Angleterre s'élever
en quelques années du statut de puissance moyenne à
celui de grande nation. D'où le portrait flatteur d'un
Marlborough campé en homme d'État, défenseur de la
Couronne et de la Constitution, guide du destin de son
pays, capable d'anéantir la menace louis-quatorzienne
contre la liberté de l'Europe : dans ce livre engagé – dont
le dernier volume a paru en pleine crise tchèque, le 3 septembre 1938 –, derrière l'hégémonie du Roi-Soleil se
profile l'ombre de l'hégémonie hitlérienne. Aussi Marlborough se voit-il promu grand stratège en même temps
que grand capitiaine, et la pâle reine Anne devient-elle

1. Cf. Blanche E.C. Dugdale, *Arthur James Balfour*, Londres, Hutchinson, 1936, p. 337 (selon une autre version, Balfour aurait dit :
« Winston vient d'écrire un gros livre à propos de lui-même qu'il a intitulé "La crise mondiale" »).
2. J.M. Keynes, « Winston Churchill », *Essays in Biography,* 1933 : cf.
The Collected Writings of John Maynard Keynes, vol. X, Londres, Macmillan, 1972, pp. 46-55.

« une grande reine ayant pour champion un grand connétable ».

À propos des Mémoires de guerre, on ne peut parler d'ouvrage historique proprement dit. Le livre, aussitôt devenu un classique, est d'abord et avant tout un témoignage pour l'histoire. Son auteur, du reste, l'a présenté en termes modestes : « Je doute que pareille chronique existe ou ait existé qui relate la conduite au jour le jour de la guerre et du gouvernement. Je ne la baptise pas histoire, car celle-ci sera l'œuvre d'une autre génération. Mais je revendique avec confiance le statut de contribution à l'histoire pour l'avenir [1]. » En fait, premier des grands acteurs du drame à occuper le champ historique, Churchill a eu la chance, d'une part de pouvoir camper à loisir ses actes et son rôle pour la postérité, d'autre part de proposer aux contemporains – avec le secret espoir d'imposer plus tard – sa version propre, à la fois épique et tragique, des événements.

Quant au dernier ouvrage de la liste, *A History of the English-Speaking Peoples,* c'est le plus décevant et le moins valable de la production churchillienne. Malgré l'ambition de couvrir l'ensemble de l'histoire des îles Britanniques, des États-Unis et du Commonwealth, afin de mettre en lumière leur héritage commun, le récit apparaît peu structuré et superficiel. À la veille de la guerre, 300 pages étaient déjà rédigées, mais les ajouts successifs intervenus au cours des années 50 n'ont fait qu'accentuer le caractère disparate du livre. On a dit sévèrement que c'était un « conte de fées anglo-saxon ». Il convient plutôt d'y lire le testament de Churchill et le signe de sa confiance inébranlable en la mission des peuples anglo-saxons pour la défense de la paix et de la liberté.

1. SWW I, préface, p. XIII; trad. fr., I, 1, p. II.

*
* *

Devant une œuvre aussi abondante et multiforme, on est amené à se poser deux questions. *Primo*, comment Churchill travaillait-il ? Quelle méthode employait-il pour écrire ses ouvrages d'histoire ? *Secundo*, quelle était sa conception de l'histoire, à la fois comme passé des hommes et comme connaissance de ce passé ? Peut-on parler à son sujet d'une philosophie de l'histoire ?

Sur la méthode de travail de Winston, nous disposons de témoignages de première main, à commencer par ceux de ses deux principaux collaborateurs, Maurice Ashley et William Deakin[1]. En effet, tandis que les ouvrages de jeunesse – depuis les aventures en Inde et en Afrique jusqu'à la vie de lord Randolph – avaient été classiquement écrits de sa main, à partir de l'entre-deux-guerres tout change. Dès *The World Crisis*, Churchill se met à dicter le texte au lieu de le rédiger, et, quand débute le travail sur Marlborough, c'est un véritable atelier qui se met en place, avec assistant(s) de recherche, parfois même toute une équipe, secrétariat, réviseurs... Mais c'est lui bien sûr qui est le cerveau, le maître d'œuvre, le metteur en scène, celui qui organise le récit, argumente la démonstration, confère le style, ample, imagé, rhétorique – à chaque ligne, du reste, on reconnaît sa « patte ».

Après la première étape – capitale –, qui consiste à définir le sujet, à fixer le cadre, à dessiner dans ses grandes lignes l'architecture, le travail de documentation commence. En tant qu'auteur, Churchill, même s'il nourrit des idées bien arrêtées sur les enjeux, les événements et les personnages, a un souci incontestable d'intégrité

---

1. M. Ashley, *Churchill as Historian, op. cit.* ; F.W.D. Deakin, *Churchill the Historian,* conférence à l'université de Bâle, 10 janvier 1969, supplément de *Schweizer Monatshefte*, Zurich, 1970.

intellectuelle qui se traduit par la volonté d'asseoir l'ouvrage sur des sources authentiques et sûres. C'est d'ailleurs pour cette raison qu'il a toujours tracé une ligne de partage entre histoire et journalisme. De là découle son respect pour le savoir et pour le professionnalisme des historiens universitaires. Certes, lui-même n'a aucune formation technique d'historien, jamais il ne s'est initié aux règles de la méthode historique, mais il a le sens de la démarche critique, et c'est bien pourquoi il fait appel au concours des spécialistes – qu'en général il va chercher parmi les brillants sujets frais émoulus de l'université d'Oxford.

La tâche première des assistants de recherche est de fouiller les archives afin de collecter et de rassembler le maximum de documents. En même temps, ils explorent et dissèquent la littérature déjà existante, dont ils tirent des notes abondantes. Tout doit être soigneusement vérifié. Alors commence une nouvelle étape. Une fois en possession des éléments ainsi réunis, Churchill, toujours très organisé – réglé comme une horloge, a pu dire Bill Deakin –, passe généralement la matinée à travailler au lit, enregistrant chaque détail dans sa phénoménale mémoire. Mais c'est très tard, en fin de journée, qu'il se met à dicter le texte rédigé dans sa tête, en arpentant de long en large son cabinet de travail, texte qu'une secrétaire prend en sténo. La séance débute généralement autour de minuit, en présence de l'assistant de recherche, et elle dure jusqu'à 2 ou 3 heures du matin (il lui arrive souvent de dicter en une soirée une dizaine de pages). Il est vrai qu'un de ses grands atouts dans l'existence – comme Napoléon, faisait-il remarquer – était de n'avoir pas besoin de plus de quatre à cinq heures de sommeil, quitte à faire une courte sieste en début d'après-midi.

La dernière étape est celle des révisions, des vérifications, des remaniements. Tout un travail de réécriture est opéré par Churchill lui-même (toujours le matin au lit), assisté de ses collaborateurs, sur les placards qui ont été aussitôt imprimés et expédiés par l'éditeur après décryptage de la sténographie (l'opération ne prend que quelques jours). Un point sur lequel il a toujours beaucoup insisté, c'est la cartographie : chaque ouvrage est agrémenté de cartes nombreuses, détaillées et parlantes.

Entre 1929 et 1939, l'historien Churchill a ainsi dicté des milliers de pages. Parallèlement, son équipe est allée en s'étoffant. Si l'on met à part les trois secrétaires qui se relayaient pour les séances nocturnes de sténo, la liste des collaborateurs s'est allongée et diversifiée. Premier à être recruté, en 1929, Maurice Ashley était un jeune diplômé d'Oxford de vingt-deux ans qui avait hésité avant d'accepter en raison de ses convictions de socialiste très militant qui lui faisaient considérer Churchill comme un affreux réactionnaire (par la suite il fera une carrière de journaliste et d'historien des Stuarts). Mais très vite la confiance s'était installée entre les deux hommes. C'est lui qui pendant cinq ans a eu la responsabilité principale du travail sur Marlborough. John Wheldon, autre Oxonien, qui lui succède de 1934 à 1936, continue les recherches pour la biographie de Marlborough, avant d'entrer dans les affaires.

Mais le principal collaborateur de Churchill, bientôt devenu un ami et intégré au cercle de famille, a été Bill (aujourd'hui sir William) Deakin. Lui aussi diplômé d'Oxford et *fellow* de Wadham College, il a commencé à vingt-trois ans, en 1936, comme assistant de recherche pour le dernier volume de la vie de Marlborough, puis il s'est lancé dans l'*History of the English-Speaking Peoples*. Mais surtout, après la guerre – pendant laquelle, affecté au SOE (Special Operations Executive), il a été envoyé en mission par Churchill auprès de Tito dans les maquis yougoslaves –, c'est lui qui a été le coordinateur en chef des recherches et l'artisan central de la rédaction des Mémoires de guerre (avec à ses côtés le général Pownall, le commodore Gordon Allen, Denis Kelly et quatre secrétaires), avant de diriger pendant vingt ans le collège Saint Antony's à Oxford. Pour l'Histoire des peuples de langue anglaise, presque achevée lorsque a éclaté la guerre, Deakin avait réuni une équipe éclatante comprenant notamment George M. Young pour l'Antiquité, le Moyen Âge et le XIXe siècle, A. Leslie Rowse et John H. Plumb pour l'époque moderne, Alan Bullock pour l'Australie et la Nouvelle-Zélande, des historiens américains de renom...

Deux traits caractérisent la pratique historienne de Churchill. D'abord, le primat de l'histoire narrative. Dans toute son œuvre le récit est roi. C'est là que l'auteur excelle, avec sa palette colorée, son sens épique, son imagination. De surcroît, il est servi par une belle langue classique et par un style riche de *vis dramatica*. D'autre part, la façon de concevoir le passé, qui débouche sur l'hégémonie du politique et du militaire, est ultra-classique, presque déjà démodée à l'époque. Guerres et conquêtes, souverains et dynasties, États et gouvernements, voilà ce qui fait l'axe de l'histoire. Churchill l'a hautement affirmé : l'histoire des hommes, c'est l'histoire de la guerre. « Les batailles, a-t-il écrit, sont les bornes qui jalonnent l'histoire. De nos jours on se rebelle contre cette vérité contrariante, et bien souvent les historiens traitent les décisions acquises sur le terrain comme des épisodes de la politique ou de la diplomatie. Mais les grandes batailles, qu'elles soient gagnées ou perdues, changent le cours entier des événements, produisent de nouvelles échelles de valeurs et suscitent une atmosphère nouvelle dans les armées et les nations, auxquelles tous doivent se soumettre[1]. »

1. W. Churchill, *Marlborough : his Life and Times,* vol. III, p. 433.

Certes, la faveur accordée à l'histoire-bataille n'empêche pas Churchill d'avoir le sens de la longue durée. On ne peut, en effet, lui reprocher de se cantonner dans une histoire événementielle. À l'opposé des approches myopes, il a toujours favorisé les perspectives élevées et les visions à long terme : « Les événements, a-t-il dit, surviennent d'un jour à l'autre, mais ils surviennent comme résultat d'une longue chaîne de causalité que l'on doit avoir en tête si l'on veut comprendre ce qu'il en est de l'enchaînement suivant : comment il se produit ou se dérobe [1]. »

Il n'en reste pas moins que sa problématique demeure celle d'un victorien. Non seulement il ne connaît ni Freud ni Marx, mais, prisonnier de sa vision aristocratique et romantique, il néglige tout un pan de l'histoire. À suivre son optique, les infrastructures ne comptent pas : ainsi, la révolution industrielle, quoique instrument capital de la grandeur britannique, lui est totalement étrangère. Dans le passé qu'il étudie, ni la science, ni la technique, ni l'économie n'ont la moindre part, alors qu'à ses yeux une des fonctions de l'histoire est d'exalter le génie de la race et d'aider à puiser la force d'âme nécessaire pour affronter tant les défis du présent que l'obscurité de l'avenir.

*
* *

Parler de philosophie de l'histoire à propos de Churchill serait tout à fait excessif. Lui-même a été un homme d'action, non un spéculatif. Mais cela n'excluait nullement la réflexion. Il est incontestable que le sens de l'histoire et le dialogue qu'il entretenait en permanence

---

1. *House of Commons Debates*, vol. CDLVIII, 1er décembre 1948, pp. 2019-2020.

avec le passé – deux éléments constitutifs de son être – ont nourri sa pensée et façonné sa conception du monde. Sur ce plan, il n'y a qu'un autre géant du xxᵉ siècle à qui le comparer : le général de Gaulle. Chez tous les deux l'action historique est fondamentalement guidée et inspirée par l'histoire, tantôt lointaine tantôt proche. Comme l'a finement analysé Alan Bullock, si le grand homme d'action qu'était Churchill s'est tourné vers l'écriture de l'histoire, c'était « comme autre moyen d'expression de soi-même, presque comme autre forme d'action[1] ». C'est pourquoi dans ses ouvrages Churchill l'historien est à la fois si sélectif et si subjectif. N'est-il pas allé jusqu'à dire un jour à Ashley : « Donnez-moi les faits, et je les arrangerai à ma guise pour ma démonstration[2] » ? Au fond, il écrit l'histoire non point telle qu'elle a été, mais telle qu'il aurait voulu qu'elle fût.

Si l'on veut résumer sa vision du passé, on peut dire qu'elle est commandée par trois paradigmes. En premier lieu, aux antipodes des conceptions déterministes de l'histoire, Churchill croit au libre arbitre et à la liberté d'action des individus, au premier rang les grands hommes. Entre le hasard et la nécessité, sans l'ombre d'une hésitation il opte pour le hasard. Dans un chapitre de *Thoughts and Adventures* sur la massification de la société moderne, il a ouvertement posé la question du rôle respectif des forces collectives et des individus d'exception – les héros. Et aussitôt il tranche sans ambages : l'histoire est d'abord l'histoire des grands hommes. « L'histoire du monde est principalement la geste des êtres exceptionnels, dont les pensées, les actions, les qualités, les vertus, les triomphes, les fai-

1. Interview d'Alan Bullock par R. Dimbleby, janvier 1965, in *A Selection from the Broadcasts Given in Memory of Winston Churchill*, Londres, BBC, 1965, p. 52.
2. M. Ashley, *Churchill as Historian, op. cit.*, p. 12.

blesses ou les crimes ont dominé la fortune des hommes. » C'est pourquoi il faut préférer le destin des « minorités glorieuses » (*the glorious few*) à celui des « masses anonymes » (*the anonymous innumerable many*[1]).

La conséquence, toutefois, c'est que le primat accordé au libre choix de la personne est synonyme d'imprévisibilité pour l'avenir comme ce fut le cas dans le passé : « Les événements majestueux de l'histoire et les incidents ordinaires de la vie quotidienne, écrit Churchill à propos de Marlborough, montrent les uns et les autres combien il est vain pour l'homme de s'évertuer à contrôler son destin. » Sur le thème du règne de la contingence et de l'ambivalence, il est revenu à maintes reprises sur la difficulté de prévoir les conséquences de nos actions : « Même les pires échecs ou négligences peuvent conduire au succès, les plus grandes réussites aboutir au désastre[2]. »

Deuxième paradigme : l'impossibilité de tirer des leçons de l'histoire. D'abord, on ne doit pas juger le présent à la lumière du passé, qui a été autre et qui est révolu. À l'inverse, c'est souvent l'expérience de notre temps qui éclaire le passé : par exemple, les manœuvres à l'intérieur des cabinets de Lloyd George ou de Baldwin apportent des lumières précieuses pour comprendre les intrigues de la Cour au temps de la reine Anne. De même, derrière la personne de Louis XIV, on lit en filigrane la figure de Hitler. Bill Deakin a raconté comment, en pleine campagne de Norvège, en 1940, dans la salle des cartes de l'Amirauté, alors qu'arrivaient par centaines les signaux de la Navy et que les amiraux s'impa-

1. W. Churchill, *Thoughts and Adventures* (1932), « Mass Effects in Modern Life » (le texte a paru d'abord dans le *Strand Magazine* en mai 1931).
2. W. Churchill, *Marlborough : his Life and Times,* vol. III, p. 157.

tientaient à la porte, il avait vu Churchill, plongé dans l'histoire de la conquête normande, continuer imperturbable de s'occuper des événements de 1066 et du sort du malheureux Édouard le Confesseur.

Mais, selon Winston, au caractère illusoire des leçons de l'histoire, il y a une seconde raison, absolument rédhibitoire : c'est l'inaptitude chronique des hommes à tirer parti des expériences passées. Comme il l'a dit en une formule frappante, « la principale leçon de l'histoire, c'est que l'espèce humaine est incapable d'apprendre [1] ».

Enfin – troisième paradigme –, dans la dialectique de l'histoire et de la morale, non seulement Churchill croit au jugement de l'histoire, dans la tradition du grand historien whig lord Acton, pour qui il suffisait de se référer à la règle du bien et du mal pour jauger les actions des uns et des autres, mais sa vision du passé est une vision de combat au sein d'un monde binaire. Un combat pour la bonne cause : combat de la vérité contre le mensonge, combat de la liberté contre la tyrannie, combat du progrès contre la barbarie. De là une approche à la fois idéologique et mythique, car Winston incarne à la perfection ce que l'on a appelé la conception whig de l'histoire.

De son point de vue, toute l'évolution des siècles passés se résume à la lutte des gentilshommes d'Angleterre, les grandes familles de l'aristocratie foncière, tels les Churchill – « les grands chênes », comme les a nommés Burke –, contre le pouvoir royal pour la conquête des libertés et le triomphe du régime parlementaire, puis pour la grandeur de la nation et de l'Empire. C'est à l'aune de ce « miracle anglais » que doit être jugé le passé. Mais du même coup on mesure la fragilité des constructions historiques churchilliennes.

---

1. Discours à la General Assembly of Virginia, Richmond, 8 mars 1946 : cité par F.B. Czarnomski, éd., *The Wisdom of Winston Churchill*, Londres, Allen and Unwin, 1956, p. 174.

Il suffit par exemple de procéder à une lecture critique de la biographie de Marlborough, cet homme injustement traité, selon son descendant, par la postérité et du coup promu par lui au statut de demi-dieu, pour constater à quel point ont été systématiquement gommés les défauts et les vices, pourtant nombreux et éclatants, du personnage, à commencer par son avarice (Eugène de Savoie relate que le duc, quand il écrivait, ne mettait pas de points sur les *i* afin d'économiser l'encre !). Malheureusement, sur cette pente, et Churchill n'y échappe guère, l'historien se transmue en avocat ou en procureur, alors que sur le plan de la théorie lui-même a toujours soutenu un sain principe : l'histoire doit être arbitre en même temps que muse.

LE CHÂTELAIN DE CHARTWELL

C'est à l'automne 1922 que Churchill a acquis le manoir de Chartwell, et au printemps 1924 qu'il s'y est installé. Pendant quarante ans, non seulement Chartwell a été sa demeure favorite et son lieu de prédilection pour le travail et pour la détente, mais la maison a servi de *home* à la famille, d'espace d'accueil pour de multiples hôtes, de cadre à de brillantes réceptions, de foyer de création et de méditation.

Il y avait longtemps que Winston était à la recherche d'une grande demeure de campagne. Lorsque le manoir élisabéthain de Chartwell, caché dans les collines du Kent, près de Westerham, à une quarantaine de kilomètres de Londres, lui est proposé, l'affaire est rapidement conclue pour la somme de 5 000 livres. Il est vrai que Churchill, par chance, vient de bénéficier de manière inattendue d'un coquet héritage, ce qui lui permet également d'entreprendre les grands travaux de rénovation et de transformation nécessaires pour donner charme et confort à cette maison humide abîmée par ses lourdes additions victoriennes.

Le grand atout, c'est la vue et l'espace : le domaine couvre une trentaine d'hectares et le panorama s'étend sur les ondulations couvertes de prés et de bois du Weald et sur les collines des Downs. Les travaux de restauration se poursuivent bon train et le seigneur de Chartwell Manor peut y emménager au bout de dix-huit mois. La seule à ne pas se réjouir – car les enfants Churchill sont enthousiastes –, c'est Clementine, très hostile au choix de cette maison (que Winston lui a littéralement imposée) et qui mettra très longtemps à s'y sentir à l'aise et plus encore à l'aimer.

Un autre charme du manoir, c'est le jardin créé de toutes pièces avec un soin jaloux et où Winston passera des heures à peindre. Les plantations ont été principalement choisies par Clemmie : à côté du jardin de rocaille et du jardin aquatique (plusieurs bassins sont aussi peuplés de poissons rouges), le jardin principal est orné d'héliotropes, de pivoines, de lis, de fuchsias, de penstémons, de cataires, d'azalées. Quatre grandes glycines encadrent la roseraie enclose de murs et garnie de centaines de roses-thé de toute carnation. Plus loin on trouve une pergola ornée d'une vigne, un grand potager, un tennis, une piscine et une pelouse pour le croquet.

La maison elle-même, qui fait la fierté de Winston, est spacieuse, confortable, composée de pièces de réception, de multiples chambres (les hôtes logent aussi dans les vastes dépendances) et du secteur réservé au maître des lieux, à savoir le bureau et la bibliothèque : le premier est orné de trois tableaux – les portraits de lord Randolph, de Jennie et de Clemmie – ainsi que de deux bustes : Nelson et Napoléon. Churchill au début a rêvé de se muer en gentleman-farmer, mais ni ses élevages de vaches, de moutons et de cochons ni sa basse-cour n'ont réussi. Il avait pourtant un faible pour les cochons,

comme il l'a expliqué un jour à son petit-fils Winston :
« Alors qu'un chien lève le regard vers vous et qu'un
chat le baisse sur vous, un cochon vous regarde droit
dans les yeux et il aperçoit un égal[1]. » En fait, seuls les
cygnes, les oies et les poissons rouges ont prospéré.

À Chartwell, Winston a aussi trouvé un nouveau
hobby : la maçonnerie. En effet, il se passionne pour la
construction de murs et murets en briques, et apparemment y réussit fort bien. Au point de se targuer de pouvoir cimenter 200 briques et dicter 2 000 mots par jour...
Sa réputation de briquetier arrive même aux oreilles du
secrétaire de la section locale du syndicat du bâtiment du
Kent, qui lui propose d'adhérer et lui remet une carte de
membre. Mais, au niveau supérieur, le comité exécutif
du syndicat s'y oppose et annule l'adhésion du chancelier de l'Échiquier !

Évidemment, une maisonnée et un domaine d'une
taille pareille coûtent très cher, ce qui remplit d'anxiété
Clemmie. À l'intérieur, une dizaine de domestiques sont
nécessaires, et au-dehors il faut un chauffeur et plusieurs
jardiniers. Surtout, Winston mène grand train, comme il
l'a toujours fait, et dépense sans compter : il est facile à
satisfaire, plaisantait-on, il suffit de lui offrir ce qu'il y a
de meilleur. De fait, la table est toujours bien approvi-
sionnée et la cuisine soignée. Quant à la cave, elle est
garnie des meilleurs crus. Le cognac et le whisky sont
renommés, et le champagne coule en abondance. Pour
l'anniversaire de Winston, en 1925, lord Beaverbrook lui
apporte en cadeau un énorme réfrigérateur, afin, lui
dit-il, qu'il puisse rafraîchir son champagne et n'ait pas à
mettre des glaçons dedans. On a beaucoup glosé sur
Churchill et l'alcool. Des versions contradictoires ont

---

1. « Grandpapa Winston », *Sunday Times*, 5 février 1989. Cf. Winston S.
Churchill, *Memories and Adventures*, Londres, Weidenfeld and Nicholson, 1989.

circulé. Il semble bien que les années de désert aient favorisé la propension à boire, mais l'image d'un Winston en constant état de plus ou moins grande intoxication est à rejeter catégoriquement. En revanche, c'est à juste titre que le cigare est devenu son emblème – comme le parapluie pour Chamberlain et la pipe pour Baldwin.

Dans l'existence à Chartwell, il faut distinguer entre les journées ordinaires et les jours de fêtes et réceptions. Les premières sont généralement studieuses, comme on l'a vu dans les pages sur Churchill historien. La soirée, toutefois, est souvent consacrée à des jeux de société : mah-jong, bésigue ou jacquet (mais jamais le bridge). De leur côté, les occasions festives sont nombreuses. Sans parler des fêtes de famille comme Noël, où tout le monde se retrouve au manoir, le châtelain de Chartwell reçoit beaucoup et son hospitalité est somptueuse. Parmi les habitués, on peut citer les Birkenhead (jusqu'à la mort prématurée de « F.E. » Smith en 1930), les Beaverbrook, les Duff Cooper, les Archie Sinclair, les Bonham Carter, Brendan Bracken, Lindemann « le Prof », Robert Boothby, des hommes politiques, des écrivains, des artistes. Un soir, T.E. Lawrence vient dîner revêtu de la robe d'un prince d'Arabie. Une autre fois, l'hôte est Charlie Chaplin, que Churchill avait rencontré aux États-Unis (« un acteur merveilleux, bolcho en politique, mais délicieux en conversation[1] ») et à qui il pose comme question après que Charlot lui a annoncé que son prochain rôle sera Jésus-Christ : « Avez-vous négocié les droits[2] ? »

Durant tout l'entre-deux-guerres, Churchill peint plus que jamais, tantôt dans le jardin de Chartwell, tantôt en

---

1. MG V, *1922-1939*, p. 348, lettre de W. Churchill à Clementine Churchill, 29 septembre 1929.
2. Cf. Sarah Churchill, *A Thread in the Tapestry*, Londres, André Deutsch, 1967, p. 35.

vacances, car ce qu'il affectionne plus que tout ce sont les lumières et les paysages méditerranéens. Aussi plante-t-il son chevalet parfois en Italie, sur la corniche amalfitaine, mais plus souvent en France, sur la Côte d'Azur (*Cannes Harbour, Evening*, 1923, est une de ses plus célèbres toiles) ou en Provence, mais aussi à Biarritz, au Maroc, parfois outre-Atlantique (*Rivière du Loup, Québec*, 1947, est une autre toile très prisée). En janvier 1921 s'est tenue sa première exposition à Paris, mais sous le pseudonyme de Charles Morin. Son ami le peintre français Paul Maze continue de l'encourager et de le soutenir. C'est un fait que son pinceau sait capter la lumière des paysages du Kent ou du Midi, et lui-même a beau appeler ses œuvres de « petits barbouillages », son talent – sans aller jusqu'à faire de lui, comme on l'a dit, un « Monet des mauvais jours » – est loin d'être négligeable. Au total, Churchill a peint quelque 500 toiles, dont certaines atteignent aujourd'hui aux enchères chez Sotheby's entre 100 000 et 150 000 livres.

*
* *

Depuis le début des années 20 l'apparence physique de l'homme d'État s'est modifiée. Maintenant il porte indéniablement son âge. Le corps s'est tassé, l'embonpoint s'est développé, la calvitie gagne de plus en plus. Les traits plus accusés, les rides qui progressent ont fait disparaître l'aspect poupin d'antan. Mais la mâchoire est toujours aussi volontaire, le regard plus perçant que jamais – et la parole aussi aiguisée qu'à l'accoutumée. Le profil du bouledogue n'est pas loin – qui triomphera après 1940.

Cependant, Winston voyage beaucoup, indépendamment des déplacements officiels. Il va chasser (notamment le sanglier) en France, où il passe de fastueuses vacances. Deux longs voyages en Amérique ont été importants. Au cours du premier, d'août à novembre 1929, pour lequel il est accompagné de son frère Jack et de son fils Randolph, il fait du tourisme au Canada (à Québec, où il a débarqué, le Canadian Pacific Railroad a mis gratuitement à sa disposition un luxueux wagon pour tout le circuit), explorant les Rocheuses, puis il gagne les États-Unis où il est reçu par William Randolph Hearst, le magnat de la presse, dans son château de la côte californienne. De là il visite Hollywood, puis, sur la façade est, les champs de bataille de la guerre de Sécession et New York. C'est là qu'il apprend le grand krach de la Bourse, qui lui cause de lourdes pertes.

Le second voyage, de décembre 1931 à mars 1932, qui consiste en une tournée de conférences à travers les États-Unis, commence très mal pour lui puisque, deux jours après l'arrivée à New York, il est renversé par une auto. Si heureusement il n'y a pas de fracture, le choc sévère et diverses blessures lui imposent de rester une semaine à l'hôpital, séjour suivi d'une convalescence aux Bahamas. Par la suite, la série de conférences remporte un grand succès, et à son retour à Londres Winston a la surprise et le plaisir de trouver à la gare une belle Daimler toute neuve de 2 000 livres que lui ont offerte, en se cotisant, une vingtaine de ses amis.

Tout au long de la traversée du désert, les deux personnes les plus proches, mi-conseillers mi-confidents, et que Churchill fréquente le plus, sont Lindemann et Bracken. On peut leur ajouter Robert Boothby, personnage coloré et hétérodoxe, dont la liaison avec lady Dorothy, la femme de Macmillan, a duré des années et qui fut le collaborateur de Winston à l'Échiquier et son fidèle supporter aux Communes.

Frederick Lindemann (1886-1957), surnommé « le Prof », parce qu'il détenait la chaire de physique à l'université d'Oxford, anobli en 1941 avec le titre de lord

Cherwell, était une curieuse figure. Né d'un père d'origine alsacienne et d'une mère américaine, toujours vêtu de noir, il était peu aimé, car sûr de soi, arrogant, arriviste, très réactionnaire (il déteste les Juifs, les nègres et les classes « inférieures »), discuté en tant que savant. Mais très vite il a su se rendre indispensable : en effet, c'est une mine de connaissances sur le plan scientifique, il a à la fois réponse à d'innombrables problèmes et l'art d'exposer clairement les questions les plus ardues. Aux côtés de Churchill (qui lui pardonne d'être végétarien et totalement abstinent en matière d'alcool), il fait partie de l'Air Defence Research Committee, puis il sera son assistant quand il deviendra Premier ministre. Il sera ensuite ministre lui-même de 1942 à 1945 et de 1951 à 1953.

Brendan Bracken (1901-1958) était un tout aussi étrange personnage. Irlandais, élevé d'abord en Australie, cachant ses origines apparemment humbles (on avait même fait courir le bruit, à cause de sa chevelure rousse, qu'il était un fils naturel de Winston, affabulation qui les amusait assez l'un et l'autre), Bracken était devenu propriétaire et directeur du *Financial News* et du *Financial Times*, puis député conservateur. Ami de Churchill depuis 1923, intarissable causeur et collecteur inlassable de nouvelles et de potins, exubérant et hâbleur, d'une fidélité à toute épreuve, il l'a accompagné dans ses années de solitude, puis est devenu son directeur de cabinet (*Parliamentary Private Secretary*) de 1939 à 1941 et ministre de l'Information de 1941 à 1945. Anobli en 1952, il mourra d'un cancer à cinquante-sept ans.

*
* *

La famille a tenu une place immense dans la vie de Churchill, du premier au dernier jour. Mais si son union avec Clementine a tenu ferme au milieu des traverses de l'existence, ses enfants ont été pour lui une cruelle source de déceptions, de tensions et de conflits sans fin qui ont assombri tant son âge mûr que sa vieillesse. Pourtant, il avait lui-même non seulement l'esprit de famille, mais le sens du clan. Il l'avait montré avec les Marlborough de Blenheim. Avec les Churchill il en est allé de même : la solidarité a joué à plein.

C'est un fait que Winston s'est toujours efforcé de soutenir les siens et qu'il a toujours refusé de se laisser abattre par les problèmes domestiques, qu'il n'a jamais voulu voir interférer avec son activité politique. Malgré tout, force est de reconnaître qu'en dépit de la grande affection que leur portait leur père les enfants ont constamment souffert de la vie menée par leurs parents, toujours surmenés et souvent absents, en particulier durant leurs jeunes années. Faut-il s'étonner que, une fois adultes, et malgré qu'ils en aient, ils aient été à maintes reprises cause pour eux de contrariété, d'embarras et de chagrin ? Winston en a fait du reste l'aveu à demi-mot : « Les jeunes gens d'aujourd'hui, a-t-il énoncé en 1930, font ce qui leur plaît. Le seul moment où les parents sont réellement en mesure de contrôler leurs enfants, c'est avant la naissance. Après cela, leur tempérament se déploie inexorablement pétale après pétale[1]. »

En Clementine, Churchill avait trouvé une femme exceptionnelle, par son caractère, ses principes élevés, son intelligence, ses qualités de jugement et de bon sens. Dévouée à son mari en toutes circonstances, subordonnant entièrement sa propre vie à la carrière de Winnie, elle avait fait l'expérience – comme les enfants la feront à leur tour – de la difficulté de vivre avec un *superman* à

---

1. *News Chronicle*, 29 août 1930. Cité par Henry Pelling, *Winston Churchill, op. cit.*, p. 411.

l'ego imprévisible et surdimensionné. D'autant que, derrière ses dehors classiques de grande dame, Clemmie dissimule une réelle fragilité psychologique. De nature romantique et idéaliste, elle ne se sent pas toujours à l'aise ni reconnue dans l'univers politique de son époux, en particulier avec les adeptes de la realpolitik.

La lassitude et le stress ont par moments raison d'elle. En 1920, elle a traversé une grave dépression nerveuse qui a duré pendant des mois. D'autres phases dépressives ponctuent l'entre-deux-guerres, aggravées par des algarades occasionnelles avec Winston. En sorte qu'à maintes reprises elle préfère prendre seule ses vacances. Plus tard, sa fille, Mary Soames, évoquant sa famille, décrira sa mère comme un être « aux cordes extrêmement tendues » et au caractère « chargé d'émotivité[1] ». Néanmoins, à chaque fois que son mari a besoin de sa présence, elle est là – parfois sans illusions. Par exemple, lord Moran a raconté que, lorsque, en décembre 1943, Churchill est terrassé à Tunis par une pneumonie compliquée d'une crise cardiaque, il se déclare très touché par l'arrivée incontinent de Clemmie. Mais cette dernière rétorque au médecin avec un sourire entendu : « Ah ! oui, il est très content que je sois venue, mais dans cinq minutes il aura oublié que je suis ici[2]. »

De plus, les rapports de Clementine avec ses enfants se révèlent fréquemment difficiles. Indéniablement elle est plus épouse que mère – même si en 1921 la perte d'un enfant, la petite Marigold, âgée de trois ans et victime d'une méningite foudroyante, laisse les parents durablement atteints. Seule la naissance en 1922 d'une nouvelle fille, Mary, une enfant éveillée et sans pro-

---

1. *The Observer*, 14 février 1993. Cf. aussi Mary Soames, *Clementine Churchill...*, *op. cit.*
2. Lord Moran, *Winston Churchill : the Struggle for Survival...*, *op. cit.*, 15 décembre 1943, p. 152 ; trad. fr., p. 156.

blème, vient mettre un peu de consolation dans le foyer. En 1935 se produit un épisode inattendu : lors d'une longue croisière autour de l'Insulinde, Clemmie s'éprend d'un compagnon de voyage, un marchand de tableaux nommé Terence Philip. Par rapport aux tensions londoniennes, cette passion romantique d'une femme sentant venir l'âge pour un homme plus jeune, cultivé et spirituel – de surcroît homosexuel – lui apporte pour quelques mois comme de longues vacances dans un monde différent, mais l'intrigue ne dure pas et l'interlude reste sans lendemain – quoique Winston, alors en pleine traversée du désert, l'ait vivement ressenti.

Des quatre enfants Churchill, c'est le deuxième, Randolph (1911-1968), qui a été le plus difficile et qui a causé le plus de tracas à son père. Enfant gâté au caractère brutal et arrogant, il s'était mis très tôt, après avoir abandonné ses études à Oxford, à boire et à jouer, accumulant les dettes et détesté dans toute la bonne société pour ses manières fantasques et mal élevées. Tenté par une carrière politique, il avait d'abord flirté avec Mosley, puis avait suivi son père dans son équipée sur l'Inde. Mais en même temps, sans prévenir, il s'était présenté deux fois à des élections partielles contre le candidat conservateur officiel, ce qui avait fait gagner le Labour et avait mis Winston dans une position fort incommode.

À vrai dire, l'ombre de son père a plané sur lui durant toute sa vie, sans qu'il parvienne à réussir ni en politique, ni dans le journalisme, ni en société. En 1939, il épouse une jeune aristocrate de dix-neuf ans, Pamela Digby, et a en 1940 un fils qu'il prénomme Winston (aujourd'hui député conservateur très controversé), mais bien vite le mariage bat de l'aile et le divorce interviendra en 1945 (toutefois, Winston apprécie sa belle-fille, qui a passé la plus grande partie de la guerre à Downing Street, où elle a été une remarquable hôtesse). Pendant que Randolph se trouve des consolations,

Pamela compte alors parmi ses admirateurs Averell Harriman, l'envoyé spécial de Roosevelt chargé de négocier la loi de prêt-bail (après diverses aventures avec des grands de ce monde et un autre mariage, elle retrouvera Harriman en 1973, l'épousera et finira ambassadrice des États-Unis à Paris de 1993 à sa mort en 1997).

À la déclaration de guerre, Randolph commence par s'engager dans le régiment de son père, le 4e hussards, puis il passe successivement dans les commandos et parmi les parachutistes SAS (Special Air Service), sans fait d'armes particulier à son actif. Il croit son heure de gloire venue lorsqu'il est affecté à la mission militaire du général Maclean auprès des partisans yougoslaves, mais Tito, sans doute prévenu, ignore complètement le fils du Premier ministre. Du reste, il se brouille avec tous ses compagnons et amis, Evelyn Waugh en tête, qui ne peuvent plus le supporter. C'est à cette époque qu'une soirée passée à Downing Street tourne à un tel déchaînement de violence (il injurie son père et frappe sa sœur) qu'il faut faire appel aux marines de garde pour le jeter dehors. Après la guerre, il poursuivra son activité dans le journalisme, s'adonnant de plus en plus au jeu et à la boisson. Entre le père et le fils les relations sont détestables, quoique entrecoupées de courtes réconciliations. Un nouveau mariage en 1948 avec June Osborne – d'où naît une fille Arabella, très aimée de son grand-père – tourne aussi au désastre : le divorce est prononcé en 1958.

Finalement, Randolph, retiré dans le Suffolk à East Bergholt, trouvera sur le tard une œuvre de première utilité à accomplir en se lançant dans une monumentale biographie de son père, dont il écrit les deux premiers volumes qui couvrent la période 1874-1914. Même entaché de piété filiale et d'absence de méthode rigoureuse, le travail, appuyé sur une documentation très vaste et largement inédite, a des mérites considérables, et, plus important encore, il a amené l'auteur à recruter comme assistant de recherche un jeune et brillant historien d'Oxford, Martin Gilbert, qui continuera l'entreprise après la disparition de Randolph, mort prématurément à cinquante-sept ans : c'est lui qui rédigera les six volumes allant de 1914 à 1965.

Le destin de deux des filles, Diana (1909-1963) et Sarah (1914-1982), n'a pas été moins poignant. La première, après avoir été une enfant nerveuse et neurasthénique qui ne s'entendait pas avec sa mère, avait tâté des beaux-arts, puis, sans doute pour échapper au pesant cocon familial, s'était jetée en 1932 dans le mariage, épousant le fils d'un magnat sud-africain, John Bailey. Malheureusement celui-ci s'était vite révélé à la fois alcoolique et aboulique – d'où un divorce au bout de trois ans. Aussitôt Diana se remarie avec un jeune diplomate tout juste entré en politique, Duncan Sandys, qui va devenir un des supporters de Winston aux Communes, avant d'entamer une carrière ministérielle sans éclat particulier durant la guerre et surtout après la guerre. Bien que de commerce agréable, c'est un être ambitieux, calculateur et volage, en sorte que le ménage (où naissent trois enfants) n'a pour lui que les apparences : Sandys finira par imposer le divorce en 1962 afin d'épouser une Française. En 1940, Diana s'engage dans le WNRS – Women's Royal Naval Service –, mais partout elle traîne un incurable sentiment d'échec. En 1953 commence une longue dépression nerveuse qui la conduit de clinique psychiatrique en clinique psychiatrique. Sans arriver à se remettre, elle partage alors son temps entre les bonnes œuvres et la boisson, et, accablée de solitude, elle se suicide en 1963.

Quant à Sarah, elle était aussi extravertie que sa sœur aînée était introvertie. C'est une forte personnalité, attachante et volontaire – la préférée de son père, qui à cause de son caractère obstiné l'avait surnommée « la mule ».

Assez jolie, sympathique, exubérante, ambitieuse, elle a une idée fixe : faire carrière au théâtre et même devenir une star, avec sans doute l'idée sous-jacente d'égaler en renommée son illustre père, mais dans son propre domaine. Aussi se fait-elle embaucher en 1935, au grand déplaisir de ses parents, comme chanteuse et danseuse (*chorus girl*) dans un spectacle du West End, mi-comédie musicale mi-théâtre de variétés. Là, elle tombe amoureuse de l'acteur principal, un Autrichien juif nommé Vic Oliver, deux fois divorcé et de dix-huit ans son aîné. En dépit de l'opposition catégorique de ses parents à un mariage avec celui que Winston appelle « un vagabond itinérant », elle s'enfuit à New York, où elle épouse Oliver en décembre 1936. Comme c'est juste le moment de la crise dynastique en Angleterre, il est facile de mettre en parallèle et de souligner le contraste entre le comportement de Churchill envers le roi, dont il soutient le droit à épouser la femme qu'il aime, et son attitude « victorienne » envers sa fille, à qui il refuse farouchement l'application du même principe. Bien entendu, des deux côtés de l'Atlantique, la presse s'en donne à cœur joie pour dauber sur l'affaire, ce qui porte encore un coup au crédit de Winston, tandis que la téméraire Sarah a la satisfaction de voir son nom s'étaler en lettres lumineuses à Broadway. Finalement, Churchill se résigne (« comme le malheureux duc de Windsor, dit-il, elle a fait ce qu'elle préférait, et maintenant elle doit préférer ce qu'elle a fait ») si bien qu'une complète réconciliation s'ensuit.

Cependant, Sarah – qui, si affamée de célébrité qu'elle soit, a compris quelle ne serait jamais une star – quitte Oliver en 1941 et s'engage dans les WAAF (Women's Auxiliary Air Force), où elle travaille dans un service de photographie aérienne. À Downing Street et aux Chequers, elle rencontre nombre de dirigeants alliés, civils ou militaires, adore les discussions et accompagne son père comme aide de camp aux conférences de Téhéran et de Yalta, tout en entretenant secrètement une liaison avec l'ambassadeur américain à Londres, Gil Winant.

Après le suicide de ce dernier, en 1947, elle retourne au métier d'actrice et épouse en 1949 un photographe à la mode, Anthony Beauchamp (qui fera quelques années plus tard une tentative de suicide). Elle a déjà commencé à beaucoup boire et les relations avec son père traversent des orages. Mais, en dépit de ses apparitions fréquentes à la télévision, l'alcool la détruit peu à peu. Arrêtée à maintes reprises pour ivresse sur la voie publique (une fois, à Liverpool, il faut quatre *policemen* pour la maîtriser), ayant même fait de la prison, elle devient une figure tragique, continuant de jouer Peter Pan, puis elle va s'installer en Espagne, où elle se trouve un nouveau mari, buveur et futile, mais riche, lord Henry Audley, qui meurt au bout d'un an en 1963. Dans ses dernières années, ses soirées se passent à déambuler de pub en pub dans les rues de Chelsea, où la police a pris l'habitude d'exercer sur elle une surveillance discrète. Solitaire, sans enfant, elle meurt à soixante-sept ans en 1982.

Une seule des quatre enfants de Churchill a échappé à un pitoyable destin : Mary, la dernière, née en 1922, dont le parcours a suivi une ligne simple et droite. Vive et enjouée, intelligente et cultivée, elle a été pour ses parents source de consolation, de stabilité et d'affection, sans pour autant manquer ni de caractère ni de personnalité. Après des études réussies, elle aussi s'est engagée toute jeune pendant la guerre, en 1941, servant à l'ATS (Auxiliary Territorial Service) dans une batterie contre avions. Pleine de charme, présentant bien dans son uniforme, elle a accompagné son père à la conférence de Québec en 1944. En même temps, elle est la favorite de sa mère. En 1947 elle épouse un officier de la Garde, ancien attaché militaire à Paris, le capitaine Christopher Soames, qui est tout de suite très apprécié par Winston.

En un sens, il occupe auprès de lui, grâce à son tact et à son affection, la place que Randolph n'a jamais su tenir. Plus tard, député, il deviendra son collaborateur immédiat (*Parliamentary Private Secretary*). La vie de famille que mènent les Soames, avec leurs cinq enfants, est une vie bien remplie, gaie, ouverte, chargée de jeux et de rires. Christopher Soames sera ambassadeur à Paris au temps du général de Gaulle, puis fera une brève carrière ministérielle, avant de mourir prématurément d'un cancer en 1987. De son côté, lady Soames a écrit avec franchise une importante biographie de sa mère, Clementine Churchill, qu'elle a publiée en 1979 et où elle a évoqué abondamment la vie à Chartwell Manor.

VOIX DE CASSANDRE ET REALPOLITIK : 1933-1939

Au printemps 1933, devant la Royal Society of Saint George – le patron de l'Angleterre –, alors que la scène publique est sombre de tout côté – crise économique, échec du désarmement, avènement de Hitler, déboires sur l'Inde –, Churchill déclare : « Les historiens ont relevé un trait particulier aux Anglais qui leur a coûté cher au fil des siècles. Après chaque victoire, nous avons pour habitude de gaspiller la plupart des atouts gagnés dans le combat. Nos pires difficultés ne viennent pas du dehors. Elles viennent du dedans. » Puis, s'élevant contre le masochisme ambiant, notamment des intellectuels, il s'écrie : « Si nous perdons foi en nous-mêmes [...], alors notre histoire est terminée. Rien ne pourra sauver l'Angleterre, si elle ne se sauve pas elle-même[1]. »

À n'en pas douter, ces fières paroles font partie intégrante du patrimoine churchillien. Mais on ne doit pas

---

1. Cf. R.R. James, éd., *The Complete Speeches of W. Churchill...*, *op. cit.*, vol. V, p. 5268.

imaginer celui-ci sur un mode univoque. Bien au contraire, c'est un patrimoine sophistiqué et diversifié. En particulier, il convient de se défier d'une vision par trop simple, sinon simpliste, de l'action de Churchill dans les années 30. D'autant qu'une légende tenace, frisant l'hagiographie, a été mise en circulation par Winston lui-même dans ses Mémoires de guerre, accréditant l'idée d'une ligne claire et continue dans ses prises de position face aux crises internationales de 1933 à 1939, ligne qui aurait été caractérisée par une consistance parfaite et une lucidité sans faille.

En réalité, la logique *anti-appeasement* de Churchill a été sensiblement moins logique qu'on ne l'a dit, et les sinuosités n'ont point fait défaut. On ne doit donc pas être dupe de la présentation avantageuse qu'après la guerre il a donnée de son attitude au cours des années 30. Ce qui n'enlève rien à sa clairvoyance, à son courage, à son horreur de la lâcheté et de l'esprit de servitude, à son attachement passionné à l'honneur, à son patriotisme fier et intransigeant. Ce sont ces principes, inhérents à son être, qui lui avaient fait écrire des années auparavant : « Il n'est pas de mal plus grand que de se soumettre à l'injustice et à la violence par peur de la guerre. À partir du moment où vous vous montrez incapable de défendre vos droits contre un agresseur, alors il n'y a plus de limites aux exigences et aux humiliations que vous aurez à subir[1]. » Il n'est donc pas contestable qu'à maintes reprises, en particulier face au régime expansionniste et guerrier de l'Allemagne nazie, la voix de Churchill ait été la voix de Cassandre, expression de la conscience nationale la plus authentique, encore qu'entrecoupée de

---

1. MG V, *1922-1939,* p. 227, lettre de W. Churchill au Premier ministre Stanley Baldwin, 22 janvier 1927, (Churchill se réfère ici aux événements de la guerre civile en Chine, au cours desquels des citoyens britanniques ont été tués ou molestés).

paroles moins clairvoyantes et d'actes où la realpolitik reprenait ses droits. Mais force est de reconnaître que pendant des années les mâles prophéties de Churchill ont retenti dans le vide, du moins jusqu'au jour où s'est produit, *in extremis*, un réveil des énergies dans le pays, après Munich, en 1939.

*

* *

À partir de 1933, une idée fixe habite Churchill : l'arrivée de Hitler au pouvoir en Allemagne a bouleversé la donne internationale. Toutes les autres questions passent au second plan par rapport à ce facteur primordial. De là les deux axes qui sont au centre de son existence de 1933 à 1935 : l'équilibre européen et le réarmement.

Sur le premier point, Winston, adepte du vieil adage de la *balance of power* sur le continent, prévoit et annonce des temps troublés, sans exclure même le risque de guerre, comme il l'expose dans un discours passionné aux Communes le 13 avril 1933 devant un auditoire sceptique ou hostile. Certes, il admet que l'avènement de Hitler n'est point synonyme de guerre fatale. Mais une Allemagne renaissante, nationaliste, réarmée, décidée à déchirer le traité de Versailles, est une menace pour la paix. Non que Churchill écarte toute révision, par exemple à propos du corridor polonais, mais d'une part il ne considère Versailles ni comme un *diktat* ni comme une « paix carthaginoise », d'autre part il estime que des concessions ne sont négociables que dans le cadre de la sécurité collective. Aussi en revient-il avec détermination à la ligne d'avant 1914 : une alliance solide avec la France pour faire front commun. C'est pourquoi il vitupère l'erreur de MacDonald qui voit le danger pour la paix dans la puissance militaire française au lieu de s'en prendre aux ambitions allemandes. « Remercions Dieu pour l'existence de l'armée française ! » s'exclame-t-il au grand dam de la plupart des députés[1].

Quant à Hitler lui-même, le diagnostic de Churchill à son endroit n'a pas toujours été aussi tranché que la mythologie churchillienne a bien voulu le dire. Ce qui est sûr, c'est que Winston est horrifié par la dictature, par la violence cynique et belliqueuse de la doctrine nationale-socialiste, par l'écrasement de toute opposition, par la haine des Juifs. D'où l'emploi de termes comme « gangster » ou « despote ». Dès le lendemain de la conquête du pouvoir, sa mise en accusation du régime nazi a été sans appel, dénonçant « l'explosion de férocité et d'esprit guerrier, le traitement impitoyable infligé aux minorités, le refus des garanties d'une société civilisée à un grand nombre d'individus sur le seul critère de la race[2] ».

Cependant, à l'occasion, porté par son imagination, il n'a pas laissé de se méprendre sur la personne de Hitler. Ainsi, dans un article qu'il lui a consacré en 1935 et qu'il a publié ensuite dans sa galerie de portraits *Great Contemporaries,* il loue « le courage, la persévérance, l'énergie vitale » qui ont permis au Führer d'arriver au pouvoir en écartant tous les obstacles sur sa route. Et il poursuit : « Bien qu'aucun comportement politique ultérieur ne justifie les mauvaises actions passées, l'histoire est remplie d'exemples d'hommes parvenus au faîte du pouvoir par l'emploi de procédés rudes, sinistres et même effroyables, et qui néanmoins, lorsque l'on évalue leur existence en son entier, ont été de grandes figures dont la vie a enrichi l'histoire de l'humanité. Peut-être en sera-t-il de même avec Hitler[3]. » Encore en 1937, Chur-

---

1. *House of Commons Debates*, vol. CCLXXVI, 23 mars 1933, col. 542.
2. W. Churchill, *Arms and the Covenant* (1938), p. 65.
3. W. Churchill, « Hitler and his Choice », *Great Contemporaries* (1937), pp. 203 et 207.

chill n'hésite pas à s'interroger : « Hitler monstre ou héros ? Ce sera à l'histoire de se prononcer [1]. »

Quand on voit comment un esprit aussi aiguisé et aussi informé que Churchill en arrive à errer de la sorte, on mesure l'étendue du trouble qui à cette époque anesthésiait l'opinion – une opinion hantée par la mémoire des horreurs de la Grande Guerre et où régnait un pacifisme viscéral et diffus. Dans le monde politique, la règle de conduite du gouvernement dirigé par Baldwin était de suivre le mouvement de l'esprit public. Au demeurant, personne ne proposait de solution claire et de nature à emporter l'adhésion.

Pour ce qui est de Winston, lui qui a été un supporter plus que tiède de la Société des Nations tout au long des années 20, il se fait maintenant le champion insistant de la sécurité collective et du recours au droit international comme moyen de régler les différends entre nations. Seulement, dans sa pensée, imposer le règne de la loi implique d'être fort, tout autant que d'assurer sa propre défense en toute circonstance – une conviction où le parallèle avec le général de Gaulle est évident.

C'est pourquoi – et c'est le second axe de l'action de Churchill sur la scène publique à cette époque – il se fait l'avocat inlassable du réarmement. Ce qu'il entend par là concerne uniquement l'aviation, car, en matière de défense nationale, sur mer il fait confiance à la puissance de la Royal Navy et sur terre il ne se préoccupe guère de l'armée, victime de réductions sévères, dans la mesure où il compte sur l'armée française. Sa foi dans les vertus de cette dernière est étonnante et elle durera jusqu'en mai 1940 : « Nulle part le front français ne peut être

---

1. W. Churchill, « The Age of Government by Great Dictators », *News of the World*, 10 octobre 1937.

percé », décrète-t-il après une visite sur la ligne Maginot en août 1939[1].

Étant donné que le IIIe Reich, en violation du traité de Versailles, vient de reconstituer une aviation militaire et que la peur d'une guerre aérienne hante les esprits – on redoute surtout la destruction totale des villes en un seul coup, le « *knock out blow* » –, l'impératif numéro un concerne l'équilibre des forces entre la jeune Luftwaffe, en progression rapide, et la Royal Air Force. Aussi Churchill ne cesse-t-il d'agiter la sonnette d'alarme. Son leitmotiv, c'est la nécessité de pousser à fond tout à la fois la production aéronautique, l'équipement de l'armée de l'air et la formation des pilotes. Mais pour cela il ne faut pas seulement d'éloquentes paroles, il faut des dossiers argumentés. Or, de 1935 à 1938, dans le secret, Winston est alimenté régulièrement en informations de première main par une poignée d'hommes placés à de hauts postes de l'administration qui partagent son diagnostic sur le danger allemand et sur la nécessité du réarmement tout en s'inquiétant de la passivité des autorités.

Ses deux principaux informateurs sont un diplomate et un officier d'aviation. L'un et l'autre agissent dans la plus grande discrétion, allant même souvent à Chartwell pour y rencontrer plus commodément leur interlocuteur. Le premier, Ralph Wigram, qui dirige le département Europe centrale au Foreign Office, communique à Churchill les informations confidentielles qui parviennent d'Allemagne sur le réarmement du pays et sur les progrès de la Luftwaffe, tableaux chiffrés à l'appui. Le second, le commandant Torr Anderson, haut fonctionnaire au ministère de l'Air, donne des renseignements sur la RAF, ses pilotes et ses appareils. Un troisième personnage, assez mystérieux, Desmond Morton, chef de l'Industrial Intelligence Centre (que l'on retrouvera pen-

---

1. CV V, 3, p. 1594, notes du 23 août 1939.

dant la guerre dans l'entourage immédiat du Premier ministre), complète l'information sur la production aéronautique des deux pays.

Muni de toutes ces données, et statistiques à l'appui, Churchill, qui a à la fois un pied dedans en tant que membre du comité de l'Air Defence Research et un pied dehors en raison de son statut de parlementaire indépendant, dénonce sans relâche les faiblesses et les carences de la RAF et réclame à grands cris l'accélération du réarmement de manière à combler les retards accumulés. Souvent les autorités s'étonnent de la précision et du détail des dossiers établis par leur interpellateur.

En fait, les chiffres de Churchill sont assez largement exagérés alors qu'à l'inverse l'argumentation et les statistiques gouvernementales pèchent par optimisme. Mais la Grande-Bretagne se met réellement à réarmer à partir de 1935. Faut-il y voir une victoire de Churchill qui s'est battu comme un lion contre la menace de guerre aérienne et qui a courageusement tenté d'alerter l'opinion sur la nature expansionniste et guerrière de l'Allemagne nationale-socialiste? Sans doute dans une certaine mesure, mais force est de reconnaître que son action s'est déroulée dans un climat d'isolement, de discrédit politique, voire d'hostilité. Du côté conservateur, il ne trouve appui ni auprès des *diehards* qui l'ont suivi sur l'Inde, mais ne croient pas au danger nazi, ni chez les jeunes tories éveillés au péril hitlérien, mais qui n'ont pas confiance en lui. Du côté antifasciste, notamment dans le camp du Labour, il fait figure d'alarmiste et de traîneur de sabre. En sorte que souvent ses avertissements s'adressent à une Chambre des communes à moitié vide ou bien à un public que les débats de spécialistes et les batailles de chiffres entre experts laissent dérouté et sceptique.

*
* *

253

En même temps que Churchill mène un combat sans répit contre les ambitions de l'Allemagne hitlérienne, il n'est pas sans accepter ambivalences et accommodements. De 1935 à 1937, certains de ses choix relèvent même sinon de l'*appeasement* (au sens large du terme), du moins de la realpolitik. C'est ce qui apparaît au cours des trois crises qui jalonnent l'année 1936.

Première crise : l'affaire éthiopienne. Dès le début, à l'automne 1935, Winston n'y a vu qu'une question secondaire et il adopte une ligne plutôt compréhensive pour les ambitions italiennes. Il est vrai qu'à plusieurs reprises il avait parlé en termes élogieux de Mussolini. En 1927, après une rencontre avec le Duce, il avait affirmé lors d'une conférence de presse : « On ne peut s'empêcher d'être séduit, comme tant d'autres, par l'apparence simple et aimable de M.Mussolini, par son calme et son équilibre, malgré les charges et les périls pesant sur lui. On voit tout de suite qu'il ne pense qu'au bien du peuple italien, tel qu'il le comprend. » Et il avait ajouté : « Si j'avais été italien, je suis sûr que j'aurais été à fond avec lui. » Paroles fâcheuses qui lui avaient valu de furieuses attaques de la part de la gauche libérale et travailliste (de son côté Clemmie avait malencontreusement déclaré le personnage « impressionnant, très simple, naturel et digne »). Une autre fois, Churchill avait qualifié Mussolini, incarnation du « génie romain », de « plus grand législateur vivant ». En 1937 encore il maintiendra un jugement globalement positif sur le dictateur aux « qualités étonnantes de courage, d'intelligence, de sang-froid et de persévérance [1] ».

Sur l'Éthiopie – pays que selon lui on a eu tort d'admettre à la SDN –, Churchill estime que ce serait

---

1. Cf. MG V, *1922-1939*, p. 226; M. Soames, *Clementine Churchill*, *op. cit.*, p. 309, lettre de C. Churchill à W. Churchill, 20 mars 1926; Discours du 17 février 1933 à l'Anti-Socialist and Anti-Communist Union : MG V, *1922-1939*, p. 457; *News of the World*, 10 octobre 1937.

une faute de vouloir « écraser l'Italie [1] » et ainsi la pousser dans les bras de l'Allemagne, qui est l'ennemi principal (notons qu'il a pris position contre l'accord naval anglo-allemand de 1935). Dès lors, mieux vaut négocier un compromis entre la Grande-Bretagne, la France et l'Italie. C'est pourquoi il ne soutient pas la politique de sanctions de la SDN et dans cet épisode s'écarte sans balancer des principes de la sécurité collective – comme il l'avait d'ailleurs déjà fait dans le cas de l'agression japonaise contre la Mandchourie. Il convient aussi de se rappeler qu'à cette date (on est à la fin de 1935) viennent de se dérouler des élections législatives et que Winston nourrit plus ou moins l'espoir de revenir au gouvernement.

La deuxième crise se produit en mars 1936, lorsque Hitler décide de remilitariser la Rhénanie et y fait entrer ses troupes. Là encore l'attitude de Churchill reste très pondérée. Loin de proposer un recours à la force, et tout en condamnant la violation du traité de Locarno et l'atteinte au droit international, il se félicite publiquement du sang-froid du gouvernement français qui en a appelé à la SDN au lieu d'user de représailles. Ce qui revient à accepter le fait accompli [2].

Enfin, en ce qui concerne la guerre d'Espagne, en dépit de ce qu'il a écrit dans ses Mémoires, où il prétend avoir été « neutre », Churchill a pris fait et cause pour le camp nationaliste et affiché sa sympathie pour Franco. Voyant partout l'œuvre des rouges, communistes et anarchistes, allant jusqu'à refuser de serrer la main de l'ambassadeur de la République espagnole à Londres, il

---

1. MG V, *1922-1939*, p. 670, lettre de W. Churchill à Austen Chamberlain, 1ᵉʳ octobre 1935.
2. Cf. *The Evening Standard*, 13 mars 1936 : l'article, intitulé « Britain, Germany and Locarno », est reproduit in W. Churchill, *Step by Step 1936-1939* (1939), pp. 1-4.

a approuvé sans réserve la politique de non-intervention et proposé, en juillet 1937, de reconnaître officiellement les rebelles. C'est seulement à partir du printemps 1938, quand déjà les jeux sont faits, qu'il prend conscience des dangers de l'entente Franco-Hitler-Mussolini et qu'il renverse sa position en revenant du côté des républicains[1].

Cependant, à mesure que la scène internationale s'assombrit, on observe chez Churchill, d'une part, sur le plan intérieur, un rapprochement avec des personnalités libérales ou travaillistes partageant les mêmes inquiétudes que lui, d'autre part, sur le plan extérieur, un nouveau regard en direction de l'URSS, avec l'idée d'une « grande alliance » Royaume-Uni/France/Union soviétique, afin de barrer la route à l'hitlérisme (du coup, l'anticommunisme se voit subordonné aux impératifs de l'heure). Maintenant que l'idée d'une union nationale est dans l'air, Winston n'a pas de mal à retrouver certains de ses accents radicaux d'antan sur la défense de la liberté contre la tyrannie et sur le primat des valeurs morales en politique.

Parallèlement, il participe aux activités d'un réseau informel nommé Focus, sorte de front patriotique anti-agressions (son nom complet est Focus in defence of Freedom and Peace), qui groupe des journalistes, des politiciens, des hommes d'affaires et des intellectuels de divers bords : tories comme Winston, libéraux comme Violet Bonham Carter, pacifistes comme Norman Angell, travaillistes comme Kingsley Martin (c'est ce dernier qui sert de pont à un rapprochement entre Churchill et la gauche antifasciste).

Dans la nouvelle configuration en train d'émerger et qui est grosse de reclassements inattendus et de postures

---

1. À cet égard, il n'est que de comparer les articles « The Spanish Tragedy » et « Keep out of Spain » des 10 et 21 août 1936 avec l'article « The Spanish Ulcer » du 30 décembre 1938 dans *Step by Step*.

256

inédites, Churchill traverse au cours de l'année 1937 une phase de repli. Bien qu'il ait la satisfaction de savoir le réarmement tourner à plein régime, l'isolement où il continue d'être confiné lui pèse durement. Sur le plan extérieur, il a le sentiment que la scène internationale connaît un répit, ce qui l'amène à se reprocher publiquement d'avoir été trop alarmiste. Il est vrai que de nouveau il entretient – bien à tort – des espérances de retour au pouvoir. Mais, dans la mesure où les risques de conflit lui paraissent s'éloigner, il dit et écrit imprudemment à plusieurs reprises à l'automne 1937 : « Je crois qu'il y a une chance sérieuse pour qu'aucune grande guerre n'éclate de notre temps[1]. »

*
* *

En vérité, c'est l'année 1938 qui a été l'année tournant, car la politique officielle d'*appeasement* prend alors un nouveau visage. À l'origine, le terme désignait assez classiquement une diplomatie consistant à désamorcer les conflits par la voie de la négociation et du compromis. Or, depuis l'avènement de Neville Chamberlain comme Premier ministre, en juillet 1937, le mot *appeasement* en est venu à désigner une stratégie de gestion des crises conduisant, au nom de la sauvegarde de la paix et par réalisme politique (c'est-à-dire en fonction du rapport des forces), à systématiquement et unilatéralement consentir des concessions à l'autre partie en vue d'éviter un conflit armé.

C'est à cette conception, mise en place plus ou moins empiriquement par les dirigeants britanniques dans la

---

1. Cf. l'article du 15 octobre 1937 « War is not Imminent », in *Step by Step*, pp. 164-167, et un discours contemporain adressé par W. Churchill à ses électeurs à Epping.

seconde moitié des années 30, mais promue en doctrine et en règle méthodique à dater de 1938, que s'est opposée la conception churchillienne. Encore qu'il convienne de remarquer que Churchill lui-même non seulement a fluctué à l'occasion dans son itinéraire, mais a toujours fait preuve de pragmatisme et d'empirisme. Sur sa théorie de l'*appeasement* et sur la dialectique entre stratégie et conjoncture, il s'est expliqué avec une parfaite netteté après la guerre : « En soi une politique d'apaisement peut être bonne ou mauvaise : tout dépend des circonstances. L'apaisement engendré par la faiblesse et la peur est à la fois vain et désastreux. L'apaisement né de la force est noble et magnanime : peut-être est-ce la voie la plus sûre et, qui sait ? la seule pour parvenir à la paix mondiale [1]. »

Le malheur pour Chamberlain – érigé en figure éponyme de l'*appeasement* –, c'est qu'une fois arrivé au poste suprême il est tombé dans une série de crises de plus en plus graves, si bien qu'au lieu de se consacrer à la politique intérieure, son domaine privilégié d'expérience et de compétence, il a dû s'occuper prioritairement de politique étrangère, où l'une et l'autre lui faisaient défaut. Or son talon d'Achille, c'est le domaine international. Ici le contraste avec Churchill est éclatant. Mais l'homme orgueilleux et arrogant qu'était Neville n'a pas voulu le reconnaître. Pourtant son demi-frère Austen Chamberlain l'avait naguère averti : « Neville, rappelle-toi que tu ne connais rien aux affaires étrangères ! » Certes, sur les questions domestiques, le Premier ministre démontre toujours la même expertise et la même maîtrise des dossiers, mais en politique extérieure il juge, tranche, édicte avec son autorité coutumière sans la connaissance ni l'intuition des problèmes. De surcroît, il s'appuie sur un haut fonctionnaire têtu de son espèce,

1. *House of Commons Debates*, vol. CDLXXXII, 14 décembre 1950, col. 1367.

sir Horace Wilson, un spécialiste du monde industriel, qui considère lui aussi qu'il a toujours raison. De là d'incessants conflits avec le Foreign Office. De là aussi, devant une diplomatie érigeant l'accommodement avec Hitler en système de gouvernement, l'inévitabilité du conflit avec Churchill, d'autant que les positions de ce dernier se radicalisent au même moment.

Aux Communes et dans l'opinion, les positionnements ont évolué. Depuis que Eden, en désaccord avec Chamberlain, a démissionné du Foreign Office en février 1938, un *Eden group* s'est constitué autour de lui, fort d'une vingtaine de députés – entre autres Harold Macmillan, Duff Cooper, Harold Nicolson, le général Spears –, tous plus ou moins insatisfaits de la passivité de Chamberlain ; mais ce foyer d'opposition se tient soigneusement à l'écart du petit *Churchill group*, jugé peu fiable. Tandis que l'Anschluss, en mars, vient raviver brutalement la tension internationale et enténébrer l'horizon, Churchill cesse de voter avec le gouvernement, en revient à une défense vigoureuse de la SDN et répète à tous que le seul moyen de prévenir le danger de guerre, c'est l'union entre la Grande-Bretagne, la France et l'Union soviétique. Cependant, lorsque débute la crise tchèque, au printemps 1938, son premier mouvement est de tenter une conciliation entre les Allemands des Sudètes et le gouvernement tchécoslovaque en consentant aux premiers un statut d'autonomie. Il reçoit même en secret Conrad Henlein à Londres, mais la voie suivie par Chamberlain l'inquiète de plus en plus. Il condamne formellement les deux visites du Premier Ministre à Hitler et plus encore l'accord signé à Munich.

Cette fois, *alea jacta est*. Dans le grand discours qu'il prononce le 5 octobre au cours du débat aux Communes sur Munich – l'une de ses plus éclatantes performances parlementaires –, Churchill censure implacablement l'*appeasement* à la Chamberlain. D'emblée il dresse un

259

bilan accablant : « Nous venons de subir une défaite totale et absolue. » Puis, impitoyable, il décrit le calvaire des Tchèques : « Tout est consommé. Silencieuse, lugubre, abandonnée, brisée, la Tchécoslovaquie s'enfonce dans l'ombre. Elle a souffert sous tous les angles de son association avec les démocraties occidentales et avec la Société des Nations dont elle s'est toujours montrée la servante soumise. »

De là, l'orateur s'aventure à une prédiction qui va se révéler une réalité moins de six mois plus tard : « Dorénavant, je le crains, il sera impossible à l'État tchécoslovaque de se maintenir en tant qu'entité politique indépendante. Vous verrez qu'au bout d'un laps de temps qui peut durer des années, mais aussi quelques mois seulement, la Tchécoslovaquie aura été engloutie par l'État nazi. »

C'est alors l'occasion pour Cassandre de dresser un réquisitoire contre l'action, ou plutôt l'inaction, des gouvernements passés : « Cinq années de bonnes résolutions restées sans effet, cinq années passées à rechercher avec ardeur la voie du moindre effort, cinq années pendant lesquelles la puissance britannique n'a cessé de battre en retraite. » Dorénavant il faut contempler la réalité en face, sans se donner le change, et en mesurant l'ampleur des dégâts sur la scène internationale. « Nous nous trouvons en présence d'un désastre de première grandeur, qui a frappé la Grande-Bretagne et la France. Ne cherchons pas à nous aveugler là-dessus. Il faut maintenant tenir pour certain que tous les pays d'Europe centrale et orientale vont tâcher d'obtenir de la puissance nazie triomphante les meilleures conditions qu'ils pourront. » Car tout le système des alliances a été balayé, et la route est grande ouverte à la pénétration nazie en direction du bassin danubien et de la mer Noire jusqu'à la Turquie. « Sans que Hitler ait tiré un seul coup de fusil », on va assister jour après jour au complet retournement de ces pays.

La conclusion est claire : « Nous avons subi une défaite, sans guerre, dont les conséquences nous accompagneront loin sur notre route. » Et Churchill de terminer par un avertissement appelé à résonner longtemps : « N'allez pas vous figurer que ce soit la fin. Ce n'est encore que le commencement du grand règlement de comptes. Ce n'est qu'un simple avant-goût. Nous n'avons bu que du bout des lèvres à la coupe amère qui nous sera tendue d'année en année, à moins que nous ne retrouvions par un suprême effort notre santé morale et notre vigueur martiale [1]. »

Ce n'est évidemment pas un tel langage qui a aidé Churchill à sortir de sa posture solitaire. À la fin de 1938, âgé de soixante-quatre ans, plus isolé que jamais dans son parti, à l'écart du pouvoir depuis dix ans, il semble au terme de sa carrière. Et pourtant les événements de l'année 1939 vont opérer un complet renversement en sa faveur. C'est à la mi-mars que se produit le retour du balancier, avec l'occupation de Prague par les armées nazies. L'accord de Munich n'est plus qu'un chiffon de papier.

Dès lors tout change. Voilà que l'événement a vérifié les dires du grand vaticinateur, que la voix solitaire a vu ses prophéties réalisées, que c'est lui qui a eu raison et ses adversaires tort, que l'*appeasement*, naguère acclamé par l'opinion, se révèle plus qu'un leurre – une faute –, que « la paix pour notre temps » n'est que l'antichambre de la guerre, puisque maintenant une nouvelle crise menace aux frontières de la Pologne. Bref, voilà Cassandre réhabilitée. Cependant, si la cote de Churchill remonte, si même une campagne de presse est lancée au début de l'été dans le but de le faire entrer au gouvernement, rien n'est encore joué. Témoin un sondage effec-

---

1. W. Churchill, *War Speeches*, t. I, *Into Battle* (1941), trad. fr. ; *L'Entrée en lutte*, Londres, Heinemann et Zsolnay, 1943, pp. 56-70.

tué en mars 1939 : à la question « Qui choisiriez-vous comme Premier ministre si Chamberlain se retirait ? » 38 % répondent Eden et seulement 7 % Churchill – le même score que Halifax.

Paradoxalement toutefois, Churchill bénéficie à ce stade de deux chances qui vont être pour lui des atouts décisifs : d'abord, la conjoncture, puisque les événements s'enchaînent les uns après les autres pour lui donner raison ; ensuite, le fait qu'il a été écarté du pouvoir pendant si longtemps l'exonère de toute responsabilité pour le passé, et pour le futur rallume au firmament son étoile – un retournement de destin qui lui a fait écrire :« Au-dessus de ma tête battaient les ailes invisibles [1]. »

1. SWW I, p. 162 ; trad. fr., I, 1, p. 183.

CHAPITRE V

Amirauté
1939-1940

« WINSTON IS BACK »

« La guerre est horrible, mais la servitude est pire »,
avait averti Churchill dans les premiers jours de 1939[1].
De fait, une fois la guerre déclarée par le Royaume-Uni à
l'Allemagne le 3 septembre 1939 à 11 heures du matin,
Winston, devant la Chambre des communes, définit
d'emblée le conflit en termes de guerre idéologique.
Pour lui l'enjeu est clair : une lutte implacable pour la
dignité de l'homme. Il ne s'agit point, explique-t-il, de se
battre pour Dantzig ou pour la Pologne : « Nous nous
battons pour sauver le monde entier de ce fléau pestilen-
tiel qu'est la tyrannie nazie et pour défendre tout ce que
l'homme a de plus sacré[2]. »

Ce même jour, Chamberlain, convaincu maintenant
qu'il est indispensable de faire entrer Churchill au gouvernement, lui offre le poste de Premier lord de l'Amirauté, avec un siège au cabinet de guerre. Voilà donc le
rebelle revenu à Admiralty House sur les lieux mêmes

---

1. Interview dans le *New Statesman*, 7 janvier 1939.
2. W. Churchill, *War Speeches*, t. I; trad. fr., *L'Entrée en lutte, op. cit.*,
   p. 160 : discours du 3 septembre 1939.

qu'il avait quittés, humilié et discrédité, en mai 1915. Aussitôt la tradition veut qu'un signal ait été envoyé par l'Amirauté à destination de tous les navires et de toutes les stations de la Royal Navy éparpillés à la surface du globe avec ces trois mots : « WINSTON IS BACK ». La saga churchillienne a si bien popularisé ce message triomphal que celui-ci a été repris en chœur partout : dans les biographies, les traités savants, les manuels, les livres d'images. L'histoire est belle (*se non è vero, è ben trovato*), mais force est de convenir que c'est là une légende, comme l'a démontré le biographe officiel de Churchill, Martin Gilbert, qui, après avoir fouillé toutes les archives possibles, n'a jamais pu trouver la moindre trace du signal[1]. Ce qui en revanche est indiscutable, c'est que la nomination du Premier lord est bien accueillie par la Royal Navy et que sa cote y est élevée – à la différence de 1914-1915.

Selon son habitude, Winston, dès son arrivée à l'Amirauté, a déployé une activité inlassable et fait régner à tous les échelons des bouffées d'air frais propre à galvaniser les énergies. Il établit une bonne relation avec le *First Sea Lord*, l'amiral Dudley Pound, et avec les chefs des différents services. On a beaucoup argumenté pour savoir si le Premier lord de l'Amirauté s'était montré aussi directif et aussi interventionniste dans les opérations que pendant la Grande Guerre. À ce sujet, une vive polémique a opposé l'historien américain Arthur Marder, éminent spécialiste de la marine britannique, et le capitaine de vaisseau Stephen Roskill, historien officiel de la Navy, le premier soutenant que, malgré son activisme, Churchill n'a pas empiété indûment sur les attributions de l'état-major et des services de la marine, le second affirmant au contraire que l'Amirauté – en particulier

---

1. Cf. Martin Gilbert, *In Search of Churchill, op. cit.*, p. 232.

Pound – ainsi que les chefs de la flotte en mer ont à maintes reprises subi la férule intempestive du Premier lord. À vrai dire, il semble bien que Churchill, instruit par ses déboires passés, ait refréné ses penchants de touche-à-tout et relativement limité, compte tenu de son tempérament, ses intrusions dans les affaires traitées par ses subordonnés.

D'un autre côté, il est certain qu'il a cherché par tous les moyens à faire prévaloir l'offensive sur la ligne officielle de la défensive, et par là à imprimer sa marque à la stratégie alliée. Rien n'était pire à ses yeux que les parlotes et la passivité régnant dans les hautes sphères où l'on cultivait ce qu'il a appelé humoristiquement « le principe : ne soyez pas méchant pour l'ennemi, vous ne réussirez qu'à le rendre furieux[1] ! ». Mais, le plus souvent, le bouillant Premier lord a dû ronger son frein tout en s'indignant en privé de l'inaction franco-britannique. Car c'est alors le règne de la « drôle de guerre » : le terme, lancé par Roland Dorgelès, a immédiatement fait florès en France, mais en Angleterre on parle plutôt de la *phoney war*. Ici l'expression de « semblant (*phoney*) de guerre » remonte à la guerre de Crimée, les journalistes désignant par ce nom l'immobilisme qui prévalait devant Sébastopol où les adversaires restaient face à face sans bouger.

À l'opposé, Churchill, fort de son esprit combatif et convaincu de ses dons de stratège, entend montrer qu'il veut et qu'il sait faire la guerre – la vraie guerre. Sur mer, en effet, les opérations ont tout de suite commencé, avec des hauts et des bas. Dès le 3 septembre après-midi un sous-marin allemand a coulé dans l'Atlantique un paquebot de la Cunard, l'*Athenia*. Surtout la Navy a été durement frappée par la perte le 19 septembre du porte-

1. SWW I, p. 518; trad. fr., I, 2, p. 186.

avions *Courageous* et plus encore le 14 octobre par celle du cuirassé *Royal Oak*, audacieusement torpillé par un *U-Boot* en pleine rade de Scapa Flow. Elle a toutefois pris sa revanche en décembre avec la victoire du Rio de la Plata. Après avoir donné la chasse au cuirassé de poche *Graf Spee*, qui avait coulé une série de navires marchands dans l'océan Indien et l'Atlantique Sud, une flottille réussit à l'intercepter au large de Montevideo : gravement endommagé, le cuirassé se saborde. Ce brillant fait d'armes des marins britanniques reçoit une large publicité et donne un coup de fouet au moral. Par ailleurs, comme la seule guerre activement menée est la guerre sur mer, c'est elle qui attire les nouvelles et capte l'attention des médias – moyen avantageux pour le Premier lord de soigner son image auprès du public (par exemple, il n'hésite pas à gonfler exagérément le nombre des sous-marins ennemis coulés).

En matière de stratégie, Churchill caresse trois grands projets. Le premier, remake d'un de ses plans de 1914 et baptisé « opération Catherine » – du nom de la grande Catherine... –, visait à forcer l'entrée de la Baltique pour prendre le contrôle de cette mer et éventuellement interrompre les exportations de fer suédois vers l'Allemagne. Mais ce projet, issu du cerveau fertile d'un Churchill fasciné toute sa vie par la Scandinavie et les détroits, et élaboré dès les premiers jours de la guerre, est apparu si hasardeux, dans la mesure où il consistait à opérer dans les eaux ennemies, à portée de la flotte de surface et des sous-marins ainsi que des mines et des avions allemands, que tous les experts se sont prononcés résolument contre. Aussi a-t-il été vite mis au rancart.

Un deuxième projet, avancé quelques jours plus tard, entendait lui aussi couper le trafic du minerai de fer de Suède, mais cette fois par Narvik et l'Atlantique en minant les « *Leads* », c'est-à-dire la longue bande d'eaux territoriales norvégiennes utilisée pendant l'hiver, quand la Baltique est gelée, pour approvisionner l'Allemagne. Devant l'opposition du Foreign Office alarmé à l'idée de complications avec les neutres, l'affaire est mise en sommeil, mais quand, le 30 novembre 1939, l'URSS attaque soudainement la Finlande, elle va revenir au premier plan des préoccupations des Alliés.

Enfin le plan favori de Winston, auquel il consacre une bonne partie de son énergie et de ses soins, c'est celui qu'il a baptisé « Royal Marine ». À l'origine, on trouve l'idée de porter la guerre sur le territoire du Reich au moyen de mines dérivantes lancées dans les fleuves et les rivières, de manière à désorganiser toute la navigation fluviale et à jeter le chaos dans le système des communications intérieures allemandes, en particulier le Rhin et ses affluents (en profitant du sens du courant, qui mettait l'Allemagne à la merci d'une opération conduite à partir du territoire français). D'autres mines fluviales pourraient être lancées par avion dans d'autres régions plus à l'est. Aussitôt passionné par ce projet, Churchill recrute deux spécialistes, l'un militaire, l'autre civil, pour travailler à la mise au point de ces engins dans de petits ateliers de mécanique de la banlieue de Londres. Au cours de l'hiver, ces bricoleurs réussissent et Winston organise chaque soir à l'Amirauté des démonstrations – que l'on appelle ses *Midnight Follies*. Mais si le cabinet de guerre, pris sous les flots d'éloquence du Premier lord, se rallie à l'idée, l'obstacle vient des Français, qui refusent de se laisser convaincre et qui, par peur de représailles allemandes sur leur sol, mettent, en mars 1940, leur veto à l'opération. C'est donc l'impasse pour le plan de guerre de Churchill.

Dans le domaine de la stratégie navale, force est de souligner deux handicaps graves de Churchill. Pour lui – qui à bien des égards reste obsédé par le passé –, la base de la flotte, ce sont toujours les cuirassés, ainsi que les grands navire de surface, comme au temps des dreadnoughts lorsqu'il planifiait la Navy, entre 1911 et 1914, sans qu'il ait perçu la vulnérabilité des uns et des autres tant à l'arme sous-marine qu'à l'arme aérienne. D'une part, en effet, il ne croit pas vraiment à la menace des *U-Boote* – erreur qu'il partage avec la plupart des chefs de la marine : « Le sous-marin a été maîtrisé », n'a-t-il pas craint d'affirmer à la veille du conflit[1]. Pis encore : il se fourvoie complètement à propos du système des convois, seule riposte valable pourtant à l'action des submersibles et auquel il s'oppose (et s'opposera jusqu'en 1942), en s'accrochant au principe erroné que la poursuite vaut mieux que l'escorte – en quoi il demeure au fond du cœur un officier de cavalerie... D'autre part, Churchill n'a pas mesuré la puissance destructrice de l'aviation sur les navires de surface, même pourvus d'une solide défense antiaérienne : d'où l'expérience cruelle de la campagne de Norvège, durant laquelle la Royal Navy, opérant à proximité des bases de la Luftwaffe, fera ce dur apprentissage à ses dépens.

FIASCO EN NORVÈGE

Si la campagne de Norvège proprement dite a été courte – elle a duré moins d'un mois, de l'invasion allemande à l'évacuation alliée –, elle a une longue préhistoire, car dès le début le problème de la Scandinavie a été au cœur de la « drôle de guerre ». D'abord à cause du minerai de fer suédois. Puis surtout en raison de l'attaque de l'URSS contre la Finlande et de la « guerre d'hiver ».

Deux facteurs en commandent le déroulement : au plan politique, le jeu des forces à l'intérieur de l'appareil

---

1. Lettre de W. Churchill à Neville Chamberlain, 25 mars 1939 : cf. Patrick Cosgrave, *Churchill at War 1939-1940*, Londres, Collins, 1974, p. 58.

gouvernemental britannique (et français); sur le plan militaire, le choc entre la stratégie du Reich et la stratégie anglo-française, ou, si l'on préfère, entre deux plans de guerre, l'un cohérent, résolu et soigneusement préparé – et au bout du compte victorieux –, l'autre fait d'options successives, de velléités et d'improvisations confuses – qui tournera au complet échec.

Sur le terrain politique, à Westminster, si à la déclaration de guerre Chamberlain avait jugé prudent d'intégrer deux francs-tireurs à son gouvernement, Churchill à l'Amirauté et Eden aux Dominions, en revanche il n'avait pas réussi à l'élargir aux libéraux ni aux travaillistes. D'autre part, le cabinet de guerre, composé de neuf ministres, péchait gravement par le nombre et par l'âge : « J'ai calculé, lui écrivait plaisamment Churchill, que les six noms que vous avez mentionnés [...] totalisaient 386 ans, soit une moyenne de 64 ans – un an seulement au-dessous de l'âge de la retraite[1] ! » Conscient que ce n'était pas sans appréhension que ses nombreux adversaires l'ont vu revenir au pouvoir, le Premier lord se sait surveillé et encadré. Ainsi lord Hankey, appelé lui aussi au cabinet de guerre, écrit : « D'après ce que je comprends, mon principal travail sera d'avoir l'œil sur Winston[2]. » Pourtant Churchill se montre loyal, sans intriguer ni manœuvrer, lui qui se retrouve étrangement entouré au gouvernement par une phalange d'anciens *appeasers*, grands bourgeois respectables et temporisateurs, depuis sir John Simon, un avocat quelque peu pédant à l'Échiquier, jusqu'à sir Kingsley Wood, un notaire méthodiste au ministère de l'Air, tandis qu'aux

---

1. Cf. Keith Feiling, *The Life of Neville Chamberlain*, Londres, Macmillan, 1946, p. 420.
2. Lettre de Maurice Hankey à sa femme, 3 septembre 1939, cité par Stephen Roskill, *Hankey : Man of Secrets,* Londres, Collins, t. III, 1974, p. 419.

Affaires étrangères continue de trôner lord Halifax, personnage scrupuleux et énigmatique, drapé dans le manteau de la conscience chrétienne.

Contrairement à ce que l'on pouvait craindre, les relations avec Chamberlain se sont établies sur un pied de collaboration effective, malgré la différence des tempéraments. En vérité, le Premier ministre et le Premier lord ont besoin l'un de l'autre. Tous deux se tiennent mutuellement – et le savent. En effet, si Chamberlain a fait entrer Churchill au gouvernement, c'est parce qu'il lui fallait à la fois en élargir l'assise et en étendre l'audience dans le pays. En même temps, pour apparaître comme le premier responsable de la conduite de la guerre, il doit donner l'impression que, loin de bloquer les projets du ministre de la Marine, il les soutient. Ainsi, non seulement il ne lui est pas possible de se passer des services d'un homme dont il connaît et reconnaît les dons et le prestige, mais cet homme est par ailleurs le seul à pouvoir offrir au cabinet de guerre une image d'allant et d'énergie.

Quant à Churchill, dans la mesure où il s'efforce de convertir la stratégie passive du gouvernement en stratégie offensive, il doit faire alterner projets audacieux – en Norvège par exemple – et concessions, afin de ne braquer ni le Premier ministre ni ses autres collègues. D'autant qu'il sait que son heure, si elle doit un jour sonner, ne peut venir qu'avec l'aval de Chamberlain, sans lequel jamais il ne pourra obtenir le ralliement du gros du Parti conservateur. Si d'aventure il lui prenait envie de jouer contre le Premier ministre, il s'exposerait *ipso facto* à voir se fermer à jamais le chemin de Downing Street. Dans l'immédiat, le mot d'ordre est donc à la patience et au compromis.

Ce qui ne l'empêche nullement de bombarder quotidiennement Chamberlain – comme il l'avait fait naguère avec Asquith – de missives, lettres, notes, plans et suggestions diverses. C'est que, en dépit de relations somme toute cordiales, les divergences de méthode et d'objectif ne laissent pas de surgir constamment. Au bout de quelques jours de fonctionnement de l'attelage, Chamberlain soupire déjà : « Les deux difficultés majeures avec lui, c'est d'abord qu'il discourt énormément aux séances du cabinet, et en général son discours n'a qu'un rapport lointain – quand il en a un – avec le sujet en discussion, et ensuite c'est qu'il m'écrit sans cesse des missives interminables. Étant donné que nous nous voyons chaque jour à la réunion du cabinet de guerre, on pourrait estimer que ce n'est pas indispensable, mais bien entendu je me rends compte que ces lettres sont destinées à être un jour citées dans le livre qu'il écrira après la guerre... » Peu à peu l'agacement perce. Ainsi en avril 1940 : « Bien que Churchill veuille avant tout se montrer coopérant, il me donne plus de fil à retordre que tous les autres ministres réunis[1]. »

*
* *

Le 30 novembre 1939, la *phoney war* a pris soudain une nouvelle tournure. Au milieu de la torpeur et de la passivité d'une guerre statique, l'agression de l'URSS contre la Finlande éclate comme un coup de tonnerre. Désormais le Nord est au cœur de tous les calculs et de tous les plans – ce qui réjouit et conforte Churchill. Deux questions assaillent aussitôt les responsables britanniques et français : *primo*, comment porter assistance à la Finlande et en même temps utiliser cette opportunité inattendue pour couper la route du fer suédois ? *Secundo*, faut-il envisager des opérations contre l'URSS ?

---

1. Lettres de Neville Chamberlain à sa sœur, 17 septembre 1939 et 7 avril 1940 : Chamberlain Papers, NC 18/1/1121 et NC 18/1/1150.

Sur le second point, tandis qu'en France beaucoup rêvent d'en découdre avec l'Union soviétique, alliée de l'Allemagne et mère du communisme international, et à cet effet se mettent à échafauder des plans tous plus chimériques les uns que les autres, de Petsamo à Bakou – autrement dit du cap Nord au Caucase –, à Londres on garde la tête froide et les dirigeants, de Chamberlain et Halifax à Churchill, s'opposent résolument à l'idée d'ouvrir des hostilités contre l'URSS, les premiers parce qu'ils n'ont aucun goût pour les entreprises aventureuses et risquées, le second parce qu'il est persuadé que l'entente germano-soviétique est temporaire et que les deux empires finiront par entrer en conflit l'un avec l'autre – il est donc capital de ménager l'avenir.

Au contraire, sur le fer de Suède, le Premier lord s'est empressé de revenir à la charge afin de faire adopter son projet de miner le chenal des eaux norvégiennes – *the Leads* – au large de Narvik. Le 18 décembre, dans un mémorandum soumis au cabinet de guerre et à discuter au Conseil suprême interallié du lendemain, il envisage même un débarquement de troupes britanniques et françaises – le caractère montagneux du pays pouvant, dit-il, se montrer avantageux face à la Wehrmacht, incapable d'utiliser ses blindés sur ce terrain. Emporté dans son imaginaire par un optimisme débridé, il conclut hardiment : « Nous avons tout à gagner et rien à perdre en attirant la Norvège et la Suède dans la guerre [1]. »

Mais si l'idée d'un débarquement à Narvik et de la saisie par les Alliés des mines de Laponie est dorénavant dans l'air – ce qui signifie ni plus ni moins l'ouverture d'un front scandinave –, elle se heurte très vite à des difficultés insurmontables tant sur le plan militaire que sur

---

1. Cf. PRO/ CAB 65/ 2 WM (39) 118. Cité par François Bédarida, *La Stratégie secrète de la drôle de guerre,* Paris, Presses de la FNSP et Éditions du CNRS, 1979, p. 194.

le plan diplomatique – à commencer par celle-ci : comment obtenir l'accord de la Suède et de la Norvège à la violation de leur propre neutralité ? Après bien des atermoiements et après la signature le 13 mars de l'armistice entre la Finlande et l'URSS, on en revient à la seule opération navale proposée originellement par Churchill, à savoir le minage des eaux norvégiennes, mais l'obstination française à refuser le plan Royal Marine retarde encore la décision jusqu'au début d'avril 1940.

Cependant, à l'insu des Alliés, le haut commandement allemand s'était penché depuis le début de la guerre sur la question de la Scandinavie, et des plans d'opérations en Europe du Nord avaient été mis à l'étude. Au milieu de décembre 1939, Hitler charge l'état-major de préparer une campagne destinée à saisir des ports sur les côtes norvégiennes. Et, le 1er mars 1940, il lance sa directive n° 10/A ordonnant l'occupation du Danemark et de la Norvège, la date de l'expédition étant fixée au 9 avril. Ce plan, baptisé Weserübung, était fort audacieux, de l'aveu même du chef de la Kriegsmarine, l'amiral Raeder : « L'opération, écrivait-il dans un rapport au Führer, est en soi contraire à tous les principes de la guerre navale », puisqu'elle supposait la supériorité sur mer, alors que cette dernière appartenait à la flotte britannique. Mais le grand atout, c'était « la surprise[1] ».

Effectivement la surprise a joué de façon déterminante au profit des Allemands. Le 9 avril au matin, à Londres comme à Paris, on est totalement pris au dépourvu. Comme l'a écrit avec humour le général Spears, « nous n'aurions pas été plus stupéfaits si, regardant un film de gangsters, nous avions vu soudain de vrais bandits sortir de l'écran[2] ». C'est que les événements ont marché très

1. « The Führer's Conferences on Naval Affairs », 9 mars 1940, *Brassey's Annual 1948*, p. 86.
2. Edward Spears, *Assignment to Catastrophe*, Londres, Heinemann, 1954, t. I, p. 102.

vite depuis qu'au soir du 5 avril les Britanniques s'étaient mis d'accord avec les Français pour le minage immédiat des eaux territoriales norvégiennes. Les ordres aussitôt donnés par l'Amirauté, la pose des champs de mines a été effectuée le 8 au matin au large de Narvik. Mais, au même moment, du côté allemand, le mécanisme de l'attaque contre le Danemark et la Norvège s'était mis en marche. Chacun des cinq groupes de navires prévus pour le débarquement dans les ports norvégiens a pris la mer et, le 9 avril à l'aube, avec une précision d'horloge, les convois se sont présentés à l'heure dite devant leurs objectifs : à 2 h 15 à Bergen ; à 3 h 30 à Trondheim ; à 4 heures, à l'entrée du fjord de Narvik ; il n'y a qu'à Oslo que la résistance inattendue de la forteresse d'Oscarborg a retardé quelque peu la conquête de la ville. Au total, en une matinée, les Allemands se sont rendus maîtres des principaux ports, des aérodromes et de la capitale de la Norvège, ainsi que de l'ensemble du territoire danois : nouvelle et éclatante démonstration de la puissance du Reich.

*

* *

La campagne de Norvège, mis à part un ou deux succès épisodiques au début, n'a été qu'une longue suite de déboires pour les Anglo-Français. Dans la mesure où la marine occupe une place centrale dans les opérations, c'est sur le Premier lord de l'Amirauté que retombe le tribut le plus lourd, d'autant que, depuis le 3 avril, il a ajouté à ses tâches, à la demande de Chamberlain, la fonction de président du Comité de coordination militaire (*Military Co-ordination Committee*), chargé de la stratégie et du suivi tactique, sans toutefois que ce titre lui donne de véritable pouvoir sur l'armée ni sur l'aviation. Le 1er mai, Churchill est même adjoint au Premier ministre avec autorité sur le Comité des chefs d'état-major : charge elle aussi plus fictive que réelle et qui lui confère plus de responsabilité que de pouvoir.

Dans la campagne, très brève, on peut distinguer trois phases. La première est marquée par des victoires navales : la Royal Navy inflige des pertes sévères à la Kriegsmarine devant Narvik, mais ces succès, qui bénéficient d'une large publicité, masquent le fait que l'envahisseur continue de tenir les ports et d'acheminer des renforts dans le pays. En proie à un optimisme aussi imprudent qu'injustifié, Winston croit bon de dauber sur « l'erreur stratégique et politique » commise par Hitler, une erreur « comparable, dit-il, à celle commise par Napoléon en 1807, lorsqu'il envahit l'Espagne[1] ».

Au bout de trois jours, il faut déchanter, en sorte que la phase suivante est consacrée par les Anglo-Français à tenter de déloger de Norvège les forces allemandes qui y ont pris pied. Mais à Londres et à Paris on hésite entre la reconquête de la Norvège septentrionale, autour de Narvik, et celle de la Norvège centrale, autour de Trondheim. Finalement on opte pour cette dernière, et deux débarquements ont lieu, l'un à Namsos, l'autre à Andalsnes, au nord et au sud de Trondheim. Cependant, tandis que Churchill interfère sans cesse avec les mouvements opérationnels de la Navy à la place des amiraux, les corps débarqués sur la côte norvégienne se retrouvent dans une situation très précaire : incapables de refouler les envahisseurs, ils sont durement talonnés par les troupes de montagne allemandes en même temps qu'exposés aux attaques incessantes de la Luftwaffe, qui a la maîtrise de l'air. Le 24 avril, le Premier lord rédige à l'intention de Chamberlain une note portant ces mots :« Je dois vous avertir qu'en Norvège vous allez à

---

1. Discours à la Chambre des communes, 11 avril 1940 : cf. W. Churchill, *War Speeches*, t. I, p. 169 ; trad. fr., *L'Entrée en lutte, op. cit.*, p. 236.

la catastrophe » (finalement il se contente de le lui expliquer de vive voix [1]).

On en arrive ainsi à la troisième phase, à partir du 28 avril. Devant des nouvelles de plus en plus alarmantes, il ne reste plus qu'à ordonner l'évacuation. Après moins de deux semaines de combats, les contingents britannique et français sont rapatriés. L'opération s'achève dans les premiers jours de mai.

Mais maintenant que l'affaire de Norvège a tourné au désastre, il est impossible d'éluder deux séries d'interrogations : d'où vient une défaite militaire aussi cuisante ? Où chercher les responsables de l'échec ? Sur le plan militaire, il est évident qu'erreurs tactiques et dysfonctionnements des services ont grippé les rouages de la machine de guerre, qui s'est désintégrée. Par la suite, Churchill saura en tirer les leçons, car il gardera en mémoire l'accumulation des facteurs ayant conduit à la catastrophe : absence de direction unique du commandement tant entre responsables britanniques qu'entre alliés français et anglais, complète inexpérience en matière d'opérations combinées, ignorance du fait capital que rien ne peut prévaloir contre la supériorité aérienne ennemie, pagaille généralisée faute de coordination entre les services, enfin décryptage du code de l'Amirauté britannique par les Allemands, qui lisent en clair les signaux de la Navy.

Sur le plan politique, le bilan est lourd pour le Premier lord, car s'il est sûr que la part principale de la responsabilité dans l'échec revient au Premier ministre, la sienne vient immédiatement après, tant il s'est investi et est intervenu à tous les stades dans la conduite des opérations – non sans susciter des relents mémoriels des Dardanelles. À l'heure des comptes, tout ce passif ne va-t-il pas renforcer son image de politicien agité et brouillon,

1. Cf. F. Bédarida, *La Stratégie secrète..., op. cit.*, p. 480.

d'acteur toujours en quête d'un rôle et toujours prêt à jouer les pièces ratées – de surcroît en les jouant mal ?

LA MARCHE DU DESTIN

Ce serait commettre un contresens historique complet que de s'imaginer, en fonction de la stature acquise par Churchill en 1940, qu'au lendemain de l'échec de Norvège on commençait à discerner en lui un leader national d'avenir ou même un successeur de Chamberlain. Les probabilités demeuraient faibles qu'il réussît un jour à s'imposer à la classe politique pour prendre la tête des affaires et obtenir l'adhésion du pays. Surtout, il convient de se garder du défaut, si fréquent en histoire, de raisonner *a posteriori* – démarche déplorable qui aboutit à transformer le hasard en nécessité. Présenter comme inéluctable l'enchaînement des événements ayant porté Winston à la charge suprême revient à occulter les aléas immenses qui ont jalonné à Londres les journées dramatiques pour le sort de l'Europe du mardi 7 mai au vendredi 10 mai 1940.

D'autant que l'on ne doit pas se méprendre non plus sur Chamberlain, souvent dépeint comme condamné après le fiasco norvégien. Car le Premier ministre était tout le contraire d'un faible : c'était un lutteur à la force de volonté peu commune et au courage obstiné. Politicien aussi attaché au pouvoir qu'expérimenté, il exerçait un ascendant considérable sur ses ministres et sur le Parlement. Sa popularité dans le pays restait élevée : en mars 1940, un sondage Gallup lui accordait 57 % d'opinions favorables. Sa faiblesse essentielle, et qui lui sera fatale, c'est que cet homme efficace et consciencieux n'avait pas la personnalité d'un chef de nation en guerre. Manquant d'inspiration lui-même, il ne peut inspirer ses compatriotes. Dépourvu d'élan, il ne peut les entraîner sur le chemin d'une guerre totale. Dès les premiers jours de la « drôle de guerre », Thomas Jones, ancien secrétaire du cabinet, notait cruellement : « Au gouvernement, Winston est le seul à pouvoir faire passer quelque chose, en ébranlant les gens. Le Premier ministre est constipé, terne ; il parle d'endurance et de victoire sur le ton même de la défaite[1]. » Cependant, le chef du gouvernement, même si les événements de Norvège l'ont fragilisé, garde indéniablement autorité et assurance, et peu d'observateurs prévoient sa chute.

C'est donc par une étonnante ruse de l'histoire que Chamberlain, qui pendant des mois s'était montré peu enthousiaste pour une action sur le terrain scandinave, en a été la principale victime, alors que pour sa part Churchill est épargné, lui qui a poussé impatiemment à l'ouverture d'un front septentrional et dont les responsabilités sont accablantes dans la conduite malheureuse des opérations. Effectivement, au cours du débat de deux jours consacré à l'affaire norvégienne, les 7 et 8 mai à la Chambre des communes, la réprobation se concentre sur le Premier ministre ainsi que sur ses amis « munichois » du cabinet, jugés coupables de l'impréparation militaire de la nation si durement mise en évidence par la campagne nordique.

Dès l'ouverture du débat, le gouvernement est assailli par un flot de critiques acerbes. Paradoxalement, c'est des bancs conservateurs plus que de l'opposition travailliste que viennent les attaques les plus percutantes. En une interpellation solennelle, Leo Amery réitère à l'adresse du gouvernement l'injonction fameuse de Cromwell au Long Parlement lui intimant de disparaître. De son côté, Lloyd George, dont c'est la dernière grande

---

1. Lettre de Tom Jones à A. Flexner, 30 septembre 1939, in Thomas Jones, *A Diary with Letters 1931-1940*, Oxford, Oxford University Press, 1954, p. 440.

intervention publique, conseille au Premier ministre, puisqu'il a parlé de sacrifices nécessaires, de se sacrifier lui-même. Dans ce contexte difficile, Churchill tente loyalement et vaillamment de défendre l'action du cabinet en déclarant prendre sur ses épaules la responsabilité des événements de Norvège. Malgré tout, au soir du 8 mai, le vote qui clôture le débat prend à l'évidence la signification d'un scrutin de défiance envers Chamberlain : la majorité gouvernementale est tombée de 213 à 81 voix, 41 députés conservateurs et apparentés ont voté avec l'opposition, 60 se sont abstenus.

Il n'y a dès lors que deux solutions : ou bien remanier profondément l'équipe au pouvoir sous la houlette de Chamberlain, ou bien faire appel à un nouveau Premier ministre. Dans cette dernière occurrence, deux noms sont en balance : Halifax et Churchill. Le premier semble avoir toutes les chances. Incarnation de l'establishment, ami de la famille royale, grand propriétaire foncier, ancien vice-roi des Indes, ce personnage distingué et expérimenté, toujours impeccablement mis, souple et vertueux, est respecté par tous pour son intégrité. Il rassure par son sens de la mesure et sa prudence. Surtout, le ministre des Affaires étrangères a pour lui la plupart de ceux qui comptent : le roi, le Premier ministre, la majorité des députés conservateurs, les Lords et une partie du Labour (Attlee le leader, mais aussi Morrison et Dalton).

En face, rien n'indique encore que l'heure de Churchill soit proche. Ne traîne-t-il pas toujours avec lui sa réputation de touche-à-tout impulsif et incontrôlable, l'ombre de ses amis douteux, le souvenir de ses échecs passés – les Dardanelles, l'Inde, l'abdication ? En 1942, Goebbels notera dans son journal : « Le Führer se rappelle que tous les Anglais qu'il recevait avant la guerre s'accordaient pour le traiter de politicien ridicule. Même Chamberlain l'a dit au Führer. » Dans l'opinion britannique, encore en avril, à un sondage sur la question de savoir quel serait le meilleur Premier ministre en cas de retrait de Chamberlain, 28 % répondaient Eden et seulement 25 % Churchill – Halifax obtenant 7 %, comme Attlee. Du côté du Labour, alors en congrès à Bournemouth, s'il apparaît peu probable que le parti accepte de servir dans un gouvernement dirigé par Chamberlain (qui n'a jamais caché son mépris à l'égard des travaillistes), il n'y a qu'une minorité favorable à Churchill, tandis que la plupart lui sont farouchement hostiles. Il est vrai que le Labour n'a qu'un pouvoir négatif : sa capacité de veto a beau être réelle, comme l'événement le montrera, elle ne lui permet pas d'imposer son candidat.

Après que Chamberlain a exploré directement avec Halifax les chances d'une coalition et que le ministre des Affaires étrangères lui a fait part de ses réticences, la réunion décisive a lieu le 9 mai après-midi entre le Premier ministre et les deux successeurs possibles, Halifax et Churchill. Le premier renonce en fait à briguer la charge de Premier ministre en réitérant son objection essentielle à l'idée d'occuper Downing Street : pair du royaume, il ne peut siéger aux Communes, épicentre du pouvoir (le fond de l'affaire, c'est que Halifax ne tient pas à être Premier ministre, car il ne se sent pas fait pour cette fonction : trop scrupuleux, trop introverti, il n'a pas lui non plus la trempe d'un chef de guerre). Churchill, interpellé, commence par garder un long silence de deux minutes – lui à qui on reprochait de toujours vouloir parler, en intervenant à temps et à contretemps, pour une fois sait providentiellement se taire. Puis il finit par se rendre aux arguments de Halifax. Le voilà donc virtuellement successeur de Chamberlain. Selon des versions qui ont circulé après la guerre, parmi les éventualités envisagées, Winston aurait aussi accepté de servir dans un gouvernement Halifax en tant que ministre de la Défense, autrement dit responsable de la conduite de la guerre, mais aucune documentation vraiment sûre ne permet de valider cette hypothèse.

Dès lors, tout paraît réglé. Seulement tout se dérègle le 10 mai au matin avec l'invasion de la Belgique et des Pays-Bas par les armées allemandes. D'un coup Chamberlain reprend espoir. Arguant de la gravité de la conjoncture, il tente de manœuvrer en soutenant que ce n'est pas au milieu du gué qu'il convient de changer d'attelage. Trois réunions du cabinet de guerre ont lieu dans la journée. Mais deux événements viennent contrer cette opération de dernière heure et porter le coup de grâce à l'ultime sursaut de Chamberlain. D'une part, l'un de ses fidèles, le ministre de l'Air, Kingsley Wood, se retourne contre lui et lui explique tout de go que l'heure est venue de passer la main. D'autre part et surtout, le Labour envoie de son congrès un message faisant savoir qu'il est prêt à participer à une coalition, mais qu'en aucun cas il ne consentira à servir dans un gouvernement dirigé par Chamberlain. Dans ces conditions, celui-ci n'a plus qu'à aller remettre sa démission au roi en lui recommandant de faire appel à Churchill. C'est ce que fait George VI : à 18 h 30, ce jour-là, Churchill est nommé Premier ministre.

Ainsi, à l'âge de soixante-cinq ans, après des années de solitude et d'infortune, Winston voyait la chance revenir à lui. Au soir du 10 mai 1940, le voici parvenu au sommet, sa grande ambition enfin remplie. Mais pour cela il lui a fallu franchir une porte singulièrement étroite, et jusqu'à la dernière seconde tout est resté en suspens. En fin de compte, son avènement à la tête de la Grande-Bretagne – événement capital pour le monde en même temps que pour lui-même –, loin de résulter d'un consensus politique ou d'une nécessité de l'arithmétique parlementaire, a été le fruit d'un concours de circonstances imprévisibles. C'est pourquoi Churchill y a vu la main du destin et éprouvé « l'impression de marcher avec lui », comme il l'a écrit dans ses Mémoires [1].

*

* *

Puisqu'un gouvernement d'union nationale correspond au souhait du pays, et compte tenu de la gravité de l'heure, Churchill forme dès le 11 mai un ministère de coalition tripartite, comprenant conservateurs, travaillistes et libéraux. À la tête, un cabinet de guerre restreint de cinq membres, dont font partie d'une part, dans un esprit de conciliation, les deux principales figures de l'ancien gouvernement, Chamberlain – amer et mal résigné – nommé Lord Président, avec responsabilité pour les affaires intérieures, et au Foreign Office lord Halifax, et, d'autre part, deux travaillistes : Clement Attlee, le leader du parti, efficace et discret, nommé lord du Sceau privé, et le leader adjoint Arthur Greenwood, modéré et conciliant, mais terne. Churchill a ajouté à sa charge de Premier ministre celle de leader de la Chambre des communes et surtout un poste nouveau, celui de ministre de la Défense, ce qui lui donne autorité sur la conduite de la guerre et établit le lien avec les trois chefs d'état-major et les trois armes. Les trois portefeuilles de ces dernières sont équitablement répartis : un conservateur à la Guerre, Eden ; un travailliste à l'Amirauté, A.V. Alexander ; un libéral à l'Air, sir Archibald Sinclair, le vieil ami de Winston.

Pour ne pas paraître vindicatif, Churchill a gardé les acolytes de Chamberlain : Simon, anobli, devient Lord Chancellor, Kingsley Wood reçoit l'Échiquier (parmi les anciens *appeasers*, seul sir Samuel Hoare n'est pas intégré, mais il est nommé ambassadeur à Madrid, un poste crucial eu égard aux circonstances). À l'Information, un

1. SWW I, p. 601 ; trad. fr., I, 2, p. 284.

ancien rebelle tory, Duff Cooper, remplace Reith, ex-directeur de la BBC, que Winston n'aime pas (il l'a surnommé « le haut de hurlevent »). Pour son ami Beaverbrook, malgré les réticences de beaucoup, est créé un nouveau ministère en un domaine vital, celui de la Production aéronautique. Du côté des travaillistes, le personnage le plus important est le syndicaliste Ernest Bevin, leader du Syndicat des transports, nommé ministre du Travail, tandis que Herbert Morrison est placé à l'Armement et Hugh Dalton à la Guerre économique (avec la charge des services spéciaux). Bien entendu, Winston appelle auprès de lui ses amis, Bracken, Lindemann, Morton, qui feront partie de l'entourage du Premier ministre jusqu'à la fin de la guerre.

Cependant, même parvenu au pouvoir suprême, et en dépit de son ascendant personnel, Churchill continue de se heurter au mauvais vouloir d'une large partie de la classe politique, où ne manquent ni les antipathies ni les embûches. Il a beau multiplier les appels à la sagesse et à la concorde – « Si nous ouvrons une querelle entre le passé et le présent, avertit-il, nous nous apercevrons bien vite que l'avenir est perdu pour nous [1] » –, l'establishment politique et administratif, à qui, on doit le reconnaître, le Premier ministre a été imposé sans consultation et à contrecœur, ne s'en tient pas moins sur la réserve pendant des semaines.

Le 13 mai, lorsque Winston fait son entrée à la Chambre pour y prononcer son premier discours de Premier ministre – avec la péroraison fameuse : « Je n'ai rien à offrir que du sang, du labeur, de la sueur et des larmes [2] » –, il est applaudi par les travaillistes et les libé-

---

1. W. Churchill, *War Speeches*, t. I; trad. fr., *L'Entrée en lutte, op. cit.*, p. 268 : discours du 18 juin 1940 à la Chambre des communes.
2. *Ibid.*, pp. 250-251. Dans ce texte, Churchill a emprunté à Garibaldi (discours du 2 juillet 1849 à Rome) et à Clemenceau (discours du 20 novembre 1917).

raux, mais seulement par une poignée de conservateurs, tandis que Chamberlain reçoit de bruyantes ovations de ce côté-là. Du reste, fait exceptionnel dans la pratique constitutionnelle britannique, ce dernier reste le leader du Parti conservateur. Churchill, quant à lui, est chef du gouvernement sans être chef du parti majoritaire aux Communes. La situation ne sera régularisée qu'en octobre 1940, lorsque Chamberlain, atteint d'un cancer, abandonnera à la fois ses fonctions ministérielles et son poste de leader, et que Winston lui succédera à la tête du parti.

Dans les rangs conservateurs, beaucoup ne voient dans le gouvernement Churchill qu'une combinaison de transition. Ainsi, l'éminence grise du parti, lord Davidson, écrit : « Les tories n'ont pas confiance en Winston. [...] Une fois passé le premier choc de la guerre, il est fort possible qu'émerge un gouvernement plus valable », tandis que dans son Journal John Colville observe à la même date « un certain penchant à croire à l'échec complet de Winston et au retour de Neville ». Le modéré Halifax va jusqu'à parler de « gangsters » en train d'arriver au pouvoir dans le sillage de Churchill [1].

Dans la haute administration, tant civile que militaire, les appréhensions sont également grandes. Partout on redoute des initiatives désordonnées, des interférences autoritaires, des directives hasardeuses. Après la guerre, des hommes qui sont devenus d'ardents supporters de Churchill, dévoués à sa personne jusqu'à la mort, ont raconté comment, avant d'être conquis par l'ardeur et le dynamisme du Premier ministre, ils avaient nourri les pires préventions à son égard. Par exemple, « Jock »

---

1. Lettre de lord Davidson à lord Baldwin, 11 mai 1940, et John Colville, journal inédit : cf. MG VI, *1940-1941*, p. 327 ; Andrew Roberts, *The Holy Fox,* Londres, Weidenfeld and Nicolson, 1991, p. 209.

Colville, qui fut son secrétaire pendant des années, après avoir été celui de Chamberlain, a évoqué l'atmosphère régnant à Whitehall à l'annonce de la nomination de Churchill à la tête du gouvernement. Cette pensée, écrit-il, « glaçait dans le dos le personnel du 10 Downing Street », et il en allait de même dans tous les ministères. « Rarement, poursuit-il, un Premier ministre a pris ses fonctions avec un establishment aussi rempli de doutes sur le choix du titulaire et aussi prêt à voir ses craintes justifiées [1]. »

Pour l'heure, cependant, Churchill, tout à l'immensité de sa tâche, n'a cure des obstacles domestiques. Non point qu'il ne se rende pas compte des dissonances et des malveillances autour de lui. Mais d'abord la guerre prime tout. Ensuite il compte sur le pouvoir de l'opinion et sur l'adhésion de la population par-dessus la tête des détenteurs traditionnels du pouvoir – un calcul qui se révélera exact, puisqu'un sondage Gallup au début d'août donnera une proportion de 88 % de Britanniques favorables au Premier ministre contre 7 % hostiles et 5 % douteux.

Plus que jamais confiant dans son étoile, Winston a le sentiment que par-delà les péripéties traversées, qu'elles aient été heureuses ou malheureuses, le destin est désormais en marche. Un destin qui va forger pour lui la plus haute des destinées, à l'égal des héros de la nation qu'il admire tant, et qui justifie qu'on lui applique les mots avec lesquels Macaulay brossait le portrait du premier Pitt : « Il aspirait au pouvoir, mais il y aspirait, peut-on dire, pour des motifs nobles et généreux. Il était, dans le sens le plus strict du terme, un patriote. [...] Il aimait l'Angleterre comme un Athénien aimait la Cité de la Couronne de Violettes, comme un Romain aimait la

---

1. Cf. John Wheeler-Bennett, éd., *Action this Day*, Londres, Macmillan, 1968, pp. 48-49.

Ville des Sept Collines. Il avait vu sa patrie insultée et humiliée. Il avait vu l'esprit national commencer à sombrer. Pourtant, il savait tout ce que pouvaient produire les ressources de l'empire, une fois employées avec énergie, et il était conscient d'être l'homme à les employer avec énergie. "Milord, disait-il au duc de Devonshire, je suis sûr que je peux sauver ce pays, moi, et personne d'autre[1]." »

1. Thomas B. Macaulay, « William Pitt, Earl of Chatham » (1834), *Critical and Historical Essays*, Londres, Dent, Everyman's Library, t. I, 1907, pp. 396-397.

CHAPITRE VI

L'heure la plus belle
1940-1941

L'ANGLETERRE SEULE

Sitôt organisé le nouvel appareil de direction du pays autour du Premier ministre – cabinet de guerre, gouvernement, secrétariat civil et militaire, coordination avec les chefs d'état-major –, c'est la bataille qui commande les premières décisions. Car l'heure est grave. Devant l'offensive de la Wehrmacht qui se déchaîne irrésistiblement, Churchill a conscience que ce qui est en jeu, c'est, selon ses propres termes, « la survie même de la Grande-Bretagne, son message et sa grandeur [1] ». Dès le 14 mai la percée allemande à Sedan a suscité l'alarme. Très vite il apparaît que l'armée française est incapable d'arrêter la ruée des blindés allemands. Le 15 mai, à 7 h 30 du matin, Churchill est réveillé par un coup de téléphone affolé de Paul Reynaud : « Nous sommes battus, nous avons perdu la bataille. [...] Le front est percé », et le président du Conseil français va jusqu'à parler d'abandonner la lutte [2].

---

1. Note rédigée en vue de ses Mémoires de guerre et non utilisée : cf. MG VI, *1940-1941*, p. 322.
2. SWW II, pp. 38-39 ; trad. fr., II, 1, p. 45.

Devant cet appel angoissé, le Premier ministre décide de se rendre en personne à Paris afin de s'informer de vive voix et de prendre la mesure de la situation militaire. Arrivé le 16 dans l'après-midi au Quai d'Orsay avec une petite délégation pour une séance improvisée du Conseil suprême interallié, il trouve les dirigeants français, Reynaud, Daladier, Gamelin, très abattus, et il les entend déclarer la route de Paris ouverte, le lourd climat étant encore aggravé par le spectacle des monceaux d'archives en train de brûler sur la pelouse. Lui qui encore le matin déclarait : « Il est ridicule d'imaginer que la France va être conquise par 120 tanks » a beaucoup de mal à se rendre compte de l'étendue du désastre. « Winston est arrivé à 17 heures, raconte le ministre-conseiller de l'ambassade britannique à Paris, plein de feu et de rage, disant que les Français ont les foies [*lily-livered*] et qu'ils n'ont qu'à se battre. Après avoir conféré avec Reynaud, sa vision est beaucoup plus grave. » Il faut même qu'à la faveur d'une interruption de séance le diplomate Roland de Margerie l'entraîne dans une embrasure de fenêtre pour lui exposer sans ambages l'ampleur de la défaite dans le secteur de Sedan : à un Premier ministre frappé de stupeur, Margerie explique que la veille il a même discuté avec Paul Reynaud l'éventualité d'avoir à se battre un jour prochain sur la Loire ou sur la Garonne, voire de se transporter en Afrique du Nord[1].

Dès ce moment Churchill a donc dû envisager l'éventualité d'une défection française. Autrement dit, l'hypothèse de l'Angleterre restant seule face à Hitler. Au

1. John Harvey, éd., *The Diplomatic Diaries of Oliver Harvey 1937-1940*, Londres, Collins, 1970, pp. 358-359 ; témoignage de Roland de Margerie à l'auteur, 11 février 1977 (R. de Margerie, chef de cabinet de Reynaud, en poste à l'ambassade de France à Londres avant la guerre, connaissait bien Churchill).

demeurant, le soir même, au cours d'une réunion privée chez Paul Reynaud, devant un auditoire d'officiels français médusés, Winston se lance dans un discours torrentiel, moitié français moitié anglais, mêlant les imprécations contre le régime nazi et la vision d'une stratégie mondiale où grâce à la maîtrise des mers, à la puissance de l'industrie de guerre anglo-américaine et à l'intervention des États-Unis, la balance des forces se renverserait et l'Allemagne serait écrasée : « Ce jour-là, nous détruirons leurs villes, nous minerons leurs fleuves, nous incendierons leurs récoltes, nous mettrons le feu à leurs forêts, jusqu'au moment où le régime hitlérien s'effondrera et où nous aurons libéré le monde de cette peste. » Paul Baudouin lui-même, malgré son anglophobie et son défaitisme, ne peut s'empêcher d'être impressionné par la puissance de conviction et par la détermination inébranlable du Premier ministre : « Jusqu'à une heure du matin il chevauche une vision apocalyptique de la guerre. Il se voit du fond du Canada dirigeant, par-dessus une Angleterre rasée par les bombes explosives, par-dessus une France dont les ruines seront déjà froides, la lutte par avions du Nouveau Monde contre l'Ancien dominé par l'Allemagne. [...] Il est le héros de la lutte jusqu'au bout. » De fait, trois jours plus tard, à Londres, Colville note dans son journal : « Son esprit est indomptable ; même s'il arrivait à la France ou à l'Angleterre d'être perdues, j'ai l'impression qu'il continuerait la croisade lui-même avec une bande de volontaires [1]. »

Très pessimiste, Winston pense que les Français sont en train de craquer – comme les Polonais. Sa confiance dans le commandement est irrémédiablement atteinte.

---

1. Roland de Margerie, carnets inédits ; Paul Reynaud, *Mémoires*, t. II, *Envers et contre tous*, Paris, Flammarion, 1963, p. 355 ; Paul Baudouin, *Neuf mois au gouvernement*, Paris, La Table ronde, 1948, p. 58 ; John Colville, *The Fringes of Power*, Londres, Hodder and Stoughton, 1985, t. I, p. 157.

Aussi, quoique la décision lui coûte, il résiste aux demandes pressantes de Paris qui réclame l'envoi massif et urgent de groupes de chasse (*squadrons*), d'autant que le chef du Fighter Command, le maréchal de l'air Dowding, s'y oppose catégoriquement afin de pouvoir assurer, le jour venu, la défense de l'île. En même temps, dès son retour à Londres, le 17 mai, Churchill a formé un comité chargé d'examiner ce que devra faire l'Angleterre au cas où la France capitulerait et où l'Angleterre resterait seule[1].

Bientôt il devient clair que l'objectif de la Wehrmacht n'est point Paris, mais que le « coup de faucille » vise l'estuaire de la Somme et la côte de la Manche, de manière à envelopper les unités de pointe de l'armée française et le corps expéditionnaire britannique (BEF) lancés en Belgique et à les enfermer dans une nasse. Dès le 19 mai, le chef du BEF, le général Gort, envisage un repli vers le littoral et le rembarquement de ses troupes. Rapidement les frictions entre Français et Britanniques s'aggravent, tant au sujet de la conduite à tenir envers l'Axe, et plus particulièrement de sondages sur une paix éventuelle auprès de Mussolini, qu'à propos de l'évacuation de Dunkerque, entreprise à partir du 27 mai. Sur ce point, lors de la réunion tenue à Paris le 31 mai par le Conseil suprême interallié et au cours de laquelle Chur-

---

1. Ce qu'on appelle pudiquement dans le langage officiel « une certaine éventualité » : cf. Philip M.H. Bell, *A Certain Eventuality : Britain and the Fall of France*, Farnborough, Saxon House, 1974, p. 33. Sur l'état d'esprit de Churchill en ces journées cruciales, cf. *The Diaries of Sir Alexander Cadogan, 1938-1945*, David Dilks, éd., Londres, Collins, 1970, p. 285.

On notera que durant toute la guerre Churchill a travaillé en étroite collaboration avec sir Alexander Cadogan (1884-1968), alors secrétaire général du Foreign Office, issu lui aussi d'une des grandes familles de l'aristocratie anglaise, puisque son ancêtre, le premier comte Cadogan, homme de guerre talentueux, avait été le bras droit de Marlborough dans toutes ses campagnes et l'un des artisans de ses victoires.

chill et Attlee réitèrent d'une seule voix la résolution inébranlable de leur pays de continuer la lutte coûte que
coûte, le premier, très conscient du mauvais effet produit
par la disproportion des évacuations d'Anglais et de
Français (à cette date il y a 150 000 Anglais évacués et
seulement 15 000 Français), plaide pour un rembarquement à égalité, « bras dessus, bras dessous », entre les
deux alliés.

Finalement, quand l'opération Dynamo se termine le
4 juin avec le rembarquement presque inespéré de
330 000 hommes – 200 000 Anglais et 130 000 Français –, Churchill s'empresse de proclamer dans un de ses
plus célèbres discours qu'il n'a qu'une politique : la
guerre – la guerre à outrance, la guerre jusqu'à la victoire. Après avoir reconnu que « l'on ne gagne pas les
guerres par des évacuations », il s'écrie : « Même s'il y
faut des années, même si nous sommes seuls [...], nous
ne fléchirons pas, nous ne faillirons pas. Nous marche-
rons jusqu'au bout, nous nous battrons en France, nous
nous battrons sur les mers et sur les océans, nous nous
battrons dans les airs avec une force et une confiance
croissantes, nous défendrons notre île quel qu'en soit le
prix, nous nous battrons sur les plages, nous nous battrons sur nos aérodromes, nous nous battrons dans les
champs et dans les rues, nous nous battrons dans les collines ; nous ne nous rendrons jamais. Et même si, ce que
je ne crois pas un instant possible, notre île ou une
grande partie de notre île devait être subjuguée et affamée, alors notre Empire, au-delà des mers, armé et gardé
par la flotte britannique, continuerait le combat, jusqu'à
ce qu'un jour, à l'heure que Dieu choisira, le Nouveau
Monde, de toute sa force et sa puissance, s'avance pour
secourir et libérer l'Ancien [1]. »

1. Discours à la Chambre des communes, 4 juin 1940 : cf. W. Churchill,
War Speeches, t. I ; trad. fr., *L'Entrée en lutte,* op. cit., pp. 260 et 265.

Dans tout le pays, un tel message ne laisse pas de faire sensation. Ainsi, après en avoir entendu la rediffusion, une auditrice de la classe moyenne écrit, du fond d'un modeste village, à des amis américains : « Vraiment Mr. Churchill est l'éternel bouledogue, la quintessence de l'esprit anglais de lutte, l'incarnation de l'Anglais au combat, sans jamais céder, toujours prêt à activer avec ravissement le feu de la chaudière avec le piano à queue du salon. [...] Pour finir, on le verra en train de ramper, méconnaissable, couvert de sang et heureux de l'être, avec le cœur de son ennemi entre les dents. [...] En lui abandonnant le mors et les rênes, le cheval britannique s'est donné le maître le plus rude qui pouvait s'imaginer[1]. »

Dans l'immédiat, ce qui domine pour Churchill, c'est la situation militaire, dont dépend directement le destin de la Grande-Bretagne. Car l'agonie de l'armée française se poursuit et s'aggrave. Après que la nouvelle ligne de front sur la Somme et sur l'Aisne a été enfoncée, le gouvernement quitte Paris, et le Premier ministre doit à deux reprises venir rencontrer sur la Loire des dirigeants français totalement désemparés et en partie gagnés à l'idée d'armistice, afin de tenter de les maintenir au combat : d'abord à Briare les 11-12 juin, où un pénible échange oppose Churchill à Pétain à propos d'une comparaison entre 1918 et 1940, tandis que dans les couloirs Weygand exprime sa commisération pour les propositions militaires du Premier britannique (c'est « du roman », affirme-t-il) ; en second lieu le 13 juin à Tours, où, malgré les pressions, Churchill se refuse à délier la France de son engagement à ne pas signer de paix séparée.

---

1. Margery Allingham (auteur de romans policiers), *The Oaken Heart*, p. 169. Cité par Brian Gardner, *Churchill in his Time 1939-1945*, Londres, Methuen, 1968, p. 57.

L'alliance, moribonde ce jour-là, expire trois jours plus tard, le 16, une fois qu'a été écartée la carte de la dernière chance : le projet d'union franco-britannique élaboré à la hâte, mais aussitôt mort-né. Alors que le Premier ministre s'apprête une nouvelle fois à traverser la Manche, parvient à Londres la nouvelle de la demande d'armistice présentée par le gouvernement Pétain dans la nuit du 16 au 17 juin. Le sort en est maintenant jeté. Churchill ne reviendra en France que quatre ans plus tard, le 10 juin 1944, sur les plages de Normandie.

Loin de faiblir, l'esprit de résistance se trouve galvanisé par l'adversité. L'heure est au sursaut de la nation. Dans Londres devenue la capitale de la liberté et à travers tout le pays, les énergies se bandent à l'appel de Churchill dont la rhétorique promet une page de gloire indélébile : « *their finest hour* ». Le même jour, le 18 juin, en autorisant le général de Gaulle à lancer son appel à la BBC, le Premier ministre pose les bases d'une nouvelle Entente cordiale. En vue de faire face à la menace d'invasion, les préparatifs se déploient fébrilement dans tout le sud et l'est de l'île, tandis que le douloureux épisode de Mers el-Kébir, le 3 juillet, est à interpréter avant tout comme un signe d'ordre symbolique de la résolution farouche du Premier ministre : pour lui, il s'agit de démontrer que rien ne l'arrêtera dans la guerre sans merci qu'il livre à Hitler – pas même le sang des marins français, ses alliés de la veille. Symbole qui lui vaut aussitôt une immense ovation aux Communes, où pour la première fois les députés conservateurs joignent en masse leurs applaudissements à ceux des travaillistes et des libéraux. Désormais Winston, déjà consacré chef de la nation par ses concitoyens, se voit conférer le statut de leader national par le Parlement.

Cependant ces semaines d'extrême tension n'ont pas été sans peser sur son comportement. Par moment la lourdeur de l'épreuve l'accable : « Je me sens malade »,

confie-t-il par exemple le 26 mai à son assistant, le général Ismay[1]. À force de vivre sur les nerfs, il se montre
souvent impatient, cassant, brutal. On lui reproche de
morigéner collaborateurs et subordonnés, de piquer de
soudaines colères. Au point que Clementine s'alarme de
cette « détérioration » et tente de le mettre en garde :
« Winston chéri, lui écrit-elle, [...] avec ce pouvoir fan-
tastique qui est le tien, il faut montrer à la fois de l'urba-
nité, de la gentillesse et un calme olympien, au lieu
d'apparaître rude et irascible. » L'appel semble avoir été
entendu. Comme l'a observé une de ses secrétaires, « ce
n'est pas du tout qu'il a l'intention d'être désagréable,
mais il est plongé tout entier, corps et âme, dans la
guerre[2] ».

*
* *

Ce serait toutefois une erreur complète de croire à une
parfaite unanimité dans les hautes sphères de l'État.
Devant la situation catastrophique créée par l'effondrement de l'armée française, dès les derniers jours de mai,
des calculs équivoques n'ont pas manqué de se faire jour
parmi certains responsables, et il a fallu toute l'énergie
de Churchill pour imposer au sommet une ligne de résistance sans faille. En effet, à la faveur du désastre militaire, le défaitisme a pris de l'ampleur, en particulier
dans les cercles d'anciens *appeasers* et d'anciens pacifistes. Au Parlement, à Whitehall, d'aucuns, gagnés par
le pessimisme ambiant, vacillent. L'idée que l'Angle-

1. H.L. Ismay, *The Memoirs of General the Lord Ismay*, Londres, Heinemann, 1960, p. 130.
2. *Speaking for Themselves : the Personal Letters of Winston and Clementine Churchill*, éd. Mary Soames, Londres, Doubleday, 1998, lettre
de Clementine à W. Churchill, 27 juin 1940, p. 454 ; Elizabeth Nel,
Mr. Churchill's Secretary, Londres, Hodder and Stoughton, 1958, p. 34.

terre, une fois l'armée française hors jeu, sera dans l'incapacité de vaincre Hitler a conduit de bons esprits, timorés ou « réalistes », à se demander s'il ne serait pas plus sage d'ouvrir des négociations exploratoires : pourquoi après tout serait-il impossible de parvenir, au moyen de sacrifices territoriaux, à une paix de compromis ?

Du 26 au 28 mai se sont déroulées à Londres, parallèlement aux oscillations au sein du gouvernement et du Comité de guerre français, trois journées décisives, durant lesquelles le cabinet de guerre a débattu de l'opportunité d'entamer ou non des sondages auprès de l'adversaire. L'initiative en est venue du ministre des Affaires étrangères, lord Halifax, soutenu par Chamberlain. Ce qui est suggéré, c'est de faire appel aux bons offices de Mussolini alors neutre : par son intermédiaire, on saurait si Hitler est prêt à consentir des conditions de paix sauvegardant l'intégrité de la Grande-Bretagne, fût-ce au prix de cessions de territoires dans l'Empire, en Méditerranée – de Gibraltar à Suez – et en Afrique. Devant cette proposition, Churchill, moins carré qu'en public, pèse le pour et le contre, puis se raidit et fait tout pour bloquer la manœuvre, notamment en réunissant tous les ministres qui ne font pas partie du cabinet de guerre et en leur faisant acclamer la politique de fermeté. De là de vives tensions, au point que Halifax, exaspéré par ce qu'il nomme les « rodomontades » de Winston, songe à démissionner.

Finalement, après trois jours de flottement et d'incertitude, la ligne dure l'emporte. Si Churchill a opté pour la lutte à outrance, ce n'est pas seulement parce que c'est dans cette direction que le porte son tempérament, c'est plus encore parce que, comme l'a montré David Reynolds, d'une part – bien à tort – il imagine probable un effondrement interne, à la fois économique et politique, de l'Allemagne, à l'instar de 1918, ce qui amènerait le renversement de Hitler et l'avènement d'un gouvernement avec qui traiter, et parce que, d'autre part, il croit à l'entrée en guerre à plus ou moins court terme des États-Unis. Là encore il se fait des illusions, puisque l'Amérique ne s'engagera dans le conflit qu'après l'agression japonaise et la déclaration de guerre de l'Allemagne. Mais ses pensées intimes s'expriment fort bien quelques jours plus tard lorsqu'il déclare, lors de la première session secrète de la Chambre des communes, le 20 juin, à propos des Américains : « Rien ne les fera bouger autant que des bombardements et une bataille sur le sol de l'Angleterre. » Et de poursuivre : si nous tenons jusqu'à l'élection présidentielle de novembre, « alors l'ensemble du monde anglo-américain se trouvera uni sur la ligne de combat [1] ».

Quoi qu'il en soit, le résultat est là : les tenants d'une paix de compromis ont perdu la première manche. Toutefois le péril défaitiste n'est nullement éliminé pour autant. Ici et là, jusque dans le courant de l'été 1940, de petits groupes, jugeant la situation sans issue, s'activent dans les milieux politiques, nouant des intrigues et entretenant diverses chimères. Beaucoup regardent vers Lloyd George, encore auréolé de sa gloire de chef de l'Angleterre en guerre de 1916 à 1918 et qui ne cache pas son pessimisme depuis le début de l'offensive allemande. Lui-même ne parle à son entourage que de paix. Vers lui,

---

1. Cf. les notes de Churchill pour la session secrète du 20 juin, citées in MG VI, *1940-1941*, p. 579. Sur la crise des 26-28 mai, cf. David Reynolds, « Churchill and the British "Decision" to Fight On in 1940 », in Richard Langhorne, éd., *Diplomacy and Intelligence during the Second World War*, Cambridge, Cambridge University Press, 1985, pp. 147-157, et « Churchill in 1940 : the Worst and Finest Hour », in Robert Blake et Wm. Roger Louis, éd., *Churchill*, Oxford, Oxford University Press, 1993, pp. 241-255. Sur l'action de Halifax, cf. Andrew Roberts, *The « Holy Fox » : a Biography of Lord Halifax*, Londres, Weidenfeld and Nicolson, 1991, pp. 210-228.

c'est-à-dire vers l'alternative politique qu'il représente, se tournent tout naturellement les membres du Peace Aims Group, une phalange d'une trentaine de députés pacifistes qui s'agitent et échafaudent des plans, à vrai dire sans grand effet. En réalité, le vieux « sorcier gallois », calculateur et pragmatique, compte que son heure viendra plus tard. Comme il l'avouera crûment, « j'attends que Winston soit foutu [1] ». Hitler d'ailleurs ne s'y est pas trompé, lui qui a dit : « L'adversaire prédestiné de Churchill, c'était Lloyd George. Malheureusement il a vingt ans de trop [2]. »

Si Lloyd George préfigurait virtuellement un Pétain britannique, un autre personnage équivoque, Samuel Hoare, malgré son éloignement comme ambassadeur auprès de Franco, apparaissait comme un possible Quisling insulaire [3]. Des rumeurs circulaient sur d'éventuelles équipes de rechange, sur une sorte de *shadow cabinet*. Bref, les flottements ne manquaient pas, donnant lieu à diverses combinaisons dans l'ombre. Selon Norman Brook, observateur bien placé au secrétariat général du cabinet, « sans Winston le pire aurait pu arriver [4] ». Ce que bien d'autres responsables civils ou militaires ont confirmé, en insistant sur le rôle décisif exercé par le Premier ministre, inflexible dans sa résolution de maintenir contre vents et marée la ligne de la résistance à

1. Cf. Colin Cross, éd., *Life with Lloyd George : the Diary of A.J. Sylvester 1931-1945*, Londres, Macmillan, 1955, pp. 262 et 281, 3 octobre 1940. Cf. aussi Paul Addison, « Lloyd George and Compromise Peace in the Second World War », in A.J.P. Taylor, éd., *Lloyd George : Twelve Essays*, Londres, Hamish Hamilton, 1971, pp. 361-384.

2. Adolf Hitler, *Libres Propos sur la guerre et la paix*, Paris, Flammarion, 1952, t. I, p. 180, 6 janvier 1942.

3. Cf. George Orwell, « War-time Diary », 25 juillet 1940, *The Collected Essays, Journalism and Letters*, vol. II, 1940-1943, Londres, Penguin, 1968, p. 412 ; *The Diaries of Sir Alexander Cadogan...*, op. cit., p. 287.

4. Cf. lord Moran, *Winston Churchill, the Struggle for Survival...*, op. cit., p. 781 ; trad. fr., *Mémoires*, p. 697.

outrance. « Tout son univers, a écrit avec perspicacité Isaiah Berlin à propos du Churchill de 1940, est bâti [...] sur une valeur suprême – l'action; sur le combat entre le bien et le mal, entre la vie et la mort, mais avant tout sur le combat. Il a toujours combattu. » De là « la ténacité indomptable, le refus de capituler pour son peuple, la volonté intrépide de continuer la guerre [1] ».

Telle est l'inspiration qui a dicté à Churchill les phrases exaltantes et sublimes de la péroraison du discours enflammé – un discours mi-moral mi-idéologique – prononcé le 18 juin au lendemain de la défaite française : « Ce que le général Weygand a appelé la bataille de France a pris fin. La bataille d'Angleterre peut commencer d'un moment à l'autre. Du sort de cette bataille dépend la civilisation chrétienne. Nos mœurs et nos coutumes en dépendent, ainsi que la longue continuité de nos institutions et de l'Empire. Toute la furie, toute la puissance de l'ennemi s'abattront bientôt sur nous. Hitler sait que s'il ne nous réduit pas à l'impuissance dans notre île, il perdra la guerre. Si nous arrivons à lui tenir tête, toute l'Europe recouvrera un jour sa liberté, et les hommes pourront lever les yeux vers un avenir vaste, paisible et radieux. Mais si nous tombons, alors le monde entier, y compris les États-Unis, et tout ce que nous avons connu et aimé, sombrera dans l'abîme d'une nouvelle barbarie, qu'une science pervertie rendra plus sinistre et peut-être plus longue que l'ancienne. Recueillons-nous donc et affermissons-nous dans le sentiment du devoir, conduisons-nous de telle façon que même si l'Empire britannique et sa Communauté de nations devaient durer mille ans encore, les hommes diront toujours : "Ce fut l'heure la plus belle de leur histoire [2]." »

1. Isaiah Berlin, *Mr. Churchill in 1940,* Londres, Murray, s.d. (1964), pp. 15 et 26.
2. W. Churchill, *War Speeches,* t. I, trad. fr., *L'Entrée en lutte, op. cit.,* p. 277 (prononcé à la Chambre des communes, le discours a été ensuite radiodiffusé).

LE CHEF D'UNE NATION EN GUERRE

Après la guerre, Churchill déclarera qu'à l'heure du péril il n'a été que le rugissement du lion : « Ce sont la nation et la race britanniques à travers le monde qui ont eu un cœur de lion. J'ai eu la chance d'être appelé pour donner le rugissement. Parfois aussi, je crois, j'ai indiqué au lion où utiliser ses griffes [1]. » Propos trop modeste en vérité : en 1940, Winston a été à la fois le lion et son rugissement.

Car, entre la nation et le chef qu'elle s'est donné, est né d'emblée un accord profond. Patriotisme inébranlable, esprit de résistance, volonté de se battre : le Premier ministre a tout de suite trouvé le ton qui galvanise ses compatriotes, « désormais les seuls nautonniers de leur destin [2] ». C'est l'union sacrée. Dans cette nouvelle atmosphère un même élan rassemble la communauté nationale et aboutit à la mobilisation totale des énergies. La résolution partout affichée s'exprime de mille façons, en public et en privé, dans la presse et dans les conversations, chez les civils et chez les militaires, tantôt avec humour, tantôt avec gravité.

À vrai dire, Winston bénéficie de deux atouts. D'abord, cette unanimité d'un peuple derrière son leader – un peuple résolu, arc-bouté dans la volonté de résistance, prêt à tous les sacrifices jusqu'à la victoire promise. Devant le danger, divisions de classes, de partis, d'opinions se sont tues pour laisser place à un commun instinct patriotique. Aux âpres affrontements d'avant guerre a succédé un nouveau climat. La solidarité natio-

---

1. Discours de W. Churchill à Westminster Hall pour son 80e anniversaire, 30 novembre 1954.
2. Albert Cohen, *Churchill d'Angleterre* (1943), Paris, Lieu commun, 1985, p. 35.

nale a pris le dessus. En même temps, sans relâche, en vue de prédire un avenir radieux, le Premier ministre fait habilement appel aux traditions et aux gloires d'antan. Comme l'a écrit l'un de ses biographes, « c'est le pays qui a changé, Churchill est resté le même. L'espace d'un été, il a créé une nouvelle Angleterre à son image – héroïque. Repoussant le passé immédiat, usé, déprimé, discrédité, il a fait revivre un âge romantique et chevaleresque [1]. »

Second atout : sur le plan politique, le ministère de coalition formé par Churchill réunit toutes les tendances et les sensibilités, de la droite – les conservateurs – à la gauche – les travaillistes – en passant par le centre – les libéraux. Contre lui il n'y a que de petites franges marginales : fascistes de Mosley (lui-même incarcéré), gauchistes de l'ILP (Independent Labour Party), communistes englués dans leur propagande défaitiste (en juin 1941 ils deviendront des supporters de la guerre à outrance). À vrai dire, c'est un tournant important qu'a constitué l'association du Labour au pouvoir et aux responsabilités, car elle consacre l'intégration du monde du travail à la guerre patriotique, elle renforce le sens démocratique du combat, elle stimule la mobilisation industrielle et la bataille de la production sous l'impulsion du ministre du Travail, le syndicaliste Ernest Bevin, avec qui Churchill se trouve vite en sympathie. Les mauvais souvenirs du passé, Tonypandy et la grève générale, sont relégués dans l'ombre, d'autant qu'à tout prendre Winston le vieil aristocrate peut difficilement être assimilé aux manufacturiers au cœur sec de la *Black Country* ou aux banquiers de la City. C'est donc un très large consensus qui règne, traduisant bien l'adhésion générale de la nation.

Pour les civils comme pour les combattants, le ressort dominant, c'est dorénavant la conscience d'une lutte sur

1. Piers Brendon, *Winston Churchill*, Londres, Secker and Warburg, 1984, p. 142.

son propre sol, pour le *home* et pour les êtres c_.ers, et non plus sur des terres lointaines et étrangères comme jusque-là. C'est la conviction de défendre contre un envahisseur barbare – le terme de *Huns* est spontanément revenu – une culture unique, un univers familier, celui de l'Angleterre de tous les jours, avec ses cottages, ses villages, ses pubs, ses terrains de football et de cricket. C'est l'attachement à tout ce qui fait une civilisation bimillénaire, voire la civilisation tout court. Totalement ralliée au combat, une féministe et pacifiste de gauche, Vera Brittain, note : « Aujourd'hui la ligne de front fait partie de notre vie quotidienne. [...] Ce ne sont pas seulement les régiments, les escadrilles, les navires qui tiennent cette ligne, mais la nation tout entière, familles et travailleurs réunis [1]. »

Si on a sans doute galvaudé le terme de « guerre de citoyens » créé par le romancier J.B. Priestley, et abusé de celui de « guerre du peuple », il reste que Churchill, érigé en sauveur, a su, avec une énergie aussi inlassable qu'inspirée, insuffler un esprit d'union de la nation pour le bien commun et pour la commune sauvegarde de la liberté et de la chrétienté : *Gesta Dei per Anglos.*

Sur le plan matériel, à l'appel du Premier ministre, on prépare fébrilement la riposte à un éventuel débarquement ennemi. Aux abords de la côte sud, champs, prairies, terrains de golf se trouvent hérissés de poteaux, de « pièges à tanks », d'obstacles en tout genre – depuis de vieilles autos jusqu'à des charrettes et des sommiers. Partout on creuse des tranchées, on pose des centaines de kilomètres de barbelés. Tous les poteaux indicateurs des routes et des villages et même les plaques des gares ont été enlevés afin de mieux dérouter l'envahisseur. Dans le dispositif de défense, un rôle spécial est dévolu à un corps de volontaires mi-civil mi-militaire : la Home

---

1. Vera Brittain, *England's Hour*, Londres, 1941, Futura ed., 1981, p. 38.

Guard. Créée en mai 1940 sous le nom peu décoratif de Volontaires de la défense locale, elle est rebaptisée en juillet par Churchill, avec son génie des formules épiques, Garde de l'intérieur. Bientôt elle rassemble un million et demi d'hommes.

C'est aussi à ce moment-là que se place un épisode mineur mais symbolique de la détermination irréductible du Premier ministre. Alors qu'au temps de l'abdication d'Edward VIII il avait pris, on s'en souvient, une position en flèche (qui lui avait coûté cher) par fidélité au monarque, lors de la défaite française il s'inquiète beaucoup du comportement de l'ex-roi. En effet, le duc de Windsor avait alors gagné l'Espagne, puis le Portugal. Le cabinet de guerre en était venu à redouter que la propagande hitlérienne n'utilisât des déclarations intempestives et équivoques du duc, voire que les Allemands ne le kidnappent et, à l'occasion d'une invasion de l'Angleterre, ne le restaurent sur le trône, provoquant ainsi une querelle de légitimité. Aux yeux de Churchill il fallait à tout prix empêcher que l'ennemi utilisât ainsi le maillon faible de la dynastie. Aussi est-il décidé, pour couper court, de le mettre à l'écart en l'envoyant comme gouverneur aux Bahamas. Or, devant les tergiversations du duc de Windsor, le Premier ministre se voit obligé de faire la grosse voix. En conséquence, il lui adresse des télégrammes comminatoires, lui intimant l'ordre de se conformer sans délai aux directives reçues de Londres[1].

À l'automne 1940 la position politique de Winston se trouve renforcée, en particulier sur le plan parlementaire, par son élection à la tête du Parti conservateur. Car, paradoxalement, jusque-là, et contrairement à la tradition bri-

---

1. Cf. MG VI, *1940-1941*, pp. 698-709 ; Michael Bloch, *The Duke of Windsor's War*, Londres, Weidenfeld and Nicolson, 1982, et *Operation Willi : the Plot to Kidnap the Duke of Windsor, July 1940,* Londres, Weidenfeld and Nicolson, 1984.

tannique, au lieu que le Premier ministre fût le leader du parti dominant, c'est Chamberlain qui avait été maintenu dans cette fonction. Or, comme son cancer s'aggrave brusquement au cours de l'été, l'ancien Premier ministre est contraint d'abandonner complètement la vie politique (il mourra en novembre) et les conservateurs doivent se choisir un nouveau leader. Malgré les vives objections de Clemmie, Winston décide de prendre la direction du parti en dépit des multiples avanies subies naguère de la part des tories. Son calcul mêle habileté tactique et esprit romantique : n'y a-t-il pas là une occasion privilégiée pour conforter l'image d'un homme d'État hors du commun, au-dessus des partis et des factions, capable d'unir toutes les classes et toutes les sensibilités ? Comme, d'un autre côté, nombre de conservateurs jugent expédient de bénéficier de l'immense popularité de Winston, celui-ci, le 9 octobre 1940, est triomphalement élu leader du parti – poste qu'il gardera pendant près de quinze ans, jusqu'à son retrait de la vie politique au printemps 1955.

*
* *

Prenons garde cependant à ne pas céder à la légende dorée qui a prévalu dans la mémoire collective et qui tend à représenter l'Angleterre de 1940 comme un bloc d'héroïsme sans faille. À l'encontre du mythe, solidement enraciné et soigneusement cultivé depuis 1940, tout un travail de révision critique a été entrepris depuis une vingtaine d'années, et le tableau historiographique qui en ressort est assurément moins univoque et moins chevaleresque que les traditionnelles célébrations patriotiques ont voulu le laisser croire. Certes, les grandes lignes restent en place, mais quantité de données secondaires mettent en lumière l'envers du décor.

303

En effet, à côté de l'esprit de sacrifice, tout à fait réel, il faut faire la part des peurs, des lâchetés, du défaitisme, du haut en bas de l'échelle sociale, sans parler de la pagaille, des routines, des divisions, qui n'ont point été abolies. Non seulement au sommet de l'État des intrigues se font jour, on l'a vu, parmi certains politiciens pressés de renverser Churchill pour négocier une paix de compromis, mais les enquêtes d'opinion de *Mass Observation* aussi bien que les rapports officiels du ministère de l'Information (appuyés entre autres sur le contrôle postal) signalent un fréquent esprit défaitiste, en particulier dans les milieux populaires, où l'on relève qu'une fraction inquiétante de la population ne croit guère aux chances de tenir.

Du côté militaire, règnent bien souvent la confusion et l'incohérence. Durant l'été il a fallu procéder au remplacement pour incapacité de maints généraux et officiers supérieurs. Chez les civils, dans l'administration, les querelles de pouvoir et les manœuvres mesquines ne manquent pas : un diplomate a pu observer avec une sombre ironie que, pour bon nombre de fonctionnaires, « la bataille de Whitehall est beaucoup plus importante que la bataille d'Angleterre[1] ».

Heureusement que Churchill est là, avec son art incomparable de la communication, afin d'insuffler l'énergie quand elle fait défaut. Lui-même irradie le courage, la confiance, l'espérance. Fort de sa volonté d'action sans défaillance, il a une capacité sans pareille pour inspirer les autres au-delà des limites qu'ils croyaient être les leurs. Constamment il se déplace à travers le pays, inspectant les défenses côtières, les bases du Fighter Command et de la Navy, visitant les quartiers bombardés. Partout il est accueilli avec ferveur, affec-

---

1. Kenneth Young, éd., *The Diaries of Sir Robert Bruce Lockhart*, vol. II, 1939-1965, Londres, Macmillan, 1981.

tion, parfois même enthousiasme : c'est le « *good old Winnie* », le « *people's Winnie* ». Dans les ruines de Londres il lui arrive, subjugué par l'émotion, de laisser couler ses larmes, ce qui conquiert la foule des *cockneys* massée autour de lui. Il est l'homme providentiel, l'homme des circonstances, « *the man for the moment* ». Et pourtant il est aussi l'homme de la continuité. Quand on l'entend déclarer : « Il n'y a pas de raison d'être désespéré devant le tour pris par la guerre. Nous traversons un très mauvais moment, et probablement les choses vont encore empirer avant de s'améliorer. Mais si nous acceptons de souffrir et de persévérer, nous parviendrons à des jours meilleurs. Là-dessus je n'ai pas le moindre doute », on se croirait en 1940, alors qu'en réalité ces phrases sont extraites d'un discours prononcé en 1915[1] !

Même ses pires adversaires ont reconnu à Winston le génie du verbe. De sa rhétorique passionnée jaillissent d'instinct les formules mémorables. Il sait trouver les mots qui fouettent l'énergie et suscitent la foi, à la manière d'une torche sur une route plongée dans l'obscurité. Selon le mot d'un journaliste d'une chaîne de radio américaine, « il a mobilisé la langue anglaise et l'a lancée dans la bataille[2] ». De là l'immense répercussion de ses discours, capables de toucher les cœurs en même temps que les esprits, car, comme certains n'ont pas manqué de le remarquer, ses compatriotes ont ainsi le sentiment qu'il exprime exactement ce qu'ils diraient eux-mêmes s'ils savaient le dire. Bien que Churchill n'aime pas la radio et préfère de beaucoup s'exprimer à

---

1. Discours de W. Churchill à la Chambre des communes le 15 novembre 1915, juste avant de partir pour le front : cf. MG III, *1914-1916*, p. 567.
2. Edward Bliss, éd., *In Search of Light : the Broadcasts of Edward Murrow*, New York, Knopf, 1967, p. 237. Cf. aussi Edward Murrow, *This is London*, Londres, Cassell, 1941.

la Chambre des communes, certaines de ses allocutions radiodiffusées atteignent un taux d'écoute énorme : jusqu'à 70 % de la population adulte[1].

Il faut savoir cependant que chez lui l'art de manier les mots est le fruit d'un long travail. Ses discours les plus importants ont été préparés avec un soin extrême, souvent médités longtemps, dictés à une secrétaire, les phrases savamment construites, les termes ciselés. Les allocutions majeures font l'objet d'un texte écrit à l'avance, où chaque mot est pesé, parfois répété devant la glace. Car, même si au terme de l'effort jaillit l'émotion, l'acteur n'est jamais loin, formant un binôme parfait avec le prophète envoyé par la Providence.

*
* *

À peine devenu chef de guerre, et malgré une arrivée au pouvoir suprême au milieu d'une conjoncture tragique, sans assise politique ferme et sans cote personnelle assurée, Churchill s'est mis au travail, plein de confiance, déployant incontinent une activité débordante, sans même envisager l'échec. Très vite, autour de lui, les doutes et les appréhensions ont cédé devant son charisme. Bien loin des improvisations brouillonnes et désordonnées que l'on redoutait dans des états-majors sceptiques ou chez des fonctionnaires réticents, ce sont l'ordre, l'efficacité, la discipline qui prévalent dans les services de l'État. En quelques jours l'autorité de Winston s'est imposée sans partage. Et la nouvelle machine de commandement s'est mise à fonctionner avec méthode et harmonie. Entre ses mains c'est une énorme concentration de pouvoirs qui a été mise en place, ren-

1. Sur l'« Audimat » en 1940, cf. R.J.E. Silvey, « Some Recent Trends in Listening », *BBC Yearbook 1946*, Londres, BBC, 1947, p. 28.

forcée par son propre pouvoir de concentration sur les affaires primordiales qu'il se réserve. En un tournemain il est devenu, et pour cinq ans, le chef suprême, le *warlord* de l'Angleterre.

Pour mener à bien son action dans ce système de pouvoir centripète, le Premier ministre dispose d'atouts majeurs. D'abord, bien entendu, l'immense expérience accumulée au cours de quarante années de vie publique et après avoir occupé tant de hauts postes ministériels. Même si Winston s'est complu à présenter toute son existence antérieure comme une préparation à 1940, de fait, lorsqu'il arrive comme chef de gouvernement, la somme de ses compétences, qui ne se compare à celle d'aucun autre homme politique mis à part Lloyd George, lui permet de tout impulser et de tout superviser en connaissance de cause, parfois même avec une expertise qui étonne ses interlocuteurs.

En second lieu, en même temps que sur bien des points Churchill a su tirer les leçons des errements de 14-18 ainsi que de ses propres erreurs et échecs passés, il a réussi à mettre en place un commandement unifié, puisqu'il est ministre de la Défense et que les trois ministres de la Guerre, de la Marine et de l'Air sont sous ses ordres, tandis qu'il a accès direct et autorité sur le Comité des chefs d'état-major des trois armes. Cette structure de commandement, dont son adjoint immédiat, le général Ismay, a été l'architecte, va se révéler à la fois logique et efficace, les responsabilités de chacun étant nettement définies et les tâches clairement fixées. On doit souligner aussi que les chefs militaires de 1940-1945 sont de qualité indiscutablement supérieure à ceux de la Première Guerre mondiale et que dans les sphères supérieures le pays a échappé aux luttes incessantes entre militaires et civils qui avaient empoisonné le climat entre 1914 et 1918.

D'autre part, on l'a vu, Winston, en peu de temps, a assuré sa position dans l'opinion et au Parlement. Il sait qu'il peut compter auprès de lui sur sa « garde rapprochée », toujours composée des mêmes fidèles, entre autres Bracken, Morton, le « Prof ». Dès le début il s'est débarrassé de Hoare, envoyé comme ambassadeur en Espagne. À la fin de l'année, c'est le tour de lord Halifax, nommé ambassadeur à Washington à la place d'un autre *appeaser*, lord Lothian, tout juste décédé. À sa place, Winston appelle au Foreign Office Anthony Eden, figure brillante avec qui il fera longtemps équipe. En règle générale, il laisse la politique intérieure à d'autres, du côté conservateur à John Anderson, et plus encore au Labour, Clement Attlee en tête. Son domaine de prédilection, c'est la stratégie et la diplomatie, en liaison avec les chefs d'état-major pour les questions militaires et avec Eden, appelé à exercer une influence modératrice sur les relations extérieures. Au total, le cabinet, constitué de personnalités compétentes et ayant le sens du bien public, fonctionne avec efficacité, et la machine dans son ensemble apparaît bien huilée.

Dernier atout de Churchill – et non le moindre : son sens de l'histoire. Sans relâche, le locataire de Downing Street éprouve le sentiment d'œuvrer sous le regard des siècles – à la manière de Bonaparte aux Pyramides. À ses yeux, chaque jour, à l'horloge de l'histoire britannique, c'est une nouvelle page de gloire qui est en train de s'inscrire sous son leadership.

Au service de la nation, Winston se dévoue donc corps et âme, jour et nuit, sans compter ni temps ni peine. Si son garde du corps, dans ses souvenirs, va un peu loin en parlant de semaines de cent vingt heures [1], il est fréquent

---

1. Cf. Walter Henry Thompson, *I Was Churchill's Shadow*, Londres, Christopher Johnson, 1951, p. 108 ; trad. fr., *Churchill par son ombre*, Paris, Corréa, 1952.

que les journées de travail tournent autour de quinze à seize heures : belle performance physique pour un homme de plus de soixante-cinq ans qui souffrira à diverses reprises de graves ennuis de santé. Des horaires aussi inorthodoxes se répercutent sur le *Civil Service,* où l'on n'apprécie guère d'être bousculé par de telles méthodes et habitudes de travail. Pourtant, un jeune scientifique de talent tel que R.V. Jones, directeur des recherches secrètes au ministère de l'Air, raconterra comment à chacune de ses visites au Premier ministre il sentait ses piles rechargées comme par un contact avec une source électrique [1].

Animateur infatigable, voulant être partout présent afin de se rendre compte par lui-même, Winston continue néanmoins de pâtir de plusieurs de ses défauts d'antan. C'est ainsi qu'il reste aussi touche-à-tout, aussi impatient, aussi impérieux que par le passé. Sans cesse il intervient, interfère, gourmande. Dans les comités interministériels et les réunions techniques il faut toujours qu'il parle d'abondance. « Winston considérait les comités, a écrit un ministre proche de lui, Oliver Lyttelton (lord Chandos), comme l'occasion de faire passer ses idées ou même comme un banc d'essai pour ses discours. C'était fréquemment en dehors du sujet et souvent péremptoire [2]. » C'est pourquoi il arrive qu'à l'occasion se fassent entendre des mises en garde contre le « culte de la personnalité ». Ainsi, en août 1940, l'enfant terrible du Labour, Aneurin Bevan, tout en reconnaissant pleinement au Premier ministre son statut de « leader incontesté et porte-parole du peuple britannique », lui lance en pleine Chambre des communes : « Dans une démocratie, l'idolâtrie est le premier des péchés [3]. »

1. R.V. Jones, *Most Secret War*, Londres, Hamish Hamilton, 1978, p. 153.
2. *The Memoirs of Lord Chandos*, Londres, Bodley Head, 1962, p. 293.
3. Cf. Michael Foot, *Aneurin Bevan*, vol. I, 1897-1945, Londres, Mac-Gibbon and Kee, 1962, p. 321.

*
* *

Chef de guerre, meneur d'hommes, orateur hors de pair, Churchill est aussi un acteur consommé. Non seulement il sait à merveille utiliser son nom, son passé, son apparence physique, mais son aura personnelle se trouve servie *ad libitum* par la projection médiatique qu'il modèle et maîtrise avec une virtuosité prodigieuse. Partout où il se déplace en public, il est environné d'une cohorte de photographes de presse et de cameramen. Sa figure trône en tous lieux, reproduite sur les affiches sur le murs des villes et des villages, au coin des rues, et jusque dans le désert ou à bord des bateaux de la Navy. Chaque semaine, dans les salles de cinéma, ce sont 25 à 30 millions de spectateurs qui voient projeter sur l'écran aux actualités son visage familier et volontaire. Au traditionnel cigare s'ajoute à partir de 1941 le symbole des deux doigts dressés en V de la victoire. Son stock de costumes, d'uniformes, de chapeaux, savamment sélectionné, est quasi illimité. On le voit en civil, en uniforme – la plupart du temps de marin ou d'aviateur, mais parfois aussi de soldat –, avec les couvre-chefs les plus variés, casquettes militaires ou navales, feutres, casque de *tommy*, casque colonial, chapeau de paille, d'autres fois tête nue. Mais à chaque fois l'accoutrement et la coiffure sont soigneusement assortis aux circonstances. De là les brodequins dans le désert, les bottes dans la neige ou sur les plages. Ce que Winston affectionne particulièrement dans les moments de relaxation, c'est son « costume de sirène » (*siren suit*), ample et de couleur verdâtre, qu'il appelle aussi sa « barboteuse » (*rompers*) et qu'il porte à Chartwell, aux Chequers, souvent même à Downing Street ou en voyage.

Un haut fonctionnaire qui l'a souvent approché a décrit en ces termes son allure physique et sa démarche :

« Tassé sur lui-même, l'air délicat, le visage rond, blanc et rose, la chevelure mince et fine, des mains d'artiste. Il se mouvait à pas lourds plutôt qu'il ne marchait. Quand il s'asseyait sur son siège, c'était pesamment [...], comme un monolithe. » À son bureau et dans les réunions, en général très bien mis, il portait une veste noire, un pantalon rayé, un linge toujours immaculé, un éternel nœud papillon bleu marine à pois blancs. Et d'ajouter : il avait beau se montrer exigeant et même tyrannique avec ses collaborateurs et son personnel, « quiconque l'approchait ou le servait lui était totalement dévoué[1] ».

Mais la dévotion et le prestige dont il jouit dans les cercles du pouvoir sont partagés par l'immense majorité des habitants du royaume. Fait paradoxal : lui qui n'a rien d'un homme du peuple, puisqu'il a toujours été un privilégié parmi les privilégiés, il ignore toujours aussi superbement le quotidien de ses compatriotes sans que cela nuise à sa popularité. Clementine Churchill a raconté un jour après la guerre qu'il n'avait jamais pris un autobus et qu'il avait pris une seule fois le métro, en 1926, pendant la grève générale – encore s'était-il perdu, et il avait fallu venir à sa rescousse[2]... Chaque matin, c'est son valet de chambre qui étale la pâte dentifrice sur sa brosse à dents. Bref, il a beau être toujours servi, il donne d'abord et avant tout le sentiment d'être le premier serviteur de la nation. Aux yeux des Britanniques, il est bien – et demeurera – « Winston superstar ».

Peu après la grande épreuve de 1940 – cette *annus mirabilis* –, Albert Cohen, qui se trouvait alors à Londres, a tracé de lui ce portrait haut en couleur : « Je

---

1. George Mallaby, *From my Level*, Londres, Hutchinson, 1965, pp. 29-30. Cité par Angus Calder, *The People's War*, Londres, Cape, 1969, p. 108.
2. Cf. lord Moran, *Winston Churchill, the Struggle for Survival, op. cit.*, p. 247 ; trad. fr., *Mémoires*, p. 241.

le regarde en ses soixante-huit années. Je le regarde. Vieux comme un prophète, jeune comme un génie et grave comme un enfant. [...] Je le regarde. Grand, gros, solide, voûté, menaçant et bonasse, il fonce lourd de pouvoir et de devoir, en étrange chapeau de notaire élégant, un cigare passe-temps à la bouche entêtée. Il va hâtivement, lourd et agile, gai dieu marin, entre les deux rangs de la foule qu'il salue de deux doigts gantés et qui rit affectueusement de bonheur et de vassalité. Majestueux, sérieux, rieur, l'œil vif et inventif et frais et malicieux et loyal, tout à son affaire, [...] patriarcal et alerte, soudain presque rigolo, soudain bougon et décidé, aristo, familier, méprisant, tout vital, quasiment furieux, puis affable et nonchalant. Et toujours parfaitement heureux [1]. »

Toutefois, le témoignage le plus probant sur Churchill chef de l'Angleterre en guerre, c'est celui de l'émissaire personnel du président Roosevelt, Harry Hopkins, venu à Londres en janvier 1941 étudier sur place pour son maître la scène politique britannique. Fort anglophobe, et au départ assez mal disposé à l'égard du titulaire de Downing Street, Hopkins se rend très vite compte à quel point Winston est l'Atlas du combat contre Hitler, le cœur et le cerveau de la lutte du Royaume-Uni contre l'Allemagne nazie. « Churchill, écrit-il à Roosevelt dans son premier rapport le 14 janvier, est à lui seul le gouvernement – dans tous les sens du terme. Il dirige toute la stratégie, parfois jusque dans le détail; le monde du travail lui fait confiance; l'armée, la marine, l'aviation sont unanimes derrière lui. Le monde politique et le gratin paraissent l'aimer. Je ne saurais trop souligner que c'est ici la seule personne avec laquelle vous devez être désormais en pleine et entière communion [2]. »

1. Albert Cohen, *Churchill d'Angleterre, op. cit.*, pp. 17-18.
2. Robert E. Sherwood, *The White House Papers of Harry L. Hopkins*, Londres, Eyre and Spottiswoode, 1948, vol. I, p. 243.

LE FRONT INSULAIRE :
LA BATAILLE D'ANGLETERRE ET LE *BLITZ*

Dès la signature de l'armistice entre la France et l'Allemagne, Churchill avait prévenu ses compatriotes : désormais la menace était là, imminente et mortelle – l'invasion de l'île. Tel est bien effectivement le plan allemand. Le 2 juillet, l'OKW (Oberkommando der Wehrmacht) reçoit l'ordre de mettre sur pied des projets d'expédition amphibie, et le 16 juillet le Führer lance sa célèbre directive n° 16 : « Préparatifs pour une opération de débarquement en Angleterre » – nom de code Seelöwe (Otarie ou Sealion). Hitler allait-il réussir là où l'Invincible Armada avait échoué et où Napoléon lui-même avait reculé ? Le succès en vérité dépendait d'une condition préalable : disposer de la maîtrise du ciel, ce qui supposait d'abord la destruction de l'aviation britannique. Tout va donc se jouer entre la RAF et la Luftwaffe.

Paradoxalement, cette bataille, qui en quelques semaines a fait basculer le destin, a reçu son nom avant même d'être livrée. C'est en effet le 18 juin 1940 que le terme a été forgé par Churchill dans son discours sur « la plus belle heure », et la dénomination est restée (« Ce que le général Weygand a appelé la bataille de France a pris fin. La bataille d'Angleterre va sans doute commencer d'un moment à l'autre »). Caractéristique propre de cette épopée dans la saga churchillienne : la personnalisation du combat. À la différence des autres batailles de la Seconde Guerre mondiale, dominées par les masses, le matériel et d'énormes appareils technologiques et logistiques, et dans lesquelles l'issue résultait du concours d'une foule indifférenciée d'acteurs, la bataille d'Angleterre fait figure de guerre hautement individualisée, restaurant l'initiative personnelle et le combat singulier.

313

D'où la phrase fameuse de Churchill dans son discours aux Communes le 20 août pour célébrer le courage des quelques centaines de pilotes du Fighter Command : « Jamais un si grand nombre d'hommes n'a été redevable à un si petit nombre. » Les 15 et 16 août, journées capitales dans l'offensive aérienne de la Luftwaffe, Churchill s'était rendu toutes affaires cessantes au quartier général du Fighter Command et à celui de la brigade aérienne la plus engagée dans la bataille, le N° 11 Group ; au retour, dans la voiture, le général Ismay avait entendu le Premier ministre bouleversé se répéter à lui-même : « *Never in the field of human conflict was so much owed by so many to so few* [1]. »

La bataille a commencé en juillet par trois semaines d'escarmouches au-dessus de la Manche, l'objectif allemand étant de saigner la chasse britannique et de bloquer la navigation et le ravitaillement des insulaires. Puis, le 30 juillet, Hitler donne l'ordre à Goering de lancer « la grande bataille aérienne », baptisée Adlerangriff, l'« attaque de l'aigle ». Mais celle-ci, qui débute à la mi-août, tourne court. Cependant, dans les derniers jours d'août et les premiers jours de septembre, sous les coups de boutoir de la Luftwaffe, la RAF chancelle. En effet, la tactique allemande s'est maintenant concentrée sur deux objectifs cruciaux : les installations au sol du Fighter Command (aérodromes, centres de communications, stations de secteur) et les usines de construction des Spitfire et des Hurricane.

C'est alors qu'intervient pour les Anglais un renversement de fortune, à la suite d'une complète altération de la stratégie allemande : le début du *Blitz*, c'est-à-dire des

---

1. Discours à la Chambre des communes, *House of Commons Debates*, vol. CCCLXIV, 20 août 1940, col. 1167. Cf. *The Memoirs of General Ismay, op. cit.*, pp. 179-180, et MG VI, *1940-1941*, pp. 734-743.

bombardements de terreur sur Londres et les villes britanniques. En fait, ce nouveau plan allemand, qui prend complètement au dépourvu les Anglais et leur cause des milliers de morts et d'énormes dégâts, échoue complètement, car le moral de la population tient bon, tandis que la chasse britannique bénéficie d'un répit inespéré et démontre avec brio qu'elle n'a rien perdu de son mordant. Le point culminant est atteint le 15 septembre : journée cruciale où les vagues d'assaut de la Luftwaffe se succèdent au-dessus de Londres, mais subissent une cuisante défaite, marquée par de lourdes pertes. L'effet est immédiat : Hitler décide deux jours plus tard de remettre « jusqu'à nouvel ordre » le projet de débarquement, dont l'échéancier avait pourtant été fixé au 21 septembre, et le 12 octobre il renonce à l'invasion de l'Angleterre.

Au même moment, et parallèlement aux plans militaires, la propagande nazie, sur les ordres de Goebbels, se déchaînait contre l'Angleterre, « État pirate » gouverné par une clique « judéo-ploutocratique » ivre de domination et complotant derrière un vernis de respectabilité pour réduire le monde en esclavage. Cible privilégiée de ces attaques contre les insulaires qualifiés de « Juifs de la race aryenne » : le chef de l'Angleterre en guerre, Churchill, le « ploutocrate numéro un », menteur et décadent, dont on se demande s'il appartient même à la race humaine !

*

* *

Si maintenant on veut comprendre comment l'Angleterre, contre toute attente, non seulement a tenu, mais est sortie victorieuse de la bataille, il faut faire entrer en ligne de compte, outre les fautes commises par le commandement allemand, deux facteurs : le comportement valeureux des pilotes et les avantages techniques de la RAF ; l'esprit de résistance et de combat du peuple britannique uni derrière son chef.

En premier lieu, la RAF (dont on a exagéré l'infériorité numérique : en fait, le nombre des chasseurs était équivalent de part et d'autre – environ 700 –, la Luftwaffe n'ayant la supériorité que pour les bombardiers) détenait une arme secrète qui s'est révélée décisive : le radar, invention des savants britanniques, dont le réseau organisé en 52 stations protégeait tout le littoral insulaire du sud-ouest au nord-est, c'est-à-dire du pays de Galles au nord de l'Écosse. À côté de la supériorité de la science et du renseignement – encore que, contrairement à la légende, le système de décodage *Ultra* n'ait pratiquement pas contribué aux succès des ailes britanniques –, la RAF avait pour elle la géographie : connaissance des lieux, sauvetage des pilotes abattus, indications météorologiques. Et plus encore le cran et l'audace des aviateurs du Fighter Command, conscients de défendre une cause sacrée.

Deuxième facteur essentiel dans la défense britannique : la volonté farouche de résistance du peuple anglais, volonté dont les Allemands, convaincus de leur supériorité, ont bien mal mesuré la force. Et la chance de l'Angleterre, c'est que, en cette conjoncture dramatique, cette résolution et cette pugnacité, nourries de la tradition combative de John Bull, entrent en synergie avec la volonté inébranlable de l'homme qui dirige la nation et qu'habite une seule pensée : faire la guerre. D'autant que si sa rhétorique opère des merveilles, d'un autre côté, lui qui se pique de talents militaires et qui a l'habitude de se mêler de tout dans la conduite des opérations rend un service inestimable à son pays en n'interférant à aucun moment avec la direction ou la gestion de la bataille. Sans doute suit-il avec passion le déroulement quotidien des combats dans le ciel, mais ses interventions sont restées minimes. Du reste, quand il est intervenu, cela a été parfois de manière malencontreuse, par exemple quand il a ordonné de réduire le temps de formation des pilotes afin de renforcer au plus vite les effectifs des escadrilles du Fighter Command.

*

* *

La bataille d'Angleterre, si on analyse sa portée véritable, comporte trois enseignements. D'abord, elle a eu beau dans l'immédiat sauver l'Angleterre de l'invasion et lui garantir la survie, elle n'a rien d'un triomphe remporté par le vainqueur. Ce serait plutôt une « victoire négative ». Car si la défaite de la Luftwaffe est indéniable dans la mesure où elle n'a pas réussi à conquérir la maîtrise de l'air, l'échec subi n'a pas eu d'effet direct sur la situation militaire en Europe. Au tournant 1940-1941, en aucune façon la Grande-Bretagne, cantonnée dans son île, ne peut mettre en danger l'hégémonie allemande sur le continent. Au demeurant, jamais dans le passé sa supériorité navale à elle seule ne lui avait permis de faire reculer, encore moins de battre, une puissance continentale. Ce qui en revanche a été essentiel pour l'issue de la guerre, c'est que la survie de l'Angleterre lui a donné le moyen d'acheter du temps et ainsi d'attendre l'arrivée sur la scène de la puissance américaine, avec son formidable potentiel militaire et industriel.

En second lieu, c'est un tournant dans le déroulement de la Seconde Guerre mondiale, puisqu'en infligeant à Hitler son premier échec Churchill et les Anglais ont porté un sérieux coup à la croyance en l'invincibilité du Reich. Désormais, celui-ci est confronté à une guerre longue, qui lui est par essence défavorable, mais en revanche propice à une grande puissance maritime dotée d'un vaste empire et pouvant compter (conformément aux calculs et aux espoirs de Churchill) sur les gigantesques ressources d'une autre grande puissance au-delà des mers.

Enfin, même si en termes militaires l'affrontement a été limité, à petite échelle et peu sanglant (de juillet à octobre 1940 la RAF a perdu 415 pilotes tués au combat, soit moitié moins que pendant les six semaines de la campagne de France) et s'il s'est terminé par une neutralisation réciproque des adversaires, en vérité c'est le contraste même entre la modicité des faits et la grandeur des enjeux qui explique la dialectique entre la dimension historique et la dimension mythique de l'événement. De là la valeur hautement symbolique d'une bataille dont Churchill a su savamment exploiter le caractère fatidique et qu'avec son génie épique il a exaltée à l'instar de Salamine ou de Valmy.

*
* *

C'est dans l'après-midi du 7 septembre 1940 qu'a débuté le *Blitz* – un terme tout à fait impropre, puisque c'est l'abrégé de *Blitzkrieg*, la guerre-éclair –, sous la forme d'un très violent bombardement de l'East End de Londres, qui prend complètement par surprise le Premier ministre et le haut commandement anglais. Plus de mille incendies se déclarent, dont les lueurs rougeâtres illuminent la ville durant toute la nuit, en particulier aux environs des docks ravagés par les flammes. Dans les jours qui suivent, les attaques persistent, s'acharnant sur les quartiers prolétariens, où sévit la désorganisation et où gagne la panique, soigneusement dissimulée par la censure.

Puis le *Blitz* change de rythme et, à partir de la mi-septembre, prend la forme de bombardements de nuit, qui vont durer jusqu'au 10 mai 1941, bombardements contre lesquels la défense britannique se montre impuissante. En effet, tandis que la chasse de nuit en est encore à ses balbutiements, l'artillerie antiaérienne est sans efficacité, faute de pouvoir repérer les avions ennemis dans l'obscurité. Si bien que la Luftwaffe a la partie belle au cours de ses expéditions nocturnes et peut bombarder la capitale en toute impunité. Nuit après nuit Londres subit les attaques, recevant en deux mois près de 100 000 bombes explosives et plus d'un million de bombes incendiaires – ces dernières de loin les pires, car à tonnage égal les incendiaires causaient cinq fois plus de dégâts que les explosives –, sans compter les mines équipées de parachutes qui provoquent d'énormes explosions.

Puis, après 57 nuits consécutives d'alerte, durant lesquelles la capitale est attaquée à chaque fois par une flotte de 150 à 200 bombardiers, la Luftwaffe étend son offensive vers les villes de province, Birmingham, Coventry, Liverpool, Manchester, Bristol, Plymouth, Southampton... Mais l'assaut sur Londres ne faiblit pas pour autant, et les destructions se poursuivent, atteignant tous les quartiers. En l'espace de deux mois on compte 250 000 sans-logis. Dans la City, orgueilleux symbole du passé national et métropole mondiale du commerce et de la finance, où pullulent monuments et églises, les ruines s'accumulent, en particulier au cours du terrible bombardement de la nuit du 29 décembre 1940, immortalisé par une photographie montrant le dôme de la cathédrale Saint-Paul émergeant majestueux au-dessus de la fumée des incendies. De septembre à décembre 1940 on dénombre à Londres 13 500 morts, et 23 000 pour l'ensemble de la Grande-Bretagne. Le *Blitz* ne s'arrête qu'avec une dernière attaque, la plus sanglante de toutes (1 436 morts, 1 742 blessés graves), dans la nuit du 10 au

11 mai 1941, date à laquelle la Luftwaffe transfère ses escadrilles vers l'est en vue de l'opération Barbarossa.

Pour ce qui est de la défense passive, son organisation, prise au dépourvu par l'ampleur de bombardements aussi meurtriers et dévastateurs, met quelque temps à se ressaisir. Mais très vite chefs d'îlot, pompiers, secouristes, *policemen*, guetteurs des toits s'emploient à combattre les incendies, à déblayer les décombres, à installer des centres de secours, à nourrir et reloger les sinistrés, à rétablir les nécessités premières de l'existence dans les quartiers atteints, les femmes tenant le premier rang aux côtés des hommes sur le front du *Blitz*.

Pendant toute cette période, Churchill, lui-même angoissé par ces raids de terreur, se déplace sans relâche, visitant les lieux les plus éprouvés, tenant à manifester symboliquement par sa présence la solidarité des pouvoirs publics. Sur les photos, au cinéma, on le verra marcher dans la cathédrale de Coventry éventrée ou contempler les ruines de la Chambre des communes, visiter les quartiers bombardés au milieu des sinistrés et des volontaires de la défense passive, inspecter les usines de construction aéronautique et les batteries de DCA. Un soir d'octobre une bombe tombe sur la cuisine du 10 Downing Street alors que Winston vient juste d'interrompre le dîner en train d'être servi et d'envoyer les domestiques aux abris [1].

Au début de 1941, à Bristol, où, en tant que chancelier de l'Université, il doit conférer deux doctorats *honoris causa* à des personnages de marque – l'ambassadeur des États-Unis et le Premier australien –, il trouve en arrivant une ville éventrée par le bombardement de la nuit précédente. Et c'est au milieu des ruines fumantes que prend place la cérémonie, cependant que les costumes officiels des autorités académiques et municipales

1. Cf. SWW II, pp. 305-306 ; trad. fr., II, 2, pp. 30-31.

laissent apparaître bottes et uniformes de défense passive encore tout tachés et humides de la lutte contre les incendies[1].

Dans la masse de la population, si le moral tient plus ou moins, la résolution est loin de présenter le visage sans faille qu'a transmis la mémoire dorée de l'événement – ce que Angus Calder a baptisé, et finement analysé, « le mythe du *Blitz* ». Sous l'effet des bombardements, il arrive que le moral craque. On assiste alors à des phénomènes de panique, individuelle ou collective, notamment dans les quartiers de l'East End de Londres, durement touchés, voire à des cas de pillage, cependant que la propagande communiste s'efforce d'exploiter les sentiments de déréliction des secteurs les plus déshérités. Si la ténacité l'emporte, les sentiments défaitistes affleurent à maintes occasions. Il s'y mêle ici et là des poussées de xénophobie et d'antisémitisme, attisées par la paranoia ambiante consistant à voir la cinquième colonne partout.

À plusieurs reprises Churchill et le gouvernement s'inquiètent de la baisse du moral, des faux bruits, des critiques adressées aux autorités, des antagonismes de classe accentués par les raids de terreur. Au point que lorsque, à la mi-septembre, des bombes tombent sur Buckingham Palace et sur le West End, la nouvelle est accueillie avec soulagement en haut lieu : la preuve est faite que les prolétaires des *slums* de l'East End ne sont pas seuls à souffrir[2]. Comme l'a écrit un observateur critique, Tom Harrisson, le fondateur de *Mass Observa-*

1. Cf. Gerald Pawle, *The War and Colonel Warden,* Londres, Harrap, 1963, pp. 102-103 (« Colonel Warden » était le nom de code de Churchill pour ses déplacements durant la guerre).
2. Cf. Ian McLaine, *Ministry of Morale*, Londres, Allen and Unwin, 1979, pp. 109-123 ; cf. Harold Nicolson, *Diaries and Letters,* vol. II, *The War Years 1939-1945*, Londres, Collins, 1967, *Diary*, 13-20 septembre 1940, pp. 112-116.

tion : « Il y a eu un camouflage massif, généralement inconscient, des faits les plus désagréables de 1940-1941 [...]. Cela revient à une pollution intellectuelle, mais une pollution à coups de parfum[1]. »

Malgré tout, en dépit du cauchemar, des frayeurs, des carences, là où le *Blitz* a échoué complètement, c'est à casser le moral des Londoniens et à détruire leur volonté de résistance, ce qui était pourtant l'objectif et la raison d'être de la stratégie allemande. Au contraire, dans le creuset de l'épreuve et à travers les souffrances partagées, s'est affirmée une communauté d'hommes et de femmes déterminés à faire face : *business as usual*, voilà la clef de la lutte pour la survie. Le slogan « *London can take it* » – « Londres peut encaisser » – a prévalu. Il est vrai, dans une ville de la taille de la capitale anglaise, l'acharnement de destruction de l'Allemagne nazie ne pouvait obtenir de résultat décisif. Comme l'a magnifiquement exprimé Churchill dans ses *Mémoires de guerre,* « Londres ressemblait à un gigantesque animal préhistorique, capable de recevoir sans broncher des coups terribles et qui, mutilé, saignant par mille blessures, persistait cependant à se mouvoir et à vivre[2] ».

FRONTS EXTÉRIEURS ET GUERRE SECRÈTE

De l'été 1940 au printemps 1941, en même temps que la violence des armes s'acharnait sur le sol de l'Angleterre, la guerre gagne de vastes espaces, de l'Occident à l'Orient, des océans au désert, et jusqu'au cœur de l'Afrique, au pays du Négus. Atlantique, Méditerranée,

---

1. Tom Harrisson, *Living through the Blitz*, Londres, Collins, 1976, p. 13. Il ajoute : « La mémoire a verni et sanctifié ces "heures les plus belles". »
2. Cf. SWW II, p. 328 ; trad. fr., II, 2, p. 58.

Afrique, Balkans : devant la nouvelle carte de guerre qui ne cesse de se déployer selon un double processus de concentration et d'extension, Churchill, fort de sa longue expérience remontant au tournant du siècle et de sa vision géohistorique mondiale, voit encore confirmer son statut de leader irremplaçable et incontesté. D'autant que s'adjoignent des formes inédites de combat qui le captivent : d'une part, la guerre invisible des codes à travers les airs – c'est la guerre scientifique du renseignement ; d'autre part, la guerre subversive chez l'ennemi – c'est la guerre de l'ombre menée par des soldats sans uniforme.

Dans l'immédiat, toutefois, l'objectif numéro un du Premier ministre demeure la participation des États-Unis au conflit. Un de ses thèmes favoris consiste à exalter la coopération de tous les peuples de langue anglaise pour la défense de la liberté. Plus concrètement, les négociations entamées – et souvent serrées – aboutissent au prêt de 50 vieux destroyers américains et surtout à l'accélération des fournitures d'armes et de munitions en vertu de la loi « Cash and carry », en attendant que la loi « prêt-bail » adoptée en mars 1941 par le Congrès vienne donner au président des États-Unis le pouvoir de vendre, louer ou céder en grande quantité du matériel de défense pour des milliards et des milliards de dollars, ce qui en même temps soulagera considérablement les finances britanniques. De surcroît, c'est un nouveau pas vers la participation de l'Amérique à la protection des routes de l'Atlantique, donc à la guerre.

En effet, c'est au milieu de l'année 1940 qu'a commencé la bataille de l'Atlantique, même si Churchill, avec son génie des formules, n'a inventé le terme qu'en mars 1941 (sur le modèle de la bataille d'Angleterre, baptisée de ce nom le 18 juin 1940). Car l'occupation par l'Allemagne du littoral européen du cap Nord au golfe de Gascogne a donné à la Kriegsmarine des possibilités d'action inattendues et multiples contre la marine

323

de guerre et de commerce britannique, depuis les fjords de Norvège jusqu'aux ports français érigés en bases fortifiées, en particulier pour les sous-marins : Brest, Lorient, Saint-Nazaire, La Pallice.

Il est vrai qu'au début du conflit, de part et d'autre, on avait sous-évalué les capacités de la guerre sous-marine. Du côté de l'Amirauté britannique, soutenue là-dessus par Churchill, on se préoccupait surtout de la menace que pouvaient représenter pour les communications les grands bâtiments de surface, et l'on avait d'autant plus tendance à négliger le danger des *U-Boote* que la Kriegsmarine au début de la guerre n'en avait que 57, dont 23 opérationnels dans l'Atlantique. Ce qui avait aussi défavorisé le développement de l'aéronavale et du Coastal Command.

À Berlin, un conflit de doctrine opposait, dans un camp, le chef de la marine, l'amiral Raeder, partisan d'une stratégie consistant, afin d'amener la Royal Navy à disperser ses forces, à employer dans un vaste rayon d'action la flotte allemande de surface (2 bâtiments de ligne, 3 cuirassés, 3 croiseurs lourds, 6 croiseurs légers, auxquels venaient juste de s'ajouter les deux cuirassés les plus puissants du monde, le *Bismarck* et le *Tirpitz*), et dans l'autre camp le commandant en chef de la flotte sous-marine, l'amiral Doenitz, théoricien des submersibles, absolument convaincu de leur pouvoir dévastateur s'ils étaient bien utilisés. C'est lui qui invente et lance à l'automne 1940 la tactique des « meutes », c'est-à-dire l'attaque de nuit menée contre des convois par des sous-marins groupés en surface (et non en plongée, où leur capacité offensive s'était montrée décevante).

Or très vite, chez les Allemands comme chez les Britanniques, sont survenus de graves mécomptes en matière d'emploi des grosses unités, à la fois trop vulnérables à l'aviation et incapables d'infliger à l'adversaire les pertes escomptées. Épisode symbolique et dramatique au printemps 1941 : l'équipée du *Bismarck* à travers l'Atlantique, qui se termine par un désastre. Parti de Bergen le 21 mai, le cuirassé est coulé le 27, à 500 milles au large de Brest, après une poursuite acharnée par toute une armada de la Navy et de la RAF. L'affaire mobilise entièrement Churchill trois jours durant : des Chequers il tient informé Roosevelt heure par heure et en vient à se lever à 7 heures du matin pour réveiller le représentant des États-Unis, Averell Harriman, alors qu'au même moment l'Angleterre, en pleine bataille de Crète, est en train de perdre l'île ! Cependant le résultat est là : la marine allemande abandonne dorénavant toute idée de risquer sa flotte de haute mer, dont elle regroupe les bâtiments dans le nord de la Norvège, hors du rayon d'action de la RAF.

En revanche, la guerre sous-marine a exercé des ravages sur la marine marchande britannique et alliée. De mai à décembre 1940 celle-ci a perdu 3 millions de tonnes en navires coulés. Aussi les routes de l'Atlantique sont-elles au premier plan des soucis du Premier ministre. Chaque jour il bombarde de ses demandes – ses « *daily prayers* » – l'Amirauté, l'amiral Pound, Premier lord de la Mer (remplacé par la suite par l'amiral Andrew Cunningham), les chefs de la flotte. Il entend tout superviser personnellement. C'est d'ailleurs lui qui rédige la célèbre *Battle of the Atlantic Directive* du 6 mars 1941, document en 13 points qui, en définissant les tâches et les moyens, imprime à la lutte sur mer une dynamique mobilisatrice et opérationnelle (Winston en était si fier qu'il l'a reproduite intégralement dans ses *Mémoires de guerre*). Heureusement pour l'Amirauté, à partir du printemps 1941, un renversement s'opère au bénéfice de la Grande-Bretagne. Dans la bataille, l'année 1942 et la première moitié de 1943 seront cruciales.

*
* *

Dans l'univers churchillien, nourri de culture classique et d'histoire et débordant de gloire impériale, la Méditerranée, de Gibraltar à Suez, de Malte à Chypre, sans être à proprement parler un fief d'Albion, figurait comme une sorte de *Mare nostrum* relevant de la *potestas britannica*. De surcroît, sur le plan stratégique, depuis juin 1940, avec l'entrée en guerre de l'Italie, avec les atouts dont disposait Hitler du côté de l'Espagne et de la France de Vichy, la menace était là, mortelle pour l'Empire. Aussi, au cœur de la pensée et des calculs de Churchill, le théâtre méditerranéen avait-il acquis une importance capitale. Mais l'étonnant, c'est que la Méditerranée va garder cette place privilégiée jusqu'en 1944, non sans provoquer, comme on le verra, une succession de conflits avec les Américains. Pour le présent, nonobstant, et encore pour une longue période, Winston dispose d'un argument imparable : puisque l'Italie mussolinienne constitue le maillon faible de l'Axe, c'est contre elle qu'il faut concentrer la puissance de frappe alliée, c'est son élimination qui doit commander par priorité la stratégie à mettre en œuvre et le planning des opérations.

Sans une telle vision, on ne comprendrait pas deux décisions majeures, à la fois risquées et lourdes de conséquences, prises personnellement par Churchill au cours de l'été 1940. La première, c'est le choix de maintenir la présence de la Royal Navy en Méditerranée orientale, au lieu de la replier sur Gibraltar, comme certains le préconisaient à l'Amirauté. En dépit de la menace italienne, primauté est donc donnée aux routes impériales. Seconde mesure : malgré le danger d'invasion, il est résolu en août d'envoyer d'urgence au Moyen-Orient, pour la défense de l'Égypte, plusieurs des meilleures unités blindées stationnées dans l'île, accompagnées de 150 tanks et épaulées d'artillerie anti-tank, et ce par la voie risquée de la Méditerranée afin de gagner du temps, au lieu de leur faire faire le tour de l'Afrique via Le Cap.

Peu après, l'aviation et la marine infligent deux sévères défaites à la flotte italienne. Dans la nuit du 11 au 12 novembre 1940, un raid audacieux de biplans attaque à la torpille la base de Tarente, coulant trois cuirassés. À la fin de mars 1941, au large du cap Matapan, une bataille navale – la plus importante de la guerre en Méditerranée – oppose la Navy, aidée par ses décryptages, son radar et ses avions, à une forte escadre italienne : c'est un beau succès britannique et un nouvel échec coûteux et humiliant pour la marine mussolinienne.

Sur terre, l'offensive victorieuse des armées britanniques se déroule dans deux secteurs : le désert égypto-libyen et l'Afrique orientale. En direction de la Libye, où le maréchal Graziani dispose de plus de 200 000 hommes, le général Wavell, à la tête de « l'armée du Nil », selon l'appellation de Churchill, lance en décembre 1940 une offensive éclair qui le conduit à Tobrouk, puis à Benghazi, capitale de la Cyrénaïque : une avance de 800 kilomètres en deux mois qui contraint Hitler à dépêcher au secours de son allié défaillant un corps expéditionnaire allemand, l'Afrikakorps, commandé par un de ses meilleurs généraux, Erwin Rommel, bientôt surnommé par les Anglais « le renard du désert ». Ce dernier part à son tour à l'attaque et reconduit les Britanniques jusqu'à la frontière de l'Égypte. Churchill, mécontent de Wavell, général lettré qui à son goût n'a pas l'esprit assez offensif, le remplace brutalement par Auchinleck, qui sera lui aussi démis de ses fonctions avec la même rudesse un an plus tard.

En Afrique orientale, la reconquête contre les armées italiennes démarre au début de 1941. Elle est menée sur trois fronts : en Éthiopie, où les effectifs importants placés sous le commandement du vice-roi, le duc d'Aoste, capitulent les uns après les autres, tandis que le Négus, l'empereur Haïlé Sélassié, est rétabli sur le trône ; en Somalie, où Mogadiscio tombe fin février ; en Érythrée enfin : là, après la bataille de Keren, la capitale, Asmara, est occupée en avril. Ces opérations, conduites avec le concours de troupes du Commonwealth et avec l'appui de Français libres, aboutissent à la complète disparition de l'Afrique orientale italienne : à Rome le « roi-empereur » n'est plus que roi d'Italie.

Il en va tout autrement dans les Balkans. Car sur ce théâtre d'opérations les Anglais enregistrent revers sur revers. C'est le 28 octobre 1940 que s'est produite ici la première tentative de mainmise d'une puissance de l'Axe, à la suite de l'agression italienne contre la Grèce. Mais l'action mussolinienne a vite fait fiasco. Néanmoins Churchill décide de venir en aide à l'armée grecque en envoyant un corps expéditionnaire britannique qui débarque au début de mars 1941. En fait, Hitler prend tout le monde de vitesse en lançant le 6 avril une campagne éclair contre la Yougoslavie et la Grèce. Tandis que Belgrade est occupée le 13 avril, l'armée yougoslave doit capituler au bout de onze jours. Si du côté anglais il a été impossible d'intervenir sur le territoire trop éloigné de la Yougoslavie, en Grèce les 50 000 hommes du corps expéditionnaire s'efforcent vainement de freiner la progression allemande. Rapidement débordés, ils doivent rembarquer à la fin d'avril.

C'est alors au tour de la Crète d'être conquise, malgré les ordres de Churchill de défendre l'île coûte que coûte. La bataille de Crète débute le 20 mai par un assaut allemand de parachutistes et de troupes aéroportées amenées par planeurs. Britanniques, Australiens et Néo-Zélandais ont beau se battre avec courage et infliger de lourdes pertes à l'envahisseur, les trois aérodromes crétois sont entre les mains de celui-ci, et il ne reste plus aux troupes du Commonwealth qu'à évacuer le pays au début de juin, non sans que la Navy paye un prix élevé dans l'opération.

On a beaucoup reproché à Churchill sa décision malencontreuse d'intervention en Grèce. Pourquoi ce soutien voué dès le départ à l'échec, compte tenu de la disproportion des forces et du caractère défavorable du terrain, sans compter le fait qu'une telle initiative dégarnissait dangereusement le front du désert à la veille de l'offensive de Rommel ? N'y a-t-il pas eu là une de ces foucades habituelles à Winston et que n'ont pu arrêter les chefs militaires à Londres ? En réalité, pour porter un jugement valable, tout dépend du facteur auquel on accorde la priorité. Militairement parlant, l'entreprise n'était pas seulement hasardeuse, elle contrevenait à toutes les règles, ce qui en explique le résultat pitoyable. En revanche, sur le plan politique et psychologique, le choix de Churchill se justifie beaucoup mieux : d'abord parce qu'il témoignait de la volonté britannique de lutte à outrance, ensuite parce qu'il était essentiel de renforcer partout où c'était possible l'esprit de résistance à l'Axe et de montrer aux alliés potentiels de l'Angleterre qu'ils seraient soutenus à fond au lieu d'être abandonnés à leur sort. S'y ajoutait sans doute chez Churchill – ce qui est plus contestable – une surestimation du théâtre de la Méditerranée orientale et l'espoir fallacieux – mais tenace – d'un concours militaire de la Turquie.

Au total, en juin 1941, alors que les Britanniques viennent d'écraser une révolte fomentée par l'Allemagne en Irak et de neutraliser les bases militaires de Vichy en Syrie, la situation reste précaire pour eux au Proche-Orient : au nord, c'est l'Axe qui est maître des Balkans, tandis qu'au sud l'Union Jack flotte tant bien que mal sur le vaste espace s'étendant de la Mésopotamie à l'Égypte et aux confins du désert.

*

* *

Grand secret de la Seconde Guerre mondiale, le système de renseignement *Ultra* a été l'enfant chéri de Churchill et une pièce maîtresse dans sa direction des opérations. Car la guerre des codes que se livrent sans merci depuis les années 30 les deux adversaires a tourné très vite à l'avantage des Anglais et à la défaite des services allemands. Dès 1940-1941 les premiers ont surclassé les seconds, puisqu'ils réussissent à lire en clair une bonne partie des messages chiffrés échangés par l'ennemi.

Dans cette bataille du renseignement, Churchill tient une place centrale en raison de l'attention et du soutien constants qu'il a apportés au système *Ultra* (nom complet : *Top Secret Ultra*) – un système de déchiffrement dont le secret a été gardé jusqu'en 1974, date à laquelle un des officiers responsables du service, le colonel Winterbotham, a été autorisé à en révéler l'existence, tandis que peu après l'historien Harry Hinsley, au terme d'investigations poussées, publiait plusieurs volumes sur le renseignement britannique et sa base de Bletchley Park[1]. Dans ce manoir et ses dépendances, à 80 kilomètres au nord-ouest de Londres, ont travaillé en effet pendant cinq ans plusieurs milliers de personnes, en particulier l'élite des scientifiques britanniques, professeurs et étudiants d'Oxford et de Cambridge, que Churchill avait voulu rassembler en une formidable concentration de cerveaux. Alors qu'en 1940 on y traitait quelque 250 cryptogrammes par jour, au plus fort de la guerre le chiffre s'élèvera à 3 000 messages quotidiens.

---

1. Cf. Frederick W. Winterbotham, *The Ultra Secret*, Londres, Weidenfeld and Nicolson, 1974 ; F. Harry Hinsley, *British Intelligence in the Second World War,* Londres, HMSO, 4 vol., 1979-1990.

Au point de départ, il y avait la machine *Enigma,* que l'armée allemande avait choisie dans les années 30 pour coder ses messages et signaux secrets : une machine capable d'opérer 200 millions de transpositions pour chaque caractère tapé sur un clavier et par conséquent jugée impossible à percer. Or déjà des mathématiciens polonais recrutés par les services secrets de Varsovie étaient parvenus à décrypter certains textes codés d'*Enigma,* et après la défaite de la Pologne ils avaient transmis aux services français leurs découvertes, et ceux-ci les avaient à leur tour communiquées aux Britanniques. Dès lors se poursuit à Bletchley Park la guerre contre *Enigma* et ses secrets, en vue de capter et comprendre les messages échangés par radio chez l'adversaire (notamment entre le commandement et les unités sur le terrain) et par là de connaître le dispositif et les plans d'opérations ennemis.

Coup de chance pour Churchill : son arrivée à Downing Street a coïncidé avec la première avancée décisive d'*Ultra.* C'est en effet à la fin de mai 1940 que les décrypteurs de Bletchley Park, grâce à l'ordinateur prototype *Colossus,* réussissent à percer le code principal de la Luftwaffe, ce qui leur procure aussitôt une belle moisson de renseignements. L'année suivante, au printemps 1941, ils se rendent maîtres du code de la Kriegsmarine, et au printemps 1942 ils percent celui de la Wehrmacht. Toutefois, il convient de rappeler que ces succès ne sont pas unilatéraux : du côté allemand, l'Abwehr a percé le code de la Royal Navy au début de 1940 et l'a utilisé pendant toute l'année ; quant à celui de la Merchant Navy, il sera lu par les services de Berlin jusqu'en 1943.

À vrai dire, non seulement Churchill entretient une familiarité exceptionnelle avec le monde du renseignement et des services spéciaux, car c'est là un univers qui le fascine et l'électrise, tant il peut y investir son imagination débordante, sa passion de l'aventure, ses pen-

331

chants romantiques, mais l'alliance entre Winston et *Ultra* repose aussi sur une longue préhistoire. Tout jeune, ses expériences militaires et journalistiques à Cuba, en Inde, au Soudan, en Afrique du Sud, lui avaient enseigné l'importance du renseignement et de la surprise. Il avait appris combien il était crucial de savoir sans que l'adversaire sache, de le tromper sans qu'il se sache trompé. D'où son excitation à l'idée des rapports d'espions et d'agents secrets. C'est pourquoi, avant 1914, encore dans les débuts de sa carrière ministérielle, il avait joué un rôle non négligeable en ce domaine, par exemple en appuyant avec vigueur la création par le gouvernement Asquith en 1909 du Secret Service Bureau : section contre-espionnage (MI 5) et section renseignement (MI 6). En 1910, devenu ministre de l'Intérieur, il avait initié la mise sous surveillance des espions allemands sur le territoire britannique.

Mais si Churchill croit à *Humint (human intelligence)*, c'est en 1914, on l'a vu, qu'il se convertit au système moderne et scientifique appelé *Sigint (signals intelligence)*, c'est-à-dire au renseignement obtenu en déchiffrant les messages émis par les radios de l'adversaire. Dès la déclaration de guerre, en tant que Premier lord de l'Amirauté, il met sur pied avec quelques officiers imaginatifs un service d'interception et de décodage des signaux de la marine impériale allemande et l'installe dans une salle appelée à devenir célèbre, la *Room 40* de l'Amirauté. Il faut dire que dans les semaines suivantes la *Room 40* est servie par une chance extraordinaire à trois reprises. D'abord, à la suite du naufrage dans le golfe de Finlande du croiseur allemand *Magdeburg*, les autorités russes repêchent sur le cadavre d'un marin un exemplaire des codes en usage dans la marine allemande et le remettent aux Britanniques. En second lieu, un navire de guerre australien met la main dans le Pacifique sur un autre manuel de chiffrage. Enfin, quelque temps plus tard, un chalutier anglais en mer du Nord ramène dans ses filets une malle contenant un livret codifié appartenant à un destroyer allemand coulé. Tant que Winston reste à la tête de l'Amirauté, il continue de suivre avec passion le travail de la *Room 40,* où s'affirme la supériorité des spécialistes du Royaume-Uni. Au cours de l'entre-deux-guerres il va continuer d'entretenir le même culte du renseignement et de l'espionnage, mais cette fois à l'encontre des « rouges ». (Encore au seuil de la retraite, en 1953, Churchill à nouveau Premier ministre couronnera sa carrière « conspiratrice » en faisant soutenir par le Secret Intelligence Service britannique le coup monté par la CIA en vue de renverser le pouvoir de Mossadegh en Iran et de rétablir celui du shah).

En 1940, dès sa nomination comme Premier ministre, Churchill donne l'ordre aux chefs d'état-major de revoir entièrement le fonctionnement du renseignement, la répartition des tâches, l'organisation des circuits de distribution des informations collectées ou déchiffrées. Première des exigences concernant *Ultra* : le secret – un secret rigoureux et bien gardé. Le « *secret circle* » est fort restreint. Dans l'entourage du Premier ministre, aucun de ses secrétaires ni des membres de son cabinet n'est au courant. Il en va de même des ministres, sauf exception, et même de la plupart des chefs militaires. C'est le major Desmond Morton qui a la haute main sur la diffusion éventuelle – et tamisée – des informations recueillies.

De Bletchley Park, les messages captés et décryptés sont acheminés au chef du Secret Intelligence Service (SIS), le colonel Stewart Menzies, et de là à Downing Street. Quand Churchill voyage, la grande boîte en cuir rouge contenant les secrets d'*Ultra* le suit dans tous ses déplacements. Chaque jour, à Londres ou ailleurs, lui-même a l'habitude de demander impérieusement : « Où sont mes œufs ? » – car il a surnommé les décodeurs de

Bletchley Park « les oies qui pondent les œufs d'or sans jamais cacarder [1] ». Effectivement, pour lui, c'est bien là de l'or pur, encore plus nécessaire pour gagner la guerre que les lingots accumulés dans les caves de la Banque d'Angleterre. Cela lui permet de suivre avec minutie tant les opérations que les plans stratégiques de l'Axe, et par conséquent de prévoir la riposte. Aussi le militaire toujours présent en lui ne cesse-t-il d'imaginer, de ruminer, de calculer, afin d'ajuster à chaque moment, grâce à la mine d'informations reçues, sa propre stratégie et sa propre tactique.

Sur le rôle effectif d'*Ultra* dans la marche de la guerre, on a beaucoup glosé depuis que la chose a été rendue publique. Des prétentions exorbitantes ont vu le jour. N'est-on pas allé jusqu'à prétendre que c'était grâce aux équipes de Bletchley Park que les Alliés avaient remporté la victoire ? Si on tente un bilan raisonné, force est de dire que les résultats d'*Ultra*, si précieux et si positifs qu'ils aient été, ont été inégaux. Ainsi les renseignements fournis n'ont-ils guère eu d'utilité dans la bataille d'Angleterre. En revanche, ils ont beaucoup contribué à la victoire navale du cap Matapan. Sur l'invasion de la Crète, les informations fournies étaient remarquables d'exactitude, mais ni l'armée ni la marine n'ont été capables de les exploiter, faute des ressources nécessaires. Dans trois cas, toutefois, *Ultra* a joué un rôle majeur : dans la bataille de l'Atlantique en 1942-1943, durant les mois les plus critiques de la lutte contre les sous-marins ; face à l'Afrikakorps lors de la première bataille d'El-Alamein dans l'été 1942 ; en Normandie en août 1944 pour briser la contre-offensive allemande de Mortain. En somme, si les impressionnants succès britanniques dans la bataille des codes n'ont pas fait gagner

1. Cf. Ronald Lewin, *Ultra Goes to War*, Londres, Hutchinson, 1978, p. 183.

la guerre, il reste que non seulement le renseignement allemand a été complètement surclassé, mais que les brillants résultats d'*Ultra* ont fortement contribué à hâter la victoire.

D'autre part, et en sens inverse, il est impératif de faire justice de deux légendes propagées de façon récurrente autour de Churchill et d'*Ultra* (on laissera de côté, car elle ne mérite pas que l'on s'y attarde, une troisième légende remontant à 1915 et prétendant que grâce à la *Room 40* le Premier lord de l'Amirauté avait été averti de la menace de torpillage pesant sur le *Lusitania* et qu'il l'avait sciemment tue afin de faciliter l'entrée en guerre des États-Unis...).

La première controverse concerne le terrible bombardement subi par la ville de Coventry dans la nuit du 14 au 15 novembre 1940. On a prétendu que grâce à *Ultra* les services de renseignements britanniques étaient au courant du choix de cette cité des Midlands comme cible de l'attaque de la Luftwaffe et que Churchill avait délibérément sacrifié les habitants de Coventry pour sauver le secret de sa source d'information. De là des versions dramatisées sur les « dessous » de l'affaire : versions qui ont trouvé aisément la faveur d'un public friand d'histoires de guerre.

Effectivement, s'il avait été vrai que, trois jours avant le raid, l'Air Intelligence était averti d'un plan de destruction massive de Coventry à la pleine lune, il aurait été possible d'évacuer d'urgence la ville et d'arracher les habitants à la mort, ce qui aurait provoqué un débat cornélien chez Churchill, confronté au risque soit de dévoiler à l'ennemi une arme secrète et décisive, soit de sceller le sort de ses concitoyens de Coventry. En réalité, l'analyse serrée des sources montre que jamais le Premier ministre n'a été confronté à un tel dilemme. Ce qui est avéré, c'est que le renseignement britannique était au courant d'un raid de grande envergure en préparation, mais jusqu'au dernier moment, c'est-à-dire jusqu'au milieu de l'après-midi du 14 novembre, il a cru que le raid viserait Londres ou la région londonienne. À ce moment-là il était trop tard pour réagir, et la riposte mise en route, au demeurant mal conçue et sans moyens, n'a démarré que lorsque les premières vagues de bombardiers allemands franchissaient la côte anglaise.

Quant à Churchill, il avait bien été prévenu qu'il fallait s'attendre à une attaque en force de la Luftwaffe, mais que l'hypothèse la plus plausible était celle d'un raid sur la capitale. C'est pourquoi, le 14 novembre, alors qu'il quittait Londres en début d'après-midi pour se rendre près d'Oxford, il a décidé, à la lumière des derniers renseignements annonçant le raid pour le soir même, de rebrousser chemin et de rester à Downing Street afin d'y attendre la grande opération baptisée du nom de code Sonate au clair de lune. On voit par là combien la légende a travesti la réalité. À aucun moment *Ultra* n'a réussi ni à pronostiquer ni à empêcher le bombardement de Coventry.

Deuxième fable : le camouflage volontaire par Winston de l'opération japonaise contre Pearl Harbor. Dans ce cas, des hypothèses insistantes, relevant plus ou moins de l'histoire-complot, ont prétendu que par un calcul machiavélique Churchill aurait refusé de transmettre à Washington le teneur des renseignements reçus, à travers le code diplomatique et le code naval japonais (respectivement *Magic* et JN 25), renseignements qui annonçaient l'imminence de l'attaque japonaise du 7 décembre 1941. Selon les versions, ce serait tantôt Churchill seul, tantôt Churchill et Roosevelt de concert qui auraient gardé le silence afin de garantir l'entrée en guerre des États-Unis.

En réalité, face à ces allégations, deux données bien établies doivent être mises en évidence. D'abord, l'agression japonaise à Pearl Harbor a pris complètement par surprise le Premier britannique, d'autant que celui-ci croyait plutôt à une offensive japonaise contre les Philippines. En second lieu, rien ne prouvait que les États-Unis – qui de surcroît déchiffraient mieux que les Anglais les codes japonais – déclareraient la guerre à l'Allemagne en riposte à une attaque du Japon : de fait, c'est Hitler qui a pris l'initiative de la déclaration de guerre de l'Allemagne aux États-Unis le 11 décembre. On peut donc balayer sans hésitation la thèse de la prétendue duplicité churchillienne dans l'affaire de Pearl Harbor.

*
* *

Parallèlement au renseignement et à l'espionnage, Churchill a toujours eu le goût de l'action souterraine, des agents secrets, du sabotage en territoire ennemi. C'est dans cette perspective que, dans la conjoncture dramatique de l'Angleterre seule et menacée d'invasion, il crée en juillet 1940 un organisme de type inédit appelé à avoir une destinée illustre : le Special Operations Executive ou SOE, qui va essaimer dans toute l'Europe et même en Asie. Le nom a été trouvé par Neville Chamberlain, dont c'est un des derniers actes publics. Une fois la décision prise (16-22 juillet 1940), Winston, assez curieusement, rattache la nouvelle organisation au ministère de la Guerre économique (Ministry of Economic Warfare), dirigé par le travailliste Hugh Dalton, pour lequel au demeurant il n'éprouve pas beaucoup de sympathie.

Ainsi, l'édifice des services de la guerre psychologique et subversive et de la guerre du renseignement prend de l'ampleur et se complexifie, non sans maintes rivalités, frictions et conflits entre les uns et les autres. La liste des divers organismes placés sous l'œil vigilant du Premier ministre est la suivante. D'un côté, trônent les deux institutions les plus anciennes, datant, comme on l'a vu, de 1909, et rattachées au War Office : le MI 5, ou Military Intelligence 5, appelé aussi Security Service, chargé du contre-espionnage et opérant principalement sur le territoire britannique, et le MI 6, ou Military Intelligence 6, nommé communément Secret Intelligence Service, service de renseignements fonctionnant principalement à l'étranger. D'un autre côté, sont venus s'adjoindre les trois services nouveaux créés en 1940 : le MI 9, ou Escape Service, destiné aux évasions et dépendant du War Office, le SOE, ou Special Operations Executive, rattaché au ministère de la Guerre économique, enfin le PWE, ou Political Warfare Executive, chargé de la propagande et dépendant à la fois du Foreign Office et du ministère de l'Information.

À la base du SOE, dans l'esprit de Churchill, il y avait la nécessité de rétablir d'urgence un lien avec le continent, désormais occupé, dont les Anglais étaient coupés après en avoir été chassés. Le premier objectif était donc d'affaiblir la capacité de l'ennemi en matière de production de guerre en envoyant de petites équipes de saboteurs. Mais là on n'en est encore qu'aux balbutiements, même si sont créés quelques centres de formation. En même temps vient l'idée de débarquer ou de parachuter des agents, encore que cela entraîne assez vite une confusion entre les tâches d'action et celles de renseignement, ce qui suscite des déboires.

Toujours imaginatif, Churchill, fort du souvenir des chouans, des *carbonari* et des klephtes, se fixe un autre but : le soulèvement armé et la subversion. En encourageant l'esprit de résistance parmi les populations occupées, ne pourrait-on parvenir à les mobiliser pour rendre la vie intenable aux Allemands et, le jour venu, pour coopérer avec les armées régulières alliées combattant pour libérer l'Europe ? Pour le Premier ministre, avec sa vaste culture historique et son goût de la stratégie périphérique, la guerre subversive, forme de guerre remontant à la plus haute antiquité, constitue une stratégie indirecte précieuse.

Sa caractéristique est d'être une guerre de volontaires et d'« irréguliers », s'efforçant d'unir étroitement combattants et civils, d'exercer une action dissolvante, de coaguler des forces dispersées, malgré la dissymétrie des moyens. Car en ce cas l'inégalité éclate entre les deux adversaires : l'un, assis sur sa supériorité en armes, en matériel, en moyens de communication et de transmission, détient la puissance militaire et politique; l'autre, dépourvu de moyens, cherche désespérément à s'armer. Mais le paradoxe, c'est justement que cette disproportion des ressources tourne à l'avantage du plus démuni, car la « guerre parallèle », c'est-à-dire la guérilla qu'il mène, arme du faible contre le fort, consiste à porter des coups tout en se dérobant à ceux de l'ennemi grâce aux atouts que représentent la mobilité, le secret, la connaissance du terrain et plus encore la complicité de la population. Économie des moyens, maximisation des résultats, voilà le secret de l'efficacité de la stratégie subversive, qui dans cette lutte de David contre Goliath permet peu à peu de changer le rapport des forces.

C'est en ce sens que Clausewitz avait parlé de « quelque chose de vaporeux et de fluide [qui] ne doit se concentrer nulle part en un corps solide », tout en étant capable d'atteindre les bases de l'armée ennemie « comme une combustion lente et graduelle [1] ». De même, le colonel Lawrence, champion de la guerre du désert et grand ami de Churchill, avait préconisé de faire appel à la tactique du rezzou – ou, en termes de cricket, du *tip and run* – au moyen d'une force insaisissable,

---

1. Carl von Clausewitz, *De la guerre*, Paris, Éd. de Minuit, 1955, IIe Partie, chap. 26, pp. 552 et 554.

invulnérable, sans front ni arrière, capable de se répandre partout à la façon d'un gaz.

Ce n'est donc point un hasard si, en juillet 1940, quand Churchill donne l'ordre de créer les forces spéciales du SOE, il emploie l'image du vent qui propage l'incendie : « Maintenant, lance-t-il, embrasez l'Europe ! »

Qualifiée de « quatrième arme », à côté de l'armée, de la marine et de l'aviation, par Hugh Dalton, le ministre chargé de coordonner cette lutte hétérodoxe, la « guerre de l'ombre » a trouvé un champ de prédilection au cours de la Seconde Guerre mondiale. Deux facteurs y ont largement contribué : d'une part, la nature idéologique et politique du conflit ; d'autre part, les nouvelles possibilités techniques offertes par la radio et par l'aviation, ce qui permet de traverser impunément l'espace tenu par l'ennemi et d'établir des liaisons régulières entre agents intérieurs et allié extérieur.

Du même coup, le combat prend une allure de plus en plus multiforme, tour à tour ou en même temps militaire, politique, idéologique, social, d'autant que dans le camp de la résistance intérieure on passe vite de la lutte contre l'occupant à la volonté de transformer après la guerre les structures de la société et de l'État. Ce qui ne va pas manquer de soulever d'épineux problèmes pour le Premier ministre initiateur et champion de cette subversion armée, mais en même temps homme d'ordre profondément conservateur. Par là, la « petite guerre » s'articule avec la « grande guerre » au cœur de la géostratégie mondiale.

CHAPITRE VII

La Grande Alliance
1941-1945

L'EST ET L'OUEST : ENTRE STALINE ET ROOSEVELT

Pour Churchill, en 1941, soudain tout change. Le destin bascule. Avec l'entrée en guerre de l'URSS le 22 juin et celle des États-Unis le 7 décembre, non seulement l'Angleterre cesse d'être isolée face à Hitler, mais elle se retrouve placée au cœur même d'une coalition planétaire. Dans cette guerre devenue une guerre mondiale, c'est la Grande-Bretagne qui désormais constitue le centre névralgique de la « Grande Alliance » – comme l'a baptisée Winston, en mémoire de la coalition dressée contre Louis XIV au temps de son ancêtre Marlborough. Pendant quatre années, c'est Churchill qui va être à la fois l'imprésario, l'acteur et l'artiste de cette entreprise colossale destinée à abattre les forces de l'Axe. Et c'est à cette tâche qu'il consacre l'essentiel de son énergie et de son action, en s'efforçant d'impulser et de maîtriser une géopolitique nouvelle caractérisée, pour reprendre une expression de Shakespeare, par « la division ternaire du monde[1] ».

1. *Jules César,* acte IV, scène I.

*
* *

À l'automne 1939, en dépit de l'entrée de l'Armée rouge en Pologne et du partage du pays entre Allemands et Soviétiques, Churchill s'était distingué par une modération surprenante envers la politique du Kremlin. Au lieu de se joindre à la vague de condamnations indignées qui emportait ses compatriotes, le Premier lord de l'Amirauté avait adopté un langage nuancé et prudent, laissant la porte ouverte à d'éventuelles inflexions, voire renversements, dans l'avenir. C'est ainsi que dans son premier discours radiodiffusé à la BBC, le 1er octobre, tout en soulignant que la politique de Staline était dictée avant tout par les intérêts nationaux de l'URSS, il avait laissé entendre que l'énigme russe – « un casse-tête enveloppé de mystère à l'intérieur d'une énigme », avait-il précisé en une formule célèbre[1] – ne pouvait masquer le fait qu'il était impossible à l'Union soviétique de tolérer une mainmise de l'Allemagne hitlérienne sur les Balkans et sur le Sud-Est européen. D'où l'idée que les intérêts antagonistes entre les deux géants totalitaires provoqueraient tôt ou tard un conflit entre eux. En octobre 1940, devant ses conseillers militaires médusés, Winston s'était même laissé aller à affirmer avec une belle prescience qu'il fallait s'attendre à ce que l'Allemagne attaquât l'URSS en 1941[2].

Mais c'est surtout au printemps 1941 qu'à la lumière des renseignements provenant d'*Ultra* Churchill acquiert la certitude qu'une puissante offensive allemande à l'Est est proche. Début avril, il enjoint à l'ambassadeur britan-

---

1. W. Churchill, *War Speeches*, t. I ; trad. fr., *L'Entrée en lutte, op. cit.*, p. 162.
2. Cf. F.H. Hinsley, *British Intelligence in the Second World War, op. cit.*, p. 432.

nique à Moscou, sir Stafford Cripps, de transmettre d'urgence un message d'avertissement au ministre des Affaires étrangères, Molotov. Toutefois, Cripps tergiverse, puis, après un rappel à l'ordre du Premier ministre, remet une note au ministre adjoint, Vychinski. De plus en plus persuadé de la proximité de l'affrontement, Churchill en fait part à Roosevelt, d'autant que, le 12 juin, les services britanniques ont décrypté un message envoyé de Berlin à Tokyo par l'ambassadeur du Japon annonçant l'imminence de la campagne contre l'Union soviétique. La veille de l'attaque, en se promenant aux Chequers, le Premier ministre déclare à son secrétaire Colville que, si Hitler s'avisait d'envahir l'enfer, lui-même pactiserait avec le diable [1].

Aussi, lorsque, au petit matin du dimanche 22 juin, lui est annoncé le déclenchement de l'opération Barbarossa, Winston accueille la nouvelle avec jubilation, et il fait savoir qu'il parlera le soir même à la BBC. Sans même consulter le cabinet de guerre, il prononce alors un grand discours d'homme d'État, que Harold Nicolson a qualifié de « chef-d'œuvre ». La Grande-Bretagne, explique-t-il, va immédiatement tout mettre en œuvre pour aider l'URSS dans la lutte contre l'ennemi commun. « Au cours des vingt-cinq dernières années, précise-t-il en rappelant son attitude passée à l'égard du régime bolchevique, nul n'a été un plus ferme adversaire du communisme que moi et je ne renie rien de ce que j'ai dit. Mais, devant le spectacle actuel, tout disparaît : le passé avec ses crimes, ses folies, ses tragédies, tout s'évanouit. [...] Nous avons un objectif irrévocable : abattre Hitler. [...] Tout homme, tout pays qui combat le pouvoir nazi sera assuré de notre soutien. Tout homme, tout pays qui s'allie à Hitler est notre ennemi. [...] En conséquence,

1. John Colville, *The Fringes of Power, op. cit.*, p. 480.

nous donnerons à la Russie et au peuple russe toute l'aide possible. Nous en appellerons à tous nos amis, à tous nos alliés à travers l'univers pour qu'ils agissent de même. [...] Le danger qui menace la Russie est notre danger. [...] Partout dans le monde les hommes et les peuples libres font cause commune avec ceux qui se battent pour défendre leur sol, leurs maisons [...], les champs que leurs ancêtres ont labourés depuis des temps immémoriaux [...], les milliers de villages où il est si dur d'arracher à la terre les moyens de subsistance, mais où l'on trouve encore les joies de l'existence humaine, le rire des jeunes filles et les jeux des enfants[1]. »

À vrai dire, à Londres, dans les milieux dirigeants, où la nouvelle de Barbarossa a fait l'effet d'une bombe, on ne se sent guère à l'unisson avec le Premier ministre. Ce serait plutôt le scepticisme et le pessimisme qui l'emportent. D'une part, on éprouve plus de gêne que d'enthousiasme à l'idée d'avoir l'URSS pour alliée. D'autre part, à la suite des déboires de l'Armée rouge lors de la guerre de Finlande, la plupart des experts militaires donnent celle-ci pour battue par la Wehrmacht en quelques semaines. Churchill a beau envisager dans l'immédiat des moyens pour soulager les Russes, par exemple en débarquant un petit corps expéditionnaire sur les côtes françaises à travers la Manche ou bien en mettant le feu à la Forêt-Noire (c'était là une suggestion du romancier H.G.Wells), les chefs d'état-major n'ont pas de peine à lui démontrer le caractère chimérique de tels projets.

Le point le plus épineux, c'est que commence alors pour Winston une relation tumultueuse, à la fois indispensable et conflictuelle, avec la Russie en général et

---

1. MG VI, *Finest Hour 1940-1941*, p. 1117. Cf. Harold Nicolson, *Letters and Diaries*, vol. II, 1939-1945, éd. Nigel Nicolson, Londres, Collins, 1967, p. 174.

avec Staline en particulier, relation qui va durer quatre longues années, ponctuée de hauts et de bas, d'entente et de défiance, de phases de rapprochement et d'épisodes acrimonieux. D'autant que le Premier ministre, plutôt que de faire confiance à ses services – Foreign Office ou War Office –, croit beaucoup aux échanges directs avec Staline, tant il compte en ce domaine sur ses dons et talents personnels en même temps qu'il peut donner libre cours à son goût et à sa capacité pour décider lui-même.

Commence alors une longue série de messages, de dépêches, de notes diplomatiques, d'entretiens entre hauts fonctionnaires ou militaires, de communications verbales, tous supervisés de près par le Premier ministre. Le flot va se prolonger quatre ans durant, avec des fortunes diverses et selon des humeurs changeantes, les deux partenaires combinant et dosant soigneusement contraintes du combat commun et suspicions réciproques. Dès les premiers jours de juillet 1941, Staline fait savoir que son pays souhaiterait signer un pacte d'assistance militaire doublé d'un engagement à ne pas conclure de paix séparée, ce à quoi acquiesce Churchill. Le 12 juillet, est paraphé à Moscou entre Molotov et Cripps une déclaration d'assistance mutuelle.

Mais très vite surgissent des divergences. D'abord, Staline ne tarde pas à soulever la question d'un second front, et les Britanniques doivent reconnaître l'incapacité dans laquelle ils sont, compte tenu de leurs moyens militaires et navals, de se lancer dans une pareille opération. Surtout, Churchill se refuse obstinément à prendre en considération les multiples suggestions soviétiques en vue de fixer le tracé des frontières après la guerre. La seule réalisation concrète est la signature en mai 1942 d'un traité d'alliance entre le Royaume-Uni et l'URSS, assorti d'un engagement à ne pas contracter de paix séparée. En réalité, Winston confiera après la guerre que sa pire appréhension en ces années terribles – du moins

345

jusqu'au milieu de 1943 – avait été celle d'une paix séparée germano-soviétique[1].

Ponctuée de vicissitudes, l'année 1942 voit se succéder phases d'extrême tension et moments de réchauffement. À Moscou, c'est un cortège incessant de critiques acerbes, voire insultantes, à l'encontre de la stratégie méditerranéenne de la Grande-Bretagne et notamment des plans de débarquement en Afrique du Nord. Pour calmer le jeu, Churchill juge plus expédient d'aller rendre visite lui-même à Staline. Arrivé le 12 août dans la capitale soviétique, il se heurte à l'ire du généralissime et la première soirée se révèle désastreuse : les invectives succèdent aux menaces, au point que le Premier britannique, saisi de fureur, songe à repartir pour Londres. Peu à peu le climat s'améliore, mais la méfiance et les rancœurs subsistent. Force toutefois est de reconnaître, dans les rencontres au sommet, en particulier entre les Trois Grands, l'extraordinaire maîtrise dont a toujours su faire preuve Staline au cours des discussions. Sa capacité à traiter les dossiers et son aptitude à faire prévaloir son point de vue ont frappé des observateurs aussi attentifs et aussi bien placés que Anthony Eden ou Averell Harriman, l'envoyé de Roosevelt : quoiqu'il fût, écrit ce dernier « un despote criminel », il était « mieux informé que Roosevelt et plus réaliste que Churchill : à bien des égards le plus fort des trois grands leaders de la guerre[2] ».

En 1943, ce sont les affaires polonaises, ajoutées au retard mis à l'ouverture d'un second front, qui amènent une nouvelle dégradation ponctuée de récriminations exaspérées de part et d'autre. Découverte en avril du

1. Cf. Anthony Montague Browne, *Long Sunset*, Londres, Cassell, 1995, p. 158.
2. W. Averell Harriman et Elie Abel, *Special Envoy to Churchill and Stalin 1941-1946*, New York, Random House, 1975, p. 536.

charnier de Katyn, mort en juillet, dans un accident d'avion, du général Sikorski, chef du gouvernement polonais en exil, polémiques sans fin à l'automne sur les futures frontières de la Pologne (tandis que la Grande-Bretagne est prête à reconnaître la ligne Curzon, les Polonais de Londres s'y opposent farouchement), rien n'est épargné à Churchill. Exaspéré, celui-ci écrit à Eden en janvier 1944 : « Je suis prêt à clamer à la face du monde que c'est pour la Pologne que nous avons déclaré la guerre et que la nation polonaise a droit à son terri-toire, mais nous ne nous sommes jamais engagés à défendre les frontières de la Pologne de 1939. Après deux guerres qui lui ont coûté de 20 à 30 millions de morts, la Russie, je l'affirme, a droit à une frontière inex-pugnable à l'ouest [1]. »

*
* *

C'est le 7 décembre 1941 que se produit, avec l'attaque japonaise contre Pearl Harbor et l'entrée en guerre de la République américaine, l'événement dont Churchill n'avait cessé de rêver et pour lequel il avait œuvré avec constance depuis son arrivée à Downing Street. Dorénavant, la Grande-Bretagne et les États-Unis d'Amérique se trouvent ouvertement et officiellement alliés en un combat commun. Ce qui durant quelque dix-huit mois s'apparentait plutôt à une union libre est devenu maintenant un mariage en bonne et due forme. Sans doute, pour beaucoup d'Américains, s'agit-il d'un mariage de raison plutôt que d'un mariage d'amour. Il n'empêche que le même impératif fondamental commande à l'avenir la stratégie des deux pays. Devant

---

1. Cité par Martin Kitchen, « Winston Churchill and the Soviet Union during the Second World War », *Historical Journal*, 30, 2, 1987, p. 428.

la menace pesant sur eux tant dans l'océan Pacifique que du côté de l'Europe et de l'Atlantique, il n'y a qu'une issue : la défaite totale de l'ennemi et la victoire des armées alliées. La traditionnelle rivalité du temps de paix entre les deux puissances s'est muée en alliance de guerre.

De là le recours, devenu classique, à l'expression de *special relationship* pour caractériser les rapports des deux pays durant la guerre, et même au-delà. Si le terme a été popularisé par Churchill dans son célèbre discours de Fulton, Missouri, le 5 mars 1946, puis abondamment repris dans ses *Mémoires de guerre* et dans son *History of the English-Speaking Peoples,* il s'est révélé d'un emploi chronique pendant des années aussi bien dans le grand public que chez les diplomates et les spécialistes de science politique. En fin de compte, on a fini par user et abuser de la formule, par-delà l'alliance du temps de guerre et les multiples manifestations d'unité culturelle et politique des deux grandes démocraties libérales et capitalistes. Tandis que l'on glosait à perte de vue sur la validité et le sens du terme, il a fallu l'écart croissant entre la toute-puissance américaine et l'influence déclinante d'une Grande-Bretagne tardivement convertie à l'Europe pour que, à partir des années 60, le concept apparaisse obsolète et la notion dépassée.

Toutefois, l'expression *special relationship* désigne en même temps, et à bon droit, le dialogue privilégié entretenu par Churchill et Roosevelt entre 1939 et 1945. En effet, c'est dès sa nomination en 1939 comme Premier lord que Winston a entamé une correspondance suivie, chaleureuse et confiante, avec le président des États-Unis (ici le contraste éclate avec Chamberlain, resté toujours froid et distant à l'endroit des Américains). Une fois à Downing Street, on voit le volume et la fréquence des échanges s'accroître considérablement. Aussi ne saurait-on reprocher une quelconque forfanterie à l'auteur des *Mémoires de guerre* quand il écrit : « Mes relations avec le Président devinrent si étroites que l'essentiel des affaires entre nos deux pays furent virtuellement traitées par ces échanges personnels entre lui et moi [1]. »

Au total, en cinq ans, on compte 950 messages envoyés par Churchill (régulièrement signés « *Former Naval Person* ») et 750 reçus de Roosevelt, soit en moyenne un échange deux jours sur trois. À quoi il convient d'ajouter les onze rencontres personnelles en tête à tête entre les deux chefs de guerre et les deux rencontres tripartites avec Staline. Reconnaissons-le toutefois : la « relation spéciale » entre les deux partenaires n'était pas exactement de même nature. Du côté du Premier britannique la chaleur était beaucoup plus marquée que du côté du Président – à qui il est arrivé à l'occasion de vouloir tromper son interlocuteur (ainsi quand il manœuvre au cours de l'été 1943 pour organiser une rencontre à deux avec Staline sans Churchill).

À côté de ces échanges au sommet, on a souvent eu tendance, sur le plan des rapports entre dirigeants britanniques et américains – qu'il s'agisse des chefs militaires, des ministres ou des hauts fonctionnaires –, à dépeindre sous des couleurs trop roses le fonctionnement de la *special relationship*. Celle-ci en réalité a passé par bien des vicissitudes, sous forme d'échanges suspicieux, de négociations serrées, voire d'âpres marchandages. Pour sa part, en 1940, Churchill n'avait voulu partager avec les Américains ni les secrets du radar ni ceux de l'asdic (appareil de détection sous-marine par ultrasons). Il est vrai que par la suite une coopération poussée s'est instaurée tant dans le domaine du renseignement que sur le plan de la recherche atomique. Surtout, très tôt, les deux pays ont résolu de mettre sur pied un système de commandement intégré et par là une stratégie unifiée, grâce à la création au début de 1942 d'un « état-major

1. SWW II, p. 22; trad. fr., II, 1, p. 28.

combiné », les Combined Chiefs of Staff (par contraste, entre Anglo-Américains et Soviétiques, la pratique de la coopération militaire a été assez lâche).

La première des rencontres entre Churchill et Roosevelt est aussi la plus célèbre, puisque c'est celle qui a vu la signature de la charte de l'Atlantique (9-12 août 1941). Préparée dans le plus grand secret, organisée à Placentia Bay au large de Terre-Neuve – où le Premier ministre arrive à bord du *Prince of Wales*, le dernier-né des cuirassés britanniques, et le Président à bord du croiseur *Augusta* –, la rencontre commence par un service religieux le dimanche 10 août au matin en présence des deux hommes d'État, des amiraux et des équipages au grand complet. « Aucun des participants, a raconté Churchill, n'oubliera jamais le spectacle de cette assemblée massée sur le pont arrière du *Prince of Wales*. La symbolique de l'Union Jack et de la bannière étoilée flottant côte à côte, les chapelains britanniques et américains se relayant pour réciter les prières, les rangs serrés des marins américains et britanniques entremêlés, utilisant les mêmes livres de prières, prononçant les mêmes implorations, chantant les mêmes hymnes familiers, [...] chaque parole remuait les cœurs. Ce fut un grand moment à vivre, cependant que près de la moitié des participants allaient bientôt mourir [1]. » Parmi les hymnes – choisis par Churchill en personne – figurait *Onward, Christian Soldiers* :

En avant, soldats du Christ,
Marchez à la guerre,
Avec la croix de Jésus
Qui vous précède!

1. SWW III, p. 384; trad. fr., III, 2, pp. 59-60 (le *Prince of Wales* sera coulé par les Japonais au large de la Malaisie en décembre 1941).

Christ, le Maître et le Roi,
Vous conduit contre l'ennemi ;
En avant, à la bataille,
Unis derrière son étendard !

Telle qu'elle est signée le 12 août, la charte de l'Atlantique a été élaborée à partir d'un canevas proposé par Churchill, mais, comme Roosevelt, à la suite du précédent malheureux des « Quatorze Points » de Wilson, ne voulait pas se lier les mains pour la paix future, le texte se cantonne à des impératifs très généraux. C'est ainsi que sont proclamés le principe d'autodétermination (tout changement territorial doit se faire librement et avec le consentement des populations), le droit de chaque pays à choisir sa forme de gouvernement, la nécessité d'une paix juste libérant les peuples de la peur et du besoin, l'abandon de l'usage de la force au profit de la sécurité collective et du désarmement, la liberté du commerce et le libre accès aux matières premières. C'est là, on le voit, un condensé des axiomes de la démocratie libérale, dans sa version anglo-saxonne, et l'on y retrouve associés l'idéalisme rooseveltien et le réalisme churchillien.

Le document a pris aussitôt valeur légendaire en tant que référence, tandis que simultanément il forgeait une nouvelle géopolitique mâtinée d'éthique. En effet, c'est à ce moment-là que se produit l'avènement du concept de « l'Ouest », foyer de la liberté et de la démocratie investi de la mission sacrée de lutter contre la tyrannie (on retrouvera le même discours au moment de la création du Pacte atlantique). À l'avenir, cette sphère occidentale englobera aussi bien les anciens adversaires de l'Europe médiane – Allemagne et Italie – que la Grande-Bretagne, les États-Unis et la France. Le fait est que nul plus que Churchill n'a contribué à instaurer ce concept de « l'Ouest », avec son triple statut – moral, géographique et politique –, lui qui n'a cessé de se faire le champion

351

du binôme anglo-américain et du « grand large », et de les célébrer à satiété dans son *History of the English-Speaking Peoples*. Au demeurant, Staline ne s'y est pas trompé, qui se plaignait auprès d'Eden quelques semaines après la rencontre de Placentia Bay : « J'avais cru que la charte de l'Atlantique était dirigée contre les puissances qui visent l'hégémonie mondiale. Il semble maintenant que la charte était dirigée contre l'Union soviétique [1]. »

En dépit des accès de mauvaise humeur venus de l'Est, il reste que la *special relationship* est demeurée l'axe de la pensée et de l'action de Churchill pendant quatre années. S'il n'avait tenu qu'à lui, elle se serait vraisemblablement prolongée pour longtemps dans le monde d'après guerre. Lui-même ne déclarait-il pas, bien avant la fin du conflit, en février 1944, à la manière d'un avertissement solennel : « Je suis profondément convaincu que si la Grande-Bretagne et les États-Unis ne sont point unis par une *special relationship*, y compris par un état-major intégré et par l'usage réciproque de leurs bases, une autre guerre destructrice risque fort de se produire [2]. »

S'il est vrai que l'unité de vues et de politique des deux pays anglo-saxons, pierre de touche de la stratégie mondiale du Premier ministre, a dû sa naissance et sa solidité à la menace hitlérienne, une autre donnée dominait dans l'esprit de Winston avec complaisance : l'idée que la relation privilégiée reposait sur d'autres facteurs non moins primordiaux, tels que la communauté d'histoire et de destin, de langue et de culture, ainsi que

---

1. Earl of Avon, *The Eden Memoirs : the Reckoning*, Londres, Cassell, 1965, p. 296.
2. Cité par David Reynolds, « Roosevelt, Churchill and the Anglo-American Alliance », in W. Roger Louis and Hedley Bull, éd., *The « Special Relationship »* : *Anglo-American Relations since 1945*, Oxford, Clarendon Press, 1986, p. 34.

sur le partage de valeurs communes, celles de la démocratie représentative et du libéralisme politique et économique.

*
* *

Toutefois, le sens de la realpolitik, si caractéristique de la personnalité de Churchill, ne pouvait lui faire oublier les impératifs de la Grande Alliance. Mieux que quiconque, par exemple, il était conscient du fait que, après trois ans de guerre menée par les Occidentaux, entre juin 1941 et juin 1944, 93 % des pertes infligées sur les champs de bataille à la Wehrmacht l'avaient été par l'Armée rouge. C'est par erreur qu'après 1945, sous l'influence du biais introduit par la guerre froide qui a complètement faussé la vision de l'histoire, certains en sont venus à décrire la coalition tripartite comme une alliance boîteuse, sinon contre nature. Churchill a toujours été le premier à considérer que, si l'on voulait abattre la redoutable coalition tripartite Allemagne-Italie-Japon, la condition *sine qua non* de la victoire dans cette lutte de titans, c'était la mise en commun et l'union des efforts de la Grande-Bretagne, des États-Unis et de l'URSS. Ce qui n'entamait en rien sa lucidité, comme quand il lançait en privé cet avertissement en octobre 1942 : « Ce serait un désordre sans bornes si la barbarie russe submergeait la culture et l'indépendance des vieux États de l'Europe[1]. »

Sur les avatars inhérents aux coalitions, Winston était d'ailleurs sans illusion. Les recherches qu'il avait conduites quelques années auparavant pour écrire sa biographie de Marlborough l'avaient amené à constater :

---

1. Cf. MG VII, *Road to Victory 1941-1945*, p. 239 (note à Anthony Eden).

« L'histoire de toutes les coalitions est un long récit de doléances réciproques entre alliés. » Mais de là à méconnaître la nécessité absolue pour une île comme l'Angleterre de combattre au sein d'une coalition, comment le connaisseur émérite du passé qu'était Winston risquait-il de l'oublier, alors que dans son panthéon national les gloires passées se confondaient avec les innombrables coalitions nouées sous l'égide de Londres au fil des siècles ? Souvenons-nous de ce qu'il a dit crûment un jour : « Il n'y a qu'une chose pire que d'avoir des alliés, c'est de faire la guerre sans allié[1]. »

Au demeurant, en l'espace de cinq ans, le poids respectif des Britanniques et des Américains à l'intérieur de l'alliance a évolué, sans du reste que les décisions aient été nécessairement corrélées à la balance des ressources. Si l'on regarde par exemple la première phase, en 1940-1941, alors que l'Angleterre isolée est demandeuse et compte absolument sur l'aide américaine, sa supériorité militaire sur les États-Unis (où l'armée et l'aviation sont alors à leur étiage) lui confère une position de force. En 1942-1943, la croissance de la puissance américaine a beau être spectaculaire (à titre d'exemple, la production de munitions a passé aux États-Unis de 4 à 38 millions de dollars entre 1941 et 1943, alors qu'outre-Manche elle a simplement progressé de 7 à 11 millions de dollars), ce sont tout de même les dirigeants britanniques qui imposent leur stratégie à priorité méditerranéenne aux états-majors américains qui renâclent. En sens inverse, au cours de la dernière phase de la guerre, en 1944-1945, le déséquilibre des forces est tel que les

1. Cité par David Reynolds, « Churchill the Appeaser ? Between Hitler, Roosevelt and Stalin in World War II », in Michael Dockrill and Brian McKercher, éd., *Diplomacy and World Power : Studies in British Foreign Policy 1890-1950*, Cambridge, Cambridge University Press, 1996, p. 206.

États-Unis, devenus le partenaire dominant, imposent, malgré qu'en ait Churchill, leurs choix tant militaires que politiques.

Néanmoins, le double mot d'ordre – amitié avec les Américains et entente étroite avec le président Roosevelt – dictera jusqu'au bout la conduite du Premier britannique. Lorsque, en septembre 1943, il reçoit un doctorat *honoris causa* à l'université Harvard, il ira jusqu'à préconiser une espèce de symbiose entre les citoyens des deux pays : « J'aime à imaginer, s'écrie-t-il dans une belle envolée, Anglais et Américains se déplaçant librement sur leurs vastes territoires respectifs sans se sentir des étrangers les uns chez les autres [1]. » Quant à l'attachement personnel pour Roosevelt, Winston, en un moment d'accablement sous le poids écrasant de ses responsabilités, lui exprime sans fard sa reconnaissance sincère : « Notre amitié, lui câble-t-il à la veille du débarquement, est mon plus grand soutien au milieu des complications croissantes de cette terrible guerre [2]. »

GRAND STRATEGY

Parmi les multiples controverses qui entourent la personne et la carrière de Churchill, on doit mettre au premier rang son rôle et son action de stratège – le terme stratégie ayant ici une signification autant politique que militaire. À vrai dire, lorsqu'il arrive aux affaires, en mai 1940, qui pouvait apparaître mieux que lui préparé à la tâche, mieux adapté et mieux équipé pour assumer une

1. Cf. MG VII, *Road to Victory 1941-1945*, p. 493.
2. Télégramme Churchill à Roosevelt, 4 juin 1944. Cf. *Churchill-Roosevelt : the Complete Correspondence*; éd. Warren F. Kimball, vol. III, 1944-1945, Londres, Collins, 1984, p. 162.

aussi lourde responsabilité ? N'avait-il pas passé plus de trente années à réfléchir sur l'art de la guerre et du commandement et à le pratiquer, dans l'armée d'abord, puis au gouvernement ? N'avait-il pas une longue expérience ministérielle, Premier lord de l'Amirauté de 1911 à 1915, ministre des Munitions en 1917-1918, ministre de la Guerre et des Colonies entre 1919 et 1922, à nouveau Premier lord en 1939-1940, sans compter la Grande Guerre, qu'il avait non seulement vécue, mais analysée et disséquée dans les six volumes de *The World Crisis* ? En un sens, on pourrait presque dire que toute sa carrière avait été une préparation au moment suprême, un *introibo* au premier rôle qui lui est dorénavant assigné.

Sur l'interconnexion du politique et du militaire, Churchill s'est exprimé sans ambages dans *The World Crisis* : « Au sommet, écrit-il, la vraie politique et la bonne stratégie se confondent. La manœuvre qui aboutit à introduire un nouvel allié à vos côtés est aussi fructueuse qu'une victoire sur le champ de bataille [1]. » Sur ce point, il se montre un disciple de Clausewitz : dans la guerre, écrivait celui-ci, il est essentiel d'appréhender « la nature de l'ensemble, car là plus qu'ailleurs la partie et le tout doivent être considérés ensemble [2] ». On retrouve la même idée dans le célèbre essai de Churchill sur la peinture comme passe-temps, quand il compare l'art de la peinture à l'art de la guerre : devant la toile, soutient-il, « il est nécessaire d'avoir une vue globale qui inclut le début et la fin, le tout et chacune des parties, de façon à fixer dans l'esprit de manière instantanée une impression fidèle et tenace ». Car le principe de base, c'est « l'unité de conception » : c'est lui qui commande

---

1. W. Churchill, *The World Crisis* (1923) ; trad. fr., *La Crise mondiale*, Paris, Payot, 1928, t. II, p. 12.
2. Carl von Clausewitz, *De la guerre, op. cit.*, p. 51.

le sort d'une bataille comme il commande la composition d'un tableau[1].

Là se trouve la source de l'une des deux grandes vertus de Churchill. Face aux données complexes de la géopolitique, il a un don pour ramener à des éléments simples les affaires les plus embrouillées. Il sait résumer en termes clairs l'essentiel des enjeux. En cela il affectionne une maxime de Napoléon dont il s'est pénétré : la recette du succès, c'est « l'art de fixer les objets longtemps sans être fatigué », autrement dit la capacité de définir des objectifs à long terme et de les poursuivre avec ténacité. Autre grande qualité : à côté de l'audace pour concevoir et mettre à exécution de vastes entreprises, fussent-elles à haut risque, le courage de prendre sur soi les responsabilités. La règle d'or de Winston, c'est d'assumer, quel que soit le résultat. Là est la marque du chef, du *warlord* qu'il a voulu être.

Si maintenant on entend évaluer la part personnelle de Churchill au centre des plans et des opérations militaires, et mesurer l'impact de son action, on se trouve devant un dossier singulièrement compact et épineux, nourri comme à plaisir par les innombrables débats, controverses et polémiques qui n'ont pas laissé de faire florès depuis 1945. Dans un premier temps, la mémoire glorieuse de la « plus belle heure », épaulée par les six volumes des *Mémoires de guerre*, a accrédité l'image d'un héros indomptable, à la combativité sans faille, à l'énergie inlassable, aux intuitions opérationnelles hors du commun sur le plan militaire, en même temps que la figure d'un homme d'État à la sagacité, à la lucidité, voire à la prescience exceptionnelles au niveau politique. De là une véritable légende autour d'une figure de vitrail.

1. W. Churchill, « Painting as a Pastime », *Thoughts and Adventures* (1932), p. 236.

Une telle perspective a été encore confortée par la publication en 1952 du livre talentueux de Chester Willmot, *The Struggle for Europe*, vite devenu un classique. Outre l'apologie de la ligne churchillienne dans la conduite de la guerre, on retrouve dans cet ouvrage – qui apportait une masse remarquable de données inédites – non seulement la thèse de la continuité entre l'homme qui avait vu clair dans les années 30 et celui qui avait poursuivi avec détermination dans les années 40 la même action salvatrice, mais plus encɔre la justification continuelle des choix stratégiques de la Grande-Bretagne sous l'impulsion de son Premier ministre et l'idée que, si les Alliés occidentaux avaient bien gagné la guerre, ils avaient perdu la paix parce que Roosevelt n'avait pas suivi Churchill dans sa stratégie méditerranéenne.

En sens opposé, ont commencé à paraître à partir des années 50 nombre de souvenirs, Mémoires et carnets personnels écrits par des acteurs de premier plan, en particulier les chefs militaires de l'entourage du Premier ministre. Ce fut le cas notamment du chef de l'état-major impérial, le général Alan Brooke, devenu lord et maréchal. D'autre part, les archives, tant américaines que britanniques, se sont entrouvertes, puis petit à petit sont devenues accessibles.

Du coup, les couleurs de la palette se sont beaucoup modifiées et diversifiées. À la place de la légende dorée, un tableau plus contrasté, fait d'ombres et de lumières – plus conforme aussi à la réalité historique –, a mis en évidence, à côté des immenses mérites de Churchill, des défauts de première grandeur : une impulsivité erratique, des plans improvisés, des projets chimériques, des foucades et idées fixes, en même temps qu'une volonté persistante de tout contrôler et une manie d'intervenir dans les missions confiées aux généraux et amiraux en empiétant sans cesse sur leurs prérogatives. Même un esprit aussi pondéré qu'Anthony Eden, collaborateur le plus direct de Winston à la tête du Foreign Office, déplorait ses interventions intempestives, confiant à son directeur de cabinet : « En dépit de splendides qualités comme leader de la nation, il a une influence désastreuse sur les plans et le planning[1]. »

Au fur et à mesure que l'on découvrait ce nouveau paysage dans les hautes sphères de l'État, on s'est rendu compte combien les experts et les spécialistes avaient dû batailler pour stopper ou recadrer les initiatives aventurées et impraticables d'un Premier ministre emporté par son imagination et sa volonté d'action à tout prix. De là des scènes et des colères, des discussions interminables jusqu'aux petites heures du matin, des conflits pénibles et usants, en vue d'écarter les idées les plus folles ou les plus saugrenues. Il arrive alors à certains de se remémorer le passé churchillien – un passé fait d'intuitions brillantes, mais aussi de résultats désastreux, telle l'expédition des Dardanelles. On a mentionné plus haut l'accumulation d'erreurs commises au cours de la campagne de Norvège (même si celle-ci a paradoxalement abouti à la promotion au poste suprême du principal responsable). Au point que certains en sont venus, tout en reconnaissant à Winston un courage à toute épreuve, à lui reprocher un sens stratégique déplorable.

Trois épisodes notamment ont été mis en avant pour justifier pareil reproche. D'abord le plan Jupiter, auquel Churchill s'est accroché avec une belle continuité de 1941 à 1944 et qui consistait à opérer un débarquement en Norvège septentrionale afin de prendre l'Allemagne à revers et éventuellement d'opérer une jonction avec les Soviétiques. Les états-majors ont eu beau démontrer l'inanité complète d'un tel projet, Churchill n'en a

---

1. John Harvey, éd., *The War Diaries of Oliver Harvey*, Londres, Collins, 1978, p. 15 (la remarque date de juin 1941).

jamais démordu, mais sans pouvoir en imposer la réalisation. En second lieu, en dépit de tous les avis prodigués par les experts, le Premier ministre s'est cramponné pendant trois ans à l'idée qu'il pourrait convaincre la Turquie d'entrer en guerre aux côtés des Alliés, alors que les autorités turques, loin d'envisager une quelconque belligérance, n'ont eu qu'un but du début à la fin de la guerre : éviter d'avoir à se ranger dans un camp ou dans l'autre et rester neutres. Troisième exemple, mineur il est vrai : en 1943, des discussions stériles ont opposé pendant de longues semaines le commandement britannique et les dirigeants américains à Churchill, emporté par le rêve d'une conquête du Dodécanèse – alors même qu'on lui faisait valoir qu'en mer Égée la supériorité aérienne appartenait sans conteste à l'ennemi.

Toutefois, quels qu'aient été les défauts du Premier ministre – besoin incurable de se mêler de tout et d'interférer à tous les niveaux (ce que Brooke appelait « coller ses doigts dans chaque gâteau avant qu'il ne soit cuit »), agitation fiévreuse et initiatives désordonnées, passion invétérée pour l'offensive en prônant d'attaquer sans calculer les obstacles logistiques ou opérationnels –, force est de reconnaître que le chef de guerre savait aussi écouter, comprendre les objections solidement argumentées, en tenir compte, et même en savoir gré à l'interlocuteur. Le maréchal de l'air Portal a raconté par exemple comment s'était terminée une soirée de discussion véhémente : « En désaccord total avec un de ses projets, j'en étais venu à utiliser un langage peu châtié. Durant cette tirade il me regardait d'un œil glacial et, pour finir, je me suis excusé d'avoir été si brutal. Un large sourire est apparu alors sur son visage et il me dit : "À la guerre, ce qui compte, ce n'est pas d'être gentil, c'est d'avoir raison[1]." »

1. Cité par David Jablonsky, *Churchill, the Great Game and Total War*, Londres, Frank Cass, 1991, p. 125.

Mais, devant Churchill stratège, c'est sans doute le général Brooke qui a le mieux exprimé le sentiment général des collaborateurs du Premier ministre, tiraillés en permanence entre l'exaspération et l'admiration. À la date du 30 novembre 1942, le chef de l'état-major impérial, tout en avouant qu'il fallait des efforts surhumains pour lui faire abandonner ses plans les plus extravagants, écrivait dans son journal : « Le Premier ministre est parfois impossible et sans espoir. Mais ses splendides qualités font tout oublier. Dur au travail, c'est le plus difficile des hommes avec qui servir. Seulement toutes les difficultés du monde valent bien le privilège de travailler avec lui. » Et le 30 août 1943, il notait : « Je me demande comment un historien futur sera capable de peindre Winston sous ses vraies couleurs. C'est une personnalité extraordinaire, chez qui les qualités les plus merveilleuses et un génie surhumain se combinent avec un manque étonnant de vision et une impétuosité qui, livrée à elle-même, est de nature à aboutir aux pires désastres. [...] À coup sûr, de tous les hommes que j'ai rencontrés, c'est le plus difficile avec qui travailler, mais pour rien au monde je ne manquerais cette chance de travailler avec lui [1]. »

Pour sa part, on prête à Roosevelt le mot : « Winston a cent idées par jour, dont trois ou quatre sont bonnes » – les mauvaises langues ajoutant : « Le malheur, c'est qu'il ne sait pas lesquelles. » Ce qui est sûr, c'est qu'à Washington on a constamment tendance à personnaliser le pouvoir à Londres, en considérant que la politique britannique – effectivement régie par Churchill – se réduit en fait à sa seule personne et à sa seule ligne.

*
* *

1. Cf. Arthur Bryant, *The Turn of the Tide. Based on the Diaries of Field Marshal Lord Alanbrooke*, Londres, Collins, 1957, p. 432 et p. 592.

À partir de décembre 1941, s'est imposée une question cruciale : quelle stratégie l'alliance anglo-américaine devait-elle adopter ? Si les deux partenaires se sont vite mis d'accord sur la priorité à donner à l'Europe plutôt qu'au Pacifique (c'est le mot d'ordre *Germany first*, selon lequel l'Allemagne est l'ennemi principal et sa défaite la clef de la victoire), aussitôt les divergences n'ont pas manqué de se produire. Pendant trois ans a fait rage un débat transatlantique parsemé de discordes et de mésintelligence. Du côté de Churchill, dont l'intérêt pour le théâtre du Pacifique vient loin derrière celui pour l'Europe – en vérité il n'a jamais compris ni l'Asie ni le Japon –, son tour de force est d'avoir réussi à faire prévaloir deux années durant – 1942 et 1943 – sa stratégie centrée sur la Méditerranée au détriment de la stratégie américaine orientée vers l'action trans-Manche.

De là l'importance des rencontres périodiques entre le Premier britannique et le président des États-Unis, tenues généralement en présence des principaux chefs militaires et de quelques ministres. Le point de départ, c'est, en décembre 1941-janvier 1942, la première conférence de Washington (*Arcadia*). Tandis que symboliquement, le soir de Noël, Churchill et Roosevelt allument ensemble sur la pelouse de la Maison-Blanche l'arbre de Noël traditionnel, des conversations approfondies jettent les bases de la coopération militaire entre les deux pays. Est venue ensuite, en juin 1942, la deuxième conférence de Washington (*Argonaut*), tandis qu'en août Churchill allait rencontrer Staline à Moscou. L'année 1943 a été véritablement l'année des conférences : en janvier à Casablanca (*Symbol*), en mai la troisième conférence de Washington (*Trident*), en août la conférence de Québec (*Quadrant*), suivie en septembre d'un voyage de Churchill à Washington, en novembre-décembre les conférence du Caire et de Téhéran.

En fait, le débat qui oppose très vite Anglais et Américains sur la conduite de la guerre tient à la différence de leurs traditions militaires respectives et de leurs conceptions stratégiques. Pour les Américains, fidèles en cela à l'enseignement classique de Napoléon et de la guerre de Sécession, ce qui s'impose, c'est de choisir la voie la plus directe contre les forces vives de l'adversaire afin d'emporter la décision et de l'annihiler. Concrètement, cela signifie, après avoir concentré les ressources nécessaires sur le sol de la Grande-Bretagne, d'attaquer la Wehrmacht en débarquant en France, puisque c'est là la route la plus courte entre la base de départ (l'Angleterre) et l'objectif (la Ruhr et Berlin, à travers les plaines de l'Europe du Nord). Au contraire, une stratégie périphérique ne servirait qu'à disperser les ressources en gaspillant les efforts sans résultat décisif.

Or la stratégie périphérique, c'est précisément ce qui fait la spécificité de la doctrine et de la pratique militaires britanniques – une doctrine et une pratique dont, à la lumière des guerres passées, Churchill est profondément imprégné, ainsi que la plupart des responsables de l'armée et de la marine. Dans cet attachement à la méthode indirecte de combat se mêlent une série de facteurs : la volonté d'utiliser sa suprématie navale et économique, le souci d'éviter de tout perdre en une seule opération (comme cela vient d'être le cas dans la campagne de France en 1940), le souvenir du carnage de 1914-1918, le recours à des armes telles que le blocus et le bombardement stratégique afin d'affaiblir et d'user l'adversaire. Autrement dit, cette stratégie, alliant pragmatisme et réalisme (et, contrairement à ce que l'on a dit, peu idéologique), aboutit à une guerre d'attrition, l'idée étant d'attendre le moment propice pour porter, pour finir, le coup de grâce sous la forme du débarquement, de préférence à un *Schwerpunkt* prématuré et aléatoire.

Sur le plan pratique, maintenant que l'heure n'est plus à une défensive victorieuse (c'est seulement en 1942 que le nombre des militaires britanniques tués au combat a dépassé le chiffre des victimes civiles)[1], mais à des opérations offensives, cela consiste à porter l'attaque contre le maillon faible de l'Axe, c'est-à-dire l'Italie, en concentrant les efforts sur une zone géostratégique où les Alliés ont l'avantage, à savoir la Méditerranée. Il serait ainsi possible, grâce à la capitulation de l'Italie, de prendre pied sur le continent en refoulant l'ennemi, affaibli par ailleurs et démoralisé par le blocus et plus encore par l'utilisation systématique du bombardement stratégique, et peut-être menacé d'effondrement interne.

Le désaccord sur la conduite de la guerre, on le voit, était total entre les deux alliés, le nœud du différend portant sur l'ouverture d'un second front par une offensive de grande envergure en France, alors que Staline au même moment réclamait avec véhémence une décision alliée suivie d'effet. De surcroît, se faisaient jour des calculs politiques, les Américains soupçonnant les Britanniques de chercher par là à maintenir leurs positions impériales en Méditerranée et au Proche-Orient. Nombreux d'ailleurs étaient ceux qui dans l'entourage de Roosevelt voyaient d'abord en Churchill un vieux tory victorien – ce qui au demeurant n'était pas dénué de tout fondement. N'avait-on pas été outre-Atlantique jusqu'à surnommer le SEAN (South East Asia Command), le *Save England's Asian Colonies*?

Comment s'étonner dans ces conditions que les plans de guerre américains aient été écartés sans ménagement par les dirigeants britanniques, Churchill en tête? Dans la première moitié de l'année 1942 avaient été ainsi dis-

---

1. Cf. Richard Titmuss, *Problems of Social Policy*, Londres, HMSO, 1950, pp. 335-336 et 559-561.

cutées et plus ou moins rejetées ou différées les opérations Bolero (consistant à assembler en Grande-Bretagne pour 1943 une trentaine de divisions américaines avec leur matériel, de façon à disposer d'un corps de bataille capable d'ouvrir un second front), Sledgehammer (débarquement partiel en Normandie et établisssement d'une tête de pont dans le Cotentin), Round Up (plan de débarquement en force en France en 1943 sur le littoral entre Boulogne et Le Havre).

À la place de ces divers projets, soumis les uns et les autres à un feu roulant de critiques et d'objections de la part des chefs d'état-major britanniques – souvent fort bien argumentées et solidement fondées –, Churchill fait approuver en juillet 1942 une tout autre stratégie sous la forme d'un débarquement anglo-américain en Afrique du Nord : c'est l'opération Torch (baptisée d'abord Gymnast). On en revient donc à la stratégie méditerranéenne, c'est-à-dire périphérique, chère à Winston, en dépit de l'opposition du général Marshall, chef d'état-major des États-Unis, qui raillait une méthode consistant à « lancer des boules de neige en enfer », tandis que le secrétaire d'État à la Guerre, Stimson, parlait de « guerre des coups d'épingle ».

À vrai dire, dès 1940-1941, Churchill avait opté pour des opérations en Méditerranée, en attendant le jour où il serait possible, sans trop de risques d'échec et de pertes, de lancer une offensive sur le continent, peut-être à la faveur d'un effondrement intérieur de l'Allemagne – effondrement que ses chefs d'état-major lui annonçaient régulièrement. Signe de ce choix : la décision de faire stationner au Moyen-Orient à la fin de 1941 25 à 30 divisions sur un total de 55, soit près de la moitié de l'armée britannique. Au demeurant, comme souvent chez Churchill, la continuité est évidente, puisqu'en 1936 il avait déclaré à un de ses amis : « Nous devons maintenir en Méditerranée notre suprématie, que Marlborough, mon illustre ancêtre, a le premier établie[1]. » De là la priorité donnée à cette zone névralgique. De là la nécessité de concentrer tous les efforts pour parvenir à la défaite de l'Italie. Après tout, l'Afrique du Nord ne constituait-elle pas le seul théâtre d'opérations possible pour passer de la défensive à l'offensive ?

Cependant, dans l'immédiat, la première moitié de l'année 1942 est jalonnée de désastres : en Extrême-Orient, perte de la Malaisie, chute de Singapour le 15 février, chute de Rangoon le 8 mars ; dans la guerre du désert, offensive victorieuse de l'Afrikakorps, chute de Tobrouk le 21 juin et avancée des blindés allemands en Égypte jusqu'à El-Alamein, à 100 kilomètres d'Alexandrie. Pour Churchill, ce sont les mois les plus sombres de la guerre, aggravés par deux débats difficiles aux Communes mettant en question son leadership. Particulièrement humiliantes lui apparaissent la capitulation de Singapour et celle de Tobrouk, où des dizaines de milliers de soldats britanniques ont été faits prisonniers.

Malgré tout, c'est le début du tournant en Afrique du Nord. La première bataille d'El-Alamein, conduite par le général Auchinleck dans les premiers jours de juillet, est une bataille défensive victorieuse qui stoppe l'avance allemande et sauve l'Égypte et le canal. Le 23 octobre commence la seconde bataille d'El-Alamein, offensive celle-là, sous le commandement du général Montgomery qui a remplacé Auchinleck brutalement démis par Churchill. En l'espace d'une dizaine de jours le front allemand est enfoncé et la VIIIe armée entame sa marche irrésistible à travers la Libye et la Tunisie.

Parallèlement s'est déroulée le 8 novembre l'opération Torch, destinée à saisir et occuper le Maroc, l'Algé-

---

1. Cf. Harold Nicolson, *Diaries and Letters*, vol. I, 1930-1939, éd. Nigel Nicolson, Londres, Collins, 1967, p. 258 (journal du 22 avril 1936).

rie et la Tunisie. Si c'est l'échec en Tunisie – vite envahie par les forces de l'Axe –, les Alliés, en prenant pied
en Afrique du Nord, ont réussi non seulement à s'assurer
une plate-forme de départ pour des opérations ultérieures, mais à amener et bloquer au combat plusieurs
divisions de la Wehrmacht finalement contraintes à la
capitulation, tout en faisant rentrer dans la bataille un
segment important de l'armée française. L'opération se
conclut avec la prise de Tunis en mai. On a alors franchi
la bissectrice de la guerre, tournant du destin intervenu à
la jointure des années 1942 et 1943 : un tournant symbolisé par le couple El-Alamein/Stalingrad, lui-même
relayé en juillet 1943 par le couple Sicile-Koursk.

C'est en janvier 1943, à la conférence de Casablanca
(*Symbol*), qu'avait été prise la décision de lancer l'opération Husky, c'est-à-dire l'invasion de la Sicile. Cette
conférence a marqué indéniablement un grand succès
pour Churchill et pour la stratégie britannique, dans la
mesure où priorité est donnée au théâtre méditerranéen,
la conquête de la Sicile préludant à celle de l'Italie
péninsulaire. Très vite, en effet, Winston explique qu'en
soi le débarquement en Sicile n'a que peu d'intérêt, puisque l'objectif stratégique, c'est de mettre à genoux l'Italie et de l'éliminer comme adversaire. L'opération
Avalanche, c'est-à-dire l'invasion du sud de l'Italie, se
profile donc à l'horizon. Mais cela signifie du même
coup concentrer en Méditerranée matériel, navires et
péniches nécessaires aux opérations de débarquement, et
retarder d'autant la grande expédition trans-Manche, qui
est remise à l'année 1944, en dépit de la promesse faite à
Staline par Churchill au cours de sa visite à Moscou en
août 1942 d'ouvrir un second front à l'Ouest en 1943 au
moyen de l'opération Round Up. Car il devient vite
évident, malgré qu'en aient les chefs militaires américains, qu'il est impossible de mener de front Round Up
et une active stratégie offensive contre l'Italie. Ce que

confirme la chute de Mussolini le 25 juillet, suivie du changement de camp de l'Italie. On peut noter que c'est à la même période qu'apparaît pour la première fois dans un mémorandum de Churchill l'idée – qui va lui devenir chère – de remonter toute la botte italienne jusqu'en Vénétie et en Istrie, puis, par le Tarvis et par Ljubljana, de marcher sur Vienne, afin de prendre le Reich à revers [1].

En complément de cette stratégie, et comme pièce essentielle du dispositif, le commandement allié a opté pour un recours systématique au bombardement stratégique de l'Allemagne. C'est principalement le Bomber Command de la RAF, sous le commandement du maréchal de l'air Harris, qui en est chargé. La décision historique a été prise le 14 février 1942 : une guerre aérienne sans restriction contre les villes allemandes, destinée à atteindre aussi bien la population civile et les travailleurs de l'industrie de guerre que les objectifs militaires, avec l'espoir de briser le moral de l'ennemi et de l'acculer à la reddition. Symbole de cette nouvelle stratégie : le raid sur Cologne effectué par mille avions de la RAF le 30 mai 1942. Mais ici les Britanniques commettent la même erreur que les Allemands en 1940 lorsqu'ils avaient déchaîné le *Blitz* contre les villes anglaises. En définitive le moral des civils tient bon.

D'abord rallié, conformément à son tempérament, à une tactique visant à frapper sans relâche l'ennemi dans ses œuvres vives, Churchill n'a pas tardé à éprouver des doutes sur les effets de ces opérations de l'aviation alliée dans le ciel allemand. De là chez lui une attitude ambivalente, difficile à interpréter. Jamais, semble-t-il, il n'a entretenu l'illusion que le Bomber Command à lui seul serait en mesure de gagner la guerre. D'autant qu'il lui

---

1. Mémorandum du 19 juillet 1943 : cf. Tuvia Ben-Moshe, *Churchill : Strategy and History*, Hemel Hampstead, Harvester Press, 1992, p. 245.

était loisible d'en mesurer le coût humain élevé : en trois ans, la RAF a enregistré 56 000 tués. D'un autre côté, comment était-il possible d'échapper à la spirale de destruction de l'ennemi et de son potentiel de guerre ? Aussi les interrogations sur le bombardement stratégique et son efficacité – sans parler des questions morales soulevées – n'ont-elles cessé de gagner du terrain à Downing Street.

*

* *

La question du second front, qui, on vient de le voir, a dominé la stratégie alliée et exacerbé les divergences entre Anglais et Américains, était à vrai dire posée depuis le jour où les panzers s'étaient rués à la conquête du territoire soviétique. En ce qui concerne Churchill, tout le problème est de savoir si et dans quelle mesure il a cherché à retarder, voire à bloquer l'ouverture d'un second front sous forme d'une opération d'invasion trans-Manche à grande échelle. Dans ses *Mémoires de guerre,* lui-même s'est vivement défendu contre pareille imputation.

Malgré tout, l'accès aux archives et quantité de travaux historiques ultérieurs ont bien montré que s'il ne s'était jamais opposé à l'ouverture d'un front en France de manière à libérer l'Europe, il n'envisageait cette opération – d'accord en cela avec le haut commandement britannique – qu'une fois sérieusement amoindris le potentiel militaire et les ressources économiques de l'Allemagne hitlérienne. C'est pourquoi le Premier britannique a multiplié les efforts pour différer au maximum un débarquement sur les côtes françaises – une opération indiscutablement très risquée et qui eût pu tourner au désastre : une sorte de second Dunkerque. Quoi d'étonnant dès lors à ce que l'échec sanglant des

Anglo-Canadiens à Dieppe en août 1942 ait été interprété à Londres comme un avertissement démontrant les énormes difficultés d'une opération à travers la Manche et comme une leçon infligée aux avocats d'un débarquement prématuré ?

Si en ce domaine il n'y a guère lieu de prêter attention à l'historiographie soviétique – tel l'historien stalinobrejnévien Troukhanovski, pour qui le discours des Britanniques sur le second front n'a été qu'une longue « fraude » et la preuve de « l'hypocrisie churchillienne » soucieuse avant tout d'affaiblir l'Union soviétique et de mettre la main sur les Balkans [1] –, en revanche la continuité de Churchill dans la défense et apologie d'une stratégie méditerranéenne et sa fixation – jusqu'au milieu de 1944 – sur la péninsule italienne comme voie d'accès décisive et comme clef de la victoire contre le Reich plaide sans conteste en faveur du choix de sa *Mare nostrum* impériale de préférence au *Channel*. D'autre part, alors que le Premier ministre n'écoute guère les conseillers qui lui annoncent de manière récurrente un effondrement de l'Allemagne de l'intérieur, à la manière de celui de 1918, il a, quant à lui, et fort de son imagination romantique, longtemps caressé la perspective de soulèvements intervenant dans les pays occupés, où les groupes de résistance, appuyés par la population, viendraient apporter un concours précieux aux troupes alliées libératrices. Encore qu'à partir de 1943 cet espoir s'estompe quelque peu dans son esprit.

Reste à comprendre les motivations de Churchill quant à la ligne stratégique qu'il a adoptée vis-à-vis du second front. D'emblée on peut écarter les allégations politico-idéologiques qui ont trouvé une large faveur au temps de la guerre froide. Contrairement à ce que cer-

---

1. Cf. V.G. Trukhanovsky, *Winston Churchill* (en anglais), Moscou, Éditions du Progrès, 1978.

tains ont dit, la position de Churchill n'a nullement été inspirée par un calcul machiavélique consistant à laisser s'user et s'affaiblir l'Union soviétique sur le front de l'Est, en attendant le jour où les armées anglo-américaines pourraient à la fois venir libérer à bon compte l'Europe et tirer les marrons du feu dans la nouvelle géopolitique issue de la victoire. Car, en 1942 et en 1943, Winston, mieux que quiconque, a conscience du fait qu'au sein de la Grande Alliance aucun des belligérants n'est de trop pour emporter la décision et que la puissance maximale de tous est indispensable pour abattre le régime nazi.

En réalité, on peut avancer deux séries de raisons pour expliquer ses réticences à l'endroit d'une expédition aussi gigantesque et aussi inédite. Après tout, l'Allemagne victorieuse et apparemment invincible de 1940 n'avait-elle pas dû renoncer, assez piteusement et à cause d'obstacles inattendus, à l'opération Seelöwe sans même la tenter ?

Premier facteur dans les calculs de Churchill : la crainte d'avoir à payer un prix trop élevé en vies humaines. Le souvenir des hécatombes des tranchées, de la Somme à Paschendale, très présent dans la mémoire de l'ancien combattant de 14-18, a rendu le chef de l'Angleterre en guerre ménager du sang de ses compatriotes. Pour lui il s'agit de ne surtout pas renouveler l'expérience d'une guerre par attaques frontales fauchant la fleur de la jeunesse britannique. Cette préoccupation majeure, il la partage avec ses alliés américains, eux aussi économes des vies humaines et appliqués à limiter les pertes autant que faire se peut.

John McCloy, alors secrétaire adjoint à la Guerre à Washington, a relaté après la guerre en quels termes, au printemps 1944, Churchill lui avait exposé son refus de prendre trop de risques : « Si vous pensez que je traîne les pieds, ce n'est pas parce que je crains des pertes, c'est parce que je redoute ce genre de pertes. Personne ne peut m'accuser de manquer d'élan, mais l'idée de voir disparaître une nouvelle génération m'est insupportable [1]. » De fait, lui-même, dans sa biographie de Marlborough, n'avait pas laissé de reconnaître qu'en certaines circonstances, par exemple en vue de remporter une victoire décisive, il fallait savoir assumer le risque de pertes élevées [2].

Un autre facteur clef dans la stratégie churchillienne de guerre périphérique tient aux doutes que lui-même entretenait et à l'opinion plutôt médiocre qu'il avait, sans le montrer, de l'armée britannique, de sa valeur et de ses capacités, face à l'instrument de guerre accompli qu'était la Wehrmacht. Il faut dire que chez les hommes politiques britanniques l'expérience de la Première Guerre mondiale avait engendré une piètre image des chefs militaires. Dans les querelles sans fin entre « culottes de peau » et « hauts-de-forme », Churchill s'était rangé sans hésiter dans le camp des seconds. S'il est vrai qu'en 1940 la qualité moyenne du commandement lui était apparue nettement supérieure – mais sans excès –, dans son âme guerrière Dunkerque, Singapour, Tobrouk faisaient figure de taches indélébiles, « le pire désastre et la plus affreuse capitulation de l'histoire britannique », avait-il dit après la chute de Tobrouk. En Afrique, force avait été pour lui de constater que les deux divisions blindées et la division légère de l'Afrikakorps avaient réussi à tenir en échec et à infliger de sévères défaites à des forces britanniques bien supérieures en nombre et en matériel. La glorieuse VIIIe armée elle-même, après s'être couverte de gloire dans les sables du désert, s'était

---

1. Cf. Martin Gilbert, *In Search of Churchill, op. cit.,* p. 102.
2. W. Churchill, *Marlborough, his Life and Times,* t. II, pp. 259 et 432.

révélée décevante une fois au feu dans la botte italienne (il en sera de même lorsqu'elle débarquera en Normandie).

En face, au contraire, la machine de guerre allemande, bien huilée et entraînée, forte d'un encadrement hors de pair depuis les généraux jusqu'aux officiers subalternes, sous-officiers et hommes de troupe, affirmait sans mal sa supériorité : efficace et ardente en toute circonstance, elle surclassait aisément une armée britannique manquant de tonus, d'initiative et de combativité. Fallait-il en conclure que les Anglais, devenus des citoyens démocratisés et policés, avaient cessé d'être des guerriers comparables à leurs ancêtres ? Toujours était-il que, selon l'opinion du grand historien Alan Bullock[1], la confiance limitée du *warlord* Churchill dans son instrument militaire l'incitait bon gré mal gré à ne pas se lancer imprudemment dans des opérations de grande ampleur où le risque de désastre était à la mesure des chances de victoire.

AU QUOTIDIEN, LES TRAVAUX ET LES JOURS D'UN PREMIER MINISTRE

Tout au long de ces années, Churchill n'a cessé de déployer une activité débordante, on peut même dire stupéfiante. Entretiens au sommet, réunions du cabinet de guerre, comités civils ou militaires, échanges d'informations et envois d'instructions, débats aux Communes, voyages continuels, discours et allocutions, tout a concouru à ce bouillonnement intense – remarquable chez un homme proche de soixante-dix ans, qui fume,

---

1. Témoignage de lord Bullock à l'auteur, Oxford, 5 avril 1995. Cf. aussi Tuvia Ben-Moshe, « Winston Churchill and the "Second Front" : a Reappraisal », *Journal of Modern History,* 62, septembre 1990, pp. 533-537.

boit, mange à satiété, et qui discourt avec passion *de omni re scibili*. Chaque jour il est en mouvement, discute, inspecte, houspille, tout en dévorant d'innombrables papiers officiels, dépêches, télégrammes, nouvelles, en dictant une énorme correspondance de son lit ou de son bain, tour à tour inspirateur, ordonnateur, réprobateur, cajoleur. Quant aux voyages, tantôt à travers la Grande-Bretagne, tantôt et plus encore à travers le monde – de Londres à Washington, au Caire, à Moscou, à Casablanca, à Alger –, on a calculé qu'en novembre 1943 Winston avait parcouru, depuis septembre 1939, 180 000 kilomètres, le « colonel Warden » (nom de code du Premier ministre dans ses déplacements) passant de la sorte 792 heures en mer et 335 heures dans les airs [1] !

C'est qu'à chaque instant le sentiment d'être l'homme du destin le soutient, le conforte, l'exalte. « Vous rendez-vous compte, s'exclame-t-il un jour devant son médecin, que nous faisons l'histoire [2] ? » Certes, il y a des moments d'abattement, d'autant que le poids de la guerre va croissant. Mais dans l'ensemble le Premier ministre étonne par son allant, son dynamisme, son énergie sans bornes. Dans les conférences d'état-major, au cours des réunions des multiples comités qu'il préside, il combine art de la persuasion et art du commandement, car le chef qu'il est se montre toujours aussi impérieux, aussi autoritaire, aussi obstiné. D'ailleurs, dans ces assemblées restreintes, il emploie des méthodes peu orthodoxes, sans guère s'occuper de l'ordre du jour prévu, sans grand sens du dialogue, jusqu'à ce qu'il soit parvenu à ses fins en s'appuyant sur une rhétorique jamais en défaut.

---

1. Cf. MG VII, *1941-1945*, p. 552.
2. Lord Moran, *Winston Churchill : the Struggle for Survival, op. cit.*, p. 15 ; trad. fr., *Mémoires*, p. 28 (la scène se passe le 26 décembre 1941 à Washington).

Les méthodes de travail du Premier ministre n'ont donc guère changé, et la routine quotidienne tient du rite. Il passe généralement la matinée au lit, vêtu de sa robe de chambre aux couleurs éclatantes, avec son chat au pied du lit, lui-même mâchonnant un cigare, marmonnant de brèves instructions à ses secrétaires. Avec son tempérament dominateur, intimidant, irascible, il lui arrive fréquemment de traiter avec une impatience brutale ses collaborateurs – un trait accentué par le stress de la guerre. Heureusement ses colères sont en général courtes, souvent suivies de mots gentils pour ceux qu'il a rudoyés. Le soir, les journées se terminent, selon les jours, entre 2 heures et 4 heures du matin, non sans faire peser une lourde astreinte sur ses interlocuteurs.

Citons par exemple une soirée typique aux Chequers, telle que l'a consignée dans ses carnets le général Alan Brooke – à la veille d'être nommé chef de l'état-major impérial. Après le dîner, qui dure jusqu'à 23 heures, accompagné de la boîte à priser, et une fois Winston revêtu de sa robe de chambre multicolore – enfilée par-dessus son « costume de sirène « (*siren suit*) –, la vraie soirée commence. « Nous montons à l'étage, relate Brooke, pour une séance de cinéma : on projette des films allemands et russes jusqu'à minuit. De retour au rez-de-chaussée, je dois pendant une heure faire un exposé sur l'exercice *Bumper* – nom de code des manœuvres en cours en vue de repousser une invasion éventuelle de l'Angleterre. [...] Le Premier ministre m'entretient alors des opérations prévues en Afrique du Nord et en Méditerranée auxquelles il attache une grande importance, puis il se lance dans une discussion sur les forces qui nous restent dans l'île. [...] Finalement, vers 2 h 15 du matin, il propose d'aller manger quelques sandwichs dans le hall. J'espérais que c'était le signe que l'on allait se coucher. Mais non ! Nous poursuivons jusqu'à 3 heures avant qu'il soit question de gagner notre lit. Le Premier ministre avait mis en marche un gramophone, et il arpentait le hall, trottinant, la robe de chambre au vent, un sandwich dans une main, un bouquet de cresson dans l'autre, en sautillant de ci de là, au rythme de la musique. À chaque tour devant la cheminée, il s'arrêtait pour émettre une pensée ou un aphorisme : ainsi, disait-il, la vie humaine ressemble à une marche dans un long corridor entre des fenêtres fermées qu'une main inconnue ouvre l'une après l'autre, mais la lumière projetée de la sorte ne fait que rendre encore plus sombre le bout du corridor[1]. »

Churchill étonne également ministres et généraux par son solide appétit : des breakfasts copieux, avec côtelettes et bacon, des repas abondants et soignés, la bonne chère étant arrosée de vins fins, sans parler du cognac familier. Dans ses Mémoires, Eden évoque un dîner au Ritz : « Excellent repas, écrit-il, huîtres, perdreau, conversation choisie. Winston au mieux de sa forme. Parle beaucoup du passé, souvent d'un passé lointain[2]. »

D'autres récits font état d'un Churchill plein de bonne humeur et doté d'une présence d'esprit étonnante. Ainsi, à Noël 1941, accueilli à la Maison-Blanche, il lui arrive, comme souvent, de dicter un texte alors qu'il est dans son bain. Puis, comme le texte est assez long, il sort de la baignoire, revêtu d'une serviette, et continue de dicter en arpentant la pièce de long en large. Bientôt la serviette tombe de ses reins, mais Winston continue à dicter et à se promener à travers la pièce. Or voici que Roosevelt arrive à l'improviste, un peu étonné de trouver Churchill complètement nu en train de dicter. Sans se démonter,

---

1. Cf. Arthur Bryant, *The Turn of the Tide, op. cit.*, 1957, p. 210 (carnets du général Brooke, 26 octobre 1941).
2. Lord Avon, *The Eden Memoirs : the Reckoning, op. cit.*, pp. 276-277 (mai 1942).

celui-ci lui s'empresse de lui déclarer : « Vous voyez, je n'ai rien à cacher au président des États-Unis[1] ! »

À la conférence de Casablanca, en janvier 1943, Harold Macmillan, venu d'Alger, a dressé le portrait suivant, non dénué d'humour, du Premier ministre et de son entourage : « Sa curieuse habitude de passer une bonne partie de la journée au lit et la nuit debout posa quelques problèmes au personnel. Je n'ai jamais vu Winston dans une forme plus brillante. Il a mangé et bu énormément tout le temps, réglé de vastes problèmes, joué pendant des heures au bésigue et au billard anglais en s'amusant beaucoup [...]. La conférence, qui a duré une quinzaine de jours, tenait tout ensemble de la croisière, de la *summer school* et de la rencontre d'affaires. Sur les panneaux d'affichage était indiqué l'horaire des réunions des différents groupes de travail, et lorsque la classe était finie aux alentours de 5 heures du soir, on pouvait voir généraux et amiraux se rendre sur la plage pour jouer avec les galets ou construire des châteaux de sable[2]. »

*
* *

Au physique, Churchill n'a guère changé, si ce n'est qu'il s'est un peu alourdi. Harry Hopkins, quand il a fait sa connaissance au début de 1941, l'a dépeint en ces termes : « Un gentleman à la face ronde, souriant et le teint rose, apparut. Il me tendit une main grasse, mais néanmoins cordiale, et me souhaita la bienvenue en

1. L'épisode, parfois controuvé, a été authentifié par Warren F. Kimball : cf. « Churchill and Roosevelt », in Robert Blake and W. Roger Louis, éd., *Churchill, op. cit.*, pp. 298 et 546.
2. Harold Macmillan, *War Diaries 1943-1945*, Londres, Macmillan, 1984, p. 9 (26 janvier 1943).

Angleterre. Vêtu d'une veste noire et d'un pantalon rayé, il avait l'œil vif et la voix un peu éraillée [1]. » D'autres interlocuteurs ont été frappés par la petite taille, la figure peu mobile, les cheveux rares et fins, ainsi que par le sens du théâtre de ce « capitaine courageux du vaisseau de l'Empire britannique [2] ».

Effectivement Churchill a toujours le même sens du panache – jusqu'à l'héroïsme. Nombreux sont les épisodes qui attestent de sa bravoure, voire de sa témérité. Ainsi, lors d'une traversée de l'Atlantique à bord du *Queen Mary* au printemps 1943, dans une zone peuplée de sous-marins, Winston informe Averell Harriman, qui l'accompagne, qu'au cas où il faudrait évacuer le navire il a fait placer une mitrailleuse sur sa propre chaloupe de sauvetage, ajoutant : « On ne me fera pas prisonnier. La plus belle façon de mourir, c'est dans l'exaltation du combat contre l'ennemi [3]. » Lors du débarquement, il faut une intervention personnelle du roi George VI pour dissuader le Premier ministre d'accompagner ses troupes à l'assaut des plages normandes. Dans ses Mémoires, Churchill a raconté son expédition de traversée du Rhin en mars 1945 à proximité d'un pont de chemin de fer détruit. Comme l'artillerie allemande se met à tirer, le général américain qui l'escorte lui fait prestement rebrousser chemin, tandis qu'un témoin britannique observait : « À voir le visage du Premier ministre, on aurait cru un garçonnet obligé de quitter son château de sable à l'appel de sa nurse [4]. »

1. Cf. R.E. Sherwood. Cité par Henry Pelling, *Churchill*, Londres, Macmillan, 1974, p. 464.
2. Cf. Emmanuel d'Astier de La Vigerie, *Les Grands,* Paris, Gallimard, 1961, pp. 48-49.
3. Cf. W. Averell Harriman et Elie Abel, *Special Envoy to Churchill and Stalin 1941-1946, op. cit.*, p. 205.
4. Cf. SWW VI, p. 365 ; cf. Arthur Bryant, *Triumph in the West 1943-1946*, Londres, Collins, 1959, p. 334.

Sur le plan de la santé, si l'organisme de Churchill reste étonnamment robuste et résistant compte tenu de l'âge, du régime de vie et du constant surmenage du patient, un premier accident de santé est survenu à la fin de décembre 1941 à Washington sous la forme d'une crise cardiaque, mais son médecin, lord Moran, a surtout prescrit du repos, tandis qu'était observée la plus grande discrétion. Nouvelle alerte en février 1943 : cette fois, c'est une pneumonie qui est diagnostiquée, mais Winston – qui affirme ne jamais avoir été malade depuis son opération de l'appendicite en 1922 – prétend ne point interrompre son travail. Malgré tout il profite de ce repos forcé pour lire *Moll Flanders* de Daniel Defoe.

La crise incontestablement la plus dramatique se produit à Tunis le 12 décembre 1943, à la suite des très fatigantes conférences du Caire et de Téhéran. Une grave pneumonie, compliquée d'une crise cardiaque, se déclare, qui inquiète lord Moran au point que celui-ci fait venir de Londres Clementine Churchill. Finalement le malade se remet, mais il lui faut pour cela quinze jours de convalescence au soleil de Marrakech en janvier 1944. Il est vrai que, sitôt de retour à Londres, il s'empresse de faire une déclaration aux Communes, puis se rend à Buckingham Palace, où, devant le secrétaire du roi ébahi qui lui propose l'ascenseur, il se met à escalader l'escalier deux marches à la fois... Néanmoins, au cours de l'été 1944, le Premier ministre doit faire face à une nouvelle pneumonie. Ce qui amène plusieurs membres de son entourage à s'inquiéter sérieusement de sa fatigue et de la détérioration de sa santé.

*
* *

S'il est avéré que la plaisante formule prêtée à Churchill – « De toutes les croix que j'ai à porter, la plus lourde est la croix de Lorraine » – a été inventée pour les besoins de la cause, il n'en demeure pas moins que le Premier ministre a dû consacrer autant de temps que d'énergie à son encombrant et ombrageux allié, le général de Gaulle. Entre les deux chefs de guerre, relations cahotantes et tensions récurrentes ont vite pris un tour passionnel.

Tout avait pourtant bien commencé avec l'arrivée du général de Gaulle à Londres le 17 juin 1940, l'appel du 18 juin lancé grâce à l'appui de Churchill, la reconnaissance le 27 juin de l'officier rebelle « comme chef de tous les Français libres, où qu'ils se trouvent, qui se rallient à lui pour la défense de la cause alliée ». On peut même parler pendant un an d'une véritable lune de miel. Les deux hommes partagent des conceptions voisines sur les leçons de l'histoire, l'évolution de la guerre, le destin de l'Europe. Tandis que de Gaulle est impressionné par la force de caractère et par l'imagination fertile de son hôte, Winston admire la hauteur de vues de ce général lettré et stratège.

Mais au milieu de 1941 les affaires du Levant réveillent brutalement les vieux démons de la rivalité franco-britannique au Proche-Orient. Dès lors et pendant quatre ans, les rapports entre deux personnalités aussi affirmées ne sont plus qu'une succession de hauts et de bas, ponctués de brouilles retentissantes et de réconciliations temporaires, d'aigres conflits et de blocages réciproques. De là une *love-hate relationship*, qui imprègne leur affect et gouverne leur comportement – peut-être parce que, en un sens, ils se ressemblent trop, tant l'un et l'autre sont animés par le même patriotisme intransigeant et la même soif dévorante de grandeur nationale. Tandis que la tactique de De Gaulle consiste à en appeler contre la politique officielle britannique à l'opinion publique très favorable à la France libre, ce qui a pour effet d'exaspérer Churchill, celui-ci exerce par moments un véritable ostracisme envers de Gaulle, lui reprochant son orgueil, ses prétentions et son ingratitude.

Un épisode resté en partie inédit illustre bien ces rapports tumultueux. Au point de départ une affaire en soi assez mince : le ralliement de Saint-Pierre-et-Miquelon à la France libre le 24 décembre 1941, en dépit des mises en garde appuyées de Londres et de Washington. C'est justement à Washington, où il est l'hôte de Roosevelt, que Churchill apprend, furibond, la nouvelle – une nouvelle qui, à ses yeux, ne peut qu'aggraver inutilement les différends avec les Américains à propos de De Gaulle (effectivement, le secrétaire d'État Cordell Hull en profite pour exhaler son antigaullisme obsessionnel en parlant des « soi-disant Français libres »). À son retour à Londres, Churchill convoque de Gaulle à Downing Street le 20 janvier et déverse sa rage sur le Général impassible. Au fur et à mesure qu'il parle, il s'exalte, le ton ne cesse de monter, au point que l'interprète, Frank Roberts, un haut fonctionnaire du Foreign Office, se croit obligé d'atténuer les propos offensants et agressifs du Premier ministre en leur donnant un tour plus diplomatique. Ce qui a pour résultat d'accroître la fureur de Churchill, qui suit la traduction en français et s'exclame à l'adresse de l'interprète : « Mais traduisez donc ce que j'ai dit au lieu de le dénaturer ! » Finalement, l'orage s'apaisant, le général de Gaulle, totalement silencieux jusque-là, demande calmement : « Est-ce tout ? » et sur la réponse affirmative du Premier ministre, prend ses gants dans une main, coiffe son képi de l'autre, fait le salut militaire et quitte la pièce. Une fois le chef de la France libre parti, Churchill impressionné se tourne vers l'interprète et lui dit :« Quel homme ! Il a fait la seule chose à faire. Je lui tire mon chapeau [1]. »

---

1. Témoignage de sir Frank Roberts à l'auteur, 5 avril 1995.

Les tempêtes continueront de manière chronique, la plus terrible se situant à la veille du débarquement, dans la nuit du 4 au 5 juin 1944, au cours de laquelle les deux protagonistes feront assaut de rugissements. Il faut dire que depuis des mois Churchill s'est aligné sur la ligne de Roosevelt systématiquement hostile à l'endroit de De Gaulle et du Comité français de libération nationale. Au point qu'au Foreign Office on se plaint amèrement de « cette extraordinaire attitude prévalant aux États-Unis qui les amène à traiter la France comme si c'était le Nicaragua [1] ». Mais de temps à autre des accalmies se produisent et des rapprochements s'opèrent, comme à Alger en juin 1943 ou à Marrakech en janvier 1944. À ces occasions la haute opinion que Churchill a de son partenaire se manifeste sans ambages. Ainsi, à Emmanuel d'Astier de La Vigerie il déclare : « C'est un grand personnage que votre de Gaulle. Je l'ai toujours soutenu. Mais comment peut-on s'entendre ? Il déteste l'Angleterre ! » Et à une autre occasion : « Votre de Gaulle est plus difficile à manier que Staline ou Roosevelt [2] ! » Quant à Macmillan, qui a suivi de près tous ces différends et sautes d'humeur, il écrit en janvier 1944 avec un optimisme quelque peu excessif : « Churchill a pour de Gaulle les sentiments d'un père qui s'est querellé avec son fils. Il est prêt à lui couper les vivres, mais au fond il serait tout disposé à tuer le veau gras pour que le fils prodigue reconnaisse ses torts [3]. » Plus sûre et plus significative paraît être une exclamation de Churchill lui-même : après une entrevue avec de Gaulle à Marrakech en jan-

1. PRO : FO 371/40363, 5 avril 1944. Cité par François Bédarida, « Les Alliés et le pouvoir », in *Les Pouvoirs à la Libération*, éd. Philippe Buton et J.-M. Guillon, Paris, Belin, 1994, p. 70.
2. Cf. Emmanuel d'Astier de La Vigerie, *Sept fois sept jours*, Paris, Éditions de Minuit, 1947, p. 122.
3. Harold Macmillan, *The Blast of War*, Londres, Macmillan, 1967, p. 441.

vier 1944, il s'écrie, admiratif et en français, devant un de ses généraux : « Pas de doute ! C'est un grand animal[1] ! »

SUR LE FRONT INTÉRIEUR

Dans la psychologie de Churchill, polarisé par la guerre et les opérations militaires, le front intérieur fait figure de sphère secondaire. Le Premier ministre ne saurait cependant s'en détacher, même s'il en confie la gestion principalement au gouvernement et au Parlement. Au demeurant, lui-même est tout à fait conscient de la nécessité d'une large adhésion populaire pour remporter la victoire et il n'ignore point les attentes du corps social pour l'après-guerre. Aussi peut-on le considérer comme un artisan majeur de ce que l'on a appelé le « consensus des années de guerre » – un phénomène dont l'historiographie récente a montré le caractère en partie mythique.

À l'actif de Winston, deux résultats sont à mettre en évidence. D'une part, il a su trouver un mode de fonctionnement opératoire avec le Labour (sur ce terrain la réminiscence de la *tory democracy* de son père n'a sans doute pas été sans jouer un rôle). D'autre part, malgré ses idées archaïques sur la société et malgré son paternalisme victorien, il a accéléré la marche vers le *Welfare State*. Par là il a retrouvé sa vocation originelle de réformateur social. Étant donné les nécessités de la guerre, et fort de son solide pragmatisme, il s'est rallié sans hésitation au principe d'une économie centralisée et dirigée, appuyée par des pouvoirs spéciaux confiés au gouvernement – encore que, pour lui, autant ces contrôles étaient justifiés en temps de guerre, autant ils n'ont plus de raison d'être en temps de paix.

1. MG VII, *1941-1945*, p. 646.

Dans l'immédiat, compte tenu des impératifs du combat, deux exigences s'imposent à la Grande-Bretagne : réquisitionner l'ensemble des ressources humaines potentielles ; affecter la plus grande partie des moyens aux opérations de guerre. Dans l'île devenue forteresse et arsenal, l'effort de guerre est donc à la mesure du défi. En conséquence, la mobilisation de toutes les forces vives se trouve portée au maximum. En ce qui concerne la conscription, elle est poussée, dans ce pays qui y avait été si longtemps rebelle, plus loin qu'en aucun autre pays belligérant, dans la mesure où sont mobilisés tous les hommes de dix-huit à cinquante ans et surtout où la réquisition s'étend aux femmes, d'abord de vingt à trente ans, puis de dix-huit ans et demi à quarante-cinq ans. En 1944, alors que l'on compte 500 000 femmes dans les services auxiliaires de l'armée (ATS), de la marine (les « Wrens ») et de l'aviation (WAAF), la proportion de la population active employée pour la guerre, soit dans les forces armées, soit dans les industries et services de la défense nationale, atteint 55 %, c'est-à-dire bien davantage qu'ailleurs. La famille Churchill est la première à donner l'exemple : tandis que Randolph sert comme officier au Moyen-Orient, Mary s'engage à dix-neuf ans dans les ATS, rejointe peu après par Sarah dans les WAAF.

On fait appel à mille ressources pour entretenir le moral. En tête se détache la chanteuse Vera Lynn, très populaire dans l'armée comme chez les civils (on l'a surnommée « *the Forces' sweetheart* »). Ses chansons font fureur, depuis *Blanches falaises de Douvres* jusqu'à *Meet Again*, qui sert à bercer l'absence et la solitude[1].

En dépit, au niveau social, des grèves fort nombreuses, et, sur le plan politique, des intrigues et manœuvres mul-

---

1. « *We'll meet again, don't know where, don't know when, / But I know we'll meet again some sunny day, / Keep smiling through just like you always do / Till the blue skies drive the dark clouds far away.* »

tiples, c'est un fait que l'harmonie sociale règne assez largement sous l'œil bienveillant de Churchill, quelque étonnante que soit la synergie qui s'est opérée entre ce que Paul Addison a appelé, d'un côté, « un grand aristocrate excentrique » et, de l'autre, « l'Angleterre des paysages industriels et des banlieues *middle class*[1] ». Malgré les contraintes de la guerre, la vie démocratique, le Parlement, la presse continuent de fonctionner, sans que de sérieuses restrictions aient été apportées aux libertés personnelles et civiles (Winston pour sa part est absolument opposé à la suspension de l'habeas corpus).

Cependant, l'effort gigantesque consenti par la nation implique une multitude de sacrifices au niveau individuel, tant est variée la gamme des restrictions à la consommation. Le rationnement, très strict, introduit dès 1940, contraint les Britanniques à l'austérité : après le sucre, la viande, le bacon, le thé, le beurre, la margarine, c'est le tour en 1941 des vêtements (un adulte a droit à une veste et un pantalon tous les deux ans), en 1942 du chocolat et du savon. On invente les vêtements et les meubles « *utility* », les premiers remarquables par leur laideur, les seconds par leur lourdeur. Triomphe de la sobriété, les *British Restaurants* réussissent à mettre à la portée de tous une pitance aussi médiocre que le prix en est modéré (il s'agissait là d'une appellation imaginée par Churchill pour les cafétérias du temps de guerre, où un vaste Union Jack cachait un minuscule cordon bleu...).

*
* *

La vie politique, relativement calme, mais traversée à l'occasion d'accès de fièvre, est dominée par les rapports

---

1. Cf. Paul Addison, *Churchill on the Home Front 1900-1955, op. cit.*, p. 326.

entre le gouvernement et le Parlement. Assuré d'un très large soutien aux Communes grâce au cabinet de coalition, Churchill n'en voit pas moins fuser les critiques, ourdir les intrigues, se tramer les manœuvres. Malgré tout, c'est l'union sacrée qui prévaut la plupart du temps, tandis que les sondages révèlent une belle continuité – à un niveau très élevé – dans sa cote de popularité[1].

Naturellement, la fortune de la guerre et les aléas de la bataille ponctuent de manière déterminante l'attitude des députés, leurs agitations et leurs approbations. Mais le vieux routier parlementaire qu'est le Premier ministre sait se comporter avec un art consommé de la tactique, servi de surcroît par son habileté manœuvrière et son talent de parole. À diverses reprises il modifie la composition du cabinet de guerre et du gouvernement, en fonction des circonstances et des personnes.

Trois moments majeurs de tension, sinon de conflit, ont rythmé la vie parlementaire en 1941 et 1942. Le premier se situe en mai 1941 au plus fort des échecs subis en Grèce. Une motion de censure est débattue aux Communes, faisant porter le blâme sur deux secteurs : la production de guerre et la politique de l'information (dans ce dernier cas il est exact que Churchill se montre souvent cassant et autoritaire). Au milieu d'un flot de critiques, c'est Lloyd George qui entend porter l'estocade, en reprochant au Premier ministre de s'être entouré de *yes-men*, mais Winston lui réplique avec vivacité en l'accusant d'être un autre Pétain. Finalement, la motion des opposants est repoussée haut la main : c'est même un beau succès politique pour Churchill qui recueille 447 voix contre 3 (dont 2 communistes).

En janvier 1942, retour de Washington, Winston trouve une opinion publique troublée et inquiète des suc-

1. Cf. ci-dessous, chapitre IX, « Un leader charismatique ? », p. 469.

cès fulgurants des Japonais dans le Pacifique, ainsi que de la perte des deux plus puissants cuirassés de la Royal Navy. À quoi s'ajoute la menace de l'Afrikakorps dans le désert. Le débat qui s'ouvre à la Chambre dure trois jours, mais Churchill l'emporte sans peine avec une majorité de 464 contre 1.

En fait, c'est la suite de l'année 1942 – dont le premier semestre est le plus sombre de la guerre – qui se révèle la plus difficile. Devant les échecs qui s'accumulent (perte de Singapour, ravages des *U-Boote* dans l'Atlantique, nageurs de combat italiens dans le port d'Alexandrie), l'idée de remanier de fond en comble l'équipe à la tête du pays, voire de changer de chef, fait du chemin. Un rival apparaît en la personne de Stafford Cripps, de retour de son ambassade à Moscou et qui entre au cabinet de guerre comme lord du Sceau privé et leader des Communes : l'austère révolutionnaire de la gauche du Labour, s'il est toujours aussi austère (et végétarien : autre tare pour Winston !), ne manque ni de talent ni d'ambition. Le 15 février se déroulent d'acrimonieux débats à la Chambre. En réalité, le remaniement gouvernemental opéré par Churchill n'altère guère l'équilibre d'ensemble ni le poids respectif de chacun – « un cabinet qui ressemble comme un frère à l'ancien », commente Cadogan[1]. Mais le climat politique se trouve assaini. D'ailleurs, le gouvernement ne fonctionne guère selon des lignes partisanes, car les positions des uns et des autres dépendent des problèmes posés et des objectifs visés.

Cependant, pour Winston, le répit n'est que de courte durée, car au début de l'été éclate la plus sévère des crises politiques et parlementaires, à la suite de la chute de Tobrouk et compte tenu de la menace pesant sur

---

1. Cf. *The Diaries of Sir Alexander Cadogan 1938-1945, op. cit.*, p. 437 (note du 23 février 1942).

l'Égypte. Cette fois les adversaires de Churchill partent à l'attaque pleins de confiance et de détermination. Bevan raille durement : « Le Premier ministre gagne débat après débat et perd bataille après bataille[1]. » Mais plusieurs des attaquants commettent l'erreur de faire porter les critiques sur des points futiles ou de faire des proposition aberrantes. Si bien que Churchill est en mesure de redresser la situation et d'obtenir la confiance par 475 voix contre 25. Ce sera là sa dernière alerte, car, à partir de la victoire d'El-Alamein, à l'automne 1942, tout risque de crise parlementaire est écarté. Dorénavant il n'y a plus de défaites à annoncer, mais seulement des victoires. La position personnelle du Premier ministre est devenue inexpugnable.

*
* *

Alors que jusqu'à la fin de 1942 le champ de la guerre et le champ de la paix étaient restés séparés, tout change brusquement. En effet, si Churchill avait eu beau jeu depuis 1940 d'écarter avec persistance toute déclaration sur les buts de guerre ou sur les plans de reconstruction – il se souvenait trop des promesses de naguère de Lloyd George sur « les *homes* pour les héros » –, il n'en va plus de même maintenant : la pression se fait trop insistante pour que l'on ne se mette pas à songer à l'avenir – cet avenir radieux dont lui-même avait entrouvert la perspective aux jours sombres de 1940. De là l'importance capitale du rapport Beveridge.

Ici tout a commencé en février 1941 par une démarche anodine des syndicats britanniques appelant l'attention du gouvernement sur la nécessité d'une réforme de l'assurance-maladie. Peu à peu l'affaire prend de

---

1. *House of Commons Debates*, vol. CCCLXXXI, 2 juillet 1942, col. 528.

l'ampleur et il est décidé de revoir tout le système de protection sociale. Pour cela il est fait appel à William Beveridge, un économiste spécialiste du chômage auquel Churchill s'était adressé en 1908 et qu'il avait pris comme expert au Board of Trade. Ancien travailleur social dans l'East End de Londres, devenu haut fonctionnaire, puis directeur de la London School of Economics, Beveridge avait une longue familiarité avec les problèmes de l'emploi et de la misère. Vaniteux et imbu de sa valeur, dépourvu de tact et d'humour (Churchill et lui nourrissaient une vive antipathie l'un pour l'autre), il publie le 1er décembre 1942 un rapport de 300 pages (l'édition abrégée se vendra en quelques mois à 675 000 exemplaires), rapport qui fait l'effet d'une bombe dans la mesure où il propose rien de moins qu'une réforme radicale du système de protection sociale britannique.

À vrai dire, il s'agit à la fois d'une nouvelle philosophie des relations entre les individus et l'État et d'une nouvelle morale sociale, au moyen d'une figure inédite de régulation sociale confiant à l'État de nouveaux territoires. Ce dernier, devenu le tuteur de la société, se substitue aux instances défaillantes en place qui s'étaient montrées si peu capables de remédier aux conflits et aux drames sociaux de l'entre-deux-guerres. En d'autres termes, c'est un nouveau modèle, le *Welfare State*, qui prend la place du modèle libéral. Certes, le terme de *Welfare State* avait pu être appliqué aux réformes décidées par le gouvernement libéral, Churchill en tête, au début du siècle. Il est exact aussi que la charte de l'Atlantique en 1941 prônait une véritable « sécurité sociale » en affirmant qu'il fallait donner à tous l'assurance de « pouvoir finir leurs jours à l'abri de la crainte et du besoin ».

Mais le rapport Beveridge, qui entendait « préparer la paix dans la guerre », allait beaucoup plus loin en affirmant : « Chaque citoyen sera d'autant plus disposé à se consacrer à l'effort de guerre qu'il sentira que son gouvernement met en place des plans pour un monde meilleur. » Trois postulats de base y sont exposés, d'où dériveront les réalisations sociales de l'après-guerre : d'abord, la nécessité de changements révolutionnaires dans le cadre d'un régime global de protection sociale, sans tenir compte ni des privilèges ni des intérêts catégoriels ; ensuite, comme le progrès social forme un tout, la lutte contre les cinq « géants du mal » – la Misère, la Maladie, l'Ignorance, la Saleté et l'Oisiveté ; enfin, la conciliation des responsabilités de l'État avec les droits de l'individu, de façon à respecter l'initiative personnelle au lieu de tout faire reposer sur une logique de contraintes et d'obligations imposées par les pouvoirs publics.

En fait, il s'agit davantage d'une systématisation et d'une rationalisation des pratiques existantes que d'une innovation révolutionnaire. Mais le grand mérite du plan Beveridge, qui très vite fait le tour du monde, c'est sa simplicité, son universalisme et plus encore sa capacité à s'insérer dans un projet de société se réclamant hautement de la justice sociale.

Mais, à l'inverse du public, qui s'enthousiasme pour les idées de Beveridge, le gouvernement est embarrassé par la publication du rapport. Dans un premier temps, Winston y voit une diversion fâcheuse par rapport à l'effort de guerre, et non point une contribution à la victoire. Aussi la tactique du pouvoir consiste-t-elle à noyer les propositions réformatrices sous les fleurs. D'ailleurs, Beveridge ne cache pas son irritation à l'encontre de Churchill. Le Premier ministre, alerté par des conservateurs orthodoxes qui jugent que le rapport nourrit des espoirs fallacieux, va jusqu'à faire circuler un mémorandum mettant en garde contre un optimisme excessif.

Qui pourrait s'étonner au demeurant de l'incompatibilité entre les convictions de Churchill, fidèle à la vision libérale d'une société régie par la « main invisible » et

390

par les rapports hiérarchiques de classes, et le concept de justice sociale dont se réclament les adeptes de Beveridge ? Quel renversement, en effet, par rapport à la philosophie du laissez-faire, fondée sur le principe de la liberté comme moteur de la perfectibilité individuelle et du progrès social, tandis que le marché représente un « accord admirable de l'intérêt général et de la justice » selon les termes d'Adam Smith ! En fin de compte, le concept de justice sociale, dont se réclament les tenants de l'État providence, prend le contrepied de la notion traditionnelle de justice fondée sur la nature. Alors que jadis il n'y avait pas lieu de s'élever contre la distribution des biens et des maux, encore moins de la corriger – la notion de risque faisant partie du bagage de l'humanité –, la nouveauté maintenant, c'est que le principe de la justice distributive vient se substituer à celui de la justice commutative. Dès lors, il est aisé de comprendre pourquoi, en 1944, Churchill sera spontanément influencé par Friedrich Hayek, dont *La Route de la servitude* constitue un plaidoyer passionné pour l'individualisme libéral et le laissez-faire.

La principale réforme opérée par le gouvernement vers la fin de la guerre concerne l'enseignement. En fait, Churchill n'y a joué aucun rôle, laissant carte blanche à son ministre de l'Éducation, R.A. Butler, bien que, en étudiant l'origine sociale des pilotes de la bataille d'Angleterre, il eût lui-même exprimé la velléité d'accroître le nombre des élèves des *grammar schools*. En vérité, le Butler Act de 1944, sans être le pas majeur que l'on a dit vers la démocratisation, a étendu l'obligation scolaire jusqu'à l'âge de quinze ans et garanti la gratuité de l'enseignement secondaire. En revanche, la réforme n'a en rien porté atteinte au système en vigueur de ségrégation sociale par l'école, puisque il a légitimé au niveau du secondaire une dimension tripartite – qualifiée parfois cruellement de « tripartheid » : les enfants du peuple dans les écoles dites « modernes » ; les enfants des classes moyennes dans les *grammar schools*, chargées de former les cadres du pays, les enfants de l'establishment dans les *public schools*, pépinières des élites – comme au temps de l'enfance victorienne de Churchill.

DE TÉHÉRAN À YALTA, CARTE DE GUERRE ET GÉOPOLITIQUE

Ce n'est pas sans raison que les Russes ont appelé l'année 1943 *perelom* : l'année-tournant. Pour sa part, Churchill a résumé en une formule colorée le renversement de la fortune des armes : « Avant El-Alamein, nous n'avions jamais remporté de victoire. Après El-Alamein, nous n'avons jamais connu de défaite[1]. »

En dehors du fait capital que dans le nouveau cours de la guerre l'initiative appartient désormais aux Alliés, voilà qu'en Méditerranée les Allemands ont été chassés d'Afrique, la chute de Mussolini a cassé l'Axe et l'Italie a changé de camp, à l'est l'Armée rouge a détruit la fine fleur des panzers dans la gigantesque bataille de Koursk, sur mer les *U-Boote* ont perdu depuis le printemps la bataille de l'Atlantique, tandis que la formidable machine de guerre des États-Unis s'est mise à tourner à plein rendement et que le nombre des divisions américaines commence à dépasser celui des divisions britanniques.

Depuis le milieu de 1943 l'idée d'une conférence au sommet était dans l'air. Alors que Churchill avait proposé Scapa Flow dans les Orcades et Roosevelt Bagdad ou Ankara, c'est l'insistance de Staline qui l'avait emporté en faveur de Téhéran, où est planifiée pour la fin de l'année une rencontre tripartite sous le nom de code *Eureka*.

1. SWW IV, p. 541.

À l'importance de cette conférence, tenue à un moment crucial du conflit, on peut discerner trois raisons. D'abord, c'est la première réunion des Trois Grands et le premier face-à-face Roosevelt-Staline. D'autre part, sur le plan militaire, la rencontre de Téhéran a été décisive pour définir la stratégie appelée à régir la dernière phase de la guerre – une stratégie qui entérine la ligne américaine au détriment du point de vue britannique qui avait prévalu depuis 1941. Enfin, dans le domaine politique et diplomatique, s'amorcent un partage et une division en sphères d'influence. De jour en jour, en effet, il devient plus évident que l'URSS après la victoire constituera la superpuissance dominante en Europe orientale et centrale. D'où l'esquisse d'un concordat américano-soviétique, qui relègue la Grande-Bretagne au rang de puissance de second rang, procède au démembrement de l'Allemagne et ravale la France à la condition de pays subalterne (sur la France, Staline partage l'opinion méprisante de Roosevelt, qui va jusqu'à envisager de recréer une Lotharingie...).

Du côté des Anglais et des Américains, la conférence ne commence pas sous les meilleurs auspices. C'est las, souffrant, fébrile, que Churchill est arrivé à Téhéran, où il s'installe à la légation de Grande-Bretagne, cependant que le docteur Moran s'efforce à coups de médications de restaurer une de ses armes essentielles : sa voix. Par ailleurs, le Premier ministre, inquiet de la tournure prise par les affaires méditerranéennes, avait souhaité rencontrer au préalable Roosevelt, mais ce dernier, en piètre forme lui aussi, s'était plus ou moins dérobé. Finalement une rencontre avait eu lieu au Caire du 23 au 26 novembre (conférence *Sextant*), mais en présence du généralissime Tchang Kaï-chek, et l'on avait surtout parlé de l'Extrême-Orient. Si bien que, quand les Anglo-Américains se retrouvent, ils n'ont coordonné ni leurs plans ni leur tactique. De surcroît la conférence est dominée par la crainte de chacun des partenaires de voir les deux autres se liguer contre lui.

Dès la première séance, le 28 novembre, l'essentiel des décisions stratégiques est acquis. La pression soviétique pour l'ouverture d'un second front, vivement épaulée par les Américains, aboutit à donner priorité absolue à un débarquement fixé à mai 1944 sur le littoral français de la Manche – c'est l'opération Overlord, complétée par un autre débarquement sur les côtes de Provence, cette expédition nommée Anvil (et rebaptisée ultérieurement Dragoon) étant conduite avec le concours de troupes prélevées en Italie. La stratégie méditerranéenne de Churchill est donc en lambeaux, même s'il continue à coups de représentations véhémentes de plaider en faveur d'une avance à travers la péninsule italienne, de l'entrée en guerre de la Turquie et de la conquête du Dodécanèse. Le malheur pour lui, c'est qu'à cette date les armées alliées sont désespérément bloquées depuis deux mois devant la ligne Gustav dans la partie méridionale de la péninsule, que la Turquie ne manifeste pas le moindre signe de vouloir participer au conflit et que la prise – très aléatoire – du Dodécanèse n'offre qu'un intérêt stratégique minime. Simultanément, au cours de la même séance, Staline annonce que, sitôt acquise la victoire contre l'Allemagne, l'URSS entrera en action contre le Japon.

Malgré tout, loin de se laisser abattre par le fait qu'il a dû céder devant l'axe Staline-Roosevelt – ce n'est pas dans son tempérament –, Churchill, toujours pragmatique, se dit qu'avec le facteur temps bien des choses peuvent changer, que déjà, à Québec, au mois d'août (conférence *Quadrant*), les dirigeants britanniques ont dû se résigner à Overlord, que Staline ne serait pas toujours en position d'arbitre entre un Premier ministre déterminé et un Président quelque peu vacillant. Escomptant la prise de Rome sans trop tarder, il rêve d'une avance rapide jusqu'au Pô, ce qui écarterait la perspective d'Anvil et – qui sait ? – redonnerait ses chances à une offensive à travers la passe de Ljubljana vers l'Europe centrale.

Aussi n'est-il pas étonnant que, dans ses *Mémoires de guerre*, Churchill présente sous des couleurs assez avantageuses la conférence de Téhéran et ses acquis. Il profite pour cela de l'évocation du grand dîner au cours duquel, le 30 novembre, a été célébré à la légation de Grande-Bretagne son soixante-neuvième anniversaire. « Ce fut, écrit-il, une occasion mémorable dans mon existence. À ma droite j'avais le président des États-Unis, à ma gauche le maître de la Russie. Ensemble nous commandions la plus grande partie de la marine et les trois quarts de l'aviation du monde, et sous nos ordres servaient quelque vingt millions d'hommes engagés dans la plus terrible des guerres survenues dans l'histoire de l'humanité [1]. » Mais par la suite Winston a adopté un ton singulièrement plus mesuré, conscient qu'il avait été, en ces dures journées, du changement de statut et de poids de la Grande-Bretagne dans les affaires mondiales. « C'est à Téhéran, a-t-il confié plus tard à sa vieille amie Violet Bonham-Carter, que pour la première fois je me suis rendu compte quelle petite nation nous étions. J'étais là assis avec le grand ours russe à ma gauche, ses pattes étirées, et à ma droite le gros buffle américain. Entre les deux se tenait le pauvre petit bourricot anglais, qui était le seul – le seul des trois – à connaître le bon chemin [2]. »

1. SWW V, p. 339.
2. Interview télévisée de V. Bonham-Carter, *The Listener*, 17 août 1967. Cité par John Wheeler-Bennett, éd., *Action this Day*, Londres, Macmillan, 1968, p. 96.

Ce qui, pour Churchill, au lendemain de Téhéran, complique la mise en œuvre de ses plans et de ses calculs, ce n'est pas seulement la maladie qui le terrasse à Tunis en décembre (après qu'au cours d'une seconde conférence tenue au Caire du 4 au 6 décembre il s'est heurté à un refus catégorique du président Ismet Inonü, venu l'y rencontrer, de faire entrer la Turquie dans la guerre), ce n'est pas seulement non plus la longue convalescence qu'il doit passer à Marrakech en janvier 1944, c'est surtout qu'en Italie tout vient se mettre en travers des projets du Premier ministre. De novembre à mai, en effet, les troupes alliées se trouvent bloquées par la Wehrmacht à travers les Abruzzes, face au mont Cassin, le long de la ligne Gustav, entre l'embouchure du Garigliano sur la mer Tyrrhénienne et celle du Sangro sur l'Adriatique.

Finalement, le 12 mai, est lancée l'opération Diadem en direction de Rome et de Florence. Tandis que le corps expéditionnaire français du général Juin brise les lignes de défense allemandes du Liri, les Polonais s'emparent de haute lutte du mont Cassin le 18 mai. Malgré de durs combats, commence alors la marche sur Rome, où les Alliés entrent le 4 juin. L'avance se poursuit en Toscane, vers la ligne de l'Arno, et Florence tombe le 4 août, mais les armées anglo-américaines se trouvent à nouveau arrêtées, cette fois par la ligne Gothique, de Pise à Rimini, où les forces du maréchal Kesselring les tiennent en échec – et continueront tout l'hiver à leur barrer la route –, interdisant du même coup l'accès espéré à la vallée du Pô et à l'Italie septentrionale.

Dès lors, tout repose sur le succès d'Overlord, ainsi que sur celui d'Anvil/Dragoon, opération que Churchill, appuyé par les chefs militaires britanniques, s'obstine – en vain – à contrecarrer de février à juillet 1944.

*
* *

S'il est vrai que l'opération Overlord, vecteur numéro un de la victoire à l'ouest, représente « la plus grande opération militaire de tous les temps », sa réussite, contrairement à une opinion reçue, était rien moins qu'assurée. À vrai dire, l'ampleur des obstacles et des dangers était telle que, dans les semaines précédant l'assaut de la *Festung Europa*, plusieurs des hauts responsables britanniques et américains ne cachaient pas leur appréhension.

Churchill, pour sa part, tout au long de cette période, se montre nerveux, irascible, anxieux. À plusieurs reprises, auprès de certains de ses proches, il reconnaît son stress. Tout en poursuivant ses inspections des préparatifs à travers le sud de l'Angleterre, il établit son quartier général dans un train occupant une voie de garage en gare de Portsmouth, puis il retourne à Downing Street pour le *D-Day* (c'est là qu'il reçoit de Gaulle pour l'entrevue orageuse du 4 au 5 juin). Le 5, alors qu'est prise par Eisenhower la décision fatidique, il arpente la *Map Room* de long en large, comme un lion en cage. Et le soir il dit à Clemmie venue brièvement le voir : « Te rends-tu compte que lorsque tu te réveilleras demain matin 20 000 hommes auront été tués[1] ? » En fait, au réveil, le 6 juin, Winston apprend la bonne marche de l'opération tant du côté des parachutistes anglais que des premières vagues d'assaut anglo-canadiennes sur les plages. Aussi décide-t-il de faire à midi une déclaration encourageante à la Chambre des communes sur « l'opération la plus compliquée et la plus difficile qui ait jamais été entreprise[2] ».

1. Cf. Gerald Pawle, *The War and Colonel Warden*, Londres, Harrap, 1963, p. 302.
2. *House of Commons Debates*, vol. CDI, 6 juin 1944, col. 1207-1210.

C'est un fait que les risques encourus par les Alliés étaient énormes : à la mesure même de l'exploit. Si l'on met à part un premier aléa inhérent à toute opération amphibie – l'adversité des éléments, surtout à travers une mer comme la Manche –, la première source possible de catastrophe, c'était, au cours du débarquement lui-même, le danger que la défense allemande, appuyée sur les redoutables fortifications du mur de l'Atlantique, fût si meurtrière pour les assaillants qu'ils seraient dans l'inca-pacité d'établir une tête de pont et devraient se cantonner en quelques points d'appui précaires d'où ils seraient vite délogés faute de soutien, puisque le gros de la flotte de débarquement, mouillée au large, ne pourrait mettre à terre les renforts prévus en hommes et en matériel.

D'autre part, même dans l'hypothèse de la constitution d'une tête de pont de quelque profondeur, on pouvait redouter que le commandement allemand, mettant à pro-fit sa supériorité terrestre et sa capacité de manœuvre face à un adversaire enfermé dans un étroit périmètre, ne montât avec ses divisions blindées une puissante contre-attaque qui percerait la ligne de front des assaillants et rejetterait ceux-ci à la mer en un second Dunkerque plus humiliant et plus tragique que le premier.

D'autant que les enjeux sont immenses et que les deux adversaires en ont pleinement conscience. Hitler, dans sa directive de guerre n° 51 du 3 novembre 1943, avait clai-rement énoncé la mise : « Quelque dure et coûteuse » que soit la lutte menée contre le bolchevisme, « un dan-ger encore plus grand apparaît à l'ouest : un débarque-ment anglo-saxon[1] ». En mars 1944, convoquant ses généraux, le Führer leur a expliqué que l'invasion annoncée – pour lui une certitude – déterminerait l'issue

---

1. *Hitler's War Directives 1939-1945*, éd. Hugh Trevor-Roper, Londres, Sidgwick and Jackson, 1964, pp. 218-219.

de la guerre, car si les assaillants étaient repoussés il serait alors possible de transférer sur le front de l'Est la cinquantaine de divisions rendues disponibles, et au moyen de ce renfort vital de remporter une victoire définitive sur l'URSS. Ainsi la bataille à l'Ouest scellera le destin du Reich.

À évaluer les chances des adversaires à la veille du *D-Day*, on peut considérer que chacun d'eux dispose de deux atouts majeurs. Du côté allemand, le premier atout, c'est évidemment le mur de l'Atlantique. Côtes hérissées de blockhaus, de casemates, de canons et de nids de mitrailleuses aux angles de tir soigneusement calculés, plages minées et couvertes d'obstacles, fossés antichars, barbelés et chevaux de frise, marais et estuaires inondés, le tout constitue un formidable barrage contre les assaillants. En outre, depuis que Rommel a été nommé à la tête du groupe d'armées B (front de la Manche et de la mer du Nord), il a fait renforcer encore la « grande muraille de l'Ouest » (pose de quatre millions de mines, mise en place de nouveaux moyens d'obstruction sur les plages, tels que poteaux enfoncés dans le sable – les « asperges de Rommel » –, tétraèdres de béton garnis de pointes d'acier, mines « casse-noix » contre les péniches de débarquement).

En second lieu, les chefs du Reich comptent sur leur supériorité terrestre : qualité du commandement, valeur de l'armement, capacité de manœuvre, troupes entraînées et aguerries – alors que la plupart des soldats alliés affrontent le feu pour la première fois. Au point que le maréchal Rommel, le vieil adversaire des Anglais, le « renard du désert », écrit à sa femme quelques jours avant le débarquement : « J'attends la bataille avec la plus grande confiance. »

À ces avantages les Alliés opposent leurs propres atouts : deux atouts maîtres. D'abord, la supériorité navale et aérienne, puisque dans les airs la Luftwaffe se trouve dans un rapport de 1 à 25 vis-à-vis de son adversaire et que la Manche est depuis longtemps interdite aux vaisseaux de la Kriegsmarine. Le 6 juin, c'est bien à la marine alliée – composée à 80 % de navires britanniques et à 20 % de navires américains – qu'appartient la mer. Quelques jours plus tard, lors de sa visite en Normandie, Churchill s'émerveillera devant cette « ville de navires alignés le long de la côte sur 80 kilomètres de long[1] ».

Autre avantage des assaillants : une logistique modèle. C'est le triomphe de l'organisation : une organisation à la fois sophistiquée, ramifiée et bien huilée, appuyée sur des ressources gigantesques et dont la réussite va prouver l'efficacité. Concentration massive de moyens, surabondance de matériel, puissance de feu sans pareille : voilà la clef de la victoire aux yeux de l'état-major interallié. Dans le déroulement des opérations, tout est calculé, coordonné, minuté. En ce sens, la préparation du débarquement constitue sans doute la plus gigantesque opération de planification militaire jamais mise en œuvre.

Pour ce qui est des innovations, Churchill, toujours à l'affût de techniques inédites et performantes, a apporté deux contributions notables. La première, et la principale, a été celle des ports artificiels, les *Mulberry Harbours*, dont il a eu l'idée avec quelques autres, dont l'amiral Mountbatten. En vue d'assurer la continuité du ravitaillement en matériel et en munitions sur la tête de pont prévue, et en l'absence d'un grand port tel que Cherbourg, il s'agissait de construire deux énormes ports préfabriqués, sous forme de caissons transportés à travers la Manche, chacun ayant une capacité de 7 000 tonnes – l'équivalent du port de Douvres. Une note du Premier ministre en date de mai 1942 prescrit

1. MG VII, *1941-1945*, p. 805.

400

l'étude et la construction de ces engins qui joueront un rôle décisif dans le succès du débarquement.

L'autre apport de Churchill a consisté à appuyer de tout son poids ce que l'on a appelé les *Hobart's Funnies*. C'était là une idée du général de blindés Hobart, qui, conscient des difficultés d'un assaut amphibie, avait imaginé des techniques nouvelles pour vaincre les obstacles en béton et les champs de mines du mur de l'Atlantique. C'est ainsi qu'il avait inventé des tanks amphibies (DD ou *Duplex Drive*), capables de se lancer dans la mer à plusieurs kilomètres du rivage et de « nager » jusqu'à la terre ferme, des *Crabs* ou *flail tanks*, destinés, à coups de fléaux tournants, à briser les champs de mines, d'autres tanks équipés de fascines leur permettant de traverser des fossés antichars, et même un gigantesque lance-flammes baptisé « crocodile ». Le 6 juin à l'aube, ces engins monstrueux allaient faire leurs preuves sur les trois plages, Gold, Juno et Sword, assignées aux Anglo-Canadiens sur la côte est du Calvados – et leur éviter le drame d'Omaha.

N'oublions pas par ailleurs de souligner la supériorité des Alliés en matière de renseignement, en particulier grâce au décryptage des messages de l'ennemi par le *Sigint* (*signals intelligence*). C'est grâce à cette écrasante supériorité du renseignement allié sur le renseignement allemand qu'Overlord a bénéficié jusqu'au bout d'un effet de surprise et qu'a pu être montée la gigantesque opération d'intoxication – le plan Fortitude – consistant à faire croire à l'adversaire que l'invasion se produirait au nord de la Seine, là où étaient massées les meilleures troupes du Reich.

En fait, dès les lendemains d'Overlord, un vif désaccord stratégique éclate entre Anglais et Américains. En effet, loin de renoncer à sa stratégie méditerranéenne,

Churchill, plus convaincu que jamais de la supériorité de la voie italienne pour emporter la décision face à l'Allemagne, multiplie les objections à l'encontre de l'opération Anvil, avec en réalité l'idée bien arrêtée d'écarter celle-ci et de faire prévaloir son plan d'offensive contre l'Italie du Nord. Diadem contre Anvil : tel est le dilemme. De là un climat détestable qui s'installe entre les états-majors des deux pays. En effet, à la suite des manœuvres dilatoires de Churchill et de ses interventions intempestives auprès de Roosevelt, l'affaire se prolonge jusqu'aux premiers jours d'août, date à laquelle la décision est prise : le projet Anvil (rebaptisé Dragoon) est adopté et le débarquement franco-américain sur les côtes de Provence prend bel et bien place le 15 août.

En ce qui concerne la bataille de France de l'été 1944, du débarquement à la libération de l'Europe occidentale, elle se déroule selon deux temporalités : l'une lente, l'autre rapide. Le temps long, ou du moins celui qui paraît long, c'est celui qui s'écoule du jour J à la percée d'Avranches, à la fin de juillet, puis à la fermeture de la poche de Falaise le 21 août, qui clôt la campagne de Normandie. La plus grande partie de cette période est occupée par la « guerre des haies ». Dans le bocage normand, avec son paysage de remblais naturels enchevêtrés – fort habilement mis à profit par les Allemands pour organiser leurs lignes défensives –, la belle mécanique alliée s'enraye et les blindés sont paralysés. C'est pourquoi la progression est si lente et décevante. Le 20 juillet, à J + 45, les armées alliées n'ont avancé que jusqu'à la ligne J + 17 de leurs plans. Puis, grâce à l'opération Cobra (25-27 juillet), c'est la percée au sud du Cotentin.

À partir de là, la vitesse l'emporte. Tandis que Hitler ordonne une contre-attaque désespérée sur Mortain, qui échoue, et que les restes de la VIIe armée allemande sont enfermés dans la poche de Falaise, c'est la ruée des blindés américains vers la Bretagne, les pays de la Loire et l'Ile-de-France. Le 15 août, l'opération Dragoon marque un autre succès au sud et à l'est. Les Alliés volent de victoire en victoire : Paris libéré par les Français de Leclerc (précédant les Américains) le 25 août, Bruxelles occupé le 3 septembre et la Belgique libérée en trois jours par les armées britanniques, la frontière allemande franchie par la cavalerie blindée américaine le 11 septembre. (Notons toutefois, pour garder le sens des proportions, qu'à cette date les Russes ont atteint la Vistule et le Danube, après une offensive d'été baptisée opération Bagration qui a taillé en pièces le groupe d'armées du Centre : au total, de juin à septembre, les Allemands ont perdu à l'Ouest 55 000 tués et 340 000 blessés et prisonniers, et sur le front de l'Est, 215 000 tués et 625 000 blessés, prisonniers et disparus).

*
* *

Il faut dire que depuis la mi-juin 1944 Churchill et le peuple britannique ont dû affronter une nouvelle et terrible épreuve. La première des armes secrètes dont depuis des mois Hitler menaçait l'Angleterre est venue frapper le sol insulaire. De fait, les redoutables adversaires que sont les V1 et les V2 endeuillent durement les derniers mois de la guerre, d'autant que cette calamité imprévue atteint les Londoniens alors même qu'ils croyaient écartées les épreuves venues des airs.

Le 13 juin 1944 à l'aube, une semaine exactement après le *D-Day*, un curieux engin, au bruit de motocyclette ou de scie mécanique, tombe sur l'estuaire de la Tamise : une sorte de minuscule avion sans pilote, bientôt baptisé « bombe volante » ou *doodlebug*. C'est le début d'une campagne de pilonnage qui va sévir des mois durant, au moyen d'une arme de terreur, une *Vergeltungswaffe*, ou arme de la vengeance, atteignant Londres au rythme de 70 engins par jour (« on n'écrase la terreur que par la terreur », avait dit Hitler).

Cette fois, à la différence des bombes incendiaires de 1940, ce nouvel instrument de destruction provoque ses dégâts au moyen de bombes d'une grande puissance explosive, jusque dans un rayon de 300 à 400 mètres. Sans que l'on puisse parler de panique, l'épreuve s'abat sur une population lasse, portant les stigmates de cinq années de guerre, prompte à la démoralisation. Au lieu de cueillir les fruits de la victoire, voilà qu'on revient aux anxiétés du temps du *Blitz*! Aussi la censure s'attache-t-elle à camoufler au maximum l'amère réalité. Rien n'y fait : les rapports officiels notent un état de tension extrême, sinon de dépression, où les réactions égoïstes prennent la place du dévouement communautaire d'autrefois.

C'est que trois facteurs contribuent à donner aux bombes volantes un tel effet psychologique. D'abord, l'absence d'avertissement : le danger survient, soudain, sournois, inattendu. Alors que la vie suit son cours, en une seconde la mort et la désolation frappent. D'autre part, le caractère de robot dépersonnalisé des V1 nourrit les peurs les plus irrationnelles. Enfin, les bombes tombent n'importe où : si Londres constitue bien la cible, le tir de ces missiles au guidage préréglé avant le lancement n'a aucune précision, encore que ce soient la plupart du temps les quartiers sud et les banlieues aisées proches du Kent qui sont touchés. S'il est vrai que la défense s'organise de manière à intercepter les V1 dès qu'ils sont signalés à la hauteur de la côte anglaise, entre juin et septembre on ne compte pas moins de 9 000 bombes volantes lancées contre la capitale, dont seulement la moitié sont détruites en vol.

Le pire, c'est que deux mois plus tard une nouvelle offensive aérienne, plus redoutable encore, est déclenchée, alors même que le gouvernement vient de commettre une énorme gaffe en annonçant par la voix de Duncan Sandys, gendre de Churchill et *junior minister* à l'Armement chargé des bombes volantes, que la bataille de Londres était terminée. Le 8 septembre 1944, deux mystérieuses explosions se produisent au milieu d'un vacarme assourdissant, l'une à l'ouest, l'autre à l'est de la capitale, creusant des cratères de 15 mètres de large et de 3 mètres de profondeur. Ce sont les premiers V2, des fusées à long rayon d'action beaucoup plus puissantes, volant à 60 kilomètres d'altitude à une vitesse de 5 000 km/h et génératrices de gros dégâts puisqu'elles transportent une tonne d'explosifs. Un engin imparable sur le plan militaire, une menace constante et plus imprévisible encore que les V1, des récits terrifiants colportés sur les dommages subis (d'autant que les V2, s'ils s'abattent surtout sur les quartiers est et nord-est, tombent aussi n'importe où, par exemple sur Chelsea Hospital – les Invalides britanniques – ou sur le Speaker's Corner à Hyde Park), toutes ces calamités pèsent sur des nerfs déjà à vif, multipliant les détresses, les deuils, les ruines.

Au total, 1 100 V2 sont lancés sur la région londonienne entre septembre 1944 et le 27 mars 1945, date à laquelle les Londoniens peuvent enfin respirer. Mais les pertes sont sévères : 6 000 civils tués et 18 000 blessés du fait des V1 ; 2 700 tués et 6 000 blessés du fait des V2. Quant aux dommages matériels, ils sont considérables, puisque le nombre des maisons endommagées s'élève à près de la moitié de celui du *Blitz*. Aussi l'épreuve est-elle lourde à supporter : cette fois, Churchill, à la différence de 1940, a du mal à relever le moral de ses compatriotes.

405

*
* *

Au cours de l'été et de l'automne 1944, Winston n'arrête pas de se déplacer afin d'être présent sur tous les points névralgiques du conflit. Que ce soit à Alger, à Naples, en Corse, en Italie, à Québec, à Moscou, on le retrouve partout en action. Néanmoins, il se rend compte qu'il n'occupe plus une place comparable à celle de naguère – au centre de la scène. Comme il le dit un jour avec une pointe de nostalgie à un groupe de députés aux Communes, « je ne peux plus jouer le même rôle qu'autrefois dans la direction de la guerre ; maintenant il y a Eisenhower et une pléiade de généraux autour de lui pour s'en occuper[1] ».

Puisque s'est évanoui l'espoir de mettre un terme à la guerre avant la fin de l'année 1944, ce qui désormais préoccupe au plus haut point Churchill, en raison de sa longue expérience politique et de son penchant pour la prospective, c'est la ligne qui devra régir les rapports avec l'URSS après la guerre, dans le cadre de la nouvelle carte du monde.

Déjà, l'état d'impuissance dans lequel s'était trouvée l'Angleterre pour venir en aide aux Polonais insurgés de Varsovie – du fait de la mauvaise volonté russe – l'avait profondément affecté et indigné. C'est au même moment, le 12 août, qu'il rencontre Tito à Naples. Au chef des partisans, engoncé dans son uniforme de maréchal peu adapté aux températures napolitaines, et manifestement sur la réserve, il conseille d'établir dans son pays un régime démocratique à base paysanne. Tito lui répond qu'il n'a nulle intention d'instaurer le communisme en Yougoslavie ni de mettre sur pied une fédéra-

---

1. Cf. *The Second World War Diary of Hugh Dalton 1940-1945*, éd. Ben Pimlott, Londres, Cape, 1986, p. 810, 28 novembre 1944.

tion balkanique, mais seulement une fédération yougo-slave. Toutefois, il élude tout engagement de déclaration publique.

Dans l'immédiat, alors que germe le projet d'une nou-velle rencontre tripartite au sommet, Churchill considère que l'on ne saurait attendre ni les élections américaines de novembre ni l'entrée en fonction du nouveau pré-sident, car tout retard est de nature à favoriser Staline. Aussi décide-t-il, malgré les objections de Roosevelt, de partir sans délai pour Moscou en compagnie d'Eden, afin de discuter directement avec Staline des affaires en cours, depuis l'équilibre européen jusqu'à la question polonaise. C'est la conférence *Tolstoï*, qui dure du 9 au 19 octobre et au cours de laquelle Winston est accueilli chaleureusement par « l'oncle Joe » à coup de réceptions fastueuses, de toasts innombrables et d'un spectacle au Bolchoï.

En fait, c'est dès le premier soir que se passe l'épisode le plus important : le partage en zones d'influence, à l'initiative de Churchill, de l'Europe balkanique et cen-trale. Au cours d'un tête-à-tête resté fameux, le Premier ministre glisse en effet au maître du Kremlin un petit papier sur lequel il a griffonné des chiffres et des propor-tions (ce qu'il appellera plus tard « le vilain docu-ment ») : 1/ Roumanie : 90 % URSS, 2/ Grèce : 90 % Grande-Bretagne, 3/ Yougoslavie : 50 %-50 %, 4/ Hon-grie : 50 %-50 %, 6/ Bulgarie : 90 % URSS. Aussitôt Staline se saisit du papier et marque au crayon bleu son accord. Ainsi, en l'espace de quelques minutes, par un acte de realpolitik d'un cynisme mémorable, le sort de la moitié de l'Europe est scellé pour un demi-siècle. Ce que l'on nommait pudiquement au XVIIIe siècle « la politique des convenances » a prévalu sur les principes de la charte de l'Atlantique. En revanche, sur l'affaire polo-naise, les négociations traînent, piétinent, et la confé-rence se termine sur une impasse.

C'est fort de l'accord conclu à Moscou que Churchill (après, il est vrai, un épisode plus glorieux, sa visite le 11 novembre 1944 à Paris, où il descend, aux côtés du général de Gaulle, les Champs-Élysées, follement acclamé par la foule) décide à l'improviste, à la fin de l'année 1944, d'intervenir en Grèce, où a éclaté la guerre civile et où les communistes sont en train de prendre le pouvoir.

À vrai dire, la Grèce est un pays historiquement allié et protégé du Royaume-Uni. Par sa position géographique, elle détient une place capitale dans le dispositif stratégique et le réseau des intérêts britanniques en Méditerranée orientale – Winston y est sensible plus que quiconque. Par ailleurs, dans la résistance grecque, les Anglais ont joué un rôle de premier plan par l'intermédiaire du SOE, d'autant qu'à la différence de la Yougoslavie la Grèce est pour eux un pays d'accès facile. Or le principal mouvement de partisans, l'ELAS, est dominé par le Parti communiste grec. Quand, à la mi-octobre, l'armée allemande a quitté le pays et évacué Athènes, s'est installé un fragile gouvernement provisoire au nom du roi. Mais, le 3 décembre, l'ELAS tente de prendre le contrôle de la capitale, ce qui déclenche la guerre civile. Aussitôt Churchill adresse au commandant en chef du corps expéditionnaire britannique, le général Scobie, des instructions d'une extrême brutalité, lui intimant de rétablir l'ordre sans délai et coûte que coûte. Malgré qu'ils en aient, les soldats britanniques sont obligés de tirer sur les résistants grecs, leurs alliés de la veille, cependant qu'entre les factions grecques les combats de rue se multiplient.

Pour sa part, Winston, sans prêter attention ni aux protestations du Labour en Angleterre ni aux objurgations venues de Washington, est fermement décidé à reprendre la situation en main, de manière à instaurer un régime grec conforme à ses vues politico-stratégiques en cette région du monde. Ce qui, en effet, commande sa ligne de conduite, ce n'est point un quelconque attachement romantique ou sentimental à la dynastie grecque, mais la volonté de pouvoir compter à l'avenir sur une Grèce non communiste, amie et docile. C'est pourquoi, en guise de veillée de Noël 1944, il s'embarque de Londres à 11 heures du soir pour atterrir à Athènes le 25 décembre en début d'après-midi. Sous son patronage, immédiatement des pourparlers serrés s'engagent, et un accord s'opère, l'archevêque Damaskinos étant proclamé régent. Finalement, un cessez-le-feu sera signé le 14 janvier 1945, assorti d'un pacte politique entre le gouvernement et les forces de gauche. Ainsi, la Grèce a échappé à la mainmise communiste et demeure solidement arrimée au camp occidental.

*
* *

C'est du 4 au 11 février que, dans la perspective de la défaite prochaine de l'Allemagne, s'est tenue entre Churchill, Roosevelt et Staline la conférence de Yalta, réunie sur la côte ouest de la Crimée, au milieu d'une végétation méditerranéenne, dans un décor d'anciens palais tsaristes hâtivement remis en état. Bien que l'idée fût née dès septembre 1944, les circonstances n'avaient pas permis aux Trois Grands de se rencontrer avant les premières semaines de 1945. Or, à cette date, la carte de guerre favorise sans conteste les Soviétiques, et un rapport des forces désavantageux s'est instauré pour les Occidentaux. En effet, après que ceux-ci ont échoué à l'automne dans leur reconquête des Pays-Bas, ils ont dû faire face en décembre 1944 à l'offensive inattendue de Rundstedt dans les Ardennes, et en Italie ils sont toujours bloqués devant la ligne Gothique. Au contraire, l'Armée rouge a avancé à marche forcée à travers la Pologne et a atteint l'Oder, à 80 kilomètres de Berlin, tout en s'emparant en janvier de Budapest.

Sur le plan diplomatique, la rencontre a été mal préparée du côté anglo-américain, une préconférence à Malte n'ayant duré qu'une journée, le 2 février, et n'ayant aplani aucun des dossiers. Sur place, Churchill, qui loge dans une grande demeure dominant la mer Noire et fourmillant de « domestiques » – un « mixte de faux château écossais et de palais mauresque », selon le général Ismay –, a la satisfaction d'aller un jour à Balaclava visiter le site de la charge de la brigade légère, à laquelle avait participé son vieux régiment, le 4e hussards.

En une formule lapidaire, Ismay a résumé la conférence : « Gastronomiquement plaisante, socialement réussie, militairement sans utilité, politiquement très déprimante [1]. » Tout de suite Churchill sent les fissures du front commun avec Roosevelt, ce qui accroît ses inquiétudes et sa nervosité (les Russes remarquent vite que la fébrilité du Premier ministre se traduit par des tremblements dans les mains et une consommation accrue de cigares [2]). Churchill, arrivé avec un esprit sombre (le 24 janvier il avait écrit à Eden : « Le seul espoir pour le monde, c'est l'entente entre les Trois Grands. S'ils se disputent, nos enfants sont fichus [3] »), en repartira plus sombre encore, ayant constaté l'irréalisme de son partenaire d'outre-Atlantique et pris la mesure du *new deal* en train de gagner la scène mondiale. D'autant que le Président, très malade, entendait à l'origine expé-

1. Cf. *The Memoirs of General the Lord Ismay*, Londres, Heinemann, 1960, pp. 386-387.
2. Voir les souvenirs de Gromyko, alors ambassadeur à Washington : *The Observer*, 9 avril 1989, et Andreï Gromyko, *Memoirs,* New York, Doubleday, 1990.
3. Eden Papers : Cité par David Dilks, « Churchill as Negociator at Yalta » in Olla Brundu, *Yalta : un mito che resiste*, Rome, Ed. Ateneo, 1988, p. 93.

dier les affaires en cinq ou six jours, ce qui a valu une saillie célèbre de Winston rappelant que le Tout-Puissant lui-même avait pris sept jours pour organiser le monde [1].

Au total, les principales décisions de Yalta concernent la mise sur pied de l'Organisation des Nations unies, l'entrée en guerre de l'Union soviétique contre le Japon, une déclaration de principe sur l'Europe libérée, mais sur la question polonaise tout reste soumis au bon vouloir des Soviétiques, et les Occidentaux doivent se contenter d'un communiqué affirmant la volonté des trois puissances d'établir dans de nouvelles frontières une Pologne forte, libre, indépendante, le gouvernement « démocratique » fonctionnant à Lublin devant s'élargir par l'inclusion de personnalités de l'intérieur et de Londres. En ce qui concerne l'Allemagne, le principe d'une occupation totale et de réparations substantielles est adopté, mais il faut à Churchill et aux Britanniques se battre comme des lions, selon l'expression d'Harry Hopkins, pour obtenir de leurs deux partenaires l'attribution à la France d'une zone d'occupation et d'un siège au Conseil de contrôle à Berlin.

Tel quel, le règlement de Yalta ne fait qu'entériner la carte de guerre à laquelle sont parvenus les belligérants en 1945. Contrairement à une légende tenace, les États-Unis et l'URSS ne s'y sont point partagé le monde. En revanche, l'état d'infériorité du troisième Grand est déjà apparent. En fait d'analogie, mieux vaut comparer le système issu de Yalta au système produit par le congrès de Vienne en 1815 : deux constructions façonnées par les grandes puissances, mais toutes deux génératrices sinon de paix, du moins d'absence de guerre majeure.

*
* *

1. Cf. John Colville, *The Fringes of Power*, vol. II, *op. cit.*, 1941-1955, p. 188.

Cependant, en ce qui concerne Churchill, une question historique d'importance demeure présente depuis un demi-siècle. Dans quelle mesure, au vu des données géopoliques de 1945 et des multiples signes d'esprit hégémonique de Staline, Winston a-t-il fait preuve de la clairvoyance dont l'a généreusement crédité la saga churchillienne, qui a opposé à satiété son flair et son sens de la realpolitik aux illusions, sinon à l'aveuglement, de Roosevelt – un Roosevelt qualifié de « flageolant et cotonneux » par le numéro un de la diplomatie britannique [1] ? À coup sûr, c'est là une question que l'on a débattue *ad libitum*. D'autant que Churchill, quand il a écrit ses Mémoires – on était alors en pleine guerre froide –, s'est complu sans retenue à mettre en vedette ses alarmes pour l'avenir, sa défiance envers les Soviétiques, ses vains efforts pour mettre en garde les Américains.

Sur le moment, toutefois, notamment au retour de Yalta, le Premier ministre a cherché à rassurer le petit monde politique de Whitehall – ministres, députés, fonctionnaires –, encore que l'on puisse se demander s'il ne s'agissait pas là avant tout de faire *la bella figura* et de donner le change, d'autant que fusaient de divers côtés à l'adresse du Premier ministre d'amers reproches devant les concessions consenties à l'URSS et le traitement infligé au gouvernement polonais de Londres. Par exemple, à croire le témoignage d'un ministre, Churchill aurait assuré que, tant que Staline serait là, l'entente anglo-soviétique pourrait être maintenue, ajoutant : « Le pauvre Neville Chamberlain croyait pouvoir faire confiance à Hitler. Il avait tort. Mais je pense que je n'ai pas tort avec Staline [2]. » Non sans ironie, Winston remarque

---

1. Cf. *The Diaries of Sir Alexander Cadogan 1939-1945, op. cit.*, p. 709 : 11 février 1945.
2. Cf. *The Second World War Diary of Hugh Dalton..., op. cit.*, p. 836, 23 février 1945.

que, face à l'URSS, et par rapport à l'avant-guerre, on se retrouve à fronts renversés : « Alors que les bellicistes du temps de Munich, fait-il observer à un de ses amis, sont devenus des partisans de l'apaisement, ce sont les anciens *appeasers* qui maintenant sont bellicistes[1]. »

En sens inverse, d'autres indices laissent à penser que Churchill n'entretenait guère d'illusions sur la fourberie de son partenaire, lui qui continuait de voir avant tout en Staline un despote cruel et sanguinaire. Ainsi, un épisode peu connu de l'été 1943 révèle qu'à cette date Winston envisageait l'éventualité d'une guerre contre l'URSS, une fois la défaite allemande consommée, sans pouvoir cependant en préciser la date, ni que cela se passerait de son vivant[2]. Autre signe des appréhensions précoces du vieux champion de l'antibolchevisme : en août 1944, il avait fait circuler parmi les membres du cabinet de guerre un rapport très critique sur la réalité soviétique par-delà les apparences. Dans ce document, écrit par un bon connaisseur, correspondant pendant deux ans du *Daily Herald* à Moscou, Ronald Matthews, les services britanniques étaient sévèrement blâmés pour leur mollesse et l'on citait une phrase de l'attaché militaire britannique s'indignant de voir ses compatriotes « lécher les bottes des Russes jusqu'à en avoir la figure toute noire[3] ». En vérité, du côté de Staline, on n'était pas en reste, et la réciproque est attestée par le communiste yougoslave Djilas, à qui le maître du Kremin expliqua un jour en 1944 qu'il n'avait oublié ni quel peuple sont les

1. Cf. Harold Nicolson, *Diaries and Letters*, vol. II, *op. cit.*, 1939-1945, p. 437 : 27 février 1945.
2. Confidences faites à la fois à Anthony Eden et à lord Moran : cf. les papiers personnels d'Eden, cités par Robert Rhoses James, *Anthony Eden*, Londres, Weidenfeld and Nicolson, 1986, p. 275.
3. Cité par Henry Pelling, *Churchill*, *op. cit.*, pp. 529-530.

Anglais, toujours prompts à duper leurs alliés, ni qui était Churchill : « C'est le type d'homme, raillait-il, qui, si vous n'y prenez garde, ira vous chiper un kopeck dans votre poche[1]. »

Terminons toutefois en rappelant une évidence. À tout moment l'historien, parce qu'il connaît la suite, est guetté par le danger de porter des jugements rétrospectifs anachroniques. En ce domaine, les événements de 1944-1945, plus que d'autres, ont subi les distorsions et les biais introduits par les interprétations nées de la guerre froide. Dans les comportements des leaders alliés, on s'est ingénié à mettre en lumière – sinon en accusation – les illusions, les erreurs, les aveuglements.

Mais comment oublier que c'était la victoire contre Hitler qui était la condition première et la raison d'être de leur combat ? Si Hitler avait gagné la guerre, ces errements auraient-ils même existé ? Allons plus loin : si la Grande-Bretagne et les États-Unis n'avaient eu en tête, dans leur stratégie contre l'Axe, que de tenter d'empêcher l'URSS et le communisme de progresser à travers le monde, il est sûr et certain qu'ils ne seraient pas venus à bout du Reich et par conséquent qu'ils n'auraient pas remporté la victoire. Pour Churchill – comme pour Roosevelt –, le choix était entre maintenir coûte que coûte la Grande Alliance, unie, puissante, victorieuse, ou bien, sous couleur de se préparer des avantages politiques pour l'après-guerre, de tout perdre. Bref, le premier – et le seul – impératif était la victoire, quel qu'en fût le prix.

LA CHUTE

C'est dans les premiers jours de mai 1945 que survient la victoire tant annoncée et tant attendue. Depuis quel-

1. Cf. Milovan Djilas, *Conversations avec Staline* (1962), Paris, Gallimard, 1971, p. 111.

ques semaines les armées alliées déferlent à travers
l'Allemagne. Le 4 mai, le maréchal Montgomery, à son
quartier général sur la lande de Lüneburg, reçoit la capitulation des forces allemandes du Nord-Ouest. Dès le
7 mai, des foules en liesse envahissent Whitehall. Churchill, au milieu des acclamations, tente de se frayer un
passage jusqu'au Parlement. Lui qui a le souvenir du
11 novembre 1918, cette fois il apparaît au balcon de
Buckingham Palace, en compagnie du roi et de la famille
royale. Pendant trois jours, dans Londres illuminé, chez
un peuple las de la guerre à force d'en subir le poids
depuis plus de cinq ans, c'est l'euphorie. Mais si l'allé-
gresse domine en ces journées de *VE-Day* (« Victoire en
Europe »), on sait que la guerre n'est pas finie – encore
que le conflit contre le Japon n'ait jamais soulevé la passion dont était chargée la lutte contre l'Allemagne hitlérienne. Quelques jours plus tard, lors d'une grande
réception à Downing Street, Winston remerciera, la
larme à l'œil, tous les invités qui ont travaillé avec lui
pendant la guerre et ainsi concouru à la victoire : « Une
lumière, leur promet-il, brillera sur vos casques[1]. »

Dès la victoire acquise, Churchill a choisi de mettre
fin à la coalition de guerre. Après quelques pourparlers
avec les dirigeants travaillistes, il démissionne le 23 mai
pour former un gouvernement de transition, composé
avant tout de conservateurs, en attendant de procéder à
des élections (ce seront les premières élections législatives depuis dix ans). C'est ce que l'on a appelé le *Care-
taker Government*, ou « gouvernement de gardiennage »,
qui va durer deux mois.

L'objectif de Winston est clair : lui qui était arrivé au
pouvoir en 1940 sans majorité ni mandat des électeurs
entend se faire confirmer de manière stable dans ses

---

1. Cf. *The Second World War Diary of Hugh Dalton, op. cit.*, p. 865,
   28 mai 1945.

fonctions de Premier ministre grâce à un vote populaire qui lui conférerait l'onction démocratique en même temps qu'elle le consacrerait leader du Parti conservateur. Après tout, fort de son action exceptionnelle à la tête du pays pendant cinq années, pourquoi ne garderait-il pas son statut de leader de la nation : un leader inspiré et de haut vol, immunisé contre les médiocrités et les petitesses de la vie politicienne ? Autre donnée essentielle dans son esprit : non seulement il est l'un des Trois Grands, mais son expérience et son savoir-faire seraient bien utiles aux côtés d'un président des États-Unis aussi peu au fait des relations internationales que l'est Truman. Bref, au lieu de se retirer, il s'agit pour Churchill, sans tenir compte ni de son âge ni de sa santé, de se battre et de gagner les élections. Chez lui la passion du pouvoir est toujours aussi forte qu'il y a un demi-siècle.

L'inconvénient politique de cette stratégie, c'est qu'en personnalisant à ce point le choix des électeurs le programme passe à l'arrière-plan. Du reste, le contraste éclate entre le titre des manifestes des deux grands partis : du côté conservateur, le manifeste est banalement intitulé *Mr. Churchill's Declaration of Policy for the Electors*, alors que les travaillistes ont mis l'accent sur le futur à construire ensemble : *Let Us Face the Future*. Car l'esprit du temps est incontestablement à la réforme, aux aspirations à un avenir juste et harmonieux. En finir avec le chômage et avec les *slums,* voilà qui fait l'unanimité. Chez beaucoup la reconstruction devient synonyme de planification, et le souhait est fréquent que le dirigisme imposé par les circonstances débouche sur un véritable planning en vue de construire une société rationnelle et consensuelle.

De surcroît, la propagande du Labour associe à une rhétorique optimiste du renouveau des revendications immédiates : « Du pain, du travail, des logements ». En même temps il revendique l'héritage des heures sombres,

LA GRANDE ALLIANCE : 1941-1945

qualifiant son programme d'« expression concrète de l'esprit de Dunkerque et du *Blitz* », tout en faisant résonner la voix du gradualisme et en insistant sur le caractère mesuré et progressif des réformes à mener à bien. Effectivement les maîtres mots de ce programme prometteur et qui correspond bien au *Zeitgeist* – le progrès, la justice sociale, la paix, la concorde entre les peuples – trouvent dans l'atmosphère messianique de 1945 un écho profond.

À l'opposé, les conservateurs portent le fardeau de la mémoire de l'entre-deux-guerres, tout particulièrement celle des années 30, époque de domination sans partage des tories au gouvernement et qui avait laissé un goût amer, « la décennie diabolique » (*the devil's decade*). N'était-ce pas, pour reprendre une expression de George Orwell, le temps où l'Angleterre était « la terre du snobisme et des privilèges, gouvernée par des veillards et des idiots » ? Certes, c'était là une vision exagérément poussée au noir, que l'on qualifierait aujourd'hui de caricaturale, mais à bien des égards c'était celle qui régnait dans l'opinion en 1945.

À son habitude, Churchill ne ménage pas sa peine. À bord d'un train spécial, il sillonne le pays, comptant sur son immense popularité. Si celle-ci est bien réelle, elle n'efface pas son image de vieux réactionnaire et d'homme du passé, qu'aggravent maintenant sa froideur patente à l'endroit du plan Beveridge et son indifférence notoire aux problèmes intérieurs au profit des affaires internationales. Tout est personnalisé au profit du héros : ainsi, sur les dix allocutions radiodiffusées allouées aux deux partis principaux, Winston en prononce quatre, alors qu'Attlee se contente d'une seule. En outre, toujours aussi bouillant, il commet à plusieurs reprises des fautes politiques par des attaques inconsidérées et excessives contre ses adversaires. Un épisode est resté célèbre : celui de la Gestapo. Lors d'un discours, au début de juin 1945, Winston soutient que socialisme et totalitarisme ne font qu'un, puis affirme qu'aucun régime socialiste ne peut fonctionner sans une police politique, en sorte que, si les travaillistes arrivaient au pouvoir, ils devraient recourir à « une forme de Gestapo [1] ». D'où un tollé général.

En réalité, alors qu'il ne prévoit guère l'échec, Churchill lutte à contre-courant, sans mesurer la puissance de la vague en faveur du renouveau qui entraîne l'électorat. Ce que montrent au contraire les enquêtes sociologiques menées par *Mass Observation*, qui pronostiquent, quant à elles, une victoire du Labour. Déjà en 1944 Tom Harrisson, à la suite d'une étude fouillée intitulée *Who'll win,* avait montré que Churchill, s'il avait une réputation immense de *war leader*, de *bulldog of battle*, n'apparaissait pas comme l'homme approprié pour le temps de paix ni pour les problèmes intérieurs [2]. On raconte aussi un dialogue entre Winston et le maréchal de l'air Harris : au premier qui lui demande comment voteront ses aviateurs du Bomber Command, le second répond aussitôt : 80 % vont voter Labour. Dépité, Churchill réplique : cela m'en laisse 20 %. Non point, rétorque Harris, ces 20 % – là s'abstiendront.

Malgré tout, le résultat des élections tenues le 5 juillet (mais dont le résultat n'est connu que le 26 en raison du vote des militaires éparpillés outre-mer) prend de surprise tout le monde en bouleversant la donne politique. L'éclatante victoire travailliste signifie la défaite personnelle de Churchill : sur près de 25 millions de voix les conservateurs n'en recueillent que 10, et surtout

---

1. Cf. R.B. McCallum et Alison Readman, *The British General Election of 1945,* Oxford, Oxford University Press, 1947, p. 142.
2. Cf. Tom Harrisson, *Who'll Win ?*, in Angus Calder et Dorothy Sheridan, éd. *Speak for yourself : a Mass-Observation Anthology 1937-1949,* Londres, Cape, 1984, pp. 213-218.

l'arithmétique parlementaire est complètement bouleversée : 393 sièges vont au Labour et seulement 213 aux conservateurs, 12 sièges étant attribués aux libéraux et une vingtaine à des divers. Humiliation supplémentaire pour Winston : dans sa propre circonscription de Woodford, où travaillistes et libéraux avaient décidé de ne pas présenter de concurrent contre lui, un candidat inconnu et inodore réussit, face aux 28 000 voix de Churchill, à en obtenir plus de 10 000 !

Sur les réactions de celui qui venait d'être ainsi précipité du Capitole à la roche Tarpéienne, les versions divergent. Selon l'un de ses aides de camp, alors que Churchill se trouve dans son bain et que son collaborateur lui annonce les mauvaises nouvelles, il commente : « Ce peut fort bien être un raz de marée, mais les électeurs ont parfaitement le droit de nous blackbouler. C'est là la démocratie. Et c'est bien pour elle que nous nous sommes battus. Et maintenant passez-moi mon peignoir[1]. » En revanche, à Clementine Churchill (la seule personne à avoir accueilli avec quelque satisfaction la nouvelle) qui, pour consoler son mari, lui dit : « Après tout, c'est peut-être un bienfait caché », Winston riposte, amer : « Pour un bienfait caché, il est bien caché ! »

---

1. *Winston Churchill : a Selection from the Broadcasts by the BBC*, Londres, BBC, 1965, p. 60 : témoignage du capitaine Pim.

CHAPITRE VIII

Soleil couchant
1945-1965

Durant tout l'été 1945, Winston ne laisse pas de ressentir durement le choc de l'échec subi. D'autant que, dans la mesure où il a été le premier à donner aux élections la tournure d'un plébiscite personnel, la défaite est encore plus amère. De là un profond sentiment de dépression. De là aussi l'impression d'avoir perdu son charisme. En outre, l'ampleur du succès travailliste signifie qu'il n'y aura pas de nouvelles élections avant 1950. Autrement dit, voici le héros de la nation condamné à cinq ou six années loin du pouvoir.

Certes, l'homme a suffisamment prouvé depuis des lustres son courage devant l'adversité. Aussi, malgré l'accablement, fait-il face en tentant de dominer sa tristesse. Il s'installe dans une nouvelle résidence, en plein centre de Londres, à Hyde Park Gate, dans le quartier de South Kensington. C'est là qu'il passera les vingt dernières années de son existence, en alternance avec Chartwell.

Mais dans la vie domestique le coup est également rude et les sujets de morosité ne manquent pas. Harassée, Clementine souffre du mauvais caractère d'un époux irritable et agressif dont elle se sent séparée par un mur d'incompréhension (il est vrai qu'elle a été la seule à prendre la défaite comme une bénédiction). En témoigne une lettre assez pathétique adressée à sa fille Mary : « Dans notre état misérable, au lieu de nous soutenir l'un l'autre, nous passons notre temps à nous disputer. C'est sûrement de ma faute, mais je trouve que cette vie est plus que je n'en peux supporter. Il est si malheureux que cela le rend très pénible[1]. »

Du côté des enfants, les déceptions s'accumulent. Randolph est éclaboussé par les scandales de son existence (un temps son père lui interdit même sa porte à cause des coups infligés à sa sœur Sarah un jour où il était saoul et fou de colère). Le mariage de Diana avec Duncan-Sandys craque lui aussi ; quant au compagnon de Sarah, Winston n'a jamais pu le souffrir. Il n'y a que Mary qui apporte paix et consolation : elle épouse en 1947 un brillant capitaine de la Garde, Christopher Soames, futur député et diplomate, et leur mariage sera une réussite jusqu'à la mort de lord Soames en 1987.

Autre sujet de tristesse : la prise de conscience progressive du recul de la puissance britannique dans le monde. En l'espace d'une décennie celle-ci s'est trouvée profondément altérée, et l'identité sociale et impériale des insulaires secouée et remise en cause. Seule nation belligérante à avoir été présente au combat d'un bout à l'autre du second conflit mondial – du premier jour de la guerre contre l'Allemagne au dernier jour de la guerre contre le Japon –, l'Angleterre a en revanche l'avantage d'être le seul pays belligérant en Europe à n'avoir pas eu son territoire national envahi ou occupé. Mais si, pour une bonne part grâce à Churchill, la nation est sortie victorieuse de l'épreuve au prix d'un effort héroïque, elle a

---

1. Lettre de Clementine à Mary Churchill, 26 août 1945 : cf. Mary Soames, *Clementine Churchill, op. cit.*, pp. 556-557.

maintenant à faire face à des lendemains austères et décevants tant elle s'est retrouvée appauvrie, diminuée, et sans qu'elle s'en rende bien compte (à commencer par le grand homme qui l'incarne), ravalée à l'état de moyenne puissance. Le Royaume-Uni a beau faire partie des Trois Grands, comment pourrait-il se comparer aux deux superpuissances extraeuropéennes qui dominent le nouveau monde bipolaire, alors qu'il ne peut que s'aligner sur l'une d'elles ?

Car c'est un pays saigné à blanc qui émerge du conflit. Le bilan des pertes est très lourd : 365 000 morts (dont près de 100 000 civils), 250 000 maisons détruites et 4 millions endommagées, un cinquième des écoles et des hôpitaux hors d'usage. Quant au coût financier, la Grande-Bretagne a dû sacrifier le quart de sa richesse nationale, soit 7,5 milliards de livres sterling.

Mais Churchill, leader du Parti conservateur et par voie de conséquence leader de l'opposition, est peu attiré par la politique intérieure. Aussi n'est-il guère fait pour les tâches et les astreintes incombant au chef de l'opposition. Sur le plan technique, tout le monde s'accorde pour reconnaître que pendant ses six années loin du pouvoir il a été un mauvais leader de l'opposition. D'abord, parce que, accaparé par ses multiples voyages et ses incessants engagements, il est très souvent absent. En second lieu, au lieu d'organiser la bataille parlementaire en coordination avec ses collègues, il joue en soliste, préférant les performances personnelles, brillantes, mais peu efficaces, là où il aurait fallu un chef d'orchestre. Au lieu de s'en prendre à l'ensemble de la politique gouvernementale et de proposer des solutions alternatives, il prend plaisir à attaquer individuellement les ministres pour leurs déficiences ou leur bévues en les couvrant de confusion. Enfin, son style rhétorique – d'une facture souvent obsolète – n'a guère prise sur les réalités techniques du jour.

Par ailleurs, le leader du parti n'est que médiocrement attiré par les efforts de conservateurs plus jeunes et ambitieux comme Harold Macmillan ou R.A.Butler, bien décidés à élaborer un « néoconservatisme » moderne, tranchant avec l'image ternie des années 20 et 30, et capable de répondre aux aspirations de la société britannique d'après guerre. Par exemple, le Conservative Research Department, pièce maîtresse de la reconstruction du parti, créé en 1945 et confié à Butler, ne suscite pas le moindre intérêt de la part de Winston. Toutefois, contrairement aux reproches qui lui ont été souvent faits, ce n'est pas qu'il est dépassé par la nouvelle Angleterre et les nouvelles générations. Car son sens politique, toujours aussi aigu, et la force de son pragmatisme lui ont fait percevoir clairement la nécessité de ne pas toucher au *Welfare State* tout en restaurant la libre entreprise (« *set the people free* ») et de suivre une ligne « centriste », correspondant au demeurant à l'alliage de paternalisme social et de libéralisme économique qui avait toujours guidé le vieil aristocrate. En revanche, son sens de l'humour est toujours aussi éclatant, comme en témoigne une anecdote narrée par un de ses collaborateurs : rencontrant son ancien patron, il fait la remarque que maintenant la vie n'est pas aussi stimulante que naguère. Et Winston de répliquer : « Que voulez-vous ? On ne peut avoir une guerre tout le temps[1] ! »

Il n'y a que sur les affaires de l'Empire et de la décolonisation que le leader de l'opposition adopte une ligne passionnée et combative. En particulier sur l'Inde, Churchill a beau savoir qu'il conduit une bataille en retraite, il le fait avec obstination. Lui qui en 1942, sous la double pression de Roosevelt et des travaillistes, avait été contraint de promettre à l'Inde le droit d'autodétermination après la guerre, mais qui comptait bien manœuvrer

1. Témoignage de John Martin in John Wheeler-Bennett, éd., *Action this Day*, Londres, Macmillan, 1968, p. 139.

pour en retarder les modalités et les échéances, doit regarder la réalité en face : la décision irrévocable du gouvernement Attlee d'accorder l'indépendance le 15 août 1947. Pour le vieil impérialiste, la perte de l'empire des Indes, le joyau de l'Empire, est un déchirement, et il dénonce avec vigueur ce honteux abandon : « C'est avec une profonde douleur, s'écrie-t-il aux Communes, que j'observe cette désertion claudicante de l'Empire britannique, de ses gloires, de son passé au service de la communauté humaine. [...] Beaucoup sont prêts à défendre la Grande-Bretagne contre ses ennemis. Personne ne peut la défendre contre elle-même[1]. » Par moments il lui arrive de désespérer de l'état d'une nation où la fibre manque et dont l'avenir est noir. Ainsi, fin 1947, le fidèle Colville note : « Winston est dans ses jours sombres. Il est persuadé que le pays est condamné à une terrible dépression économique. Selon lui, l'angoisse qu'il éprouvait au temps de la bataille d'Angleterre n'était, en comparaison, qu'un "aboiement de roquet". Nous ne pouvons nous en sortir que par la force d'âme et l'esprit d'union qui nous font défaut de façon si éclatante, et en chassant nos jalousies, nos querelles et nos malveillances. Jamais dans sa vie, dit-il, il n'a éprouvé pareil désespoir[2]. »

Mais en même temps le personnage est si complexe et si contradictoire qu'il lui arrive aussi d'espérer contre toute espérance, par exemple quand sa foi patriotique lui fait écrire à la même période : « La nation britannique se dressera à nouveau, sinon au niveau de sa prééminence passée, du moins en regagnant un statut de puissance solide et durable[3]. »

1. Discours de W. Churchill aux Communes, 6 mars 1947 : cf. MG VIII, *1945-1965*, p. 301.
2. Cf. John Colville, *The Fringes of Power, op. cit.*, vol. II, p. 271.
3. *Daily Telegraph*, 15 avril 1947.

*
* *

En vérité, le rétablissement de Winston après sa période dépressive de l'été 1945 a commencé dès l'automne. À la faveur d'un séjour de détente dans le beau cadre du lac de Côme, il s'est remis à la peinture – ce qui représente pour lui un signe très positif. « Grâce à ma peinture, déclare-t-il à son médecin, j'ai retrouvé mon équilibre. Je suis rudement content d'être libre », ajoutant : « Je me consacrerai à la peinture pendant tout le reste de mes jours. Je n'ai jamais si bien peint[1]. »

Mais le naturel revient au galop. Sur le plan politique, Churchill, leader du Parti conservateur depuis 1940, n'entend nullement lâcher le poste de leader de l'opposition. Non que le travail que comporte la fonction de leader de l'opposition le tente beaucoup. Car cela se résume à une ligne négative – combattre le gouvernement –, ce qui ne s'accorde guère à son tempérament. Même devenu vieux, le titan garde comme première raison de vivre l'action et le pouvoir. Mais, dans la pratique politique britannique, le titre de leader de l'opposition est aussi le seul moyen de devenir – ou de redevenir – Premier ministre (au cas où, à la suite de nouvelles élections, la majorité changerait aux Communes). C'est pourquoi Winston conserve précieusement cet atout dans sa manche. Ce qu'exprimait de façon plaisante son ami Brendan Bracken : « Winston est en pleine forme et bien décidé à continuer comme leader du parti tory, jusqu'au jour où il redeviendra Premier ministre sur la terre ou ministre de la Défense dans le ciel[2]. »

1. Cf. lord Moran, *Winston Churchill : the Struggle for Survival, op. cit.*, p. 301 ; trad. fr., *Mémoires*, p. 290 (8 septembre 1945).
2. Lettre de Brendan Bracken à lord Beaverbrook, 16 octobre 1946 : cf. MG VIII, *1945-1965*, p. 278.

*
* *

Mais, en attendant que la chance politique revienne, et faute de pouvoir se cantonner dans le rôle étriqué de leader de l'opposition, le géant qui a dominé pendant cinq ans la scène mondiale, fort de son imagination fertile, de son esprit d'entreprise et de son énergie bouillonnante, s'assigne deux tâches à sa mesure, c'est-à-dire démesurées : l'une dans le présent, comme prophète de la paix et de l'Europe ; l'autre pour l'avenir, dans le champ de l'histoire du xxe siècle à construire.

Sur le plan historique, l'ambition de Churchill est moins d'écrire la chronique de ses actions – encore que cette visée-là ne soit point absente – que de forger et d'accréditer pour les générations à venir sa propre vision de la Seconde Guerre mondiale, de ses origines, de son déroulement, de ses péripéties, de ses résultats, en bâtissant une historiographie coloriée à sa convenance et en la verrouillant pour longtemps. Winston n'avait-il pas déjà fait ses preuves avec son historique de la Première Guerre mondiale, *The World Crisis*, livre talentueux et acclamé, alors qu'il n'avait tenu dans le drame qu'un rôle second ? Cette fois-ci, après un conflit plus dévastateur encore et aux dimensions planétaires, ne revenait-il pas au coryphée de se lancer dans ce travail prométhéen ? C'est pourquoi, dès septembre 1945, Churchill, à la tête d'une équipe dirigée par William Deakin, se lance dans la rédaction des *Mémoires de guerre*. Le travail est mené rondement, puisque le premier volume, *The Gathering Storm*, qui traite des origines de la guerre, paraît au milieu de 1948. Churchill peut y présenter à loisir – et avantageusement – sa version du passé, son analyse de l'entre-deux-guerres, de la politique d'*appeasement*, de son rôle de Cassandre. De surcroît, la publication, dix ans après Munich et l'année du coup de Prague, tombe à merveille, maintenant qu'on est en pleine guerre froide.

Le succès est phénoménal. Traduit en dix-huit langues, l'ouvrage est vendu à 250 000 exemplaires en Grande-Bretagne et à 600 000 aux États-Unis. D'un seul coup, pour Churchill, c'est la fortune. À Londres, le *Daily Telegraph* lui a versé plus de 500 000 livres ; quant aux droits américains, ils dépassent le million de dollars. Parmi les auteurs réunis autour de Churchill et Deakin, il y a des généraux, des scientifiques, un marin. De plus, l'ancien Premier ministre a reçu l'autorisation de publier un nombre important de documents officiels sans être soumis à l'Official Secrets Act. Au total, en dépit des partis pris, des silences, des biais, le charme churchillien opère. Publiés en un temps record, les cinq autres volumes (le dernier paraît en 1954) restent encore aujourd'hui un monument à la gloire du héros national.

*
* *

L'autre grande mission que Churchill s'assigne en ces années – et dans laquelle il excelle –, c'est, à partir de sa stature exceptionnelle d'homme d'État mondial en même temps que de « sage de Westminster », de déchiffrer le présent afin de guider l'humanité vers un avenir de paix, de liberté et de démocratie. De là une double action de type prophétique : dénoncer le danger d'une troisième guerre mondiale provoquée par l'expansionnisme et le totalitarisme de l'URSS ; annoncer et promouvoir l'avènement d'une Europe réconciliée et unie.

Sur ce plan, c'est l'année 1946 qui se révèle la plus fertile, puisqu'elle voit Churchill lancer d'une part un avertissement solennel pour le présent, d'autre part un

grandiose projet d'avenir. L'avertissement, c'est le discours sur le « rideau de fer » (l'expression fait aussitôt le
tour du monde), prononcé le 5 mars à Fulton (Missouri)
dans une obscure université américaine, le Westminster
College, en présence du président Truman. Churchill y
brosse une peinture terrifiante de la moitié de l'Europe
soumise à une implacable domination totalitaire, en
annonçant sur un ton de prophète de l'Ancien Testament
que la Terre risque dorénavant de voir revenir « un nouvel âge de pierre sur les ailes chatoyantes de la science ».

En fait, le calcul de Winston est de fourbir une arme
à double tranchant destinée à la fois à cimenter
l'alliance anglo-américaine et à dresser une barrière
face à l'Union soviétique. De là les deux points successifs du discours.

« On ne pourra, commence-t-il, ni prévenir la guerre
ni faire avancer une organisation entre les nations sans
ce que j'ai appelé l'association fraternelle des peuples
anglophones [*English-speaking peoples*]. Ce qui néces-
site une relation spéciale [*special relationship*] entre le
Commonwealth et l'Empire britannique et les États-Unis
d'Amérique. » Et d'esquisser un pronostic : peut-être
même en arrivera-t-on un jour à une citoyenneté commune... Puis l'orateur en vient à l'attaque frontale contre
l'expansionnisme du régime stalinien : « L'ombre s'est
emparée de la scène illuminée naguère par la victoire
alliée. Personne ne connaît les intentions de la Russie
soviétique ni les plans d'expansion des organisations
communistes internationales [...]. De Stettin sur la Baltique à Trieste sur l'Adriatique, un rideau de fer s'est
abattu sur le continent européen. Derrière cette barrière
se trouvent les anciennes capitales de l'Europe du Centre
et de l'Est, Varsovie, Berlin, Prague, Vienne, Budapest,
Belgrade, Bucarest, Sofia, toutes ces cités célèbres dont
la population a passé dans ce que je dois appeler la
sphère soviétique. Toutes sont soumises non seulement à

l'influence soviétique, mais à un contrôle croissant de Moscou[1]. »

Il est à remarquer que le terme « rideau de fer » n'est pas neuf. Il avait été déjà utilisé par une délégation travailliste invitée en URSS dans les années 20. Surtout, Churchill l'avait employé lui-même dès le printemps 1945 dans deux télégrammes à Truman (12 mai et 4 juin) et il l'avait répété aux Communes lors du débat du 16 août 1945. De son côté, curieusement, Goebbels, dans un article de *Das Reich* du 24 février 1945, avait averti les Allemands qu'en cas de nouvelle avancée de l'Armée rouge un « rideau de fer » s'abattrait sur les territoires conquis[2]. Mais bien évidemment c'est le discours de Fulton, avec son immense retentissement, qui accrédite au plan mondial l'expression.

Néanmoins, sur le moment, l'accueil international fait au discours n'est guère favorable. Ne parlons pas du monde communiste, où Churchill fait une fois de plus figure de traîneur de sabre, emporté par sa haine invétérée de l'Union soviétique. Mais en Angleterre le discours est fort mal accueilli : d'abord parce que Churchill n'a averti ni Attlee, le Premier ministre, ni le Foreign Office (seul lord Halifax, l'ambassadeur à Washington, a été mis dans la confidence), ensuite parce que non seulement les travaillistes, mais plusieurs conservateurs de haut rang – tels Eden, Macmillan, Butler – trouvent que Winston est allé trop fort et trop loin – un point de vue partagé assez largement dans l'opinion. Aux États-Unis, l'insistance mise sur la coopération anglo-américaine est interprétée par beaucoup comme une pression déplacée en vue d'une alliance militaire et comme une tactique hypocrite

1. *The Speeches of Winston Churchill*, éd. David Cannadine, Londres, Penguin Books, 1990, pp. 301-304.
2. Cf. Henry B. Ryan, « A New Look at Churchill's "Iron Curtain" Speech », *Historical Journal*, 22, 4, 1979, pp. 895-920.

pour court-circuiter l'ONU. Beaucoup de cadres dirigeants américains se rebellent contre l'idée d'être enrô-
lés à leur corps défendant dans une croisade antisovié-
tique sous la bannière de l'ex-Premier britannique.
D'autres, au contraire, à travers le monde, se disent que
Churchill avait vu clair face à Hitler en 1936-1938;
pourquoi ne serait-il pas, dix ans plus tard, celui qui a
raison face à Staline?

*

* *

Sur l'Europe, Churchill, à la fois visionnaire et
connaisseur incomparable de l'histoire, nourrit depuis
longtemps des vues originales et à contre-courant. Déjà,
durant l'entre-deux-guerres, sensibilisé aux projets
d'Aristide Briand, il avait caressé l'idée d'une union
entre les États européens. Il avait même écrit tout un
article sur la question, prenant position en faveur
d'« États-Unis d'Europe ». Ce concept, écrivait-il, « est
un concept juste. Toute initiative en ce sens est bonne,
puisqu'elle tend à apaiser les haines d'autrefois et le souvenir des tyrannies passées. Elle facilite les échanges et
les services. Tout ce qui encourage les nations à renoncer
à leurs panoplies d'armes préventives est bon pour elles
et bon pour tous. » Toutefois, la place de la Grande-
Bretagne dans ce schéma prospectif reste des plus
modestes : « Nous sommes avec l'Europe, mais sans
faire partie de l'Europe [*with Europe, but not of it*]. Nous
avons des intérêts communs, mais nous ne voulons pas
être absorbés. » Et de citer la femme sulamite du *Can-*
tique des cantiques : « Je demeure au milieu de mon
peuple [1]. »

1. *The Saturday Evening Post*, 15 février 1930.

Mais maintenant, après les horreurs et les ruines de la Seconde Guerre mondiale, c'est à un défi d'une tout autre ampleur que sont confrontés les Européens. D'où la vaticination lancée par Churchill à l'université de Zurich le 19 septembre, où il en appelle à la réconciliation entre la France et l'Allemagne comme clef pour l'avenir du continent. Dévoilant un plan grandiose, l'orateur prophète commence par établir un constat suivi d'une vision prospective : « Ce noble continent, qui contient les contrées les plus belles et les mieux cultivées du monde, qui jouit d'un climat tempéré et égal, constitue le berceau et la demeure de tous les grands peuples frères de l'univers occidental. Il est la source de la foi chrétienne et de la morale chrétienne. C'est de lui que sont issus pour la plupart les cultures, les arts, les sciences, la philosophie dans les Temps modernes comme dans l'Antiquité. Si l'Europe pouvait un jour s'unir et partager ce commun héritage, il n'y aurait aucune limite au bonheur, à la prospérité et à la gloire de ses 300 ou 400 millions d'habitants. »

Le remède est donc simple : « C'est de recréer la famille européenne et, dans toute la mesure du possible, de lui donner une structure qui lui permette de vivre en paix et en liberté. C'est pourquoi nous devons édifier une sorte d'États-Unis d'Europe. » De là Churchill passe à l'impératif qui lui tient le plus à cœur : la réconciliation et l'entente entre la France et l'Allemagne. « Laissez-moi, poursuit-il, vous dire quelque chose qui vous étonnera. La première étape vers la recréation de la famille européenne passe par un partenariat entre la France et l'Allemagne. C'est seulement ainsi que la France retrouvera le leadership moral de l'Europe. Il n'y aura pas de renaissance [*revival*] de l'Europe sans une France

grande spirituellement et une Allemagne grande spirituellement[1]. »

Point culminant de la croisade européenne de Churchill : le congrès de La Haye en mai 1948, placé sous sa
présidence d'honneur, réunit 800 personnalités venues
de toute l'Europe occidentale – hommes politiques,
industriels, syndicalistes, intellectuels. Là, le vieux leader lance un vibrant appel à l'unité politique du
continent, fût-ce au prix de quelques restrictions à la souveraineté nationale, en même temps qu'à la coopération
économique (l'OECE) et militaire (l'OTAN). Ce qui lui
vaut les acclamations enthousiastes des congressistes.
Encore en 1949 Winston interviendra avec autorité à la
première réunion du Conseil de l'Europe à Strasbourg, et
en 1950 il applaudira au plan Schuman, « moyen d'apaiser la querelle millénaire entre le Gaulois et le Teuton ».

Mais, au moment même où il se montre si inspiré pour
l'avenir du continent, Churchill souligne sans équivoque
pourquoi la stratégie autant que la nature de l'Angleterre
lui interdisent de s'intégrer à la construction européenne.
Une image résume le fossé qui sépare les insulaires des
continentaux : la théorie des « trois cercles », formulée
par Winston dès les lendemains de la guerre et qui
deviendra pour des années la doctrine officielle de référence, reprise *ad libitum* au temps d'Eden comme de
Macmillan. « Quand je scrute l'avenir de notre pays au
milieu des vicissitudes de la marche de l'humanité, pro-
clame Churchill, je discerne trois grands cercles parmi
les nations libres et les démocraties. Le premier, pour
nous, est évidemment le Commonwealth britannique et
l'Empire, avec tout ce que cela inclut. Vient ensuite le
monde anglophone [*English-speaking world*], groupé
autour des États-Unis, et dans lequel nous-mêmes, le
Canada et les autres dominions britanniques tiennent une

1. *The Speeches of W. Churchill, op. cit.*, pp. 310-313.

place si importante. Enfin, il y a l'Europe unie. [...] Or, si vous contemplez ces trois cercles entremêlés, vous constatez que nous sommes les seuls à appartenir à chacun d'eux. En fait, nous sommes situés à la croisée. Et notre île, au cœur des routes maritimes et des voies aériennes, est en mesure de les relier entre eux [1]. »

En réalité, derrière cette rhétorique généreuse, mais qui concrètement ne porte guère à conséquence, le vieil homme d'État demeure prisonnier de son insularisme archaïque et s'aveugle sur le futur de l'Angleterre, dont l'avenir montrera qu'il ne repose ni sur l'Empire ni sur une alliance privilégiée (et inégale) avec les États-Unis, mais bel et bien sur une communauté avec ses voisins européens. Il est vrai que Winston a sur ce terrain un large soutien dans l'opinion de ses compatriotes, dont la majorité contemplent avec commisération les premiers pas de la construction européenne. Mais cette erreur stratégique fondamentale – à l'Europe dite « carolingienne » des Schuman, des Monnet, des Adenauer, Churchill opposera toujours avec obstination le projet chimérique d'une Europe « atlantique » – coûtera très cher à la Grande-Bretagne.

Retour à Downing Street :
Les rayons et les ombres (1951-1955)

Après avoir espéré que les élections législatives de février 1950 le ramèneraient au pouvoir – mais la fortune des urnes avait été décevante, puisque les travaillistes avaient gagné d'une courte majorité –, Churchill voit enfin se terminer sa traversée du désert grâce aux élections d'octobre 1951. Celles-ci, en effet, débouchent sur

---

1. Discours au congrès du Parti conservateur, 1948. Cf. W. Churchill, *Europe Unite : Speeches 1947 and 1948*, Londres, Cassell, 1950, p. 231.

une indiscutable victoire de son parti : un Labour à bout de souffle, un néoconservatisme en prise sur l'opinion et appuyé par une machine électorale efficace, le résultat est sans appel. Avec une majorité de 26 sièges (321 députés conservateurs élus contre 295 travaillistes), non seulement Churchill peut reprendre possession de Downing Street, mais il dispose d'une confortable latitude d'action pour plusieurs années. De fait, la victoire conservatrice inaugure une ère de prépondérance tory qui va durer jusqu'à 1964.

Pour Winston, c'est un beau succès, puisque, à soixante-seize ans, il gagne sa première élection législative. Du reste, il a conduit la campagne électorale avec autant d'habileté que de modération, esquivant l'accusation d'être un belliciste en train de préparer une troisième guerre mondiale, promettant la fin des restrictions, garantissant du travail pour tous ainsi que la construction de 300 000 logements par an. Aussi entame-t-il son second mandat de Premier ministre avec ardeur et énergie.

Le gouvernement qu'il forme est à l'image de son chef, associant l'ancien et le neuf. D'un côté, Winston a tenu à s'entourer d'hommes sûrs et expérimentés avec qui il a déjà travaillé des années durant et dont il a éprouvé la compétence et le dévouement, même si c'est au prix de l'âge et d'un déséquilibre en faveur de la pairie. Ainsi, lord Cherwell est nommé *Paymaster General*, lord Woolton, *lord President of the Council*, lord Ismay est chargé du Commonwealth, le maréchal lord Alexander de la Défense (que le Premier n'a occupée que provisoirement), avec le général sir Ian Jacob comme chef d'état-major, Harold Macmillan a l'importante responsabilité du Logement, un département ministériel très sensible, tandis qu'Anthony Eden est tout naturellement placé à la tête du Foreign Office. Parmi les nouvelles étoiles du parti, Richard A.Butler est à l'Échiquier,

Walter Monckton au Travail, Peter Thorneycroft au Board of Trade. Au total, une bonne équipe, qui s'impose assez vite dans l'opinion.

Sur le second ministère Churchill, deux débats historiographiques n'ont cessé d'agiter les esprits depuis un demi-siècle, sans que l'on puisse trancher de manière simple entre les protagonistes. D'une part, le « néotorysme » pur et dur de Margaret Thatcher et de son mentor politique, sir Keith Joseph, a accusé les dirigeants conservateurs des années 50, Churchill le premier, d'avoir tellement adultéré et abâtardi le conservatisme authentique qu'au lieu d'incarner et de mettre en application les principes et les valeurs de la tradition tory ils ont adopté une ligne sinueuse toujours prête à céder du terrain à l'adversaire en se ralliant à un ersatz de travaillisme rampant. De là un désastreux esprit de compromis. De là la quête délétère d'un consensus mou, dans lequel le conservatisme a perdu son âme – tout cela par la faute d'un Churchill vieillissant et de ses épigones, Eden et Macmillan.

Si la charge est à la fois excessive et anachronique, ce qui est incontestable, c'est que depuis 1940 le Parti conservateur, d'abord dans le cadre du gouvernement de coalition, puis en tant que moteur de l'opposition de 1945 à 1951, a glissé vers le centre en procédant à une politique d'accommodation avec les attentes de la société, à savoir la justice sociale et le *Welfare State*. À cet égard, le Parti conservateur des années d'après guerre a suivi une ligne de centre droit plutôt que la voie du dogmatisme libéral qui avait prévalu dans l'entre-deux-guerres (et qui avait largement contribué à la débâcle de 1945). D'où l'expression alors fort en vogue de « *Butskellism* » – Butler étant le chancelier de l'Échiquier officiel et Gaitskell le chancelier du *Shadow Cabinet* : une expression symbolique de l'hybride bipartisan entre centre droit et centre gauche, mais érigée vingt-cinq ans plus tard en anathème par le néoconservatisme thatchérien.

L'autre grande énigme concerne Churchill lui-même. Formulée abondamment à l'époque, *mezza voce*, dans les cercles du pouvoir, elle a partagé depuis lors les historiens. Le grand homme, le *Grand Old Man* – terme appliqué jadis à Gladstone dans la dernière phase de sa carrière – aurait-il dû entreprendre un second mandat à Downing Street? Certes, de 1951 à 1953, le bilan est positif : la santé tient bien, la vigueur et l'esprit de décision sont au rendez-vous. D'autre part, la croissance démarre, le ravitaillement est devenu libre, les 300 000 maisons promises sont construites, les relations industrielles sont bonnes, sans grave conflit du travail ni grève (on a dit que cette politique d'*appeasement of labour* correspondait à la volonté de Winston de bénéficier d'un front social calme lui permettant de se consacrer à la politique extérieure). L'apothéose pour le vieux serviteur de la monarchie, c'est en juin 1953 le couronnement de la reine Elizabeth II, où le Premier ministre parade dans son uniforme de *Warden of the Cinque Ports* et exprime toute sa déférence à la jeune souveraine à l'orée d'une nouvelle « ère élizabéthaine ».

Mais les doutes et les questionnements demeurent. À bord du *Queen Mary*, après une longue soirée passée avec le Premier ministre, lord Mountbatten note dans son journal : « Mon sentiment sur le *Grand Old Man*, c'est qu'il a beaucoup vieilli[1]. » Winston ne manque pas de savoir ce qui se chuchote dans son dos – à savoir qu'il a beaucoup baissé, qu'il n'a pas les aptitudes d'un Premier ministre pour temps de paix, autrement dit qu'il ferait mieux de confier la direction du pays à un homme plus jeune, ce qui a le don de l'exaspérer. En vérité,

---

1. Journal de lord Mountbatten, 31 décembre 1951 : cf. MG VIII, *1945-1965*, p. 673.

peu de conservateurs ont la hardiesse de lui parler, ou même de le lui faire comprendre. D'autres comptent lâchement sur un accident de santé.

Il n'y a que son gendre, Christopher Soames, qui a à la fois assez de courage et d'affection pour se montrer franc et avisé avec lui. D'ailleurs, dans l'entourage, c'est lui qui occupe désormais une place centrale, d'autant que Winston a reporté sur lui la dilection paternelle qu'il n'a jamais réussi à montrer à Randolph, dont le séparent trop de disputes et d'incompréhensions. Sur l'action de Churchill durant son second mandat de Premier ministre, c'est sans doute l'un de ses compagnons les plus proches, Robert Boothby, qui *a posteriori* a porté le jugement le plus lucide : « Après la guerre, a-t-il expliqué, il a eu une ou deux grandes visions [allusion sans doute à Fulton et Zurich], mais c'était une erreur de redevenir Premier ministre. Il a confondu un devoir historique éphémère avec une gloire éternelle, car il lui était impossible de s'élever à nouveau aux sommets qu'il avait atteints[1]. »

Sur le plan historique, la controverse a été lancée par le médecin de Churchill, lord Moran, qui, en publiant ses Mémoires dès le lendemain de la mort de son patient, a soutenu que depuis plusieurs années l'état physique de Winston était si délabré qu'il était hors d'état de remplir valablement les fonctions s'imposant à un homme chargé de la marche de l'État. S'en est suivie une polémique, car la famille et les amis du défunt ont vivement réagi– en contredisant les allégations d'un personnage qui n'avait jamais fait partie du club des *Churchillians* et à qui de surcroît l'appât des royalties avait fait violer le secret professionnel. Ce qui est certain, c'est que, si Churchill, entre 1951 et 1955, n'a jamais recouvré

---

1. Lord Boothby, « The End of an Era », in *A Selection of Broadcasts Given in Memory of Winston Churchill*, Londres, BBC, 1965, p. 105.

la position dominante qu'il avait occupée durant la guerre à la tête de son gouvernement, il est aussi faux qu'absurde de faire de lui un leader irrémédiablement affaibli, sinon « gaga », comme certains ont été jusqu'à le prétendre, et cela même après son attaque cérébrale de juin 1953. Aussi est-ce avec raison qu'Henry Pelling a pu écrire qu'indiscutablement, durant tout son temps à Downing Street, Winston « a été le moteur de son gouvernement », et que « ce sont ses discours soigneusement préparés qui ont indiqué la ligne à suivre[1] ».

C'est assurément la preuve d'une maestria rhétorique intacte qu'a donnée Churchill dans son dernier grand discours à la Chambre des communes – son chant du cygne –, le 1er mars 1955, quelques jours avant de démissionner de son poste de Premier ministre. Devant une assemblée saisie d'émotion et d'admiration, le vieux lion s'écrie en guise de péroraison : « Peut-être le jour viendra-t-il où la loyauté, l'amour du prochain, le respect pour la justice et la liberté permettront aux générations actuellement souffrantes de laisser derrière elles, avec sérénité et après l'avoir vaincue, l'horreur du temps que nous vivons. D'ici là, ne fléchissez jamais, ne vous laissez jamais décourager, ne désespérez jamais[2] ! »

*

* *

En politique extérieure, son champ d'action privilégié, Churchill poursuit entre 1951 et 1955 une stratégie triple. Première composante : sa volonté obstinée, insa-

---

1. Cf. Henry Pelling, *Churchill's Peacetime Ministry 1951-1955*, Londres, Macmillan, 1997, p. 183.
2. Cf. *Winston Churchill : his Complete Speeches 1897-1963*, vol. VIII, p. 8633.

tiable même, de revivifier l'entente anglo-américaine. Deuxième donnée : la décolonisation et le sort de l'Empire. Enfin prend de plus en plus de place, à côté de la défense de l'Europe et du réarmement de l'Allemagne, l'idée d'une amorce de détente avec l'Est.

Sur la *special relationship*, article central du credo churchillien, comme on a eu maintes occasions de le voir, le Premier ministre, qui trouve que les rapports avec les États-Unis ont été mal gérés par le gouvernement Labour, entend opérer à la fois un redressement et un réchauffement. Signe de cette priorité : à peine deux mois après avoir retrouvé le pouvoir, l'occupant de Downing Street se précipite à Washington pour des entretiens avec le président Truman en janvier 1952. Tout juste un an plus tard, la manœuvre se répète avec le général Eisenhower nouvellement élu. À la fin de la même année 1953, c'est la rencontre tripartite des Bermudes, Grande-Bretagne, États-Unis, France. Enfin, dans l'été 1954, Winston entreprend une nouvelle tournée outre-Atlantique. À chaque fois il compte sur ses dons personnels de charme et de persuasion pour amener l'interlocuteur à ses vues – mais sans mesurer combien les rapports de puissance ont changé depuis le temps de la Grande Alliance. C'est pourquoi, à chaque visite, il a beau être reçu avec autant de chaleur que de déférence, les résultats effectifs sont maigres.

Du côté des officiels américains, il est vrai, l'heure n'est guère à la confiance. À Washington, on redoute que la dévotion britannique à la *special relationship* ne soit un moyen habile et détourné d'utiliser la puissance des États-Unis pour en réalité défendre les intérêts britanniques. Loin d'être un succès, la rencontre Churchill-Truman de janvier 1952 – durant laquelle le courant passe peu entre les deux hommes, le président américain étant complètement allergique à la rhétorique et à l'humour de son interlocuteur – n'aboutit pour le Premier britannique qu'à s'entendre expliquer que la *special relationship* ne se porte jamais mieux que quand elle s'intègre à des relations multilatérales au sein de l'OTAN! Du reste, les notes préparées pour Truman par ses collaborateurs l'ont vivement mis en garde contre les multiples tours et détours du discours de son hôte[1].

Avec Eisenhower, Winston escompte que ce sera plus facile étant donné la vieille camaraderie des années de guerre. Mais il faut vite déchanter : les désaccords et les blocages s'accumulent, d'autant que, à côté du Président, Churchill se heurte à la rigidité de pasteur méthodiste de John Foster Dulles, insensible à sa *grand strategy* visionnaire et que d'ailleurs il prend en grippe (« *Dull, Duller, Dulles* »). Au point que, dans une conversation avec son secrétaire Colville, il en vient à qualifier Eisenhower de personnage « sans consistance et stupide[2] ». C'est un fait que le sentimentalisme de Winston n'a aucune prise sur les dures réalités de la realpolitik. Quant à la conférence des Bermudes, à laquelle il tenait beaucoup, mais que les Français avaient à plusieurs reprises retardée et à laquelle ni Eisenhower ni le département d'État ne croyaient, elle se solde par des résultats insignifiants, chacun campant sur ses positions.

En fait, Churchill compte sur les atouts propres du Royaume-Uni, au premier chef sur la bombe atomique testée avec succès à la fin de 1952 et qui fournit aux insulaires un instrument de dissuasion indépendant. En ce qui concerne l'Europe, si l'entrée de l'Allemagne dans l'OTAN a l'appui complet du Premier britannique, force est de constater que nulle initiative n'est prise par Downing Street pour développer les liens avec le

---

1. Cf. Raymond A. Callahan, *Churchill : Retreat from Empire*, Tunbridge Wells, Costello, 1964, pp. 260-261.
2. Cf. John Colville, *The Fringes of Power, op. cit.,* vol. II, p. 333 (24 juillet 1953).

continent, malgré les éloquentes tirades churchilliennes de naguère – une attitude qui sera poursuivie par les successeurs, Eden et Macmillan, dans une même ligne insulaire, sinon impérialiste, et fort peu européenne.

Ce à quoi Churchill tient désormais le plus, et dont il se fait une véritable mission à partir de 1953, au lendemain de la mort de Staline, c'est un projet de rencontre au sommet entre l'Est et l'Ouest de façon à amorcer une détente internationale et à écarter le danger qui le terrifie d'une guerre nucléaire – ce qu'il appelle un « *easement* », de nature à desserrer l'étau de la guerre froide et à freiner la course aux armements destructeurs. Ce projet, il l'expose à la Chambre des communes le 11 mai 1953 dans un discours mémorable qui a un immense retentissement. « Il faudrait, déclare-t-il, réunir au plus tôt une conférence au sommet des grandes puissances. Cette conférence ne devrait pas comporter d'ordre du jour lourd et rigide ni risquer de se perdre dans un labyrinthe de données techniques. Il conviendrait de limiter au minimum le nombre des États participants et de leurs délégations. La conférence devrait avoir un caractère informel et être entourée de discrétion. Sans doute ne doit-on en attendre aucun accord dûment paraphé, mais ceux qui y prendraient part auraient le sentiment qu'il y a mieux à faire pour la race humaine que de se déchirer à belles dents [1]. » On le voit, Winston continue de croire, comme pendant la guerre, à la vertu des rencontres personnelles entre hauts responsables, bien préférables à son avis aux négociations conduites par les professionnels de la diplomatie.

Mais rien ne sort du plan de Churchill, en dépit des espoirs soulevés, car il se heurte, d'un côté, aux objections sans fin des Américains, de l'autre, à un sabotage perlé du Kremlin, cependant que la sévère hémorragie

1. Cf. *House of Commons Debates*, vol. DXV, 11 mai 1953, col. 897.

cérébrale qui le frappe inopinément un mois plus tard affaiblit la capacité du Premier ministre à plaider la cause de la détente. Le déclin de l'Angleterre autant que l'artériosclérose de son chef auront donc eu raison d'un projet peut-être prématuré, mais porteur d'avenir. En ce sens, Winston doit être considéré comme un précurseur, clairvoyant sur la possibilité d'une détente poststalinienne et à qui Khrouchtchev a plus tard rendu hommage. Autant que le champion de la guerre froide, on peut voir en lui le grand-père de la détente.

Sur le plan de la décolonisation, l'impérialiste impénitent qu'a toujours été le descendant de Marlborough s'emploie à freiner de toutes ses forces les mouvements centrifuges à l'œuvre dans le processus de marche à l'indépendance. Tandis que le Pakistan devient une république, en Afrique le Nigeria et le Ghana reçoivent le *self-government,* mais au Kenya la révolte des Mau-Mau menace les colons blancs – encore qu'ici Winston, peut-être influencé par le souvenir de son séjour chez les Kikuyu lorsqu'il était sous-secrétaire d'État aux Colonies, prône la modération dans la répression.

Le problème central, c'est celui de l'Égypte et du canal de Suez. Opposé en cette région du monde à tout *appeasement,* et sans même connaître la « théorie des dominos », Churchill considère comme capitale la dimension politique et stratégique de la base militaire de la zone du canal au même titre que sa dimension psychologique, en tant que symbole de la détermination britannique vis-à-vis des divers « États clients » du Moyen-Orient. Au point de caresser un temps un projet de condominium anglo-américano-égyptien – projet immédiatement stoppé par Washington. En réalité, Churchill, sioniste de toujours, compte avant tout sur Israël pour maintenir l'équilibre dans la région.

Mais du même coup les divergences incessantes entre

le Premier ministre et le ministre des Affaires étrangères s'aggravent, d'autant qu'elles opposent les deux hommes à fronts renversés : tandis que, sur l'Égypte et le canal, Winston penche du côté des « faucons » et Eden du côté des « colombes », c'est l'opposé vis-à-vis de l'Union soviétique et des velléités de détente, le premier se situant comme la « colombe » numéro un et le second ralliant le camp des « faucons ».

*
* *

L'amitié de Churchill pour l'État d'Israël, à laquelle il vient d'être fait allusion, découle d'une longue histoire et même d'une préhistoire remontant au début du siècle. Très tôt, en effet, Winston s'était affiché comme un philosémite notoire. Jeune député de Manchester Nord-Ouest de 1906 à 1908, où sa circonscription comportait un électorat juif important, il avait condamné les pogroms en Russie et soutenu le mouvement de colonisation en Palestine. Son sionisme lui avait fait applaudir avec enthousiasme la déclaration Balfour de novembre 1917, par laquelle le gouvernement britannique promettait la création d'un « foyer national juif » en Palestine. En tant que ministre des Colonies, en 1921-1922, il avait visité Jérusalem, encouragé la politique d'immigration, soutenu les organisations sionistes, tandis qu'au cours des années 30 il avait critiqué les atermoiements des autorités britanniques, balançant tour à tour entre pro-arabes et projuifs.

Dans la dénonciation du nazisme à laquelle Winston procède sans relâche à partir de 1933, le racisme hitlérien tient une place centrale. Lui-même, dans ses discours et ses articles, condamne sévèrement les persécutions dont sont victimes les Juifs en Allemagne. Après l'Anschluss, il s'indigne de l'application des lois raciales à l'Autriche[1]. Mais c'est surtout pendant la guerre que Churchill s'affirme comme le leader allié le plus attentif aux souffrances des Juifs et le plus agissant devant le génocide nazi. Non seulement, en février 1941, il rencontre le leader sioniste Chaïm Weizmann, qui lui rappelle les promesses britanniques (à ce stade le Premier ministre envisage un territoire juif en Palestine occidentale, éventuellement intégré dans une fédération arabe), mais surtout il exprime sa compassion pour le sort fait aux Juifs européens, s'écriant : « Depuis les invasions mongoles au XVIᵉ siècle on n'a jamais assisté en Europe à des pratiques d'assassinat méthodique et sans pitié à une pareille échelle. Nous sommes en présence d'un crime sans nom[2]. » Et d'avertir, devant les déportations qui se poursuivent impitoyablement : « Quand sonnera l'heure de la libération de l'Europe, l'heure sonnera aussi du châtiment. »

Au cabinet britannique le Premier annonce – mais il est très isolé sur ce point, d'autant qu'au Foreign Office Eden suit une ligne proarabe – qu'après la victoire la Grande-Bretagne et les États-Unis devront favoriser la création d'un État juif peuplé de plusieurs millions d'habitants, et il ne démord pas de cette position. Au cours de l'été 1944, il exerce une forte pression sur le War Office pour obtenir la création d'une Brigade juive, mais l'affaire traîne à cause d'une question de drapeau. Parallèlement, Churchill intervient à plusieurs reprises pour tenter de limiter, dans les interstices où c'est possible, le nombre des victimes et pour préparer la punition des bourreaux. C'est ainsi qu'il écrit à Eden : « Il n'y a pas de doute que c'est là le plus monstrueux et le plus horrible des crimes jamais commis dans l'histoire de

1. *Daily Telegraph*, 6 juillet 1938 : cf. Martin Gilbert, « The Most Horrible Crime », *Times Literary Supplement*, 7 juin 1996.
2. Discours à la nation, 24 août 1941 : cf. Martin Gilbert, *ibid.*

l'humanité. Et ce crime a été perpétré au moyen d'un appareil scientifique mis au point par des hommes réputés civilisés, au nom d'un grand État et d'un des peuples guides de l'Europe. Il est évident que tous les auteurs de ce crime susceptibles de tomber entre nos mains, y compris ceux qui ont procédé aux massacres simplement par obéissance aux ordres, devront être condamnés à mort, une fois apportée la preuve de leur participation aux meurtres[1]. »

Cependant, le terrorisme des extrémistes juifs vient sérieusement grever l'attitude prosioniste de Winston. Déjà, à la fin de 1944, l'assassinat au Caire de lord Moyne, le ministre d'État résident en Égypte, par un commando du groupe Stern, a interrompu les tractations en cours. Par la suite, le redoublement de violence de la part de l'Irgoun et du groupe Stern provoque la colère de Churchill et une condamnation sans appel, puisqu'il n'hésite pas à comparer ces terroristes aux SS. Le rêve sioniste, déclare-t-il aux Communes, ne doit pas crouler sous la menace des pistolets ni sous la mise en coupe réglée par un groupe de gangsters analogues aux nazis[2].

Cependant, au fur et à mesure que la situation se dégrade en Palestine, Churchill est de plus en plus convaincu que le statu quo est sans issue. À ses yeux, il est impossible de garder la Palestine dans l'Empire (c'est le seul territoire impérial dont il consent à se séparer), et la seule solution est de remettre le mandat britannique aux Nations unies – ce qui veut dire la partition et la création de l'État d'Israël, qu'il applaudit. Désormais

1. Note de W. Churchill à Anthony Eden, 11 juillet 1944 : citée par Bernard Wasserstein, *Britain and the Jews of Europe*, Oxford, Clarendon Press, 1979, p. 259.
2. Cf. Anthony Montague Browne, *Long Sunset*, Londres, Cassell, 1995, p. 165.

446

il est un ami et un admirateur sans faille du nouvel État, qu'il soutient en toute occasion, comme en témoigne éloquemment cette lettre envoyée à la veille de la crise de Suez au président Eisenhower : « Je suis bien sûr un sioniste, et je l'ai toujours été depuis la déclaration Balfour. C'est une chose admirable que cette petite colonie de Juifs ait pu devenir une terre de refuge pour leurs congénères partout où ils ont été si cruellement persécutés et en même temps s'imposer comme la force armée la plus puissante de la région [1]. »

*

* *

Restait un dernier acte à accomplir : le départ du *Grand Old Man* de la scène, la renonciation définitive au pouvoir, le retour à la vie privée. Avouons-le, dans ces derniers mois de la vie publique de Churchill, il y a quelque chose de pathétique : les contemporains se sentent pris entre d'un côté la vénération et l'admiration, et de l'autre l'irritation devant cette obstination sénile à se maintenir. De là la teinte en grisaille de l'automne 1954 et de l'hiver 1955. De là aussi le caractère poignant d'un grand destin en train de s'achever. Le tout dans un climat malsain d'attente plus ou moins impatiente.

En principe, le problème de la succession à la fois comme leader du Parti conservateur et comme Premier ministre est réglé depuis des années. Chacun sait que le prince héritier, c'est Anthony Eden, qui attend depuis si longtemps dans une atmosphère de nervosité et de frustration croissantes. Mais voilà que sa santé s'est dégra-

---

1. Lettre de W. Churchill au général Eisenhower, président des États-Unis, 16 avril 1956 : citée par Anthony Seldon, *Churchill's Indian Summer : the Conservative Government 1951-1955*, Londres, Hodder and Stoughton, 1981, p. 412.

dée de manière inquiétante et que ses rapports avec Churchill au fil des mois sont devenus franchement mauvais. De plus, c'est un spécialiste de la diplomatie, qui a toujours vécu dans l'ombre de Churchill : aura-t-il le tonus pour affronter l'ensemble des problèmes, notamment ceux de la politique intérieure, de l'économie et de la société ? Churchill lui-même a de plus en plus de doutes là-dessus : « Je ne crois pas qu'Anthony pourra y arriver », murmure-t-il à son secrétaire la veille de son départ[1].

De surcroît, le vieux chef prend comme un malin plaisir à faire durer le suspense sur le calendrier de sa succession. Un calendrier dont il est entièrement le maître, comme l'a observé avec perspicacité le journaliste Hugh Massingham : « Winston, écrit-il, détient tous les atouts. Il est impossible de le bousculer. Il n'y a personne, ni au-dedans ni au-dehors du cabinet, qui ait la force et le cran pour l'obliger à partir avant qu'il le veuille lui-même[2]. » Par ailleurs, quel acteur ayant tenu longtemps le premier rôle n'appréhenderait d'avoir à quitter les feux de la rampe ? Quand Winston interroge là-dessus sa fille Sarah, qui a une longue expérience d'actrice, en lui demandant : « Que ressens-tu quand le spectacle est terminé ? Est-ce que tu ne détestes pas ce moment ? », Sarah se sent obligée de répondre par l'affirmative[3]. Malgré tout, le héros ne laisse pas d'être conscient de ses limites. Témoin cette comparaison imagée qu'il fait devant R.A. Butler : « Je me sens comme un aéroplane au bout de son vol, dans l'obscurité du crépuscule, le

1. John Colville, *The Fringes of Power*, *op. cit.*, vol. II, p. 379 (4 avril 1955).
2. *The Observer*, 1er août 1954. Cité par A. Seldon, *Churchill's Indian Summer...*, *op. cit.*, p. 419.
3. Cf. Sarah Churchill, *A Thread in the Tapestry*, Londres, Deutsch, 1967, pp. 18-19.

réservoir d'essence presque vide, à la recherche d'un terrain d'atterrissage sûr[1]. »

Pour finir, le calendrier du départ de Churchill est arrêté. Le 30 novembre 1954, c'est son quatre-vingtième anniversaire. Comme signe de reconnaissance de la nation et de gratitude conféré par la souveraine, le Premier ministre a choisi l'ordre de la Jarretière. Ainsi, le nouveau chevalier devient *sir* Winston Churchill. Simultanément se déroulent une série de festivités, agrémentées d'hommages et de cadeaux venus du monde entier et inaugurées par une séance exceptionnelle d'honneur à Westminster où les deux chambres sont réunies.

La date de la démission est fixée au 5 avril 1955. La veille, un grand dîner à Downing Street réunit la reine, le duc d'Édimbourg, la famille Churchill et une phalange de vieux amis. Le 5 avril, à midi, Winston préside son dernier Conseil des ministres et dans l'après-midi il se rend à Buckingham Palace pour remettre sa démission à Elizabeth II. C'est une page de l'histoire de l'Angleterre qui se tourne.

LE TEMPS DU CRÉPUSCULE : 1955-1965

Aussitôt après avoir démissionné de son poste de Premier ministre, Churchill part peindre en Sicile. Certes, les occupations, à côté de la peinture, ne lui manquent pas : l'*History of the English-Speaking Peoples* reste à achever, les invitations affluent de l'Angleterre et de l'étranger, la famille et les amis sont là, discrets et pleins de sollicitude. Mais le vieux lion a beau garder une stature de leader mondial, son moral est plutôt bas : qu'est-ce que tout cela en comparaison du pouvoir, des respon-

---

1. Richard. A. Butler, *The Art of the Possible*, Londres, Hamish Hamilton, 1971, p. 173 (11 mars 1954).

sabilités, de la *Grosse Politik* ? Un jour où Clemmie essayait de le raisonner sur son changement d'existence, la réponse de Winston jaillit, à la Clemenceau : « Il me reste mes griffes ! – Oui, mais qu'en feras-tu ? – Rien. Je vivrai avec elles jusqu'à ce que je meure [1]. » À la fin de 1958, pourtant, un épisode remplit Winston de fierté : le général de Gaulle le fait compagnon de la Libération, la cérémonie se déroulant dans les jardins de l'hôtel Matignon (de Gaulle est alors président du Conseil).

Peu à peu la mélancolie gagne. Sans que l'on puisse parler de retour du *black dog*, les moments de dépression et de doute se font plus fréquents. À cela deux raisons. L'une est que la santé du vieillard se détériore. Lui-même, très lucide sur son propre cas, constate tristement qu'il n'a plus la force physique ni mentale qui nourrissait son énergie d'antan. De surcroît, sa surdité croissante, qui le coupe des autres, l'afflige d'autant plus qu'il a horreur des appareils auditifs et refuse obstinément d'en porter un. L'autre source de désolation, c'est le constat fait chaque jour du recul de l'influence de la Grande-Bretagne dans le monde. Le fiasco de Suez l'a profondément atteint et humilié, de même que l'échec d'Eden, l'idée d'un rapprochement avec l'URSS s'éloigne de plus en plus, la politique du « *wind of change in Africa* » de Macmillan le laisse sceptique et déçu. Dans son désarroi à l'idée d'avoir tant œuvré en vain, il avoue à sa cousine Clare Sheridan : « L'empire auquel je croyais n'existe plus [2]. » Ici, comment ne pas se remémorer ce qu'écrivait le jeune officier de hussards quand il concevait son roman *Savrola* : « Un sentiment, disait-il,

---

1. Cf. Anthony Montague Browne, *Long Sunset, op. cit.,* p. 198 (on se rappelle que Churchill a toujours été un admirateur de Clemenceau : il connaissait par cœur la chanson *Le Père la Victoire*, qu'il a chantée intégralement au général de Gaulle pendant la guerre).
2. Cf. Anita Leslie, *Cousin Clare : the Tempestuous Journey of Clare Sheridan*, Londres, Hutchinson, 1976, pp. 304-305.

de lassitude, de dégoût de la lutte, de désir de paix emplissait son âme. Il était sur le point d'atteindre l'objet pour lequel il avait tant lutté, et il n'en voyait plus l'utilité[1]. » Non moins éclairante est une conversation avec ses deux filles, Diana et Sarah, aux alentours de 1960 : alors qu'elles lui faisaient valoir ce que représentaient la prodigieuse aventure de sa vie, ses livres, ses tableaux, Winston rétorque dans un murmure : « J'ai *beaucoup* fait pour en définitive ne *rien* faire[2]. » C'est avec tristesse que la famille et les amis assistent à ce lent et inexorable déclin. Comment accepter qu'un géant de l'humanité ne soit dorénavant plus que l'ombre de lui-même ?

Dans la vie quotidienne, Churchill passe maintenant de plus en plus de temps à Chartwell, davantage même qu'à Hyde Park Gate. Depuis longtemps Clementine s'est réconciliée avec le manoir enfoui dans les frondaisons du Kent – alors qu'elle déteste le midi de la France, notamment la Riviera. Tous deux apportent mille améliorations au jardin et soignent amoureusement leurs coins favoris, la pelouse de croquet et la roseraie. La plupart du temps, c'est là qu'ils passent Noël, paisiblement, en famille. En septembre 1958, Winston et Clemmie ont célébré leurs noces d'or. Parmi les enfants, c'est sans doute leur fille Mary Soames qui, en compagnie de son mari Christopher, les entoure le plus de son affection et de sa compassion : « Je vous aime tant, Papa chéri, écrit-elle à son père. Je ne puis supporter que votre vie soit devenue si misérable, si incolore. Au moins, j'espère que vous sentez combien vous êtes aimé. Vous et Maman, vous représentez tant pour tant de gens[3]. »

1. W. Churchill, *Savrola* (1900), p. 234.
2. Cf. Sarah Churchill, *A Thread in the Tapestry...*, *op. cit.*, p. 17. L'épisode est raconté dans les mêmes termes par Anthony M. Browne, *Long Sunset, op. cit.*, p. 302.
3. Lettre de Mary Soames à Winston Churchill, 7 juillet 1960 : citée par MG VIII, *Never Despair*, p. 1313.

*
* *

Si nominalement Winston garde une activité politique et même à l'occasion paraît sur son banc aux Communes, ce n'est plus qu'au titre de modeste député de Woodford, puisqu'il a été réélu dans sa circonscription aux élections législatives de 1955 et de 1959. Finalement, sur les instances pressantes de Clemmie, il se résout à annoncer en 1963 à ses fidèles électeurs de Woodford qu'il ne sera pas candidat aux élections qui approchent. Ainsi s'achève une carrière parlementaire extraordinairement longue – plus de douze lustres, de 1900 à 1922 et de 1924 à 1964 –, qui lui a fait souvent dire : « Je suis un enfant de la Chambre des communes. »

Autre raison d'apparition, mais très occasionnelle, dans la vie publique : la création du collège de Cambridge qui porte son nom (mais dont la naissance ni le développement ne l'ont jamais captivé). Destiné à la fois à promouvoir la recherche de pointe dans le domaine des sciences de la nature et à être un conservatoire des archives et documents concernant la vie et l'œuvre du grand homme, Churchill College a vu le jour à la fin des années 50. C'est Winston lui-même qui, en guise de pose de la première pierre, est venu en 1959 planter un chêne sur le site du collège. Celui-ci sera inauguré officiellement en 1964 par le duc d'Édimbourg en présence de Clementine Churchill.

En dehors de Chartwell et de Londres, Winston a pris l'habitude de faire de long séjours dans le midi de la France, dont les paysages exercent sur lui une sorte de fascination roborative, que ce soit en Provence ou sur la Côte d'Azur, d'Aix à Menton. Là il est l'hôte de lord Beaverbrook dans sa somptueuse villa, La Capponcina, et surtout d'Emery Reves, un Juif hongrois naturalisé britannique, qui s'est occupé avec succès des royalties de Churchill pour ses articles de journaux et pour l'*Histoire des peuples de langue anglaise*, et dont la luxueuse demeure, La Pausa, domine la Riviera de Monte-Carlo à Menton. Pendant des années Winston a caressé le projet de s'acheter une belle maison dans ce coin de France où se trouve une partie de son cœur, mais jamais cette « villa des rêves » n'est devenue réalité.

C'est à l'automne 1958 qu'a commencé la première d'une longue série de croisières effectuées en compagnie et à l'invitation d'Aristote Onassis (« Ari ») et de sa femme Tina. Ces croisières, à bord du *Christina*, le plus beau yacht de l'Europe, conduisent celui qui a toujours été un amoureux de la mer à travers toute la Méditerranée, de la mer Tyrrhénienne à la mer Égée, une fois même aux Antilles. En juillet 1960 une croisière en Adriatique lui permet de rencontrer, près de Split, le maréchal Tito qui l'accueille avec une grande courtoisie et un luxe d'attentions dans sa fastueuse résidence d'été. D'autres voyages ramènent Winston vers des lieux familiers tels que le Maroc ou la Suisse.

*
* *

Sur le plan de la santé, c'est une longue pente descendante que suit Churchill. On a vu tous les accidents survenus pendant la guerre et dont le Premier ministre, malgré la sévérité de plusieurs d'entre eux, s'était bien remis. Il en va de même de la terrible hémorragie cérébrale qui l'avait frappé le 23 juin 1953 à l'issue d'un dîner officiel donné en l'honneur d'Alcide De Gasperi, le président du Conseil italien. Winston arrive à se rétablir, et l'on peut dire que malgré des hauts et des bas, jusqu'à 1957 le physique tient bien le coup. Mais à partir de 1958 la dégradation est patente. La chute d'énergie et de potentiel inaugure une période crépusculaire. Certes, l'homme n'est ni sénile ni incontinent, et les éclairs de lucidité agrémentés de formules à l'emporte-pièce ne sont pas rares. Mais la surdité est désormais totale, les pertes de mémoire s'aggravent et la série des rechutes et des rétablissements laisse chaque fois le malade un degré plus bas. En 1956, il est frappé d'une nouvelle attaque, en 1958 une pneumonie se déclare et en 1962 c'est une fracture de la hanche à la suite d'une chute qui le paralyse pendant des semaines.

Certes, il y a les livres, les jeux de cartes – en premier lieu le bézigue, le jeu favori de Winston[1]. Mais le temps est de plus en plus long à passer, ponctué de lourds silences mornes, au point qu'il demande sans cesse l'heure, pour trouver ensuite que les aiguilles avancent bien lentement à son gré[2]. Jours de conscience claire et jours de conscience brouillée se succèdent. Souvent la léthargie s'empare de lui, mais il n'aime pas rester seul, encore que souvent il ait suffisamment de lucidité pour dire, comme le rapporte sa fille Mary, à celui ou celle qui lui a tenu compagnie : « Excusez-moi, je n'ai pas été très amusant aujourd'hui[3]. »

En janvier 1965, Winston se sent de moins en moins bien, agité de spasmes, l'esprit lointain. Dans la nuit du 9 au 10 se déclenche une violente hémorragie cérébrale qui le laisse à demi inconscient. Devant la gravité de son état, on appelle un *clergyman*, tandis qu'à travers le monde la nouvelle se répand comme une traînée de poudre. Des foules silencieuses stationnent devant Hyde Park Gate. Le 24 janvier, à 8 heures du matin, Winston Spencer Churchill rend le dernier soupir – le même jour du mois et à la même heure que son père soixante-

1. Cf. John Colville, *The Fringes of Power, op. cit.,* pp. 704-707.
2. Cf. Sarah Churchill, *A Thread in the Tapestry..., op. cit.,* p. 19.
3. Cf. Mary Soames, *Clementine Churchill, op. cit.,* p. 680.

dix ans auparavant. Présentant aussitôt à la reine Elizabeth II les condoléances officielles de la nation française, le général de Gaulle câblait cette belle formule : « Dans ce grand drame, il fut le plus grand[1]. »

1. *The Times*, 25 janvier 1965.

CHAPITRE IX

La parole, la croyance et la grâce

LA PUISSANCE DU VERBE

Artiste de la parole, Churchill a été toute sa vie un génie du verbe. Non point en employant le langage de la grande éloquence – à la romaine ou à la française –, mais en s'inscrivant à la perfection dans le registre de la tradition politique anglaise. À la Chambre des communes, où la coutume relève de la conversation entre gentlemen et où l'ampleur oratoire apparaîtrait hors de propos, l'*understatement* est au contraire le bienvenu.

Dans sa longue carrière, toutefois, Winston a pratiqué tous les genres : éloquence parlementaire à Westminster, style à l'emporte-pièce dans les meetings populaires, langage de tribun et pelletées d'humour sur tous les rostres du royaume, allocutions radiodiffusées à la BBC. Si l'on met à part Lloyd George au début du siècle et Bevan au milieu, nul homme d'État britannique du xxᵉ siècle n'a été en mesure de rivaliser avec Churchill sur le plan de l'éloquence. Au total, l'ensemble des discours prononcés par lui en l'espace d'une douzaine de lustres occupe huit gros volumes, soit quatre millions de mots – à raison en moyenne d'un discours par semaine.

Très tôt dans sa jeunesse, Churchill avait commencé de s'intéresser à l'art oratoire. On a retrouvé par exemple un texte de lui datant de 1897, et resté inédit pendant longtemps, intitulé *The Scaffolding of Rhetoric* (L'échafaudage de la rhétorique [1]). C'est que, dans sa panoplie de moyens d'action, la rhétorique figure comme une arme majeure. À ses yeux, pouvoir du langage et pouvoir tout court sont étroitement associés : un orateur consommé n'est-il point en mesure d'exercer une véritable domination sur les cerveaux et sur les cœurs ?

Pourtant, au point de départ, le jeune ambitieux souffrait de plusieurs handicaps : un léger zézaiement naturel (qu'il lui a fallu corriger petit à petit), une voix sans attrait, une taille courte peu propre aux grandes envolées et surtout, sur le plan psychologique, un sentiment d'infériorité – lui qui n'avait pas fréquenté l'université – par rapport aux anciens d'Oxbridge qui, au temps de leurs études, avaient appris et maîtrisé dans des *debating societies* l'art du discours, ses tours et ses règles. D'autant que Winston n'a pas l'éloquence naturelle et qu'il doit sur ce plan tout acquérir. C'est pourquoi il a dû s'astreindre à un long et laborieux processus d'apprentissage de la parole, avant d'en dominer les techniques, jusqu'au jour où il en est devenu un maître.

Heureusement pour lui, il dispose de deux atouts. D'abord, une belle connaissance et une belle maîtrise de la langue. D'autre part, son excellente mémoire lui permet d'apprendre par cœur de longs textes – afin de ne jamais renouveler l'humiliante mésaventure qui lui était survenue à la Chambre en avril 1904, lorsque soudain il avait perdu le fil de son discours et avait dû s'interrompre, vacillant et bafouillant, pour regagner finalement son banc sous les quolibets. Cette leçon lui avait servi à ne jamais plus improviser, mais à toujours préparer soigneusement ses discours, à les répéter pendant des heures devant une glace, à les apprendre par cœur (il lui

1. Cf. CV, I, 2, pp. 816-821.

arrive aussi d'essayer d'une voix tonitruante ses pérorai-
sons dans son bain) et, en séance, en guise de précaution,
à toujours avoir à la main un petit paquet de notes, de
manière à pouvoir faire face à toute défaillance.

Il faut cependant souligner que la carrière d'orateur de
Churchill n'a pas commencé tout de suite. Elle ne débute
en fait qu'au lendemain de la publication de *The River
War* en 1899. Jusque-là, c'est avec sa propre plume que
l'officier-reporter écrivait ses livres, de la première à la
dernière ligne, mettant à profit sa facilité d'écriture, son
art du récit, son sens de la formule, troussant le tout en
un style vif, imagé, propre à en appeler à l'imagination,
sans s'abstenir à l'occasion de vastes généralisations historiques. Si l'on retrouve toutes ces qualités dans la production ultérieure de Winston, sa technique a changé du
tout au tout. Car, à partir de 1900, il a passé du style écrit
au style oral. Dorénavant il dicte tout, que ce soit ses discours ou ses livres, et une secrétaire retranscrit chaque
phrase, dont il corrige ensuite les improvisations, le
déroulement, l'argumentation, les trouvailles. D'où la
masse des expressions rhétoriques, mais aussi des formules mêlant drame et humour, couleur et familiarité.
Comme l'a expliqué Violet Bonham Carter, « il n'avait
pas honte de décliner des vérités si simples et si éter-
nelles que chez d'autres elles auraient semblé des
truismes. C'était là un don précieux et permanent. Mais
il ne craignait pas non plus de recourir au grand style en
termes superbes. » Alors que certains, poursuit-elle,
auraient volontiers parlé à son propos de « boursou-
flure » et l'auraient qualifié de « rhéteur », en réalité « il
n'y avait rien de fallacieux, de gonflé ni d'artificiel dans
son éloquence. C'était son langage naturel [1] ».

Dans cette très large palette du champion de la rhétorique, on doit noter le goût pour les phrases courtes, et

---

1. Cf. Violet Bonham Carter, *Winston Churchill as I Knew him, op. cit.*,
p. 18.

plus encore pour les monosyllabes, dont il connaît l'effet – il est vrai que la langue anglaise en est abondamment pourvue (en revanche, il déteste l'emploi d'adjectifs alourdissant inutilement le discours). Songeons, dans son premier discours comme chef du gouvernement, au quarteron : *blood, toil, tears and sweat*. Songeons aux expressions passées dans le langage courant en même temps que dans la légende : « l'heure la plus belle » ou « le rideau de fer ». Souvent une invention paraissant spontanée est le fruit d'une longue gestation (au demeurant un secrétaire tient un cahier de notes griffonnées au hasard des circonstances).

On a pu retrouver par exemple des prolégomènes du célèbre discours d'hommage aux pilotes de la RAF en août 1940 (« *Never in the field of human conflict was so much owed by so many to so few* »). À Oldham, en 1899, pour célébrer les progrès du niveau de vie national, Winston avait déclaré : « Jamais on n'a compté en Angleterre une population aussi nombreuse et jamais jusqu'ici elle n'a disposé de tant de nourriture. » Dans un autre discours, prononcé celui-ci à Dundee au cours de la campagne électorale de 1922, le candidat Churchill, histoire de tirer bénéfice de la politique suivie dans la crise de Chanak par le gouvernement auquel il appartenait, avait déclaré que c'était grâce à la ligne officielle suivie qu'avaient pu être sauvés des centaines de milliers de Grecs menacés par les Turcs à Constantinople et en Thrace : « Jamais, s'était-il écrié, dans l'histoire du monde on n'a vu à une échelle aussi gigantesque une opération ayant réussi à sauver la vie à autant d'êtres humains[1]. »

Sans doute arrive-t-il à l'orateur de ne pas savoir résister à la tentation du bon mot ou de la formule scintillante

1. Cf. pour 1899 Ronald Hyam, « Winston Churchill before 1914 », *Historical Journal*, XII, 1, mars 1969, p. 173. Cf. pour 1922 Henry Pelling, *Churchill, op. cit.*, p. 281.

qui dépasse sa pensée. Dialecticien puissant et subtil, Churchill joue aussi à l'occasion le rôle du sophiste quelque peu manipulateur. De surcroît, il joint à l'art de la parole le talent de la conversation. Dans le privé comme dans le public, sa conversation est la plupart du temps éblouissante. Quant à son sens de la repartie – une repartie souvent cinglante et qui à la Chambre est capable de clouer le bec à l'interpellateur et de le tourner en dérision –, c'est une caractéristique proverbiale de sa personnalité. S'il est certain que bon nombre d'aphorismes qui lui ont été attribués n'ont jamais été prononcés, la masse de ceux qui subsistent et lui appartiennent sans conteste suffit à nourrir sa gloire tout autant qu'à enrichir sa légende.

LA FOI D'UN AGNOSTIQUE

Élevé dans la religion anglicane, conformément aux règles de son milieu, Churchill était un être foncièrement a-religieux. Les croyances chrétiennes, les prescriptions évangéliques lui sont étrangères, si ce n'est en tant que réalités sociales inscrites au plus profond de la civilisation insulaire et de l'âme nationale. L'univers de sa foi est ailleurs : c'est l'Angleterre et c'est l'Empire, et – accessoirement – la science et le progrès.

Certes, Winston a été baptisé dès sa naissance, et, à l'âge de dix-sept ans, en 1891, il a reçu la confirmation. Mais il n'est allé qu'une fois à la table de communion, d'après une confidence faite plus tard à son neveu Shane Leslie[1]. Dans son autobiographie, l'ancien élève de Harrow a raconté plaisamment les pieux exercices de sa jeunesse : « Même pendant les vacances je devais aller à l'église une fois par semaine. À Harrow, il y avait trois services chaque dimanche, et en semaine on récitait la

1. Cf. RC, *Youth*, pp. 157-158.

prière du matin et la prière du soir. [...] J'ai alors accumulé un tel crédit à la Banque de la Pratique Religieuse que depuis j'ai pu puiser sur mon compte en toute tranquillité[1]. »

C'est à partir de 1897 et de son séjour en Inde que Winston abandonne non seulement toute pratique religieuse, mais toute foi chrétienne. Au christianisme il substitue une forme d'indifférentisme et d'humanisme sécularisé, qui lui sert de guide et de repère dans l'existence, même si bien entendu il continue en public de se conformer aux cérémonies et aux rites de l'Église d'Angleterre – exercices dont l'armée britannique était aussi friande que coutumière. « Je ne peux accepter ni la foi chrétienne ni aucune espèce de croyance religieuse », écrit-il à sa mère, et dans une autre lettre : « Je m'attends à ce que tout soit fini à la mort ; je suis un matérialiste jusqu'à la pointe des ongles[2]. » Il faut dire que le contact avec un pays syncrétiste comme l'Inde, où fourmillent divinités et croyances, est de nature à engendrer dans un esprit occidental scepticisme et relativisme, et à nourrir la conviction que l'essentiel est de mener une vie droite et honorable en faisant son devoir, sans s'occuper de savoir à quelle affiliation religieuse on se rattache. D'ailleurs, Churchill aimera toujours citer la formule de Disraeli : « Tous les hommes raisonnables ont la même religion. » On a découvert récemment qu'il a même été pendant quelques années franc-maçon... Admis en 1901 à la Studholme Lodge de Londres, il l'a quittée en 1912, sans que l'expérience l'ait beaucoup marqué ni joué de rôle dans sa carrière[3].

1. W. Churchill, *My Early Life, op. cit.*, p. 119.
2. CV I, 1, pp. 907 et 969, lettres de W. Churchill à lady Randolph, 31 mars et 24 août 1898.
3. Cf. MG VI, *1940-1941*, p. 27 (on sait que sur le plan religieux la franc-maçonnerie anglaise était radicalement différente de son homologue française).

À l'intérieur des confessions chrétiennes, Winston privilégie de loin l'Église d'Angleterre dont il loue l'esprit d'ouverture et de tolérance (« son honneur est d'avoir toujours voulu inclure et non exclure la diversité des croyances et des opinions religieuses »), tandis qu'il déteste le catholicisme, « délicieux narcotique capable d'alléger les souffrances et de chasser les inquiétudes, mais qui empêche tout développement et toute vigueur chez l'homme ». Heureusement, l'Église anglicane, quant à elle, au lieu de « sombrer dans le bourbier dogmatique », se rapproche « bien davantage de la raison[1] ». Par moments, Winston ne semble pas loin de partager le point de vue de ses camarades officiers pour qui la religion a au moins deux mérites : protéger chez les femmes les normes de la moralité ; exhorter à la résignation les « classes inférieures »[2].

Mais si Churchill se sent à l'aise dans cette forme de religion séculière et se contente d'une éthique de base, sans la moindre référence à un credo, il n'est pas sans se poser des questions métaphysiques sur le sens de la vie et sur la destinée de chacun ici-bas. Son fils Randolph se souvient de l'avoir entendu à maintes reprises s'interroger sur le pourquoi de l'existence[3]. Pendant la Première Guerre mondiale, le capitaine (et futur général) Spears a noté dans ses carnets une conversation, un soir, en France, avec le colonel Churchill, où celui-ci lui a exposé sa croyance en un esprit qui survivrait après la mort[4]. C'est un écho semblable que l'on trouve sous la plume de Jock Colville, son collaborateur le plus direct : selon son témoignage, l'agnostique, au fil des années,

---

1. CV II, 1, pp. xxv-xxvii, lettre de W. Churchill à son cousin Ivor Guest, 19 janvier 1899 (écrite de l'Inde).
2. Cf. *My Early Life, op. cit.,* p. 120.
3. RC, *Youth,* p. 158.
4. MG III, *1914-1916,* p. 600.

« en est venu à concevoir l'existence d'une puissance supérieure ayant une influence consciente sur notre destinée. [...] Incontestablement il a acquis la conviction dans sa vieillesse que tout n'était pas terminé avec la vie[1]. » Ce qui ne contredit nullement le pessimisme churchillien dont on a maintes preuves et dont le docteur Wilson/Moran a cité nombre d'exemples : ainsi quand il affirmait en 1943 : « La mort est le plus beau don que Dieu puisse nous faire », ou en 1954 : « Sale monde ! Si l'on savait ce qui nous y attend, personne ne voudrait y entrer[2] ! »

Ce serait toutefois une vision tronquée que d'enfermer Churchill dans une conception par trop sommaire, et somme toute pauvre, de la religion. Car pour lui le fait religieux est une donnée majeure : à la fois comme phénomène social et comme phénomène culturel. Première raison de cet attachement, au moins extérieur, aux croyances ancestrales : l'Église d'Angleterre est une institution – une institution constitutive du royaume puisqu'elle en a forgé l'histoire et l'esprit. De façon générale, et par souci de conserver du passé tout ce qui le mérite, Winston n'aime pas voir amoindrir, et encore moins abolir, ce qui repose sur la tradition, sur les coutumes, sur le cérémonial, bref, sur tout ce que les Anglais englobent sous le terme *pageantry*. Par ailleurs, dans l'univers sécularisé et déboussolé du XXᵉ siècle, la religion apparaît aussi comme un instrument de régulation sociale, en même temps que de contrôle et de réconfort. Devant les dangers menaçant l'espèce, ses hautes valeurs morales ne peuvent-elles concourir à combattre et, peut-être, à limiter le désordre ambiant ?

1. Cf. John Colville, *The Fringes of Power, op. cit.*, vol. I, p. 149.
2. Cf. lord Moran, *Winston Churchill, the Struggle for Survival..., op. cit.*, pp. 122 et 525 ; trad. fr., pp. 127 et 465.

Par exemple, dans un texte de réflexion de 1925 sur la marche du monde, Winston s'est posé la question de savoir si les croyances religieuses ne seraient point en mesure de protéger l'humanité contre l'enfer de la « robotisation » et contre l'emploi des armes de destruction massive [1].

Bien plus : dans la solitude de l'Angleterre de 1940, Churchill n'a pas une seconde hésité à utiliser le thème de la défense de la civilisation chrétienne contre le paganisme nazi. Ce qui, du même coup, a conféré aux insulaires un statut singulier : celui de preux chevaliers, chargés de sauver de la barbarie la double tradition de la nation et de la chrétienté – illustration inattendue de la devise du souverain figurant sur toutes les monnaies du royaume : *Defensor Fidei* ? Encore en 1943, dans un discours prononcé à la BBC, Winston reviendra sur l'idée de la double identité, anglaise et chrétienne, de la nation : « Dans l'existence et dans le caractère du peuple britannique, affirme-t-il, la religion a toujours été le roc sur lequel ont été bâtis ses efforts et ses espoirs [2]. »

*
* *

Malgré tout, c'est ailleurs qu'il faut chercher la véritable religion de Churchill. Cette religion, c'est la nation et c'est l'Empire. C'est là qu'il met sa foi et son espérance. Toute sa vie il a cru à la grandeur de l'Angleterre, à son glorieux passé, à sa vocation civilisatrice. En témoigne un passage fameux de sa biographie de Marlborough, sorte de péan triomphal célébrant l'ascension de la Grande-Bretagne face à la puissance déclinante du Roi-Soleil – puissance dont le grand John Churchill a

---

1. W. Churchill, *Thoughts and Adventures*, « Shall we Commit Suicide ? ».
2. W. Churchill, *War Speeches*, t. IV ; trad. fr., *En avant vers la victoire, op. cit.*, p. 50 (discours du 21 mars 1943).

465

brisé la domination hégémonique, tandis que ses victoires instauraient un nouvel équilibre en Europe.

« Si en 1672, écrit-il d'une plume superbe, il était venu à quelqu'un l'idée de calculer le rapport des forces entre la France et l'Angleterre, il aurait abouti à une seule constatation : la faiblesse et la dépendance humiliante d'une île entretenue par les subventions étrangères étaient encore aggravées par l'état de fragilité et de division de l'Europe.

« Quel rêveur, si romantique qu'il fût, si déments que fussent ses rêves, eût pu prévoir que le jour approchait où, sous les coups de vastes coalitions et grâce aux combats menés par toute une génération, le puissant colosse français se trouverait gisant à terre, prostré dans la poussière, tandis que la petite île serait en train d'édifier un empire aux Indes et en Amérique, d'arracher à la France et à la Hollande leurs possessions coloniales et d'émerger victorieuse, maîtresse de la Méditerranée, des mers étroites et des océans ? Et qu'elle porterait avec elle, comme dans une châsse, ses lois et ses libertés dans leur plénitude ainsi que son patrimoine dans le domaine des sciences et des lettres – ces biens devenus aujourd'hui le trésor de la famille la plus puissante de l'espèce humaine[1] ? »

Victorien né à la veille de la proclamation de Victoria comme impératrice des Indes, spectateur dans sa jeunesse des deux grandioses jubilés de la reine – le Jubilé d'or en 1887, le Jubilé de diamant en 1897 –, Churchill est resté toute sa vie un patriote intransigeant, absolu, passionnel – convaincu que la Providence avait confié aux responsables successifs de la nation une terre bénie, gardienne de la civilisation et du progrès dans le monde. De là une conception proprement sacrale du patriotisme

---

1. W. Churchill, *Marlborough, his Life and Times, op. cit.*, vol. I, p. 82.

– glissant indubitablement à maintes occasions dans le nationalisme et l'impérialisme, mais sans jamais tomber dans un jingoïsme démagogique et vulgaire.

C'est pourquoi, d'un bout à l'autre de sa carrière, Winston s'est élevé contre l'idée du déclin inévitable. Fait significatif : c'est là un thème qu'il choisit pour son premier discours politique devant une assemblée conservatrice en 1897. « Il ne manque pas de gens, s'écrie-t-il sous les applaudissements, pour soutenir qu'en cette année du Jubilé notre Empire a atteint le zénith de sa puissance et de sa gloire et que dorénavant nous allons tomber en décadence, comme l'ont fait Babylone, Carthage, Rome. N'écoutez pas ces corbeaux de malheur. Dénoncez le caractère mensonger de leurs croassements en montrant par vos actes que la force et la vitalité de notre race sont intactes, de même que notre détermination à faire respecter l'Empire que nous avons reçu en héritage [1]. » En pleine guerre, au lendemain de la victoire d'El-Alamein, le vieux lion poussera ce rugissement au cours d'une cérémonie officielle dans ce lieu symbolique qu'est la City de Londres : « Je ne suis pas devenu le premier des ministres du roi pour présider à la liquidation de l'Empire britannique. Pour cette tâche, si un jour elle était prescrite, il faudrait trouver quelqu'un d'autre, et, en démocratie, je pense qu'il y aurait à consulter la nation [2]. »

*
* *

Parallèlement à l'Empire et à l'Angleterre, Churchill croit à la science et au progrès, même si en ce domaine

---

1. *Bath Daily Chronicle,* 27 juillet 1897. Cf. CV, I, 2, p. 774.
2. W. Churchill, *War Speeches,* t. III ; trad. fr., *La Fin du commencement, op. cit.,* p. 219 (discours du 10 novembre 1942 à Mansion House).

son credo est loin d'atteindre l'intensité de sa passion patriotique. Rappelons-nous que sa formation s'est faite pour l'essentiel dans le dernier quart du XIXᵉ siècle, alors que l'idée de progrès était une composante essentielle du *Zeitgeist* victorien. Son esprit a imbibé le scientisme ambiant. Maintenant que le savoir a ouvert des voies nouvelles et illimitées au pouvoir de l'homme, règne la certitude de la prochaine victoire de la raison et de la science sur l'ignorance, les préjugés, les croyances traditionnelles. Et à cet optimisme vient s'ajouter le moralisme alors dominant dont on veut croire qu'il associera le bien au vrai.

De cette atmosphère dans laquelle il a grandi, Winston restera tributaire toute sa vie. À l'âge de sept ans il s'émerveillait déjà devant ses premières expériences sur le mélange des gaz. Plus tard, la chimie sera l'une de ses deux matières fortes pour l'entrée à Sandhurst [1]. Autre signe de modernité, celui-là au quotidien : c'est l'hôtel de lord Randolph Churchill dans le West End qui a été la première demeure privée de Londres à être éclairée à l'électricité [2].

De là, chez Winston, une curiosité toujours en éveil, une imagination créatrice en perpétuel mouvement, un goût invétéré pour les nouvelles machines et pour les gadgets, pour l'innovation et pour les inventions, depuis le tank pendant la Première Guerre mondiale jusqu'au radar et au système *Ultra* durant la Seconde, sans oublier des plans fantastiques comme en 1943 Habakkuk – un projet consistant à transformer les icebergs en bases aériennes flottantes et insubmersibles en posant au som-

---

1. Cf. W. Churchill, *My Early Life, op. cit.,* p. 33.
2. Cf. A.M. Low, « Churchill and Science », in *Churchill by his Contemporaries,* éd. Charles Eade, Londres, Hutchinson, 1953, p. 442.

met d'immenses planchers de bois congelé, mais un projet immédiatement condamné par les experts[1]!

À ce tableau il convient d'ajouter une dernière donnée : la passion que Churchill a toujours nourrie pour l'histoire. Celle-ci n'a pas été seulement pour lui une ancre de salut, elle lui est apparue foncièrement, en dépit de toutes les traverses – à commencer par les drames du xxᵉ siècle –, comme une histoire de progrès. Un progrès dont le meilleur exemple est donné par le déroulement de l'histoire anglaise, depuis les temps barbares des tribus celtiques et des invasions danoises jusqu'à l'épanouissement de la Grande-Bretagne contemporaine, flambeau de la civilisation, de la liberté et de la démocratie. Sur ce plan Winston est un inconditionnel de la « conception whig » de l'histoire, c'est-à-dire de la vision d'une histoire linéaire marquée par la conquête progressive de l'émancipation, le triomphe des réformes et l'accession – de la Grande Charte à l'habeas corpus – à la libre disposition par chacun de son existence et de sa destinée : philosophie qui au demeurant seyait fort bien au descendant éclairé d'une des grandes familles du royaume, voué au service de l'État et de la chose publique.

UN LEADER CHARISMATIQUE ?

Qu'il ait existé un charisme churchillien, tout particulièrement entre 1940 et 1945, qui s'aviserait de le nier, tant ont éclaté à ce moment-là chez Winston son talent de communicateur, son don de la parole et des gestes symboliques, sa capacité à insuffler une énergie indomptable à son peuple ? Mais peut-on pour autant le qualifier de leader charismatique ?

1. Cf. MG VII, *1941-1945*, p. 446.

On sait que Max Weber, à la recherche de catégories pour expliquer le pouvoir de certains personnages – chefs politiques, militaires ou religieux –, a défini trois types idéaux de domination légitime à travers les âges. La première est la domination *traditionnelle*, fondée sur la croyance en la sainteté des coutumes et en la légitimité de ceux qui gouvernent au nom de la tradition. La deuxième est la domination *légale*, basée sur la validité de la loi constitutionnelle et des institutions en vigueur, et établie par voie rationnelle et régulière. Enfin la domination *charismatique* prend sa source dans l'adhésion et la dévotion à un chef en raison de son aura, de sa valeur personnelle et de ses talents exceptionnels. Autrement dit, le leader, au lieu de détenir son autorité de la loi ou de la tradition, la tient d'un don : c'est là sa « grâce », son « charisme ». D'où, de la part de la population, « la soumission au caractère sacré, à la vertu héroïque ou à la valeur exemplaire d'une personne ». Car il s'agit bien d'un personnage d'un naturel messianique et salvateur, « doué de forces ou de caractères surnaturels ou surhumains ou tout au moins [...] inaccessibles au commun des mortels ». Ainsi s'expliquent la reconnaissance et la vénération du chef par ses adeptes en une attitude d'adhésion volontaire et spontanée, de nature tout à fait personnelle, et nourrie de foi et d'espérance [1].

Sans suivre Max Weber dans toutes les spécifications, parfois imprécises, voire nébuleuses, de son type idéal, il vaut assurément la peine d'utiliser cet outil heuristique pour éclairer la personnalité et la carrière de Churchill, non point en faisant de lui une sorte de surhomme, mais simplement en tentant de comprendre d'où cet être exceptionnel, doté de qualités extraordinaires (au sens propre du terme), a, dans des circonstances non moins

---

1. Cf. Max Weber, *Économie et société,* Paris, Plon, 1971, t. I, pp. 289 et 320-321.

extraordinaires, exercé l'autorité en bénéficiant d'une adhésion générale, passionnée et libre de son peuple. À cet égard, nous disposons de statistiques éloquentes, puisque les sondages Gallup montrent un soutien massif et continu à la personne du Premier ministre chef de l'Angleterre en guerre, les chiffres oscillant de 88,5 % dans la seconde moitié de 1940 à 89 % en 1944, avec un léger fléchissement en 1942 (84 %) et un sommet en 1943 (92 %)[1].

Laissons de côté l'objection faite au concept wébérien de leader charismatique : objection selon laquelle l'origine religieuse du mot (effectivement, Weber a emprunté sa terminologie sur le charisme et la grâce au livre de Rudolf Sohm, *Kirchenrecht,* paru en 1893) empêcherait de l'appliquer aux régimes politiques laïques contemporains. En réalité les sociétés les plus laïcisées du xxe siècle n'échappent nullement au sacré ni à la croyance, en particulier sous la forme des religions séculières. Il en résulte une interpénétration du politique et du religieux sur de vastes espaces où se déploient l'affectivité et la fidélité[2]. De là, dans les sociétés libérales comme dans les sociétés totalitaires, lorsque surgissent des personnalités qualifiées de charismatiques, la confiance totale mise dans la personne du chef, la dévotion à sa parole et à son action, la foi en son charisme.

Justement, dans le cas de Churchill, on relève trois données qui sont autant d'attributs d'un leader charisma-

---

1. Cf. *The Gallup International Public Opinion Polls : Great Britain 1937-1945,* vol. I, *1937-1964,* George Gallup, éd., New York, Random House, 1976. Les pourcentages moyens cités sont établis à partir de cinq à six sondages effectués par année.
2. Cf. sur ce débat, du côté des critiques de M. Weber, Carl J. Friedrich, « Political Leadership and Charismatic Power », *Journal of Politics,* XXIII, 2, février 1961, pp. 14-16, et, en sens inverse, Robert C. Tucker, « The Theory of Charismatic Leadership », *Daedalus, 97,* été 1968, pp. 731-756.

tique [1]. Première caractéristique : une situation de crise – ce que Weber a appelé un temps d'angoisse psychologique, physique, morale, politique. Qui nierait que ce fut le cas de l'Angleterre de 1940 exposée à l'invasion et au désastre, et même encore en 1942 au cours des mois les plus critiques de la bataille de l'Atlantique ? Le charisme du chef, c'est, en réponse à une conjoncture faite de menace, de peur, de détresse, de catastrophe imminente, d'apporter une voie de salut et d'incarner la délivrance, en retournant psychologiquement la situation, en substituant la confiance à l'anxiété, en insufflant la croyance au succès, le tout dans une atmosphère d'émotivité intense. Tel est le don propre d'une figure à la fois providentielle et salvatrice : un don présent à l'évidence chez Churchill.

Deuxième critère : l'investissement affectif qui en découle et qui unit le peuple à son chef dans une relation de fidélité quasi mystique. De là une sacralisation du héros qui lui donne une autorité supérieure à toute autre. Ici encore, toutes les preuves sont réunies de l'adhésion générale et spontanée de la population britannique à la personne de Churchill Premier ministre entre le printemps 1940 et le printemps 1945 : non seulement les chiffres des sondages, mais les témoignages et les documents d'archives vont dans le même sens. Sans doute cette emprise sur l'opinion peut-elle n'être point durable. Elle est même éminemment fragile et friable, comme l'ont montré les élections de 1945, mais à ce moment-là les conditions historiques ont changé, la victoire est

---

1. Dans une intéressante étude, *Crisis, Charisma and British Political Tradition : Winston Churchill as an Outsider,* Londres et Beverly Hills, Sage Publications, 1974, Dennis Kavanagh a dégagé pour sa part cinq marques charismatiques chez Churchill à partir des analyses de Max Weber, mais s'il admet des éléments d'autorité de type charismatique à la manière d'un *outsider* ou d'un *maverick,* il rejette pour finir la thèse d'un Churchill leader charismatique (cf. pp. 25, 31, 37).

acquise, tandis que d'autres facteurs ont pris le pas, qui expliquent la chute du leader. En revanche, dans la mémoire collective, le lien indissoluble créé et vécu pendant la guerre entre la nation et son héros persiste : non content de se maintenir tant qu'a vécu le grand homme, il lui a survécu et dure encore.

Le troisième paradigme tient au nécessaire processus de communication et de ritualisation de la grâce charismatique : un domaine dans lequel Churchill a toujours été sans rival. En effet, dans la mesure où le charisme est par nature instable, il est nécessaire pour celui qui en est doté de l'accompagner par une dynamique sociale appropriée dans l'espace public, afin de le vivifier et de le mettre en scène au plan de la collectivité au moyen de représentations symboliques. S'il est vrai que la première condition d'un leadership charismatique, c'est de démontrer des qualités d'exception – on pourrait presque parler de qualités de médium –, il faut en même temps en prodiguer des signes visibles, que ce soit les discours (le verbe parlementaire ou radiophonique), l'image (les photos et les actualités filmées) ou les gestes ritualisés (le V, le cigare, les uniformes).

Toutefois, Max Weber a été le premier à soutenir que non seulement ses trois catégories de domination – traditionnelle, légale et charismatique – ne s'excluent pas (d'autant que chaque type idéal se rencontre rarement à l'état pur), mais que souvent se constitue une combinaison entre les trois formes de légitimité et de pouvoir[1]. En ce sens, il est aisé de démontrer que Churchill les a effectivement associées et assumées toutes trois en sa personne. En ce qui concerne l'autorité de source traditionnelle, il est évident que le grand aristocrate qu'il était, cadet éminent d'une des plus grandes familles du royaume, descendant d'un des héros de la nation, a tou-

---

1. M. Weber, *Économie et société, op. cit.*, p. 345.

jours bénéficié du prestige qui s'attachait à sa naissance, à son rang et à son nom. Tout particulièrement dans une société caractérisée par la déférence et la révérence envers les grands de ce monde, sa qualité de patricien lui a constamment valu un attachement respectueux, presque religieux, qui, s'il n'apparaît pas toujours en surface, est resté sous-jacent tout au long de sa carrière, et plus encore durant la période où il a occupé le sommet de l'État.

Mais Churchill a aussi été un exemple de domination légale, puisqu'il n'est parvenu au pouvoir suprême que librement et démocratiquement élu par la voie constitutionnelle. En ce sens, il incarne et illustre parfaitement la culture politique britannique. Chez lui, au même rang que l'héritage du sang – sa lignée ducale – se situe l'héritage rationnel et institutionnel – la logique démocratique. Adepte dans l'âme du régime parlementaire, il a toujours scrupuleusement respecté les droits et les coutumes du Parlement. De là la source essentielle de légitimité qu'a constituée pour lui un habitus constitutionnel sans faille.

Mais, à la différence d'autres hommes d'État britanniques, détenteurs talentueux tout ensemble d'autorité traditionnelle et d'autorité légale, la grande originalité de Churchill, c'est son leadership trinitaire. Car le don charismatique a été une composante essentielle de sa personnalité et de son action. C'est cette tripartition qui lui a donné une place exceptionnelle dans l'histoire. C'est aussi ce qui explique le « mouvement pendulaire », pour reprendre une expression de Max Weber, entre la raison et le charisme dans son exercice de l'autorité et son pouvoir de domination. Car avec le charisme advient une irruption de l'irrationnel dans l'histoire. Sans cette « grâce », serait incompréhensible l'avènement, en 1940, du fortuit et de l'imprévisible dans le processus de rationalisation à l'œuvre dans l'Angleterre du xxe siècle, à l'instar des autres sociétés modernes. En somme, sans le don charismatique de Churchill, son destin perdrait son statut d'exception et le grand homme se retrouverait au niveau du commun des mortels.

CONCLUSION

Le livre s'achève. Le *fatum* a passé. Une page d'histoire se referme. Que conclure sur cet itinéraire fulgurant ?

Reconnaissons d'abord que, malgré toutes les investigations, les plus patientes et les plus fouillées, Churchill garde une part de son mystère. Il est tentant de lui appliquer la formule qu'il avait lui-même imaginée pour décrire l'URSS de 1939 : « Un casse-tête enveloppé de mystère à l'intérieur d'une énigme[1]. » De cet être aux multiples facettes, Clement Attlee, l'un de ceux qui ont le plus travaillé avec lui, a pu dire : « C'était l'être le plus protéiforme que j'aie connu[2]. » Visionnaire brillant et généreux, c'était aussi une personnalité dominatrice, égocentrique, un mélange d'archaïsme et de modernité.

Quatre sujets de méditation historique ressortent de cette longue trajectoire de quatre-vingt-dix années. D'abord, à la différence de maints héros qui se sont imposés très tôt ou qui ont disparu en pleine jeunesse ou

---

1. Cf. ci-dessus, chap. VII, « La Grande Alliance », note 1, p. 342.
2. Cf. *Winston Churchill : Memoirs and Tributes Broadcast by the BBC*, Londres, BBC, 1965, p. 47. Cf. aussi le diagnostic de C.P. Snow dans son livre d'essais, *Varieties of Men* : un être « anormalement impénétrable ».

au début de l'âge mûr, c'est *in extremis,* de façon inattendue, presque par hasard, qu'est intervenue dans le cas de Winston Churchill la double rencontre de l'homme avec son peuple et du chef de l'Angleterre avec le sort du monde. En effet, s'il était mort au milieu des années 30, sa place dans l'histoire serait celle d'un homme politique brillant, mais d'un raté – à l'image de son père, lord Randolph Churchill. Certes, à la veille de la guerre, Winston, à l'âge de soixante-dix ans, a déjà derrière lui une carrière longue et remplie, d'abord comme libéral, puis comme conservateur. Neuf fois ministre, il a occupé les plus hauts postes : l'Intérieur, l'Amirauté, la Guerre, l'Échiquier. Mais, comme on l'a vu, cette carrière, loin de représenter une marche ascendante et régulière vers la charge suprême – celle de Premier ministre –, a été traversée de hauts et de bas. Justement, à la fin des années 30, la fortune de Winston Churchill se trouve au plus bas. Honni par la plupart des conservateurs, tenu en suspicion par les travaillistes et les libéraux, il a usé son crédit dans des causes impopulaires ou futiles, et, de tout côté, on lui reproche son caractère brouillon, incontrôlé, imprévisible. Aussi fait-il figure de politicien fini. Et il faudra les circonstances exceptionnelles du printemps 1940 pour que sonne son heure et qu'il se voie offrir une chance de donner sa pleine mesure.

Non point que l'homme ait alors perdu ses défauts d'antan. Il reste aussi touche-à-tout, aussi impatient et versatile que par le passé. Mais c'est un animateur infatigable ainsi qu'un orateur consommé, qui sait insuffler l'énergie à tous, faire partager son dynamisme, aiguillonner ministres, généraux, diplomates, hauts fonctionnaires. Fort de son autorité et de sa popularité, sûr en outre de son génie propre, il mène de front action diplomatique, action militaire et action politique.

Après la débâcle électorale de 1945, du jour au lendemain, toute son existence est bouleversée. Car la perte du

478

pouvoir ne lui apporte pas seulement la pire des humiliations, elle relègue le nouveau leader de l'opposition dans des combats médiocres sur un terrain d'action étriqué et dans un habit qui n'est pas taillé à sa mesure, puisque, au lieu de se retirer de la vie politique en se drapant dans sa gloire il a décidé de continuer à la tête du Parti conservateur. Du coup, loin de se retrouver en prise avec son temps, il paraît déphasé, comparable, selon le mot cruel de Bevan, à « un dinosaure dans une exposition de mécanique de précision ». À ce stade, le salut vient pour lui de deux directions. D'abord, de l'intérieur, sur le terrain de la mémoire et de l'histoire, en s'y édifiant un mausolée. Ensuite, de l'extérieur, grâce à son statut d'expert suprême ès affaires mondiales, en jouant le rôle de l'annonciateur prophétique de l'avenir de la planète.

*
* *

Deuxième sujet de méditation : ce patricien aux mille talents, qui a été le plus populaire des chefs de gouvernement dans l'histoire britannique, a toujours su allier convictions de principe et pragmatisme, approche théorique et démarche empirique. Il a d'ailleurs lui-même révélé le secret de cette dialectique : « Il est toujours plus facile d'afficher et de proclamer des principes généraux que de les mettre en application [...]. Cependant ceux qui possèdent un corps constitué de doctrine et des convictions bien enracinées sont en position beaucoup plus favorable pour faire face aux mutations et aux imprévus du quotidien que ceux qui ne regardent que le court terme et se contentent d'obéir à leurs impulsions spontanées [1]. »

---

1. SWW I, p. 189 ; trad. fr., I, 1, p. 214 : discours au comité conservateur pour les affaires étrangères, mars 1936.

Porphyrogénète dès le berceau, Winston l'est demeuré toute sa vie, protégé par une existence de super-privilégié, lui qui est venu au monde avec une cuiller d'argent dans la bouche. Le cadre somptueux et monumental de sa jeunesse et de son âge mûr, c'est Blenheim Palace, où il est né, où il a séjourné à mille occasions, où il s'est marié et à proximité duquel il est enterré. Au milieu des obélisques de la victoire, des tableaux et des tapisseries à la gloire d'un ancêtre qui fut le plus illustre capitaine du royaume, il s'est fait un devoir de transmettre cet héritage sacré, conformément à la mission impartie à ces « grands chênes », les familles aristocratiques d'Angleterre qui, au dire de Burke, ont fait le lustre en même temps que la force de la Couronne.

Certes, il lui est arrivé, à la faveur de circonstances exceptionnelles, de rencontrer, serait-ce brièvement et superficiellement, des Britanniques ordinaires. Ainsi, en 1916, au contact des fusiliers écossais de son bataillon. Mais plus encore en 1940, lorsque, devant le danger suprême et dans l'unanimisme du jour, une osmose s'établit entre le leader de la nation et son peuple, tous communiant dans la même volonté de tenir et de vaincre. Malgré tout, c'est l'appartenance patricienne qui est la plus forte, d'autant que dans sa culture politique Churchill allie d'une part la tradition de l'aristocratie whig avec sa conception de l'histoire et du progrès, d'autre part la sensibilité tory démocrate héritée de son père, mais dans l'un et l'autre cas prédominent une vision hiérarchique de la société et une logique paternaliste, comme il sied aux membres des « classes supérieures » nés pour gouverner (*born to rule*).

*
* *

Un troisième paradigme churchillien, c'est son énergie inlassable et sa force de volonté sans pareille. D'un bout à l'autre de son existence, il fut un lutteur. Dans une adresse au peuple norvégien, en 1948, il proclamait : « Je vous adjure de ne jamais oublier que la vie est une lutte continuelle[1]. » Après tout, le monde victorien où il avait été élevé n'était-il pas, au plan théorique comme au niveau des pratiques, le lieu par excellence de la *struggle for life*, de surcroît consacrée et légitimée par la science ? En maintes occasions cette prodigieuse vitalité l'amène à résister à toutes les formes de pression, témoin l'obstination courageuse dont il a fait preuve, malgré sa déférence pour la monarchie et pour la personne du souverain, au temps où il était Premier lord de l'Amirauté, lorsqu'il entend baptiser un nouveau dreadnought *Oliver Cromwell* et que le roi George V s'y oppose.

Il n'est pas jusqu'à l'apparence physique de l'homme, aux traits du visage, au port des épaules, qui ne renforcent l'impression du lutteur concentrant toutes ses forces sur soi, à la manière d'un athlète prêt à tout moment au combat. De là un égocentrisme sans bornes, presque monstrueux, analysé en termes cliniques par Isaiah Berlin : « Churchill a l'esprit centré sur son propre monde chatoyant et on peut se demander s'il a jamais été conscient de ce qui se passe dans la tête et le cœur des autres. Il ne réagit pas, il agit. Il ne reflète pas, il façonne les autres et les transforme à son gré et à sa mesure[2]. »

En fait, c'est très tôt que Churchill a fait le choix de cette existence d'action et de combat : un choix que lui dictaient son ambition, son goût de paraître, son aspiration à une grande destinée. Dans son roman de jeunesse

---

1. Discours à l'hôtel de ville d'Oslo, 13 mai 1948 : cf. W. Churchill, *Europe Unite, op. cit.,* p. 333.
2. Cf. Isaiah Berlin, *Mr. Churchill in 1940, op. cit.,* pp. 25-26. Sur cet ouvrage et sur le rôle qu'il a joué dans la légende churchillienne, cf. Michael Ignatieff, *Isaiah Berlin : a life*, Londres, Chatto and Windus, 1998, pp. 195-197.

Savrola, écrit quand il avait à peine vingt-quatre ans et publié en 1900, un passage tout à fait éclairant expose la pulsion irrésistible qui a poussé Winston à refuser la route de l'ataraxie pour choisir celle de l'aventure et de la gloire. « Le jeu, écrit-il, valait-il la chandelle ? Lutter, travailler, être sans cesse entraîné par le flot des événements, sacrifier tant de choses qui rendent la vie facile et agréable – et pourquoi ? Pour le bien du peuple ? Mais c'était là, il ne pouvait se le dissimuler, la direction plutôt que la cause de ses efforts. L'ambition était la force qui le poussait et à laquelle il lui était impossible de résister. Il pouvait imaginer les joies d'un artiste, comprendre que l'on consacrât sa vie à la recherche du beau, ou aux sports qui donnent les plus vifs plaisirs sans laisser d'aiguillon derrière eux. Mener une vie calme, vouée au rêve et à la philosophie, dans un beau jardin éloigné du tapage des hommes, s'adonner à tous les divertissements que peuvent procurer l'art et l'intelligence. Le tableau certes était plus aimable. Mais il savait qu'il n'aurait pu supporter une vie pareille. "Élevée, impétueuse et audacieuse" était sa tournure d'esprit. Le chemin qu'il avait pris était le seul qu'il pût jamais prendre, et il lui fallait le suivre jusqu'au bout[1]. »

*
* *

Quatrième sujet de méditation : on ne peut comprendre ni la vie ni l'œuvre de Churchill si on ne mesure pas à quel point il est resté un victorien immergé – d'autres diront égaré – dans la modernité du XXe siècle. Quoi d'étonnant du reste à ce qu'il ait été aussi fortement marqué par le victorianisme, lui qui a passé vingt-sept années de son existence – plus du quart de ses années –

1. W. Churchill, *Savrola* (1900), pp. 42-43.

sous le règne tutélaire de la reine Victoria ? N'a-t-il pas vécu et partagé les derniers feux de l'Empire – en acteur modeste, mais en patriote fervent –, lui qui a servi sous l'Union Jack aux avant-postes les plus chauds, la frontière nord-ouest de l'Inde, l'Égypte et le Nil, l'Afrique du Sud ?

Au demeurant, Winston n'a jamais caché sa nostalgie de ces temps heureux, qui furent sa « Belle Époque » et qu'il a comparés à l'âge des Antonins. « Je suis un enfant de l'ère victorienne, a-t-il reconnu dans son autobiographie, quand l'armature de notre pays était fermement établie, quand sa position commerciale et maritime était sans rivale, et quand la conscience de la grandeur de notre Empire et de notre devoir de le préserver ne cessait de se renforcer[1]. » Au point qu'il aurait même voulu empêcher le temps de couler, comme l'a raconté Jock Colville : à l'issue d'une soirée heureuse, Winston répète la phrase de Faust : « Et maintenant que ce moment demeure ! » C'est ce qu'a bien analysé un esprit sagace, le politicien conservateur Leo Amery : « J'ai toujours considéré que la clef pour comprendre Winston, c'est de se rendre compte qu'il est un victorien, immergé dans la vie politique du temps de son père et incapable de comprendre la modernité. C'est seulement son exubérance verbale et sa vitalité qui masquent ce fait élémentaire[2]. » Symbole amusant de l'attachement de Churchill aux usages du passé : même devenu Premier ministre, au lieu de demander si le chauffeur de sa voiture était là, il gardait l'habitude dire : « Le cocher est-il à son siège ? » De même, il parlait toujours de Constantinople et non point d'Istanbul, de Perse et non d'Iran.

Sur le plan de la philosophie politique de Churchill, c'est cet attachement au passé, c'est la fidélité à l'héri-

---

1. W. Churchill, *My Early Life*, préface.
2. Cité par Robert Rhodes James, « The Politician », in A.J.P. Taylor, éd., *Four Faces and the Man,* Londres, Allen Lane, 1969, p. 89.

tage reçu, c'est la volonté de ne pas démériter par rapport aux gloires de l'ère victorienne qui expliquent en grande partie son comportement et sa stratégie. Comme il l'écrivait à Clementine – quelque peu désabusé, mais sans céder au découragement –, dans les dernières semaines de la guerre, « nous avons à maintenir ce vaste Empire, qui ne nous rapporte rien et qui nous vaut les critiques, voire les insultes du monde, et de nos propres concitoyens. [...] Malgré tout, du fond des ténèbres, je ressens une volonté croissante de continuer à me battre et à empêcher que l'on amène le drapeau pendant que je suis à la barre [1]. »

*

* *

Au total, si l'on veut assigner à Churchill sa vraie place sur la scène de l'histoire, la période qui capte les feux de la rampe, c'est évidemment celle des cinq années du second conflit mondial. Pour juger son rôle durant cette période, trois considérations sont à mettre en relief. D'abord, les antinomies du personnage. Patricien rallié à la démocratie, nationaliste et romantique à souhait, servi par une force de volonté peu commune, Churchill, riche de tant de dons conférés dès le berceau, a été tour à tour Cassandre et Périclès, César et Orphée, Pitt et Washington. Non sans commettre à maintes reprises des erreurs à la taille même de ses vertus, tant il y a de continuum chez lui entre des qualités et des défauts tissés dans la même trame. C'est là ce qui a fait du prophète solitaire un chef de guerre implacable et du vieil impérialiste ana-

---

1. Lettre de W. Churchill à Clementine Churchill, écrite de Malte le 1er février 1945 : cf. *Speaking for Themselves : the Personal Letters of Winston and Clementine Churchill*, éd. Mary Soames, Londres, Doubleday, 1998, p. 512.

chronique le sauveur de son pays et de la liberté du monde.

C'est pourquoi – deuxième considération – Winston Churchill a bien été en 1940 l'homme du destin, figure d'*exception* s'élevant à la hauteur d'un moment d'*exception* dans l'histoire. Non content d'unifier et de galvaniser son pays resté seul face à Hitler et d'obtenir de la population britannique ce qui n'aurait été possible à aucun autre Premier ministre, il a su conduire le Royaume-Uni à la victoire grâce à la brillante gestion de la « Grande Alliance » forgée par ses labeurs. Certes, sa vue romantique de la guerre ne s'accordait guère avec la conception rationalisatrice des guerres industrielles du xxᵉ siècle. Il n'empêche qu'en 1940, comme lui-même l'avait écrit peu avant dans la biographie de son aïeul Marlborough, la décision est venue « de l'œil, du cerveau et du cœur d'un seul homme », car « au sphinx de la guerre il n'y a que le génie qui puisse donner la bonne réponse ». Or « le génie ne s'acquiert pas, que ce soit par l'étude ou par l'expérience ».

Enfin, pour Churchill, après l'acmé des années 1940-1945, caractérisées par une identification rare de l'homme et de l'événement – *fatum* qui lui a conféré un statut providentiel (sans lui, l'Angleterre n'aurait-elle pas succombé en 1940?) –, est venu le temps de l'abaissement et de la pénitence. Non seulement parce que le flux de l'histoire l'a rejeté sur la rive, une fois passée l'heure du péril, maintenant que l'événement s'appelait paix et non plus guerre. Mais aussi parce que en ces lendemains de triomphe s'accumulent les désillusions. À coup sûr, si la victoire a apporté aux Britanniques tant de fruits amers en enfantant une nouvelle donne géopolitique, c'est le privilège de Winston Churchill de garder pour lui – et de garder à jamais – la gloire impérissable de 1940.

ANNEXES

I

Tableau généalogique de Winston Churchill et de sa famille

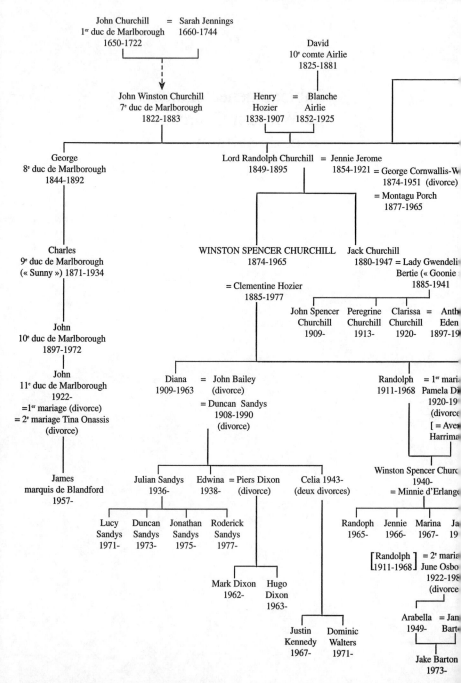

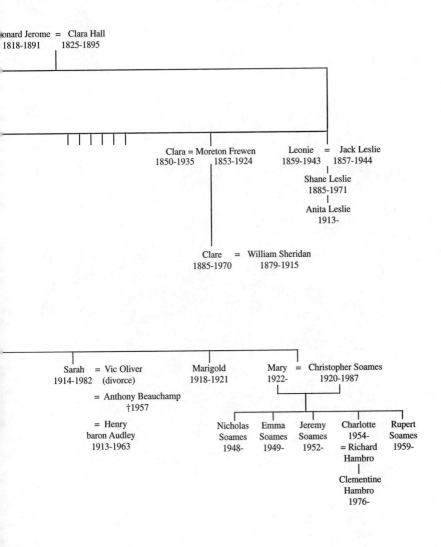

II

Fonctions ministérielles
exercées par Winston Churchill
1905-1955

12 décembre 1905-5 avril 1908	Sous-secrétaire d'État aux Colonies
12 avril 1908-14 février 1910	Président du Board of Trade (Commerce et Industrie)
14 février 1910-23 octobre 1911	Ministre de l'Intérieur (Home Secretary)
23 octobre 1911-25 mai 1915	Premier lord de l'Amirauté
25 mai-12 novembre 1915	Chancelier du duché de Lancastre
17 juillet 1917-10 janvier 1919	Ministre des Munitions
10 janvier 1919-13 février 1921	Ministre de la Guerre et de l'Air (Secretary of State for War and Air)
13 février-1er avril 1921	Ministre des Colonies et de l'Air (Secretary of State for Colonies and Air)
1er avril 1921-23 octobre 1922	Ministre des Colonies
6 novembre 1924-4 juin 1929	Chancelier de l'Échiquier
3 septembre 1939-10 mai 1940	Premier lord de l'Amirauté
10 mai 1940 -23 mai 1945	Premier ministre et ministre de la Défense (gouvernement de coalition)
23 mai- 26 juillet 1945	Premier ministre et ministre de la Défense (« *Caretaker Government* »)
26 octobre 1951-1er mars 1952	Premier ministre et ministre de la Défense
1er mars 1952-5 avril 1955	Premier ministre

III

Les 21 candidatures
et les 16 élections
de Winston Churchill au Parlement
1899-1959

6 juillet 1899	OLDHAM (Lancashire) *Élection partielle* (circonscription à deux députés)	
	A. Emmott (Libéral)	12 976 voix ÉLU
	W. Runciman (Libéral)	12 770 voix ÉLU
	W. Churchill (Conservateur)	11 477 voix
	J. Mawdsley (Conservateur)	11 449 voix
1er octobre 1900	OLDHAM (Lancashire) *Élection législative*	
	A. Emmott (Libéral)	12 947 voix ÉLU
	W. Churchill (Conservateur)	12 931 voix ÉLU
	W. Runciman (Libéral)	12 709 voix
	C.B. Crisp (Conservateur)	12 522 voix

13 janvier 1906   MANCHESTER NORTH-WEST
Élection législative

W. Churchill (Libéral)   5 639 voix ÉLU
W. Joynson-Hicks   4 398 voix
(Conservateur)

24 avril 1908   MANCHESTER NORTH-WEST
Élection partielle

W. Joynson-Hicks
(Conservateur)   5 417 voix ÉLU
W. Churchill (Libéral)   4 988 voix
D.D. Irving (Socialiste)   276 voix

9 mai 1908   DUNDEE
Élection partielle

W. Churchill (Libéral)   7 079 voix ÉLU
G.W. Baxter   4 370 voix
(Libéral unioniste)
G.H. Stuart (Labour)   4 014 voix
E. Scrymgeour   655 voix
(Prohibitionniste)

18 janvier 1910   DUNDEE
Élection législative
(circonscription
à deux députés)

W. Churchill (Libéral)   10 747 voix ÉLU
A. Wilkie (Labour)   10 365 voix ÉLU
J.S. Lloyd (Conservateur)   4 552 voix
J. Glass (Conservateur)   4 339 voix
E. Scrymgeour   1 512 voix
(Prohibitionniste)

9 décembre 1910   DUNDEE
Élection législative

W. Churchill (Libéral)	9 240 voix ÉLU
A. Wilkie (Labour)	8 957 voix ÉLU
G.W. Baxter (Conservateur)	5 685 voix
J.S. Lloyd (Conservateur)	4 914 voix
E. Scrymgeour (Prohibitionniste)	1 825 voix

29 juillet 1917   DUNDEE
Élection partielle

W. Churchill (Coalition Liberal)	7 302 voix ÉLU
E. Scrymgeour (Prohibitionniste/Labour)	2 036 voix

14 décembre 1918   DUNDEE
Élection législative

W. Churchill (Coalition Liberal)	25 788 voix ÉLU
A. Wilkie (Labour)	24 822 voix ÉLU
E. Scrymgeour (Prohibitionniste)	10 423 voix
J.S. Brown (Labour)	7 769 voix

15 novembre 1922   DUNDEE
Élection législative

E. Scrymgeour (Indépendant)	32 578 voix ÉLU
E.D. Morel (Labour)	30 292 voix ÉLU
D.J. MacDonald (National Liberal)	22 244 voix
W. Churchill (National Liberal)	20 466 voix
R.R. Pilkington (Libéral)	6 681 voix
W. Gallacher (Communiste)	5 906 voix

6 décembre 1923   LEICESTER WEST
Élection partielle

F.W. Pethick Lawrence   16 634 voix ÉLU
(Labour)
W. Churchill (Libéral)   9 236 voix
A. Instone (Conservateur)   7 696 voix

20 mars 1924   ABBEY (Westminster)
Élection partielle

O.W. Nicholson   8 187 voix ÉLU
(Conservateur)
W. Churchill   8 144 voix
(Indépendant et
antisocialiste)
A.F. Brockway   6 156 voix
(Independent Labour Party)
J. Scott Duckers (Libéral)   291 voix

29 octobre 1924   EPPING (Essex)
Élection législative

W. Churchill   19 843 voix ÉLU
(Constitutionalist)
G.G. Sharp (Libéral)   10 080 voix
J.R. McPhie (Labour)   3 768 voix

30 mai 1929   EPPING (Essex)
Élection législative

W. Churchill   23 972 voix ÉLU
(Conservateur)
G.G. Sharp (Libéral)   19 005 voix
J.T. Newbold (Labour)   6 472 voix

27 octobre 1931   EPPING (Essex)
Élection législative

W. Churchill (Conservateur)	35 956 voix ÉLU
A.S. Comyns Carr (Libéral)	15 670 voix
J. Ranger (Labour)	4 713 voix

14 novembre 1935 EPPING (Essex)
Élection législative

W. Churchill (Conservateur)	34 849 voix ÉLU
G.G. Sharp (Libéral)	14 430 voix
J. Ranger (Labour)	9 758 voix

5 juillet 1945   WOODFORD
Élection législative

W. Churchill (Conservateur)	27 688 voix ÉLU
A. Hancock (Indépendant)	10 488 voix

23 février 1950   WOODFORD
Élection législative

W. Churchill (Conservateur)	37 239 voix ÉLU
S. Hill (Labour)	18 740 voix
H. Davies (Libéral)	5 664 voix
W. Brooks (Communiste)	827 voix

25 octobre 1951   WOODFORD
Élection législative

W. Churchill (Conservateur)	40 938 voix ÉLU
W.A. Archer (Labour)	22 359 voix
J.R. Campbell (Communiste)	871 voix
A. Hancock (Indépendant)	851 voix

25 mai 1955	WOODFORD *Élection législative*	
	W. *Churchill*	25 069 voix ÉLU
	(Conservateur)	
	A.K. Milner (Labour)	9 261 voix
8 octobre 1959	WOODFORD *Élection législative*	
	W. *Churchill*	24 815 voix ÉLU
	(Conservateur)	
	A.C. Latham (Labour)	10 018 voix

30 novembre 1874	naissance à Blenheim Palace
Janvier 1877-janvier 1880	Dublin : Lord Randolph Churchill et sa famille à Little Lodge, Phoenix Park, auprès du vice-roi
Février 1880	retour à Londres de lord Randolph, de Jennie et de Winston. Vie à St. James's Place, 1880-1882
4 février 1880	naissance de son frère, John Strange Churchill, dit « Jack » (1880-1947)
3 novembre 1882-juin 1884	Winston à St. George's School, Ascot
Septembre 1884-mars 1888	Brighton : école des demoiselles Thomson
24 juin 1885-30 janvier 1886	lord Randolph *Secretary of State for India* à 36 ans
3 août 1886	lord Randolph chancelier de l'Échiquier. Démissionne (avec éclat) le 20 décembre 1886
Avril 1888	Winston entre à Harrow School
Décembre 1892	quitte Harrow School. Tombe d'un arbre à Bournemouth
Février-juin 1893	« *Coaching establishment* » [Captain James's Establishment"] (« crammer school ») pour préparer Sandhurst

501

28 juin 1893	réussit l'examen d'entrée à Sandhurst (Royal Military College) comme « *cavalry cadet* »
Été 1893	vacances en Suisse : « *walking tour* »
1er septembre 1893	entre à Sandhurst
Été 1894	voyage sur le continent (Belgique et Suisse)
3 novembre 1894	manifestation à l'*Empire* de Leicester Square
Fin décembre 1894	sort de Sandhurst 20e sur 130
24 janvier 1895	mort de lord Randolph Churchill
1er avril 1895	sous-lieutenant au 4e Queen's Own Hussars
Juillet 1895	mort de Mrs. Everest
Octobre-décembre 1895	expédition à Cuba
	octobre : s'embarque pour les États-Unis
	novembre : découvre New York
	décembre : Cuba
	6 décembre : premier article dans le *Daily Graphic*
Septembre 1896	départ pour l'Inde avec le 4e hussards
Octobre 1996	arrivée et installation en garnison à Bangalore
Janvier 1897	rencontre Pamela Plowden
Mai-août 1897	permission en Angleterre
Septembre-octobre 1897	sert avec la Malakand Field Force sur la frontière du Nord-Ouest. Dépêches publiées dans le *Daily Telegraph*
Décembre 1897	le lieutenant Churchill retourne à Bangalore au 4e hussards
Janvier-juin 1898	caresse le projet de partir pour l'Égypte
14 mars 1898	publication de son premier livre, *The Story of the Malakand Field Force* (humoristiquement appelé « A Subaltern's Advice to the Generals »)

Juin 1898	en vue de l'expédition au Soudan, prend un congé de 3 mois et quitte l'Inde pour l'Angleterre. Démarches multiples
Juillet 1898	affecté au 21ᵉ Lancers. S'embarque d'Angleterre pour l'Égypte. Accord avec le *Morning Post*
Août 1898	remonte le Nil jusqu'au Soudan
2 septembre 1898	bataille d'Omdurman
Septembre 1898	dépêches envoyées au *Morning Post*
Octobre 1898	retourne à Londres
2 décembre 1898	le lieutenant Churchill rejoint le 4ᵉ hussards en Inde. Reprend ses jeux de polo (un jeu qu'il compare à « *thrashing a cobra with a riding crop* » : fouetter un cobra avec une cravache)
Mars 1899	quitte définitivement l'Inde
Avril 1899	retour à Londres, via Le Caire
3 mai 1899	démissionne de l'armée pour entreprendre une carrière politique
Mai 1899	premier discours politique à une fête de la Primrose League à Bath
6 juillet 1899	échoue à une élection partielle à Oldham
14 octobre 1899	embarque pour Le Cap comme correspondant de guerre pour *The Morning Post*. Arrivée au Cap le 31 octobre, puis au Natal début novembre. Lancashire Hussars
7 novembre 1899	publication de *The River War* (2 vol., 950 p.)
15 novembre 1899	fait prisonnier par les Boers
12-13 décembre 1899	s'évade de sa prison de Pretoria et rejoint le Mozambique : le 21 décembre à Lourenço Marques, puis à Durban le 23
28 février 1900	prend part à la délivrance de Ladysmith
3-10 février 1900	publication de *Savrola*
15 mai 1900	publication de *London to Ladysmith*

503

5 juin 1900	entre à Pretoria avec les troupes britanniques victorieuses
Juin 1900	quitte l'Afrique du Sud. Arrivée en Angleterre le 20 juillet où il est accueilli en héros (13 circonscriptions électorales se proposent)
Fin juillet 1900	lady Randolph épouse George Cornwallis-West
1ᵉʳ octobre 1900	élu député conservateur d'Oldham (Lancashire) aux élections législatives (« *khaki election* »)
12 octobre 1900	publication de *Ian Hamilton's March*
16 décembre 1900	conférence à New York (Mark Twain président), puis conférences à travers les États-Unis, le Canada, l'Angleterre, rapportant 10 000 livres, soit 250 000 francs-or
14 février 1901	ouverture du Parlement par Edward VII. Prend son siège à la Chambre des communes
18 février 1901	Maiden Speech
1901-1902	critique sévèrement la politique militaire du gouvernement
1903	attaque la ligne protectionniste de Joseph Chamberlain
Mai 1903	publication de *Mr. Brodrick's Army*
22 avril 1904	doit interrompre son discours à la Chambre par suite d'un trou de mémoire
31 mai 1904	à la suite de ses désaccords incessants avec la politique du gouvernement conservateur Balfour, passe au Parti libéral au nom du libre-échange
12 décembre 1905	nommé sous-secrétaire d'État aux Colonies dans le gouvernement Campbell-Bannerman
2 janvier 1906	publication de *Lord Randolph Churchill* (2 vol.)

504

13 janvier 1906	élu député libéral de Manchester North-West aux élections législatives
Septembre 1906	assiste aux manœuvres de l'armée allemande à Breslau comme invité du Kaiser Guillaume II
Avril 1907	Colonial Conference à Londres
1er mai 1907	devient *Privy Councillor*
Août 1907	assiste aux manœuvres de l'armée française
Octobre 1907-janvier 1908	visite officielle à Malte, Chypre, au Kenya, en Ouganda, au Soudan et en Égypte
Mars 1908	publication de *My African Journey*
12 avril 1908	nommé *President of the Board of Trade* dans le cabinet Asquith
24 avril 1908	battu à l'élection partielle à Manchester N.W.
9 mai 1908	élu député à Dundee
Été 1908	soutient le Mines Eight Hour Act (journée de 8 heures pour les mineurs)
Été 1908	assiste aux manœuvres de l'armée britannique sur Salisbury Plain
12 septembre 1908	mariage avec Clementine Hozier (1885-1977)
1909	Trade Boards Act (contre le *sweating system*)
1909	Labour Exchanges Act
1909-1911	prend part aux côtés de Lloyd George à la bataille du « People's Budget » et contre la Chambre des lords (Parliament Act)
11 juillet 1909	naissance de sa fille aînée, Diana Churchill
Septembre 1909	assiste aux manœuvres de l'armée allemande à Würzburg
Novembre 1909	publication de *Liberalism and the Social Problem*
18 janvier 1910	réélu député de Dundee aux élections législatives

13 février 1910	nommé *Home Secretary*
Été 1910	assiste aux manœuvres de l'armée britannique sur Salisbury Plain
Novembre 1910	grève des mineurs gallois de Rhondda Valley (« Tonypandy incident »)
9 décembre 1910	réélu député de Dundee aux élections législatives
1910-1911	cherche à améliorer le système pénitentiaire et le régime des prisons
3 janvier 1911	« bataille de Sidney Street »
28 mai 1911	naissance de son fils, Randolph Churchill
Juillet-août 1911	grève des dockers, puis des cheminots
13 août 1911	présente au Committee of Imperial Defence un mémorandum intitulé « Military Aspects of the Continental Problem »
23 octobre 1911	nommé Premier lord de l'Amirauté
29 novembre 1911	change la composition de l'Admiralty Board
1912-1914	modernisation de la Royal Navy : accélération de la construction des dreadnoughts ; remplacement du charbon par le mazout ; création du « Royal Navy Flying Corps », plus tard le « Fleet Air Arm », et étude d'un véhicule blindé, le « tank » (dit « *Winston's folly* »)
1913	nommé *Elder Brother of Trinity House*
1913-1914	soutient la politique du Home Rule en Irlande
1914	élu *lord Rector of Aberdeen University*
17 juin 1914	fait approuver par le Parlement l'achat de l'Anglo-Iranian Oil Com-

	pany en vue d'assurer l'approvisionnement en pétrole de la Navy
1er août 1914	ordonne la mobilisation de la flotte
24 août 1914	bataille d'Heligoland
Octobre 1914	défense et chute d'Anvers
7 octobre 1914	naissance de Sarah Churchill
29 octobre 1914	l'amiral Fisher nommé Premier lord de la Mer à la place du prince Louis de Battenberg
13 janvier 1915	soumet le projet Dardanelles au War Council
18 mars 1915	attaque de la flotte franco-britannique contre Gallipoli
25 avril 1915	débarquement allié à Gallipoli
Début mai 1915	l'échec des Dardanelles devient patent et suscite une crise grave
15 mai 1915	démission de lord Fisher
17 mai 1915	est prévenu par Asquith qu'il doit démissionner de son poste de Premier lord de l'Amirauté
25 mai 1915	formation d'un gouvernement Asquith de coalition
25 mai 1915	*Churchill Chancellor of the Duchy of Lancaster*
Fin juin-début juillet 1915	commence à peindre. Découvre la peinture comme hobby
11 novembre 1915	démissionne du gouvernement
18 novembre 1915	Part pour la France
20 novembre 1915	affectation provisoire comme major aux grenadiers de la Garde et montée en ligne : première expérience des tranchées (jusqu'au 30 novembre)
Décembre 1915	discussions dans le haut commandement sur le poste à confier à Churchill : d'abord hypothèse d'une brigade (comme brigadier général), puis d'un bataillon (avec le grade de colonel)
1er janvier 1916	nommé chef du 6e bataillon du

507

	Royal Scots Fusiliers avec le rang de lieutenant-colonel
20 janvier 1916	au front dans les tranchées de Ploegsteert
2 mars 1916	permission en Angleterre
7 mars 1916	discours à la Chambre des communes sur le budget de la Marine : sérieux échec
13 mars 1916	retour dans les tranchées de Ploegsteert (jusqu'au début mai)
7 mai 1916	quitte les Royal Scots Fusiliers et revient à Londres
	retour à la vie politique comme député
17 juillet 1917	nommé ministre des Munitions dans le gouvernement Lloyd George
31 juillet 1917	réélu député de Dundee (élection partielle)
8 août 1918	assiste à une attaque de la IVe armée britannique appuyée par 72 tanks
15 novembre 1918	naissance de Marigold Churchill († 1921)
14 décembre 1918	réélu député de Dundee aux élections législatives
10 janvier 1919	nommé *Secretary of State for War and Air*
1919	organise la démobilisation
1919	exposition de peintures à la Royal Society of Portrait Painters
1919-1920	problème d'une intervention en Russie
Juillet 1920-décembre 1921	« troubles » en Irlande, négociations avec les nationalistes irlandais et traité anglo-irlandais
Janvier 1921	reçoit un héritage irlandais substantiel
13 février 1921	nommé *Colonial and Air Secretary (Secretary for Air* seulement jusqu'au 1er avril 1921)
12-22 mars 1921	conférence sur le Moyen-Orient au

	Caire, avec T.E. Lawrence comme conseiller. Accord avec les Arabes, installe l'émir Fayçal sur le trône d'Irak et son frère, l'émir Abdallah, sur le trône de Transjordanie
Avril 1921	s'installe à Sussex Square
29 juin 1921	mort de lady Randolph Churchill
23 août 1921	mort de sa fille Marigold
15 septembre 1922	naissance de Mary Churchill
15 septembre 1922	achat de Chartwell Manor
Sept.-octobre 1922	crise de Chanak
18 octobre 1922	opération de l'appendicite
19 octobre 1922	chute de Lloyd George, le gouvernement démissionne et Churchill perd son poste de ministre
15 novembre 1922	battu à Dundee aux élections législatives, Churchill cesse pour deux ans de siéger au Parlement
Novembre 1922	fait *Companion of Honour* (CH)
10 avril 1923	publication du premier volume de *The World Crisis* (6e et dernier volume, 1931)
6 décembre 1923	échec comme candidat « Liberal Free Trader » aux élections législatives à Leicester West
Janvier 1924	rompt avec le Parti libéral à cause de sa mollesse envers les travaillistes; premier gouvernement Labour de James Ramsay MacDonald, formé le 22 janvier
19 mars 1924	échec comme candidat « Independent and Anti-Socialist » à l'élection partielle de Westminster (Abbey Division)
29 octobre 1924	élu aux élections législatives député d'Epping comme « Constitutionalist and Anti-Socialist » avec le soutien des conservateurs
6 novembre 1924	nommé chancelier de l'Échiquier dans le cabinet Baldwin

28 avril 1925	présente son premier budget : retour au Gold Exchange Standard
1925	J.M. Keynes, *The Economic Consequences of Mr. Churchill*
4-12 mai 1926	grève générale. Churchill crée et édite la *British Gazette*
Janvier 1927	lors d'un voyage en Méditerranée, rend visite à Mussolini à Rome et exprime son admiration pour le Duce
1928	commence à pratiquer à Chartwell le métier de maçon (*bricklayer*) comme hobby; il adhère à la section locale de l'*Amalgamated Union of Building Trades Workers*
30 mai 1929	réélu député conservateur d'Epping aux élections législatives sous l'étiquette « Constitutionalist Conservative »
4 juin 1929	démission du gouvernement Baldwin. Churchill quitte le pouvoir pour dix ans
3 août-6 novembre 1929	voyage au Canada et aux États-Unis en compagnie de son frère Jack et de son fils Randolph
1929	*lord Rector of Edinburgh University*
1930	désaccord avec la direction du Parti conservateur sur la question de l'Inde : refus du statut de Dominion et opposition à l'« Irwin Declaration » de 1929
Janvier 1930	*Chancellor of Bristol University*
Février 1930	plaide pour des « États-Unis d'Europe » groupant les pays du continent
Juin 1930	*Romanes Lectures* à Oxford sur le gouvernement de parti et les problèmes économiques

27 janvier 1931	démissionne du *shadow cabinet* conservateur en raison de son désaccord sur l'Inde
24 août 1931	MacDonald forme un gouvernement « national » de coalition sans Churchill
20 octobre 1931	publication de *My Early Life* (édition américaine : *A Roving Commission*)
27 octobre 1931	réélu député conservateur d'Epping aux élections législatives
11 décembre 1931-11 mars 1932	tournée de conférences aux États-Unis
13 décembre 1931	grave accident à New York : Churchill renversé par une auto
Novembre 1932	publication de *Thoughts and Adventures* (édition américaine : *Amid These Storms*)
23 mars 1933	discours aux Communes dénonçant le régime nazi
13 avril 1933	nouveau discours de mise en garde contre la dictature hitlérienne
Mai 1933	fonde l'India Defence League
6 octobre 1933	publication du premier volume de *Marlborough* (4e et dernier volume, septembre 1938)
8 et 14 mars 1934	préconise à la Chambre un renforcement des défenses aériennes de la Grande-Bretagne
16 novembre 1934	mise en garde à la BBC contre l'esprit militariste et agressif de l'Allemagne nazie
28 novembre 1934	mise en garde aux Communes contre la puissance aérienne de l'Allemagne
6 juillet 1935	nommé au sous-comité Air Defence Research du Committee of Imperial Defence. Y siège jusqu'à 1939
14 novembre 1935	réélu député conservateur d'Epping aux élections législatives

9-17 septembre 1936	assiste aux manœuvres de l'armée française et visite la ligne Maginot
24 septembre 1936	conférence à Paris au théâtre des Ambassadeurs sur les vertus de la démocratie et les méfaits des dictatures
2-11 décembre 1936	crise monarchique : soutient Edward VIII
4 octobre 1937	publication de *Great Contemporaries* (1re éd.)
25-30 mars 1938	rencontre à Paris les dirigeants politiques français
5 mai 1938	proteste contre la renonciation par le gouvernement britannique aux bases navales dans les ports de l'Eire
13 mai 1938	rencontre secrètement à Londres Conrad Henlein
24 juin 1938	publication de *Arms and the Covenant*
14 juillet 1938	Foerster, le gauleiter de Dantzig, rend visite à Churchill et lui suggère une rencontre avec Hitler. Churchill s'élève contre la persécution des Juifs en Allemagne
19 août 1938	visite secrète à Chartwell du commandant Ewald von Kleist, membre du groupe des officiers hostiles à Hitler
20 septembre 1938	rend visite à Paris à Paul Reynaud et Georges Mandel
5 octobre 1938	attaque cinglante à la Chambre des communes contre les accords de Munich
3 avril 1939	approuve publiquement la garantie britannique donnée à la Pologne
27 juin 1939	publication de *Step by Step*
14 juillet 1939	assiste au défilé du 14-Juillet à Paris
15-17 août 1939	visite la ligne Maginot
3 septembre 1939	la Grande-Bretagne et la France

	déclarent la guerre à l'Allemagne. Churchill nommé Premier lord de l'Amirauté : « *Winston is back* »
1ᵉʳ octobre 1939	dans son premier discours radiodiffusé, Churchill préconise un gouvernement d'union nationale
30 novembre 1939	l'URSS attaque la Finlande
13-17 décembre 1939	victoire navale du Rio de la Plata
18 décembre 1939	mémorandum du Premier lord sur le minage des eaux norvégiennes
5 février 1940	Churchill participe pour la première fois à la réunion du Conseil suprême interallié
17 février 1940	le destroyer *Cossack* attaque dans un fjord norvégien le navire auxiliaire allemand *Altmark*
11 mars 1940	Churchill à Paris pour tenter de rallier les dirigeants français à l'opération Royal Marine
13 mars 1940	signature d'un traité de paix entre la Finlande et l'URSS
28 mars 1940	réunion du Conseil suprême interallié à Londres. Engagement à ne pas conclure de paix séparée. L'opération Royal Marine est rejetée par les Français
3 avril 1940	Churchill nommé président du Comité de coordination militaire
5-8 avril 1940	minage par la Royal Navy des eaux territoriales norvégiennes
9 avril 1940	Opération Weserübung : l'Allemagne envahit le Danemark et la Norvège
27 avril 1940	décision d'évacuer les forces britanniques et françaises débarquées en Norvège
2-3 mai 1940	rembarquement des contingents alliés de Namsos et Andalsnes
7-8 mai 1940	débat sur l'affaire de Norvège à la Chambre des communes

513

10 mai 1940	début de l'offensive allemande à l'Ouest : invasion de la Belgique et des Pays-Bas. Churchill nommé Premier ministre
13 mai 1940	discours aux Communes sur « le sang, la sueur et les larmes »
15 mai 1940	capitulation de l'armée hollandaise
26 mai 1940	sous l'impulsion de Churchill le cabinet de guerre rejette toute négociation avec Hitler via Mussolini
27 mai-4 juin 1940	évacuation franco-britannique de Dunkerque
28 mai 1940	capitulation de l'armée belge
4 juin 1940	discours du *Dunkirk spirit* : « Nous ne capitulerons jamais »
10 juin 1940	l'Italie déclare la guerre à la Grande-Bretagne et à la France
13 juin 1940	réunion du Conseil suprême interallié à Tours
14 juin 1940	entrée de la Wehrmacht à Paris
16 juin 1940	projet d'union franco-britannique
17 juin 1940	le maréchal Pétain demande l'armistice
18 juin 1940	discours sur « l'heure la plus belle de leur histoire ». Appel à Londres du général de Gaulle
3 juillet 1940	bombardement de la flotte française à Mers el-Kébir
10 juillet-15 septembre 1940	bataille d'Angleterre
23 juillet 1940	les Local Defence Volunteers sont transformés en Home Guard et dépassent le million d'hommes à la fin du mois
20 août 1940	discours en hommage aux pilotes de la RAF (*the few*)
7 septembre 1940	début du *Blitz* à Londres
17 septembre 1940	Hitler décide de remettre l'opération Seelöwe d'invasion de l'Angleterre
23 septembre 1940	échec de l'expédition franco-britannique à Dakar

Octobre 1940	adoption par la Kriegsmarine de la tactique d'emploi des sous-marins en meutes
9 octobre 1940	Churchill devient leader du Parti conservateur
21 octobre 1940	discours radiodiffusé au peuple français
28 octobre 1940	l'Italie attaque la Grèce
11 novembre	raid aérien sur Tarente : lourdes pertes de la flotte italienne
9 décembre 1940	en Égypte, puis en Cyrénaïque, offensive britannique contre les troupes italiennes
Janvier 1941	contre les Italiens les forces britanniques partent à la conquête de l'Érythrée, de la Somalie et de l'Éthiopie
7 février 1941	en Cyrénaïque l'armée britannique, après avoir pris Tobrouk le 22 janvier, entre à Benghazi
12-14 février 1941	Rommel et l'Afrikakorps arrivent en Libye
7 mars 1941	débarquement de forces britanniques en Grèce
11 mars 1941	Roosevelt signe la loi « prêt-bail »
29 mars 1941	bataille du cap Matapan : victoire de la Royal Navy
6-28 avril 1941	invasion et conquête de la Yougoslavie et de la Grèce par la Wehrmacht
30 avril 1941	les Britanniques évacuent la Grèce
2-30 mai 1941	occupation de l'Irak par l'armée britannique et écrasement de la rébellion
10 mai 1941	au cours d'un bombardement la Chambre des communes est détruite
19 mai 1941	capitulation italienne en Éthiopie

20 mai-1er juin 1941	conquête de la Crète par les forces allemandes
27 mai 1941	le cuirassé *Bismarck* est coulé dans l'Atlantique
8 juin 1941	entrée en Syrie des forces britanniques et des Français libres
22 juin 1941	attaque de l'URSS par l'Allemagne. Churchill promet aussitôt le soutien du Royaume-Uni
12 juillet 1941	signature à Moscou d'un accord anglo-soviétique d'assistance mutuelle
20 juillet 1941	Churchill dans un discours radio-diffusé lance la campagne des V pour la victoire
9-12 août 1941	rencontre Churchill-Roosevelt à Placentia Bay au large de Terre-Neuve : signature de la charte de l'Atlantique
18 novembre 1941	début de l'offensive britannique en Libye
6 décembre 1941	l'Armée rouge lance une contre-offensive autour de Moscou
7 décembre 1941	attaque japonaise contre Pearl Harbor. Entrée en guerre des États-Unis
8 décembre 1941	la Grande-Bretagne en guerre avec le Japon
10 décembre 1941	les cuirassés *Prince of Wales* et *Repulse* sont coulés par les Japonais au large de la Malaisie
12 décembre-14 janvier 1941	voyage par bateau de Churchill à Washington pour sa première conférence avec Roosevelt (*Arcadia*)
25 décembre 1941	reddition de la garnison britannique de Hongkong
26 décembre 1941	première crise cardiaque
29-31 décembre 1941	visite de Churchill à Ottawa, où il prend la parole devant le Parlement du Canada

516

Janvier-novembre 1942	point culminant de la bataille de l'Atlantique
21 janvier 1942	début de l'offensive de Rommel en Libye
27 janvier 1942	motion de confiance aux Communes votée par 464 voix contre 1
15 février 1942	chute de Singapour
8 mars 1942	chute de Rangoon
10 mars 1942	envoi en Inde de Stafford Cripps avec promesse du statut de Dominion après la guerre
28 mars 1942	raid sur Saint-Nazaire
20-26 mai 1942	visite de Molotov à Londres et signature d'un traité d'alliance anglo-soviétique
26 mai-30 juin 1942	avance germano-italienne en Libye et invasion de l'Égypte
30 mai 1942	raid de 1 000 avions sur Cologne
3-7 juin 1942	bataille de Midway
17-25 juin 1942	deuxième conférence de Washington (*Argonaut*) entre Churchill et Roosevelt
21 juin 1942	chute de Tobrouk
1er-4 juillet 1942	première bataille d'El-Alamein : échec de l'Axe
2 juillet 1942	à la Chambre des communes rejet d'une motion de censure par 475 voix contre 25
4-10 août 1942	Churchill au Caire
8 août 1942	nomination du général Montgomery à la tête de la VIIIe armée
12-15 août 1942	Churchill à Moscou : première rencontre avec Staline
19 août 1942	échec sanglant du raid anglo-canadien sur Dieppe
6 septembre 1942	début de la bataille de Stalingrad

517

23 octobre- 3 novembre 1942	victoire d'El-Alamein
8 novembre 1942	Opération Torch : débarquement anglo-américain en Afrique du Nord
11 novembre 1942	occupation totale de la France
15 novembre 1942	victoire de Guadalcanal
27 novembre 1942	sabordage de la flotte française à Toulon
1er décembre 1942	publication du rapport Beveridge
24 décembre 1942	assassinat de l'amiral Darlan à Alger
14-24 janvier 1943	conférence d'Anfa à Casablanca (*Symbol*) entre Churchill et Roosevelt, avec participation de De Gaulle et Giraud (22-24 janvier) Roosevelt annonce le mot d'ordre de capitulation sans conditions de l'Allemagne et du Japon (24 janvier)
23 janvier 1943	entrée de la VIIIe armée à Tripoli
30 janvier 1943	Churchill rencontre en Turquie, à Adana, le président Ismet Inönü
2 février 1943	capitulation du maréchal Paulus à Stalingrad
16 février 1943	Churchill frappé par une pneumonie
13 avril 1943	découverte du massacre de Katyn
Mai-juin 1943	les Alliés gagnent la bataille de l'Atlantique
7 mai 1943	prise de Tunis
12-25 mai 1943	troisième conférence de Washington (*Trident*)
13 mai 1943	capitulation des forces de l'Axe en Tunisie
15 mai 1943	dissolution du Komintern
19 mai 1943	discours de Churchill au Congrès des États-Unis
27 mai 1943	parachutage de la première mission britannique auprès de Tito (capitaine Deakin)
28 mai-4 juin 1943	Churchill à Alger (déjeuner avec de Gaulle et Giraud le 4 juin)

30 juin 1943	annonce par Churchill de durs combats contre l'Axe « avant la chute des feuilles d'automne »
10 juillet 1943	débarquement allié en Sicile (Husky)
25 juillet 1943	chute de Mussolini
25-28 juillet 1943	bombardement de Hambourg par la RAF (opération Gomorrhe)
10 août 1943	arrivée de Churchill à Québec
12-14 août 1943	entretiens Churchill-Roosevelt à Hyde Park (New York)
14-24 août 1943	conférence anglo-américaine au sommet (*Quadrant*) à Québec
1er-5 septembre 1943	Churchill à Washington
3 septembre 1943	signature d'un armistice par l'Italie (rendu public le 8 septembre)
6 septembre 1943	Churchill fait docteur *honoris causa* de l'université Harvard. Il préconise dans un discours l'usage général du *basic english*
9 septembre 1943	débarquement allié à Salerne
Septembre 1943	envoi en Yougoslavie auprès des partisans d'une mission militaire dirigée par le général Maclean
1er octobre 1943	prise de Naples par la 7e division blindée britannique
13 octobre 1943	l'Italie déclare la guerre à l'Allemagne
22-26 novembre 1943	conférence au Caire (*Sextant*) entre Churchill, Roosevelt et Tchang Kaï-chek
28 novembre-1er décembre 1943	conférence de Téhéran (*Eureka*) entre Churchill, Roosevelt et Staline
2-4 décembre 1943	rencontre Churchill-Ismet Inönü au Caire
4-6 décembre 1943	entretiens Churchill-Roosevelt au Caire (suite de la conférence *Sextant*)

519

13-17 décembre 1943	Churchill gravement malade à Carthage : pneumonie et crise cardiaque
27 décembre-14 janvier 1943	convalescence à Marrakech
12 janvier 1944	rencontre Churchill-de Gaulle à Marrakech
22 janvier 1944	débarquement allié à Anzio
1er-13 mai 1944	conférence à Londres des Premiers ministres du Commonwealth
12 mai 1944	début de l'offensive alliée en Italie (opération Diadem)
18 mai 1944	prise du mont Cassin
4 juin 1944	entrevue orageuse Churchill-de Gaulle
4-5 juin 1944	entrée des troupes alliées à Rome
6 juin 1944	*D-Day* (Overlord)
10 juin 1944	Churchill visite les plages du débarquement et inspecte les troupes britanniques sur le front de Normandie
12 juin 1944	premiers V1 lancés sur Londres
1er-22 juillet 1944	conférence et accords de Bretton Woods
20 juillet 1944	échec du complot contre Hitler
1er août-2 octobre 1944	insurrection de Varsovie
12-13 août 1944	rencontre Churchill-Tito à Naples
15 août 1944	débarquement en Provence (opération Dragoon)
21-23 août 1944	Churchill à Rome (reçu par le pape Pie XII le 23)
25 août 1944	libération de Paris
3 septembre 1944	entrée des troupes britanniques à Bruxelles
8 septembre 1944	les premiers V2 tombent sur Londres
11-19 septembre 1944	conférence *Octagon* entre Churchill et Roosevelt à Québec (11-17 septembre), puis à Hyde Park (18-19 septembre)

16 septembre 1944	Churchill docteur *honoris causa* de l'université McGill
17-28 septembre 1944	tentative des parachutistes britanniques pour établir une tête de pont à Arnhem (opération Market Garden)
19 septembre 1944	accord sur l'arme atomique conclu à Hyde Park entre Churchill et Roosevelt
9-19 octobre 1944	rencontre Churchill-Staline à Moscou (conférence *Tolstoï*) et entretiens avec le gouvernement polonais
14 octobre 1944	libération d'Athènes
18 octobre 1944	débarquement de troupes britanniques en Grèce et installation du gouvernement Papandréou à Athènes
23 octobre 1944	reconnaissance du Gouvernement provisoire de la République française
11 novembre 1944	Churchill à Paris
3 décembre 1944	début de la guerre civile en Grèce
16 décembre 1944	offensive allemande des Ardennes
25-27 décembre 1944	Churchill à Athènes
3-5 janvier 1945	visite de Churchill en France : rencontres avec Eisenhower, de Gaulle et Montgomery
11 janvier 1945	cessez-le-feu en Grèce
29 janvier-2 février 1945	Churchill à Malte (rencontre avec Roosevelt le 2 février)
4-11 février 1945	conférence de Yalta (*Argonaut*) entre Churchill, Roosevelt et Staline
12 février 1945	accord sur un règlement politique en Grèce
13 février 1945	bombardement de Dresde
14 février 1945	Churchill à Athènes

17 février 1945	au Caire Churchill rencontre le roi Ibn Saoud d'Arabie saoudite, le roi Farouk d'Égypte et le président de Syrie
7 mars 1945	des unités américaines franchissent le Rhin à Remagen
12 avril 1945	mort de Roosevelt; Truman président des États-Unis
13 avril 1945	l'Armée rouge s'empare de Vienne
16 avril-2 mai 1945	bataille de Berlin
25 avril-26 juin 1945	conférence de San Francisco
26 avril 1945	jonction des troupe américaines et soviétiques sur l'Elbe à Torgau
28 avril 1945	exécution de Mussolini
29 avril 1945	capitulation des armées allemandes en Italie, avec effet le 2 mai
30 avril 1945	suicide de Hitler
4 mai 1945	reddition à Montgomery sur la lande de Lüneburg des armées allemandes du Nord-Ouest
7 mai 1945	à Reims capitulation sans conditions de l'Allemagne
8 mai 1945	*VE-Day*
23 mai 1945	fin du gouvernement de coalition en Grande-Bretagne. Churchill à la tête d'un gouvernement intérimaire (« *Caretaker Government* »)
26 juin 1945	signature de la charte des Nations unies
5 juillet 1945	élections législatives en Grande-Bretagne
16 juillet 1945	expérimentation d'une bombe atomique à Alamogordo, Nouveau-Mexique
17-28 juillet 1945	conférence de Potsdam (*Terminal*) entre Churchill (puis Attlee), Truman et Staline
26 juillet 1945	annonce du résultat des élections

	britanniques : victoire du Labour, démission de Churchill, Attlee Premier ministre
6 août 1945	bombe atomique sur Hiroshima
8 août 1945	l'URSS déclare la guerre au Japon
9 août 1945	bombe atomique sur Nagasaki
15 août 1945	capitulation du Japon (signature le 2 septembre)
20 novembre 1945	première séance du Tribunal militaire international de Nuremberg
1er janvier 1946	l'ordre du Mérite est décerné à Churchill
5 mars 1946	discours à Fulton, Missouri, sur le « rideau de fer »
27 juin 1946	publication de *Victory*, sixième et dernier volume des *Discours de guerre*
19 septembre 1946	discours à Zurich sur les États-Unis d'Europe
26 septembre 1946	publication des *Secret Session Speeches*
5 octobre 1946	discours à la conférence annuelle du Parti conservateur à Blackpool. Churchill reste leader du parti
23 octobre 1946	exécution à Nuremberg des dirigeants nazis condamnés à mort
14 mai 1947	discours à l'Albert Hall en faveur du mouvement européen
5 juin 1947	le général Marshall annonce à Harvard le lancement du plan Marshall
15 août 1947	indépendance de l'Inde et partition du pays
20 novembre 1947	Churchill expose deux tableaux à la Royal Academy
7 mai 1948	discours au congrès européen de La Haye
11 mai 1948	discours à l'hôtel de ville d'Oslo
21 mai 1948	publication de *The Gathering Storm*, premier volume des Mémoires de guerre

10 août 1948	publication de *The Sinews of Peace*
Décembre 1948	publication en un volume de *Painting as a Pastime*
29 mars 1949	publication de *Their Finest Hour*
31 mars 1949	discours au Massachusetts Institute of Technology
4 avril 1949	signature du traité de l'Atlantique Nord
18 avril 1949	le Republic of Ireland Act consacre l'indépendance totale de l'Irlande
17 août 1949	discours à la première réunion du Conseil de l'Europe à Strasbourg
3 février 1950	publication de *Europe Unite!*
23 février 1950	élections législatives : échec des conservateurs. Churchill réélu député de Woodford
24 avril 1950	publication de *The Grand Alliance*
9 mai 1950	plan Schuman
25 juin 1950	début de la guerre de Corée. Churchill partisan de la fermeté
11 août 1950	discours au Conseil de l'Europe à Strasbourg préconisant une armée européenne
2 mai 1951	nationalisation par Mossadegh de l'Anglo-Persian Oil Company
18 octobre 1951	publication de *In the Balance*
25 octobre 1951	élections législatives ; succès conservateur. Churchill réélu député de Woodford
26 octobre 1951	Churchill Premier ministre
23 novembre 1951	publication de *Closing the Ring*
4 janvier 1952	arrivée aux États-Unis pour des entretiens avec le président Truman
6 février 1952	mort du roi George VI ; avènement d'Elizabeth II
26 juillet 1952	abdication du roi Farouk
3 octobre 1952	première explosion d'une bombe atomique britannique

4 novembre 1952	Eisenhower élu président des États-Unis
5 janvier 1953	entretiens Churchill-Eisenhower à New York
5 mars 1953	mort de Staline
24 avril 1953	Churchill chevalier de la Jarretière
11 mai 1953	discours aux Communes plaidant pour la détente et appelant à une rencontre au sommet
24 juin 1953	sévère attaque cérébrale
25 juin 1953	publication de *Stemming the Tide*
15 octobre 1953	Churchill reçoit le prix Nobel de littérature pour son œuvre historique
30 novembre 1953	publication de *Triumph and Tragedy*, dernier volume des Mémoires de guerre
4-8 décembre 1953	discours pour améliorer les relations avec l'URSS
Décembre 1953	conférence anglo-américano-française aux Bermudes (Churchill, Eisenhower, Laniel)
29 juin 1954	charte du Potomac signée par Churchill et Eisenhower
30 novembre 1954	célébration du 80e anniversaire de sir Winston Churchill
1er mars 1955	Churchill prononce son dernier grand discours à la Chambre des communes
5 avril 1955	Churchill démissionne du poste de Premier ministre; il est remplacé par Eden
26 mai 1955	élections législatives : Churchill réélu député de Woodford
11 janvier 1956	Churchill reçoit la médaille Benjamin Franklin
23 avril 1956	publication des deux premiers volumes de *A History of the English-Speaking Peoples*
26 juillet 1956	nationalisation du canal de Suez

31 octobre 1956	expédition de Suez
15 mai 1957	explosion de la première bombe atomique à hydrogène
14 octobre 1957	publication de *The Age of Revolution*, 3ᵉ volume de *A History of the English-Speaking Peoples*
14 mars 1958	publication du quatrième et dernier volume de *A History of the English-Speaking Peoples*
13 septembre 1958	noces d'or de Winston et Clementine
22 septembre 1958	première croisière à bord du yacht d'Aristote Onassis
17 février 1959	deuxième croisière sur le yacht d'Onassis
5-6 mai 1959	voyage aux États-Unis comme invité d'Eisenhower à la Maison-Blanche
8 octobre 1959	élections législatives : Churchill réélu
Octobre 1959	inauguration de Churchill College à Cambridge
27 avril 1961	publication de *The Unwritten Alliance*
9 avril 1963	citoyen d'honneur des États-Unis
27 juillet 1964	Churchill abandonne son siège de député aux Communes. La Chambre lui adresse un vote de gratitude et d'admiration
30 novembre 1964	Churchill célèbre son 90ᵉ anniversaire
24 janvier 1965	mort de sir Winston Churchill à Londres
30 janvier 1965	funérailles solennelles à Londres et enterrement au petit cimetière de Bladon (Oxfordshire)

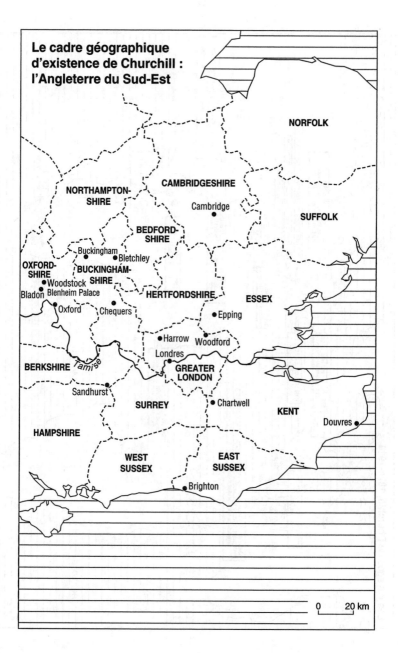

Le cadre géographique d'existence de Churchill : l'Angleterre du Sud-Est

527

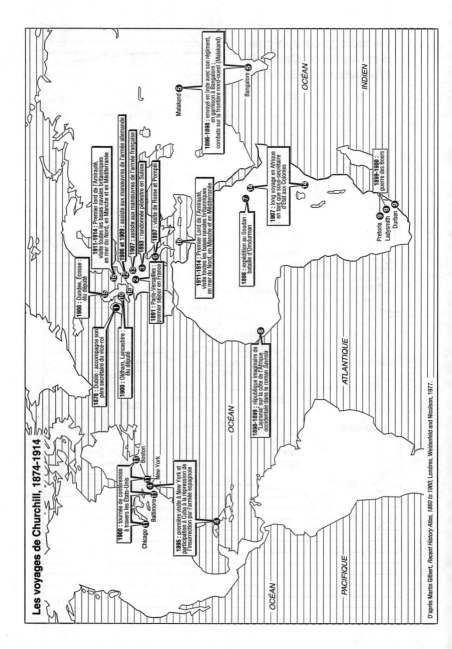

Les voyages de Churchill, 1874-1914

1876 : Dublin : accompagne son père secrétaire du vice-roi

1900 : Oldham, Lancashire : élu député

1908 : Dundee, Écosse : élu député

1911-1914 : Premier lord de l'Amirauté, visite toutes les bases navales britanniques en mer du Nord, en Manche et en Méditerranée

1906 et 1909 : assiste aux manœuvres de l'armée française

1907 : assiste aux manœuvres en Suisse

1893 : randonnée pédestre en Suisse

1897 : visite de Rome et Pompéi

1891 : Paris-Versailles : premier séjour en France

1911-1914 : Premier lord de l'Amirauté, visite toutes les bases navales britanniques en mer du Nord, en Manche et en Méditerranée

1898 : expédition au Soudan : bataille d'Omdurman

1896-1898 : envoyé en Inde avec son régiment, en garnison à Bangalore ; combats sur la frontière nord-ouest (Malakand)

Malakand ⑤

Bangalore ⑤

1907 : long voyage en Afrique en tant que sous-secrétaire d'État aux Colonies

1899-1900 : guerre des Boers

Pretoria ⑨ Ladysmith ⑨ Durban ⑨

1898-1899 : république imaginaire de Laurania sur la côte de l'Afrique occidentale dans le roman Savrola

1900 : tournée de conférences à travers les États-Unis

Boston New York Baltimore Chicago

1895 : première visite à New York et participation à Cuba à la répression de l'insurrection par l'armée espagnole

OCÉAN PACIFIQUE

OCÉAN ATLANTIQUE

OCÉAN INDIEN

D'après Martin Gilbert, Recent History Atlas, 1860 to 1960, Londres, Weidenfeld and Nicolson, 1977.

528

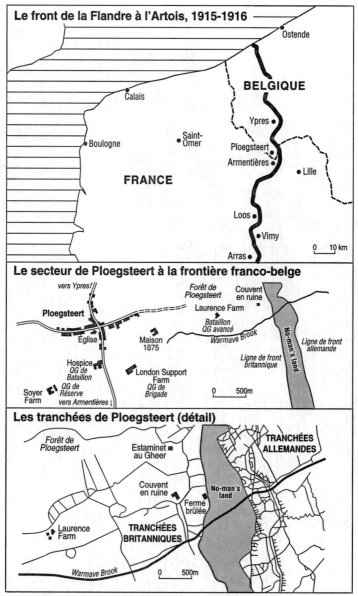

Le front de la Flandre à l'Artois, 1915-1916

BELGIQUE

Ostende

Calais

Ypres

Saint-
Omer

Ploegsteert

Boulogne

Armentières

Lille

FRANCE

Loos

Vimy

Arras

0   10 km

Le secteur de Ploegsteert à la frontière franco-belge

vers Ypres !

Forêt de
Ploegsteert

Couvent
en ruine

Ploegsteert

Laurence Farm

Bataillon
QG avancé

No-man's land

Warmave Brook

Eglise

Maison
1875

Ligne de front
allemande

Ligne de front
britannique

Hospice
QG de
Bataillon

London Support
Farm
QG de
Brigade

Soyer
Farm

QG de
Réserve
vers Armentières ↓

0   500m

Les tranchées de Ploegsteert (détail)

Forêt de
Ploegsteert

Estaminet
au Gheer

TRANCHÉES
ALLEMANDES

Couvent
en ruine

No-man's
land

Ferme
brûlée

Laurence
Farm

TRANCHÉES
BRITANNIQUES

Warmave Brook

0   500m

D'après M. Gilbert, *In Search of Churchill*, Londres, Harper/Collins, 1994.

529

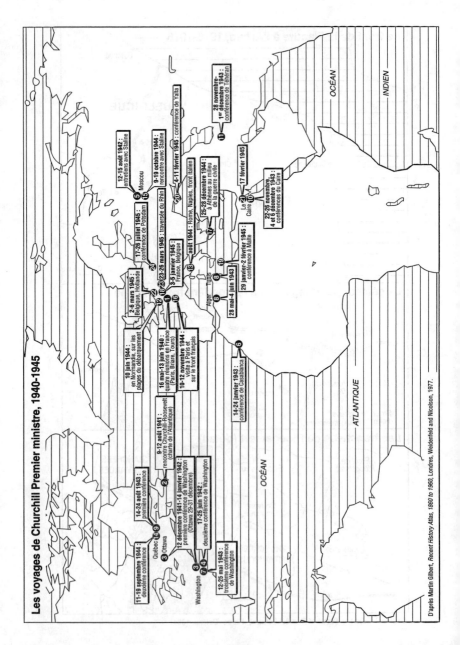

Les voyages de Churchill Premier ministre, 1940-1945

11-19 septembre 1944 :
deuxième conférence

14-24 août 1943 :
première conférence

9-12 août 1941 :
rencontre Churchill-Roosevelt
(Charte de l'Atlantique)

Québec ❾❾
Ottawa ❸

12 décembre 1941-14 janvier 1942 :
première conférence de Washington
(Ottawa 29-31 décembre)

17-25 juin 1942 :
deuxième conférence de Washington

Washington
12-25 mai 1943 :
troisième conférence
de Washington

10 juin 1944 :
en Normandie, sur les
plages du débarquement

16 mai-13 juin 1940 :
quatre réunions en France
(Paris, Briare, Tours)

10-12 novembre 1944 :
visite à Paris et
sur le front français

12-15 août 1942 :
entretiens avec Staline

Moscou ❺❶❺

9-19 octobre 1944 :
rencontre avec Staline

17-26 juillet 1945 :
conférence de Potsdam

23-26 mars 1945 : traversée du Rhin

3-5 janvier 1945 :
France, Belgique

2-6 mars 1945 :
Belgique, Hollande

4-11 février 1945 : conférence de Yalta

août 1944 : Rome, Naples, front italien

25-28 décembre 1944 :
à Athènes au milieu
de la guerre civile

17 février 1945

Le Caire ❷❶
Caire

29 janvier-2 février 1945 :
conférence à Malte

28 mai-4 juin 1943

28 novembre-
1er décembre 1943 :
conférence de Téhéran

22-25 novembre
4 et 6 décembre 1943 :
conférences du Caire

14-24 janvier 1943 :
conférence de Casablanca

OCÉAN ATLANTIQUE

OCÉAN INDIEN

D'après Martin Gilbert, Recent History Atlas, 1860 to 1960, Londres, Weidenfeld and Nicolson, 1977.

BIBLIOGRAPHIE

Œuvres de Winston Churchill

The Story of the Malakand Field Force, London, Longmans, 1898

The River War, London, Longmans, 2 vol., 1899

Savrola : a Novel, London, Longmans, 1900; tr. fr. *Savrola*, Monaco, Éd. du Rocher, 1948

London to Ladysmith, London, Longmans, 1900

Ian Hamilton's March, London, Longmans, 1900

Lord Randolph Churchill, London, Macmillan, 1906, 2 vol.; rééd. London, Odhams Press, 1 vol., 1952

My African Journey, London, Hodder and Stoughton, 1908

Liberalism and the Social Problem, London, Hodder and Stoughton, 1909

The World Crisis 1911-1918, London, Thornton Butterworth, 6 vol., 1923-1931; trad. fr. *La Crise mondiale 1911-1918*, Paris, Payot, 4 vol., 1925-1931

My Early Life, London, Thornton Butterworth, 1930; trad. fr. *Mes Aventures de jeunesse*, Paris, Payot, 1927; 2ᵉ éd., *Mes Jeunes Années*, Paris, Club français du livre, 1960; 3ᵉ éd., *Histoire d'un jeune homme*, Paris, Publications Premières, 1972; 4ᵉ éd., *Mes Aventures de jeunesse*, Paris, Mage, 1994

531

Thoughts and Adventures, London, Thornton Butterworth, 1932; trad. fr. *Réflexions et aventures,* Neuchâtel, Delachaux et Niestlé, 1944

Marlborough, his Life and Times, London, Harrap, 1933-1938, 4 vol.; trad. fr. *Marlborough, sa vie et son temps,* Paris, Laffont, 1949-1951, 4 vol.

Great Contemporaries, London, Thornton Butterworth, 1re éd. 1937; 2e éd. augmentée 1939; trad. fr. *Les Grands Contemporains*, Paris, NRF, 1939; *Arms and the Covenant*, London, Harrap, 1938

Step by Step 1936-1939, London, Thornton Butterworth, 1939; trad. fr. *Journal politique 1936-1939,* Paris, Amiot Dumont, 1948

War Speeches 1940-1945, London, Cassell, 1941-1946, 6 vol. :
- *Into Battle, 1941*
- *The Unrelenting Struggle, 1942*
- *The End of the Beginning, 1943*
- *Onwards to Victory, 1944*
- *The Dawn of Liberation, 1945*
- *Victory, 1946*

Trad. fr. *Discours de guerre*, recueillis par C. Eade, Londres, Heinemann and Zsolnay, 1942-1944, 5 vol. : I. *L'Entrée en lutte* II. *La lutte sans relâche* III. *La Fin du commencement* IV. *En avant vers la victoire* V. *L'Aube de la Libération*

Secret Sessions Speeches, ed. C. Eade, London, Cassell, 1946; trad. fr. *Mes Discours secrets*, Paris, Éd. Paul Dupont, 1947

The Sinews of Peace : Post-War Speeches, ed. Randolph Churchill, London, Cassell, 1948

Europe Unite : Speeches 1947 and 1948, London, Cassell, 1948

Painting as a Pastime, London, Odhams Press, 1948 (reprinted from *Thoughts and Adventures*); trad. fr. *La Peinture mon passe-temps*, Paris, Éd. de la Paix, 1950

The Second World War, London, Cassell, 1948-1954, 6 vol.
- *I. The Gathering Storm*
- *II. Their Finest Hour*

– *III. The Grand Alliance*
– *IV. The Hinge of Fate*
– *V. Closing the Ring*
– *VI. Triumph and Tragedy*
Édit. abrégée en un volume : *The Second World War and an Epilogue 1945-1957*, London, Cassell, 1959
Trad. fr. *Mémoires sur la Deuxième Guerre mondiale*, Paris, Plon, 6 tomes en 12 vol., 1948-1954
I – *L'orage approche : 1. D'une guerre à l'autre 2. La « Drôle de guerre »*
II – *L'Heure tragique : 1. La Défaite de la France 2. L'Angleterre seule*
III – *La Grande Alliance : 1. La Russie envahie 2. L'Amérique en guerre*
IV – *Le Tournant du destin : 1. La Ruée japonaise 2. L'Afrique sauvée*
V – *L'étau se resserre : 1. L'Italie capitule 2. De Téhéran à Rome*
VI – *Triomphe et tragédie : 1. La Victoire 2. Le Rideau de fer*
In the Balance : Speeches 1949 and 1950, ed. Randolph Churchill, Londres, Cassell, 1951
Stemming the Tide : Speeches 1951 and 1952, ed. Randolph Churchill, London, Cassell, 1953
A History of the English-Speaking Peoples, London, Cassell, 1956-1958, 4 vol. ; trad. fr. *Histoire des peuples de langue anglaise*, Paris, Plon, 1956-1959, 4 vol. : *I. Naissance d'une nation II. Le Monde nouveau III. Les Temps de la Révolution IV. Les Grandes Démocraties.*
The Unwritten Alliance : Speeches 1953 to 1959, ed. Randolph Churchill, London, Cassell, 1961
Speaking for Themselves : the Personal Letters of Winston and Clementine Churchill. Edited by Mary Soames, London and New York, Doubleday, 1998
Winston Churchill : his Complete Speeches 1897-1963, edited by Robert Rhodes James, New York, Chelsea House et London, Bowker, 8 vol., 1974
Édition abrégée en un volume : *Churchill Speaks :*

Winston Churchill in Peace and War. Collected Speeches 1897-1963, ed. R.R. James, Leicester, Windward, 1981

The Collected Works of Sir Winston Churchill, édition du centenaire, London, Library of Imperial History, 34 vol., 1974-1976

The Collected Essays of Sir Winston Churchill, edited by Michael Wolff, London, Library of Imperial History, 4 vol., 1976

Young Winston's Wars : the Original Despatches of W.S.Churchill War Correspondent 1897-1900, edited by Frederick Woods, London, Leo Cooper, 1972

Winston Churchill War Correspondent 1895-1900, edited by Frederick Woods, London, Brassey, 1992

Winston Churchill and Emery Reves : Correspondence 1937-1964, edited by Martin Gilbert, Austin, University of Texas Press, 1997

Morceaux choisis : écrits, discours et aphorismes

Guy Boas ed., *Sir Winston Churchill : Selection from his Writings and Speeches*, London, Macmillan, 1952

Sir Winston Churchill : a Self-Portrait Constructed from his own Sayings and Writings, Colin Coote ed., London, Eyre and Spottiswoode, 1954

F.B. Czarnomski ed., *The Wisdom of Winston Churchill : Selection of Aphorisms, Reflections, Precepts, Maxims, Epigrams, Paradoxes and Opinions 1900-1955*, London, Allen and Unwin, 1956

A Churchill Anthology, chosen and arranged by F.W. Heath, London, Odhams Press, 1965

Kay Halle ed., *The Irrepressible Churchill*, New York, World Publishing Co., 1966; London, Robson, 1985

Kay Halle ed., *Winston Churchill on America and Britain*, New York, Walker, 1970

The Sayings of Winston Churchill, ed. J.A. Sutcliffe, London, Duckworth, 1992

Quotable Churchill : a Prime Collection of Wit and Wisdom, London, Running, 1998
Great War Speeches, London, Transworld, Corgi Books, 1957
The Roar of the Lion, London, Allan Wingate-Howard Baker, 1969
David Cannadine ed., *Blood, Toil, Tears and Sweat*, London and New York, Cassell, 1989, reprint 1997 [1900-1955]; autre édition : *The Speeches of Winston Churchill*, London, Penguin, 1990
Churchill : The War Leader 1940-1945 – Documents, London, Public Record Office, and Cambridge, Churchill Archives Centre, 1998

Tableaux

Churchill : his Paintings. A Catalogue. Compiled by David Coombs, London, Hamish Hamilton, 1967, 574 illustrations

Bibliographie

Frederick Woods, *A Bibliography of the Works of Sir Winston Churchill* (St. Paul' Bibliographies), 1st ed., London, Nicholas Vane, 1963; 3rd revised edition, London, Kaye and Ward, 1975-1979

La « biographie officielle »

La biographie « officielle » – et monumentale – de Churchill a été commencée par son fils Randolph, qui avec l'aide de quatre assistants de recherche, dont Martin Gilbert, alors à l'aube de sa carrière d'historien et de spécialiste de Churchill, a publié en 1966-1967 deux volumes couvrant les années 1874-1914 (ces deux volumes ont été traduits en français et ont paru chez Stock en 1968). Après la mort de Randolph Churchill en

1968, l'œuvre a été poursuivie et achevée par Martin Gilbert, *fellow* de Merton College à Oxford, qui a rédigé les six volumes allant de 1914 à 1965. Le travail, prévu à l'origine pour s'achever en 1977, a duré finalement jusqu'en 1988. Au total les huit volumes forment un ensemble de près de 9 000 pages.

Parallèlement, Randolph Churchill avait voulu accompagner cette biographie de volumes de documents (*Companion Volumes*). Labeur gigantesque, mené sur une grande échelle de 1967 à 1982, cette publication comporte 13 volumes, dont 5 dus à Randolph Churchill et 8 à Martin Gilbert pour les années 1874-1939.

À partir de 1939 a commencé, sous le titre *The Churchill's War Papers,* une nouvelle série, également éditée par Martin Gilbert, qui traite de la période de la guerre. Deux volumes sont parus (1939-1940).

L'ensemble des 23 volumes est publié par Heinemann.

Les 8 volumes de la biographie intitulée *Winston S. Churchill 1874-1965* se répartissent comme suit :
Par Randolph Churchill
Vol. I *Youth 1874-1900*, Londres, 1966
Vol. II *Young Statesman 1901-1914*, 1967
Trad. fr., I – *Jeunesse*, II – *Le Jeune Homme d'État*, Paris, Stock, 2 vol., 1968-1969
Par Martin Gilbert
Vol. III *1914-1916*, 1971
Vol. IV *1916-1922*, 1975
Vol. V *1922-1939*, 1976
Vol. VI *Finest Hour 1940-1941*, 1983
Vol. VII *Road to Victory 1941-1945*, 1986
Vol. VIII *Never Despair 1945-1965*, 1988

Volumes de documents (*Companion Volumes*)

Edited by Randolph Churchill :
  Companion Volume I. *1874-1900*, 2 tomes
  Part 1, *1874-1896*, 1967
  Part 2, *1896-1900*, 1967

Companion Volume II. *1900-1914,* 3 tomes
Part 1, *1900-1907,* 1969
Part 2, *1907-1911,* 1969
Part 3, *1911-1914,* 1969

Edited by Martin Gilbert :
Companion Volume III. *1914-1916,* 2 tomes
Part 1, *July 1914-April 1915,* 1972
Part 2, *May 1915-December 1916,* 1972
Companion Volume IV. *1916-1922,* 3 tomes
Part 1, *January 1917-June 1919,* 1977
Part 2, *July 1919-March 1921,* 1977
Part 3, *April 1921-November 1922,* 1977
Companion Volume V. *1922-1939,* 3 tomes
Part 1, *The Exchequer Years 1922-1929,* 1979
Part 2, *The Wilderness Years 1929-1935,* 1981
Part 3, *The Coming of War 1936-1939,* 1982

Série *The Churchill War Papers,* Martin Gilbert ed.,
Vol. I : *At the Admiralty : September 1939-May 1940,*
1993
Vol. II : *Never Surrender : May-December 1940,* 1994

Ouvrages sur la famille Churchill

Peregrine Churchill and Julian Mitchell, *Jennie, Lady Randolph : a Portrait with Letters*, London, Collins, 1974
Randolph S. Churchill, *Twenty-One Years,* London, Weidenfeld and Nicolson, 1964
Sarah Churchill, *A Thread in the Tapestry*, London, André Deutsch, 1967
Winston S.Jr Churchill, *His Father's Son : The life of Randolph Churchill*, London, Weidenfeld and Nicolson, 1996
Id., *Memories and Adventures*, London, Weidenfeld and Nicolson, 1989
Winston Spencer Churchill, *Lord Randolph Churchill*, London, Macmillan, 2 vol., 1906

Mrs. George Cornwallis-West, *The Reminiscences of Lady Randolph Churchill*, London, Appleton-Century, 1908

R.F. Foster, *Lord Randolph Churchill : a Political Life*, Oxford, Clarendon Press, 1981

David Green, *The Churchills of Blenheim*, London, Constable, 1984

Kay Halle ed., *Randolph Churchill : the Young Unpretender*, London, Heinemann, 1971

Joan Hardwick, *Clementine Churchill : the Private Life of a Public Figure*, London, John Murray, 1997

Richard Hough, *Winston and Clementine. The Triumph of the Churchills*, London, Bantam Press, 1990

Robert Rhodes James, *Lord Randolph Churchill*, London, Weidenfeld and Nicolson, 1959

Anita Leslie, *Cousin Randolph*, London, Hutchinson, 1985

Id., *Jennie : The Life of Lady Randolph Churchill*, London, Hutchinson, 1969

Shane Leslie, *Men Were Different*, London, Michael Joseph, 1937

Ralph G. Martin, *Jennie*, Englewood Cliffs N.J., Prentice-Hall, and *Lady Randolph Churchill : a Biography*, London, Cassell, 2 vol., 1969-1971

Maureen Montgomery, *Gilded Prostitution*, London, Routledge, 1989

John Pearson, *Citadel of the Heart : Winston and the Churchill Dynasty*, London, Macmillan, 1991

Brian Roberts, *Randolph : a Study of Churchill's Son*, London, Hamilton, 1984

Lord Rosebery, *Lord Randolph Churchill*, London, A.L. Humphreys, 2 vol., 1906

Alfred Leslie Rowse, *The Early Churchills*, London, Macmillan, 1956

Id., *The Later Churchills*, London, Macmillan, 1958

Id., *The Churchills. The Story of a Family*, abridged ed., London, Macmillan, 1966

Mary Soames, *Clementine Churchill*, London, Cassell, 1979

Ouvrages sur Winston Churchill

Paul Addison, *Churchill on the Home Front 1900-1955*, London, Cape, 1992

Jean Allary, *Churchill : un petit-fils de Marlborough*, Paris, Hachette, 1945

Keith Alldritt, *Churchill the Writer : his Life as a Man of Letters*, London, Hutchinson, 1992

Id., *The Greatest of Friends : Franklin D. Roosevelt and Winston Churchill 1941-1945*, London, Hale, 1995

Maurice Ashley, *Churchill as Historian*, London, Secker and Warburg, 1968

Dennis Bardens, *Churchill in Parliament*, London, Robert Hale, 1967

Elizabeth Barker, *Churchill and Eden at War*, London, Macmillan, 1978

Tuvia Ben-Moshe, *Churchill : Strategy and History*, Hemel Hampstead, Harvester Wheatsheaf, 1992

Isaiah Berlin, *Mr. Churchill in 1940*, London, Murray, s.d. [1964] (première publication : *The Atlantic Monthly* et *The Cornhill Magazine*, 1949)

Geoffrey Best, *Winston Churchill*, London, Hambledon, 2000

Princesse Bibesco, *Churchill ou le courage*, Paris, Albin Michel, 1956

Lord Birkenhead, *Churchill 1874-1922*, ed. John Colville, London, Harrap, 1989

Robert Blake and W. Roger Louis, *Churchill. A major Reassessment of his Life in Peace and War*, Oxford, Oxford University Press, 1993

Robert Blake, *Winston Churchill*, Stroud, Sutton, 1998

Piers Brendon, *Winston Churchill : an Authentic Hero*, London, Secker and Warburg, 1984

Lewis Broad, *Winston Churchill : Architect of Victory and Peace*, London, Hutchinson, 5ᵉ éd. 1956 (1ʳᵉ éd. 1941) ; trad. fr., Delachaux et Niestlé, 1946

Mary C. Bromage, *Churchill and Ireland*, Indiana, University of Notre Dame Press, 1964

Raymond A. Callahan, *Churchill : Retreat from Empire*, Tunbridge Wells, Costello, 1984

John Charmley, *Churchill : the End of Glory. A Political Biography*, London, Hodder and Stoughton, 1993

Id., *Churchill's Grand Alliance. The Anglo-American Special Relationship*, London, Hodder and Stoughton, 1995

Jacques Chastenet, *Winston Churchill et l'Angleterre du xxe siècle*, Paris, Fayard, 1956

Michael J. Cohen, *Churchill and the Jews*, London, Frank Cass, 1985

Patrick Cosgrave, *Churchill at War : Alone 1939-1940*, London, Batsford, 1974

Virginia Cowles, *Winston Churchill : the Era and the Man*, London, Hamish Hamilton, 1953

Saul David, *Churchill's Sacrifice of the Highland Division, France 1940*, London, Brassey, 1994

David Day, *Menzies and Churchill at War*, St. Paul, Minn., et New York, Paragon House, 1987

Frederick William D. Deakin, *Churchill the Historian*, Université de Bâle, Fondation suisse Winston Churchill, 1970

François Delpla, *Churchill et les Français*, Paris, Plon, 1993

Robert Denniston, *Churchill's Secret War : Diplomatic Decrypts, the Foreign Office and Turkey 1942-1944*, Stroud, Sutton Publishing Co., 1997

Robin Edmonds, *The Big Three : Churchill, Roosevelt and Stalin in Peace and War*, London, Hamish Hamilton, 1991

Alfred Fabre-Luce, *La Fumée d'un cigare*, Paris, L'Élan, 1949

Sean Faughnan, *The Politics of Influence : Churchill, Eden and Soviet Communism*, Cambridge Ph.D., 1993

Robin Fedden, *Churchill at Chartwell*, Oxford, Pergamon Press, 1969

Herbert Feis, *Churchill, Roosevelt, Stalin*, Oxford, Oxford University Press, 1957

Victor Feske, *From Belloc to Churchill : Private Scholars, Public Culture, and the Crisis of British Liberalism 1900-1939*, Durham, University of North Carolina Press, 1996

Brian Gardner, *Churchill in his Time : a Study in a Reputation, 1939-1945*, London, Methuen, 1968

Armand Gatti et Pierre Joffroy, *La Vie de Churchill*, Paris, Seuil, 1954

Martin Gilbert, *Churchill : a Life*, London, Heinemann, 1991

Id., *Churchill and Zionism*, London, World Jewish Congress, 1974

Id., *Churchill's Political Philosophy*, Oxford, Oxford University Press, 1984

Id., *In Search of Churchill : a Historian's Journey*, London, Harper/Collins, 1994

Id., *The Origins of the « Iron Curtain » Speech*, Fulton, Missouri, Westminster College (The Crosby Kemper Lecture), 1981

Id., *Winston Churchill* (Oxford Monographs), Oxford, Clarendon Press, 1966

Id., *Winston Churchill : the Wilderness Years*, London, Macmillan, 1981

Stephen R. Graubard, *Burke, Disraeli and Churchill : the Politics of Perseverance*, Cambridge Mass., Harvard University Press, 1961

Peter Gretton, *Former Naval Person : Winston Churchill and the Royal Navy*, London, Cassell, 1968

Philip Guedalla, *Mr. Churchill : a Portrait*, London, Hodder and Stoughton, 1941 ; trad. fr. *Portrait de Monsieur Churchill*, Paris, Jeune Parque, 1946

Jean Guiffan, *Churchill*, Paris, Masson, 1978

Pierre Guillemot, *Churchill le dernier victorien*, Genève, Famot, 1974

Fraser J. Harbutt, *The Iron Curtain : Churchill, America and the Origins of the Cold War*, Oxford, Oxford University Press, 1987

Steven F. Hayward, *Churchill on Leadership : Executive Success in the Face of Adversity*, San Francisco, ICS Press, 1997

Trumbull Higgins, *Winston Churchill and the Second Front 1940-1943*, Oxford, Oxford University Press, 1957

Id., *Winston Churchill and the Dardanelles*, London, Heinemann, 1963

Malcolm Hill, *Churchill : his Radical Decade*, London, Othila Press, 1999

Richard Hough, *Former Naval Person : Churchill and the Wars at Sea*, London, Weidenfeld and Nicolson, 1985

Ronald Hyam, *Elgin and Churchill at the Colonial Office 1905-1908*, London, Macmillan, 1968

David Irving, *Churchill's War*. Vol. I : *The Struggle for Power*, Bullsbrook, Western Australia, Veritas, 1987

David Jablonsky, *Churchill : the Making of a Great Stategist*, Carlisle Barracks, Penn., Strategic Studies Institute, 1990

Id., *Churchill and Hitler,* London, Frank Cass, 1994

Id., *Churchill, the Great Game and Total War,* London, Frank Cass, 1991

Robert Rhodes James, *Churchill : a Study in Failure 1900-1939*, London, Weidenfeld and Nicolson, 1970

Kevin Jefferys, *The Churchill Coalition and Wartime Politics 1940-1945*, Manchester, Manchester University Press, 1991

Dennis Kavanagh, *Crisis, Charisma and British Political Leadership : Winston Churchill as the Outsider*, London, Sage, 1974

R. Crosby Kemper ed., *Winston Churchill : Resolution, Defiance, Magnanimity, Goodwill*, Columbia, University Press of Missouri, 1996

François Kersaudy, *De Gaulle et Churchill*, Paris, Plon, 1982

Warren F. Kimball, *Forged in War : Churchill, Roosevelt and the Second World War,* London, Harper/Collins, 1997

Richard Lamb, *Churchill as War Leader*, London, Bloomsbury, 1991

Steven James Lambakis, *Winston Churchill Architect of Peace. A Study of Statesmanship and the Cold War*, London, Greenwood Press, 1993

Klaus Larres, *Politik der Illusionen : Churchill, Eisenhower und die deutsche Frage 1945-1955*, Göttingen, Vandenhoeck und Ruprecht, 1995

542

Joseph P. Lash, *Roosevelt and Churchill 1939-1941 : the Partnership that Saved the West*, New York, Norton, 1976

Sheila Lawlor, *Churchill and the Politics of War 1940-1941*, Cambridge, Cambridge University Press, 1994

John Michael Lee, *The Churchill Coalition 1940-1945*, London, Batsford, 1980

Jacques Legrand éd., *Churchill : chronique*, Bassillac, Éd. Chronique, 1997

Ronald Lewin, *Churchill as War Lord*, London, Batsford, 1973

Elizabeth Longford, *Winston Churchill*, London, Sidgwick and Jackson, 1974

John Lukacs, *The Duel : Hitler vs Churchill, 10 May-31 July 1940*, London, Cape, 1992

William Manchester, *The Caged Lion : Winston Spencer Churchill 1932-1940*, London, Michael Joseph, 1988; trad. fr. *Winston Churchill : rêves de gloire*, Paris, Laffont, 1990

Id., *The Last Lion : Winston Spencer Churchill. Visions of Glory 1874-1932*, London, Michael Joseph, 1984; trad. fr. *Winston Churchill : l'épreuve de la solitude*, Paris, Laffont, 1985

Arthur J. Marder, *From the Dardanelles to Oran*, Oxford, Oxford University Press, 1974

Jean Matrat, *Winston Churchill*, Paris, Nouvelles Éditions Debresse, 1978

Peter de Mendelssohn ed., *The Age of Churchill : Heritage and Adventure 1874-1911*, vol. I, London, Thames and Hudson, 1961

John Donald B. Miller, *Sir Winston Churchill and the Commonwealth of Nations*, St. Lucia, Queensland, 1967

Steven Merritt Miner, *Between Churchill and Stalin*, Chapel Hill, University of North Carolina Press, 1988

Robin James Moore, *Churchill, Cripps and India 1939-1945*, Oxford, Clarendon Press, 1979

Lord Moran [Charles Wilson], *Winston Churchill : the Struggle for Survival 1940-1965*, London, Constable, 1966; trad. fr. *Mémoires*, Paris, Laffont, 1966

Ted Morgan, *Churchill : Young Man in a Hurry 1874-1915*, New York, Simon and Schuster, 1982; *Churchill 1874-1915*, London, Cape, 1983

James W. Muller ed., *Churchill as Peacemaker*, Washington, Woodrow Wilson Center and Cambridge, Cambridge University Press, 1997

Peter Neville, *Winston Churchill : Statesman or Opportunist ?*, London, Hodder and Stoughton, 1996

Robert Alasdair Clarke Parker ed., *Winston Churchill : Studies in Statesmanship*, London, Brassey, 1995

Henry Pelling, *Churchill*, London, Macmillan, 1974, 2ᵉ éd. 1989

Id., *Churchill's Peacetime Ministry 1951-1955*, London, Macmillan, 1997

Geoffrey Penn, *Fisher, Churchill and the Dardanelles*, London, Leo Cooper, 1999

Arrigo Petalco, *Dear Benito, Caro Winston*, Milan, Mondadori, 1985

Robert H. Pilpel, *Churchill in America 1895-1961*, New York, Harcourt Brace Jovanovitch, 1976

Barrie William Pitt, *Churchill and the Generals*, London, Sidgwick and Jackson, 1981

Clive Ponting, *Winston Churchill*, London, Sinclair-Stevenson, 1994

Howard J. Predaza, *Winston Churchill, Enoch Powell and the Nation*, London, Cleveland, 1986

Robin Prior, *Churchill's « World Crisis » as History*, London, Croom Helm, 1983

Oskar K. Rabinowicz, *Winston Churchill on Jewish Problems*, London, Lincolns-Prager, 1956

Marvin Rintala, *Lloyd George and Churchill : how Friendship Changed Politics*, London and Lanham, Maryland, Madison Books, 1995

John Ramsden, *The Age of Churchill and Eden 1940-1957*, London, Longman, 1996

Keith Robbins, *Churchill*, London, Longmans, 1992

Yves Rochas, *1940 Churchill et les Français : un été fertile en légendes*, Paris, Nouvelles Éditions latines, 1998

Norman Rose, *Churchill : an Unruly Life*, London, Simon and Schuster, 1994

Stephen Roskill, *Churchill and the Admirals*, London, Collins, 1977

Peter Sainsbury, *Churchill and Roosevelt at War*, London, Macmillan, 1974; 2° éd. 1995

Maxwell Philipp Schoenfeld, *The War Ministry of Winston Churchill*, Ames, Iowa State University, 1972

Anthony Seldon, *Churchill's Indian Summer : the Conservative Government 1951-1955*, London, Hodder and Stoughton, 1981

Robert Sencourt, *Winston Churchill*, London, Faber and Faber, 1940

Arthur Lee Jr Smith, *Churchill's German Army : Wartime Strategy and Cold War Politics 1943-1947*, Beverly Hills, Sage, 1977

Ronald A. Smith, *Churchill : Images of Greatness*, London, Kevin Francis, s.d. [1990]

David Stafford, *Churchill and Secret Service*, London, John Murray, 1997

Graham Stewart, *Burying Caesar : Churchill, Chamberlain and the Battle for the Tory Party*, London, Weidenfeld and Nicolson, 1999

Herbert Leslie Stewart, *Sir Winston Churchill as Writer and Speaker*, London, Sidgwick and Jackson, 1954

Mary Soames, *Winston Churchill : his Life as a Painter. A Memoir by his Daughter*, London, Collins, 1990

Anthony Storr, *Churchill's Black Dog and Other Phenomena of the Human Mind*, London, Collins, 1989

John Strawson, *Churchill and Hitler in Victory and Defeat*, London, Constable, 1997

Alan John Percival Taylor *et al.*, *Churchill : Four Faces and the Man*, New York, Dial Press, and London, Allen Lane, 1969

David A. Thomas, *Churchill the Member for Woodford*, London, Frank Cass, 1994

Carlos Thompson, *The Assassination of Winston Churchill*, Gerrards Cross, Colin Smythe, 1969

Kenneth W. Thompson, *Winston Churchill's World View : Statesmanship and Power*, Baton Rouge, Louisiana State University Press, 1983

Reginald William Thompson, *Churchill and Morton*, London, Hodder and Stoughton, 1976

Id., *Generalissimo Churchill*, London, Hodder and Stoughton, 1973

Id., *The Yankee Marlborough*, London, Allen and Unwin, 1963; trad. fr. *Winston Churchill*, Paris, France-Empire, 1965

V.G. Trukhanovsky, *Winston Churchill*, Moscou, Progress Publishers, 1978

Fred Urquhart ed., *Winston Churchill : a Cartoon Biography*, London, Cassell, 1955

Leon J. Waszak, *Agreement in Principle : the Wartime Partnership of General Wladyslaw Sikorski and Winston Churchill*, New York, Lang, 1996

Manfred Weidhorn, *A Harmony of Interests. Explorations in the Mind of Sir Winston Churchill*, Cranbury N.J., Fairleigh Dickinson Press, 1992

John Wheeler-Bennett ed., *Action this Day. Working with Churchill*, London, Macmillan, 1968

Thomas Wilson, *Churchill and the Prof*, London, Cassell, 1995

Frederick Woods, *The Making of Many Books : Churchill as a Writer*, London, Library of Imperial History, 1975

Id., *Artillery of Words : the Writings of Sir Winston Churchill*, London, Leo Cooper, 1992

John W. Young ed., *The Foreign Policy of Churchill's Peacetime Administration, 1951-1955*, Leicester, Leicester University Press, 1988

Id., *Winston Churchill's Last Campaign : Britain and the Cold War 1951-1955*, Oxford, Clarendon Press, 1996

Kenneth Young, *Churchill and Beaverbrook*, London, Eyre and Spottiswoode, 1966

**Articles et contributions
sur Churchill**

Paul Addison, « Churchill in British politics 1940-1955 », in John Malcolm W. Bean ed., *The Political Culture of Modern Britain : Essays in Memory of Stephen Koss,* London, Hamish Hamilton, 1988, 243-261

Id., « Journey to the Centre : Churchill and Labour in Coalition 1940-1945 », in Alan Sked and Chris Cook ed.,

Crisis and Controversy : Essays in Honour of A.J.P. Taylor, London, Macmillan, 1976, 165-193

Id., « The Political Beliefs of Winston Churchill », *Transactions of the Royal Historical Society*, 30, 1980, 23-47

Id., « Winston Churchill and the Working Class », in Jay Winter ed., *The Working Class in Modern Britain*, Cambridge, Cambridge University Press, 1983, 43-64

Richard Aldrich, « Conspiracy or Confusion ? Churchill, Roosevelt and Pearl Harbor », *Intelligence and National Security*, VII, 3, July 1992, 335-346

Christopher Andrew, « Churchill and Intelligence », *Intelligence and National Security*, III, 3, July 1988, 181-193

Jeffery Arnett, « Winston Churchill : the Quintessential Sensation Seeker », *Political Psychology*, XII, 4, December 1991, 609-621

Colin F. Baxter, « Winston Churchill : Military Strategist ? », *Military Affairs*, 47, February 1983, 7-10

François Bédarida, « Révisionnisme à l'anglaise : Winston Churchill », *L'Histoire*, septembre 1993, 72-74

Id., « Churchill », in Jean-Pierre Azéma et François Bédarida, *1938-1948 : Les Années de tourmente. Dictionnaire critique*, Paris, Flammarion, 1995, 553-559

Tuvia Ben-Moshe, « Churchill's Strategic Conception during the First World War », *Journal of Strategic Studies*, XII,1, March 1989, 5-21

Id., « Winston Churchill and the "Second Front" : a Reappraisal », *Journal of Modern History*, 52, 3, September 1990, 503-537

Carl Bridge, « Churchill, Hoare, Derby and the Committee of Privileges, April to June 1934 », *Historical Journal*, 22, 1, 1979, 215-227

Kathryn Brown, « Intelligence and the Decision to Collect it : Churchill's Wartime Diplomatic Signals Intelligence », *Intelligence and National Security*, X, 3, July 1995, 449-467

T.D. Burridge, « A Postscript to Potsdam : the Churchill-Laski Electoral Clash, June 1945 », *Journal of Contemporary History*, XII, 4, 1977, 725-739

David Cannadine, « Winston Agonistes », *New York Review of Books*, 15 June 1989, 36-42 ; repr. in *History in Our Times,* New Haven, Yale University Press, 1998

John Charmley, « Essay and Reflection : Churchill as War Hero », *International History Review,* 12, February 1991, 96-104

Eliot A. Cohen, « Churchill and Coalition Strategy in World War II », in Paul Kennedy ed., *Grand Strategies in War and Peace*, New Haven, Yale University Press, 1991

Nicholas J. D'Ombrain, « Churchill at the Admiralty and Committee of Imperial Defence », *Journal of the Royal United Services Institution*, 105, March 1970, 38-41

A. Danchev, « "Dilly-Dally", or Having the Last Word : Field-Marshal Sir John Dill and Prime Minister Winston Churchill », *Journal of Contemporary History,* 22, 1, 1987, 21-44

David Day, « Churchill and his War Rivals », *History Today*, 41, April 1991, 15-21

David Dilks, « Allied Leadership in the Second World War : Churchill », *Survey*, I/2, 1975, 19-25

Id., « The Twilight War and the Fall of France : Chamberlain and Churchill in 1940 », *Transactions of the Royal Historical Society*, 28, 1978, 36-65

Id., « Churchill as Negociator at Yalta », in Olla Brundu, *Yalta : un mito che resiste*, Rome, Edizioni dell' Ateneo, 1988, 91-116.

Id., « Churchill and France : an Affair of the Heart », Paris, British Embassy, 1999

John Ehrman, « Lloyd George and Churchill as War Ministers », *Transactions of the Royal Historical Society*, 11, 1961, 101-115

Arthur Funk, « Churchill, Eisenhower and the French Resistance », *Military Affairs*, XLV, 1, février 1981

A.B. Gaunson, « Churchill, de Gaulle, Spears and the Levant Affair, 1941 », *Historical Journal*, 27, 3, 1984, 697-713

Bentley B. Gilbert, « Winston Churchill versus the Webbs : the Origins of British Unemployment Insurance », *American Historical Review*, 71, 3, April 1966, 846-862

Martin Gilbert, « "The Most Horrible Crime" : Churchill's Prophetic, Passionate and Persistent Response to the Holocaust », *Times Literary Supplement,* 7 June 1996

Id., « Winston Churchill », *Modern History Review,* IV, 3, February 1993

John Gooch, « An Emblematic Prime Minister », *Times Higher Education Supplement,* 1 July 1983

Gabriel Gorodetsky, « Churchill's Warning to Stalin : a Reappraisal », *Historical Journal,* 24, 4, 1986, 979-990

Id., « The Hess Affair and Anglo-Soviet Relations on the Eve of "Barbarossa" », *English Historical Review,* 101, 2, April 1986, 405-420

William B. Hamilton, « Churchill : Actor as Historian », *South Atlantic Quarterly,* July 1951

Cameron Hazlehurst, « Churchill as Social Reformer : the Liberal Phase », *Australian Historical Studies*, April 1976

Michael Howard, « Churchill and the Era of National Unity », in *The Lessons of History,* Oxford, Oxford University Press, 1991, 152-165

E.J. Hughes, « Winston Churchill and the Formation of the United Nations Organization », *Journal of Contemporary History,* IX, 4, 1974, 177-194

Ronald Hyam, « Winston Churchill Before 1914 », *Historical Journal,* 12, 1969, 164-173

Robert Rhodes James, « The Epic Concluded », *Encounter,* 71, 2, 1988, 38-42

Tage Kaarsted, « Churchill and the Small States of Europe : the Danish Case », in Charles Brower ed., *World War Two : the Final Year,* New York, St. Martin's Press, 1998

David Kaiser, « Churchill, Roosevelt and the Limits of Power », *International Security,* X,1, Summer 1985, 204-221.

Warren Kimball, « Naked Reverse Right : Roosevelt, Churchill and Eastern Europe », *Diplomatic History,* 9, 1, 1985, 1-24

Martin Kitchen, « Winston Churchill and the Soviet Union during the Second World War », *Historical Journal,* 30, 2, 1987, 415-436

Jonathan Knight, « Churchill and the Approach to Mussolini and Hitler in May 1940 : a Note », *British Journal of International Studies*, 2, 1977

Walter La Feber, « Roosevelt, Churchill and Indochina 1942-1945 », *American Historical Review*, 80, 1975, 1277-1295

James Leutze, « The Secret of the Churchill-Roosevelt Correspondence, September 1939-May 1940 », *Journal of Contemporary History*, 10, 1975, 465-491

Basil Liddell Hart, « Churchill in War », *Encounter*, April 1966, 14-22

Piers Mackesy, « Churchill on Narvik », *Journal of the Royal United Services Institution*, 115, December 1970, 28-33

Gloria E. Maguire, « Notre "mal de tête commun" : Churchill, Roosevelt et de Gaulle », *Revue d'histoire moderne et contemporaine*, 42, 4, octobre-décembre 1995, 593-608

Lucy Masterman, « Churchill : the Liberal Phase », *History Today*, November-December 1964

R. McCormack, « Missed Opportunities : Winston Churchill, the Air Ministry and Africa 1919-1921 », *International History Review*, XI, 2, 1989, 205-228

Arno J. Mayer, « The Power Politician and Counterrevolutionary », in Kurt H. Wolff and Barrington Jr Moore, ed., *The Critical Spirit*, Boston, Beacon Press, 1967, 328-342.

Gerald Pawle, « Christmas with Churchill », *Blackwood's Magazine*, December 1973

John H. Plumb, « Churchill : the Historian » [1969], in *The Making of an Historian : the Collected Essays of J.H. Plumb*, vol. I, Hemel Hempstead, Harvester Wheatsheaf, 1988, 225-253

Richard H. Powers, « Churchill's Parliamentary Commentary on British Foreign Policy 1935-1938 », *Journal of Modern History*, 26, 2, 1954, 179-182

Roland Quinault, « Churchill and Russia », *War and Society*, 9, May 1991, 99-120

John Ramsden, « Winston Churchill and the Leadership of the Conservative Party 1940-1951 », *Contemporary Record*, IX, 1, Summer 1995, 99-119

Goronwy Rees , « After the Ball Was Over », *Encounter,* November 1965, 3-9

Albert Resis, « The Churchill-Stalin Secret "Percentages" Agreement on the Balkans, Moscow, October 1944 », *American Historical Review*, 83, 2, April 1978, 368-387

David Reynolds, « Churchill and the British "Decision" to Fight On in 1940 : Right Policy Wrong Reasons », in Richard Langhorne ed., *Diplomacy and Intelligence during the Second World War*, Cambridge, Cambridge University Press, 1985, 147-167

Id., « Roosevelt, Churchill and the Wartime Anglo-American Alliance 1939-1945 », in W. Roger Louis and Hedley Bull ed., *The Special Relationship : Anglo-American Relations since 1945,* Oxford, Clarendon Press, 1986, 17-41

Id., « Churchill the Appeaser ? Between Hitler, Roosevelt and Stalin in World War Two », in Michael Dockrill and Brian McKercher ed., *Diplomacy and world power : Studies in British Foreign Policy 1890-1950*, Cambridge, Cambridge University Press, 1996, 197-220

Id., « Churchill and Allied Grand Strategy in Europe 1944-1945 », in Charles Brower ed., *World War Two : the Final Year*, New York, St. Martin's Press, 1998

Marvin Rintala, « Renamed Roses : Lloyd George, Churchill and the House of Lords », *Biography*, 8, 3, 1985

Id., « The Love of Power and the Power of Love : Churchill's Childhood », *Political Psychology*, 5, 3, 1984

Stephen Roskill, « Marder, Churchill and the Admiralty, 1939-1942 », *Journal of the Royal United Services Institute*, 4, 117, December 1972, 49-53

Alfred L. Rowse, « Churchill Considered Historically », *Encounter*, January 1966, 45-50

Henry B. Ryan, « A New Look at Churchill's "Iron Curtain" Speech », *Historical Journal*, 22,4,1979, 895-920

Anthony Seldon, « The Churchill Administration 1951-1955 », in Peter Hennessy and Anthony Seldon ed., *Ruling Performance : British Governments from Attlee to Thatcher*, Oxford, Oxford University Press, 1987, 63-97

Thanasis Sfikas, « Winston Churchill and the Greeks », *Journal of Contemporary History*, 26, 2, 1991, 307-332

Joseph M. Siracusa, « The Night Stalin and Churchill Divided Europe : the View from Washington », *Review of Politics*, 43, 3, July 1981, 381-409

Louis W. Tordella and Edwin Fishel, « A New Pearl Harbor Villain : Churchill », *International Journal of Intelligence and Counter-Intelligence*, VI, 3, Fall 1993

Philip Towle, « Winston Churchill and British Disarmament Policy », *Journal of Strategic Studies,* II, 3, December 1979, 335-347

Reed Whittemore, « Churchill and the Limitations of Myth », *Yale Review*, 44, 2, December 1954, 248-263

K.M. Wilson, « The War Office, Churchill and the Belgian Option, August to December 1911 », *Bulletin of the Institute of Historical Research,* 50, 1977, 218-228

John W. Young, « Churchill's Bid for Peace with Moscow, 1954 », *History*, 73, 1988, 425-448

Id., « Churchill's "No" to Europe : the Rejection of European Union by Churchill's Post-War Government 1951-1952 », *Historical Journal*, 28, 4,1985, 923-937

Id.,« Churchill, the Russians and the Western Alliance : the Three-Power Conference at Bermuda, December 1953 », *English Historical Review*, 101, October 1986, 889-912

Kenneth Younger, « Off the Ball », *Encounter*, February 1966, 94-96

Témoignages, souvenirs, correspondance

Leo Amery, *My Political Life,* London, Hutchinson, 3 vol., 1953-1955

[Asquith Herbert Henry] Lord Oxford and Asquith, *Memories and Reflections,* London, Cassell, 2 vol., 1928

Margot Asquith, *Autobiography*, ed. Mark Bonham Carter, London, Thornton Butterworth, 2 vol., 1920-1922

Emmanuel d'Astier de La Vigerie, *Les Grands*, Paris, Gallimard, 1961 : « Churchill », 47-66

Lord Avon, *The Eden Memoirs*, London, Cassell, 3 vol., 1960-1965 ; trad. fr. *Mémoires*, Paris, Plon, 3 vol., 1960-1965

John Barnes and David Nicholson ed., *The Leo Amery Diaries 1896-1955*, London, Hutchinson, 2 vol., 1980-1988

BBC, *A Selection of the Broadcasts Given in Memory of Winston Churchill*, London, BBC, 1965

Robert Blake ed., *The Private Papers of Douglas Haig, 1914-1919*, London, Eyre and Spottiswoode, 1952

Wilfred Scawen Blunt, *My Diaries 1888-1914*, Alfred Knopf, 1921

Violet Bonham Carter, *Winston Churchill as I Knew Him*, London, Eyre and Spottiswoode, 1965 ; rééd., London, Weidenfeld and Nicolson, 1995

Robert Boothby, *My Yesterday, Your Tomorrow*, London, Hutchinson, 1962

Id., *Recollections of a Rebel*, London, Hutchinson, 1978

Peter G. Boyle ed., *The Churchill-Eisenhower Correspondence 1953-1955*, Chapel Hill, North Carolina University Press, 1990

Michael and Eleonore Brocks ed., *H.H. Asquith : Letters to Venetia Stanley*, Oxford, Oxford University Press, 1985

Anthony Montague Browne, *Long Sunset : Memoirs of Winston Churchill's Last Private Secretary*, London, Cassell, 1995

Arthur Bryant ed., *The Turn of the Tide 1939-1943 (The Alanbrooke Diaries)*, London, Collins, 1957

Id., *Triumph in the West 1943-1945 (The Alanbrooke Diaries)*, London, Collins, 1959

Lord Butler, *The Art of the Possible*, London, Hamish Hamilton, 1971

Charles Edward Callwell, *Field Marshal Sir Henry Wilson : his Life and Diaries*, London, Cassell, 2 vol., 1927

Captain « X » [Andrew Dewar Gibb], *With Winston Churchill at the Front*, London and Glasgow, Gowans and Gray, 1924

Richard Casey, *Personal Experience 1939-1946*, London, Constable, 1962

William Scott Chalmers, *The Life and Letters of David, Earl Beatty, Admiral of the Fleet*, London, Hodder and Stoughton, 1951

Alfred D. Jr Chandler and Stephen Ambrose ed., *The Papers of Dwight D. Eisenhower : the War Years*, Baltimore, Johns Hopkins University Press, 5 vol., 1970

Lord Chandos [Oliver Lyttelton], *Memoirs*, London, Bodley Head, 1962

E.D.W. Chaplin ed., *Winston Churchill and Harrow. Memories of the Prime Minister's Schooldays 1888-1892*, London, Harrow School, s.d. [1941]

John Charmley ed., *Descent to Suez : The Diaries of Sir Evelyn Shuckburgh 1951-1956*, London, Weidenfeld and Nicolson, 1987

Churchill by his Contemporaries : an Observer *Appreciation*, London, Hodder and Stoughton, 1965

Richard Cockett ed., *My Dear Max : the Letters of Brendan Bracken to Lord Beaverbrook 1925-1958*, London, Historians'Press, 1990

Albert Cohen, « Churchill d'Angleterre », *Message : Belgian Review*, février 1943 [sous le pseudonyme de Jean Mahan]; rééd. : *Churchill d'Angleterre*, Paris, Lieu commun, 1985

John Colville, *The Churchillians*, London, Weidenfeld and Nicolson, 1981

Id., *The Fringes of Power : Downing Street Diaries 1939-1955*, London, Hodder and Stoughton, 2 vol., 1985

A. Duff Cooper, *Old Men Forget*, London, Hart-Davis, 1954; trad. fr. *Au-delà de l'oubli*, Paris, Gallimard, 1960

Diana Cooper, *Trumpets from the Steep*, London, Hart Davies, 1966

Correspondance secrète de Staline avec Roosevelt, Churchill, Truman et Attlee 1941-1945, trad. du russe et de l'anglais, Paris, Plon, 2 vol., 1959

Richard H.S. Crossman, *The Charm of Politics*, London, Hamish Hamilton, 1958

Hugh Dalton, *Memoirs,* London, Muller, 3 vol., 1953-1962

Edward David, *Inside Asquith's Cabinet : from the Diaries of Charles Hobhouse*, London, Murray, 1977

Michael Davie ed., *The Diaries of Evelyn Waugh*, London, Weidenfeld and Nicolson, 1976

Richard Harding Davis, *Real Soldiers of Fortune*, New York, Collier, 1906

David Dilks ed., *The Diaries of Sir Alexander Cadogan 1938-1945*, London, Cassell, 1971

Charles Eade ed., *Winston Churchill by his Contemporaries*, London, Hutchinson, 1953

Robert Ferrell ed., *The Eisenhower Diaries*, New York, Norton, 1981

Alfred G. Gardiner, *Certain People of Importance*, London, Cape, 1925

Id., *Pillars of Society*, London, Nisbet, 1913

Id., *Prophets, Priests and Kings*, London, Alston Rivers, 1908

Charles de Gaulle, *Mémoires de guerre*, Paris, Plon, 3 vol., 1954-1959

Martin Gilbert ed., *Churchill* (Great Lives Observed), Englewood Cliffs N.J., Prentice Hall, 1967

David Green, *Sir Winston Churchill at Blenheim Palace : an Anthology*, Oxford, Alden Press, 1959

Percy James Grigg, *Prejudice and Judgment*, London, Cape, 1948

Richard Burton Haldane, *Autobiography*, London, Hodder and Stoughton, 1929

Paul G. Halpern ed., *The Keyes Papers : Selections from the Private and Official Correspondence of Admiral of the Fleet Baron Keyes of Zeebrugge*, 3 vol., London, Navy Records Society, 1972-1981

W. Averell Harriman and Elie Abel, *Special Envoy to Churchill and Stalin 1941-1946,* New York, Random House, 1975

John Harvey ed., *The Diplomatic Diaries of Oliver Harvey 1937-1940*, London, Collins, 1970

Id., ed., *The War Diaries of Oliver Harvey 1941-1945*, London, Collins, 1978

Leslie Hollis and James Leasor, *War at the Top*, London, Heinemann, 1959

David Hunt, *On the Spot. An Ambassador Remembers*, London, Davies, 1975

Lord Ismay, *The Memoirs of General the Lord Ismay*, London, Heinemann, 1960

Robert Rhodes James ed., « Chips » : *the Diary of Sir Henry Channon*, London, Weidenfeld and Nicolson, 1967

Keith Jefferys ed., *The Military Correspondence of Field Marshal Sir Henry Wilson 1918-1922*, London, Bodley Head, 1985

Kevin Jeffery ed., *Labour and the Wartime Coalition : from the Diary of James Chuter Ede 1941-1945,* London, Historians Press, 1987

Thomas Jones, *A Diary with Letters 1931-1950*, Oxford, Oxford University Press, 1969

Id., *Whitehall Diary 1916-1930*, ed. Keith Middlemas, Oxford, Oxford University Press, 2 vol., 1969

Peter K. Kemp ed., *The Papers of Admiral Sir John Fisher*, London, Navy Records Society, 1960

John Maynard Keynes, *Essays and Sketches in Biography*, London, Hart Davies, 1951

Id., *The Economic Consequences of Mr. Churchill*, London, Hogarth Press, 1925

Warren F. Kimball ed., *Churchill and Roosevelt : the Complete Correspondence 1933-1945*, Princeton, Princeton University Press, 3 vol., 1984

Shane Leslie, *The End of a Chapter,* London, Constable, 1929

Id., *Long Shadows,* London, Murray, 1966

David Lloyd George, *War Memoirs*, London, Nicholson and Watson, 6 vol., 1933-1936

Francis L. Loewenheim, H.D. Langley and M. Jonas ed., *Roosevelt and Churchill : their Secret Wartime Correspondence*, London, Barrie and Jenkins, 1975

Roderick MacLeod and Dennis Kelly ed., *The Ironside Diaries 1937-1940*, London Constable, 1962

Harold Macmillan, *Memoirs*, London, Macmillan, 6 vol., 1966-1973; trad. fr. abrégée, *Mémoires de guerre 1939-1945*, Paris, Plon, 1968

Id., *War Diaries : the Mediterranean 1943-1945,* London, Macmillan, 1984

James Marchant ed., *Winston Spencer Churchill Servant of Crown and Commonwealth*, London, Cassell, 1954

Arthur Marder ed., *Fear God and Dread Nought : the Correspondence of Admiral of the Fleet Lord Fisher of Kilverstone*, London, Cape, 3 vol., 1952-1959

Edward Marsh, *A Number of People*, London, Heinemann, 1939

John Martin, *Downing Street : the War Years*, London, Bloomsbury, 1991

Norman McGowan, *My Years with Churchill*, London, Souvenir Press, 1958

Phyllis Moir, *I Was Winston Churchill's Private Secretary*, New York, Wilfred Funk, 1941; trad. fr. *Churchill, cet inconnu*, Paris, Société française d'éditions littéraires et techniques, 1948

Bernard L. Montgomery, *The Memoirs of Field Marshal the Viscount Montgomery,* London, Collins, 1958

Edmund Murray, *I Was Churchill's Bodyguard*, London, W.H. Allen, 1987

Elizabeth Nel, *Mr. Churchill's Secretary*, London, Hodder and Stoughton, 1958

Herbert George Nicholas ed., *Washington Despatches 1941-1945*, Chicago, Chicago University Press, 1981

Harold Nicolson, *Diaries and Letters 1930-1962*, London, Collins, 3 vol., 1966-1968

Gerald Pawle, *The War and Colonel Warden*, London, Harrap, 1963; trad. fr. *Le Vieux Lion au microscope*, Paris, Presses de la Cité, 1963

Graham Payn et Sheridan Morley ed., *The Noel Coward Diaries*, London, Weidenfeld and Nicolson, 1983

Ben Pimlott ed., *The Political Diary of Hugh Dalton 1918-1940*, London, Cape, 1986

Id., ed., *The Second World War Diary of Hugh Dalton 1940-1945*, London, Cape, 1986

Mark Pottle ed., *Champion Redoubtable : the Diaries and Letters of Violet Bonham Carter 1914-1945*, London, Weidenfeld and Nicolson, 1998

John Ramsden ed., *Real Old Tory Politics : the Political Diaries of Sir Robert Sanders, Lord Bayford, 1910-1935*, London, Historian's Press, 1984

B. Ranft ed., *The Beatty Papers : Selections from the Private and Official Papers of Admiral of the Fleet Earl Beatty, 1902-1927,* London, Scolar Press, 2 vol., 1989-1993

The Riddell Diaries 1908-1923, ed. J.M. McEwen, London, Athlone Press, 1986

Lord Riddell's War Diary 1914-1918, London, Ivor Nicholson and Watson, 1933

Lord Riddell's Intimate Diary of the Peace Conference and after 1918-1923, London, Gollancz, 1933

Lord Riddell, *More Pages from my Diary 1908-1914*, London, Country Life, 1934

Andrew Roberts, *Eminent Churchillians*, London, Weidenfeld and Nicolson, 1994

Norman Rose ed., « *Baffy* » : *the Diaries of Blanche Dugdale 1936-1947*, London, Vallentine Mitchell, 1973

James Arthur Salter, *Personalities in Politics*, London, Faber and Faber, 1947

Secret History of World War II : the Ultra-Secret Wartime Cables and Letters of Churchill, Roosevelt and Stalin, London, W.H. Allen, 1987

Robert E. Sherwood, *The White House Papers of Harry L. Hopkins*, London, Eyre and Spottiswoode, 2 vol., 1948-1950

Osbert Sitwell, *The Winstonburg Line. Three Satires*, London, Henderson, 1919

Frederick Edwin Smith, 1st Earl of Birkenhead, *Contemporary Personalities*, London, Cassell, 1924

Charles P. Snow, *Variety of Men*, London, Macmillan, 1967

Edward Louis Spears, *Assignment to Catastrophe*, London, Heinemann, 2 vol., 1954 ; trad. fr. *Témoignage sur une catastrophe*, Paris, Presses de la Cité, 1964

Peter Stansky ed., *Churchill : a Profile*, London and New York, Macmillan, 1973

Lord Swinton, *Sixty Years of Power*, London, Hutchinson, 1966

Id., ed., *Lloyd George. A Diary by Frances Stevenson*, London, Hutchinson, 1971

Id., ed., *My Darling Pussy : the Letters of Lloyd George and Frances Stevenson, 1913-1941,* Weidenfeld and Nicolson, 1975

A. Temple-Patterson ed., *The Jellicoe Papers : Selections from the Private and Official Correspondence of Admiral of the Fleet Earl Jellicoe, 1893-1935*, London, Navy Records Society, 2 vol., 1966-1968

Lord Templewood [sir Samuel Hoare], *Nine Troubled Years,* London, Collins, 1954

Walter Henry Thompson, *I Was Churchill's Shadow,* London, Christopher Johnson, 1951; trad. fr. *Churchill par son ombre*, Paris, Corréa, 1952

Beatrice Webb, *Diaries 1912-1932,* ed. Margaret Cole, London, Longmans, 2 vol., 1952-1956

Id., *Diaries, 1873-1943*, ed. Norman and Jeanne Mackenzie, London, Virago, 4 vol., 1982-1985

Beatrice Webb, *Our Partnership*, ed. Barbara Drake, London, Longmans, 1948

Trevor Wilson ed., *The Political Diaries of C.P.Scott 1911-1928,* London, Collins, 1970

Lord Woolton, *Memoirs*, London, Cassell, 1959

Kenneth Young ed., *The Diaries of Sir Robert Bruce Lockhart 1915-1965*, London, Macmillan, 2 vol., 1973-1980

Philip Ziegler ed., *Personal Diary of Admiral the Lord Mountbatten 1943-1947*, London, Collins, 1988

Albums photographiques

Les trois principaux albums sont :

Randolph S. Churchill and Helmut Gernsheim, *Churchill : his Life in Photographs*, London, Weidenfeld and Nicolson, 1955

BIBLIOGRAPHIE

Martin Gilbert, *Churchill : a Photographic Portrait*,
London, Heinemann and Penguin, 1974
Mary Soames, *A Churchill Family Album*, London,
Penguin, 1982

Index des noms de personnes

561

TABLE DES MATIÈRES

571